OECD Research and Development Expenditure in Industry 2018

ANBERD

2009-2016

This work is published under the responsibility of the Secretary-General of the OECD. The opinions expressed and arguments employed herein do not necessarily reflect the official views of OECD member countries.

This document, as well as any data and any map included herein, are without prejudice to the status of or sovereignty over any territory, to the delimitation of international frontiers and boundaries and to the name of any territory, city or area.

Please cite this publication as:
OECD (2018), *OECD Research and Development Expenditure in Industry 2018: ANBERD*, OECD Publishing, Paris.
https://doi.org/10.1787/anberd-2018-en

ISBN 978-92-64-30552-6 (print)
ISBN 978-92-64-30553-3 (pdf)

Annual: OECD Research and Development Expenditure in Industry
ISSN 2223-7917 (print)
ISSN 2223-7925 (online)

The statistical data for Israel are supplied by and under the responsibility of the relevant Israeli authorities. The use of such data by the OECD is without prejudice to the status of the Golan Heights, East Jerusalem and Israeli settlements in the West Bank under the terms of international law.

Corrigenda to OECD publications may be found on line at: *www.oecd.org/publishing/corrigenda*.
© OECD 2018

You can copy, download or print OECD content for your own use, and you can include excerpts from OECD publications, databases and multimedia products in your own documents, presentations, blogs, websites and teaching materials, provided that suitable acknowledgement of OECD as source and copyright owner is given. All requests for public or commercial use and translation rights should be submitted to *rights@oecd.org*. Requests for permission to photocopy portions of this material for public or commercial use shall be addressed directly to the Copyright Clearance Center (CCC) at *info@copyright.com* or the Centre français d'exploitation du droit de copie (CFC) at *contact@cfcopies.com*.

Table of contents

Readers' guide.	5
Australia.	8
Austria.	10
Belgium.	12
Canada.	16
Chile.	18
Czech Republic.	20
Denmark.	24
Estonia.	26
Finland.	28
France.	32
Germany.	36
Greece.	38
Hungary.	40
Iceland.	42
Ireland.	44
Israel.	46
Italy.	48
Japan.	52
Korea.	54
Lithuania.	56
Mexico.	58
Netherlands.	60
New Zealand.	62
Norway.	64
Poland.	66
Portugal.	68
Slovak Republic.	72
Slovenia.	74
Spain.	76
Sweden.	78
Switzerland.	80
Turkey.	82
United Kingdom.	84
United States.	88
Argentina.	90
China.	92
Romania.	94
Singapore.	96
Chinese Taipei.	98

Readers' guide

Main features

This publication includes business R&D data in ISIC Rev. 4 for 34 OECD member economies and five non-member economies. The reported data follow the International Standard Industrial Classification, Revision 4 (ISIC Rev. 4).

The data according to different versions of ISIC classification are published in the following database: STAN R&D: Research and development expenditure in industry - ISIC Rev. 4, STAN: OECD Structural Analysis Statistics (database), https://doi.org/10.1787/data-00689-en.

Signs and abbreviations

..	Not available
.	Decimal point
n.e.c.	Not elsewhere classified

Sources and methods

Documentation (PDF): www.oecd.org/sti/inno/ANBERD_full_documentation.pdf.

Industry coverage (XLS): www.oecd.org/sti/inno/ANBERDcoverage.xls.

Contact details

For any enquiries, please contact oecdilibrary@oecd.org or RDSurvey@oecd.org.

Classification

The International Standard Industrial Classification (ISIC) Rev. 4 is available online at http://unstats.un.org/unsd/publication/SeriesM/seriesm_4rev4e.pdf.

READERS' GUIDE

ISIC Rev. 4 classification

Section	Division	Description
A	10-99	**TOTAL BUSINESS ENTERPRISE**
A	01-03	**AGRICULTURE, HUNTING, FORESTRY AND FISHING**
B	05-09	**MINING AND QUARRYING**
C	10-33	**MANUFACTURING**
	10-12	**Food products, beverages and tobacco**
	13-15	**Textiles, wearing apparel, leather and related products**
	13	Textiles
	14	Wearing apparel
	15	Leather and related products
	16-18	**Wood and paper products; printing**
	16	Wood, wood and cork products
	17	Paper and paper products
	18	Printing and reproduction of recorded media
	19-23	**Chemicals and non-metallic products**
	19	Coke and refined petroleum products
	20-21	Chemicals and pharmaceutical products
	20	Chemicals and chemical products
	21	Pharmaceutical products
	22	Rubber and plastics products
	23	Other non-metallic mineral products
	24-25	**Basic metals and fabricated metal products**
	24	Basic metals
	25	Fabricated metal products
	26-30	**Machinery and transport equipment**
	26	Computer, electronic and optical products
	27	Electrical equipment
	28	Machinery and equipment n.e.c.
	29	Motor vehicles, trailers and semi-trailers
	30	Other transport equipment
	31-33	**Other manufacturing; repair, installation of mach. and equip.**
	31	Furniture,
	32	Other manufacturing
	33	Repair and installation of machinery and equipment
D+E	35-39	**ELECTRICITY, GAS, WATER AND WASTE MANAGEMENT**
D	35-36	Electricity, gas and water
E	37-39	Sewerage, waste and remediation activities
F	41-43	**CONSTRUCTION**
G-U	45-99	**TOTAL SERVICES**
G-N	45-82	**BUSINESS SECTOR SERVICES**
G	45-47	**Wholesale and retail trade; repair of motor vehicles**
H	49-53	**Transportation and storage**
I	55-56	**Accommodation and food service activities**
J	58-63	**Information and communication**
	58-60	Publishing, audio visual and broadcasting activities
	58	Publishing activities
	59	Video, television programme, sound recording and music publishing
	60	Programming and broadcasting activities
	61	Telecommunications
	62-63	IT and other information services
	62	Computer programming, consultancy and related activities
	63	Information service activities
K	64-66	**Financial and insurance activities**
L-N	68-82	**Real estate; professional, scientific and technical; administrative and support service activities**
L	68	**Real estate activities**
Mx72	69-75x72	**Professional, scientific and technical activities, except scientific R&D**
	72	Scientific research and development
N	77-82	**Administrative and support service activities**
O-U	84-99	**COMMUNITY, SOCIAL AND PERSONAL SERVICES**
O-P	84-85	**Public administration, defence; compulsory social security, education**
Q	86-88	**Human health and social work activities**
R-U	90-99	**Arts, entertainment, recreation and other personal services**
R	90-93	Arts, entertainment and recreation
S-U	94-99	Other services; households as employers; goods- and services-producing activities of households for own use; extraterritorial bodies, activities of extraterritorial organizations and bodies

R&D expenditure in industry

AUSTRALIA

R&D expenditure in industry by main activity of the enterprise, current prices
ISIC Rev. 4

Million USD PPP

		2009	2010	2011	2012	2013	2014	2015	2016
	TOTAL BUSINESS ENTERPRISE	11 624.4	11 994.1	12 124.9	11 970.0 e	13 025.4	12 202.7 e	11 326.6	..
01-03	**AGRICULTURE, FORESTRY AND FISHING**	127.5	122.6	125.5	138.2 e	167.7	169.9 e	168.7	..
05-09	**MINING AND QUARRYING**	2 575.4	2 556.9	2 716.1	2 325.0 e	1 955.8	1 526.4 e	1 275.6	..
10-33	**MANUFACTURING**	2 967.6	3 213.5	2 978.7	2 952.1 e	3 373.3	3 111.8 e	2 682.3	..
10-12	Food products, beverages and tobacco	340.1	401.6	362.9	377.3 e	476.1	..	..	..
13-15	Textiles, wearing apparel, leather and related products	20.1	30.7	34.9	33.5 e	31.8	..	..	..
13	Textiles	11.6	14.6	16.8	..	..	..	..	..
14	Wearing apparel	4.5	5.4 e	4.6	..	..	..	..	..
15	Leather and related products, footwear	4.0	10.7 e	13.6	..	..	..	..	..
16-18	Wood and paper products and printing	181.0	144.7	68.7	47.0 e	68.6	..	..	..
16	Wood and wood products, except furniture	39.9	41.6	25.3	..	..	..	..	..
17	Paper and paper products	..	..	32.0	..	..	..	..	..
18	Printing and reproduction of recorded media	..	..	11.4	..	..	..	..	..
19-23	Chemical, rubber, plastic, non-metallic mineral products	660.4	689.4	712.9	752.0 e	856.9	..	..	..
19	Coke and refined petroleum products	53.8	60.9	59.9	76.7 e	115.0	..	..	..
20-21	Chemical and pharmaceutical products	455.3	489.4	517.9	530.2 e	570.9	..	..	..
20	Chemicals and chemical products	189.1	237.2	250.6	228.6 e	204.6	..	..	..
21	Pharmaceuticals, medicinal, chemical and botanical products	266.2	252.2	267.2	301.6 e	366.3	..	..	..
22	Rubber and plastic products	50.5	65.8	67.6	68.0 e	75.0	..	..	..
23	Other non-metallic mineral products	100.8	73.3	67.6	77.1 e	96.1	..	..	..
24-25	Basic metals, metal products, except machinery and equipment	434.6	533.5	482.6	415.5 e	402.0 e	..	..	..
24	Basic metals	303.9	346.9	334.5	279.0 e	229.0	..	..	..
25	Fabricated metal products, except machinery and equipment	130.7	186.6	148.1	136.5 e	173.0 e	..	..	..
26-30	Computer, electronic, optical products; electrical machinery, transport equipment	1 173.2	1 230.4	1 110.8	1 108.0 e	1 297.5 e	..	..	..
26	Computer, electronic and optical products	254.8	249.0	237.9	..	..	..	..	..
27	Electrical equipment	64.6	62.7	86.8	..	..	..	..	..
28	Machinery and equipment n.e.c.	263.8	288.3	239.2	..	..	..	..	..
29	Motor vehicles, trailers and semi-trailers	452.2	470.3	440.7	..	..	..	..	..
30	Other transport equipment	138.0	160.1	106.2	..	..	..	..	..
31-33	Furniture; repair, installation of machinery and equipment	158.1	183.1	205.9	218.8 e	240.3	..	..	..
31	Furniture	6.7	7.9	12.2	13.0 e	11.5	..	..	..
32	Other manufacturing	138.7	162.2	175.8	184.0 e	203.0	..	..	..
33	Repair and installation of machinery and equipment	12.7	13.0	17.9	21.8 e	25.8	..	..	..
35-39	**ELECTRICITY, GAS, WATER AND WASTE MANAGEMENT**	281.8	281.0	250.2	218.4 e	217.9	192.9 e	171.0	..
35-36	Electricity, gas and water	202.0	185.2	173.7	148.5 e	129.2	..	..	..
37-39	Sewerage, waste management and remediation activities	79.8	95.8	76.6	69.9 e	88.7	..	..	..
41-43	**CONSTRUCTION**	600.3	669.9	542.3	513.2 e	597.1	506.0 e	344.0	..
45-99	**TOTAL SERVICES**	5 071.8	5 149.3	5 512.0	5 823.1 e	6 713.6	6 695.7 e	6 685.1	..
45-82	**Business sector services**	4 959.8	5 031.4	5 362.8	5 655.5 e	6 506.4	6 448.8 e	6 379.8	..
45-47	Wholesale and retail trade; motor vehicle and motorcycle repairs	615.6	551.1	573.1	674.5 e	846.9	823.6 e	744.0	..
49-53	Transportation and storage	179.2	194.6	193.8	214.4 e	250.8	206.1 e	129.9	..
55-56	Accommodation and food service activities	15.4	10.4	14.2	15.5 e	16.8	18.4 e	22.0	..
58-63	Information and communication	1 067.0	1 115.5	1 215.2	1 359.8 e	1 655.8	1 659.0 e	1 613.5	..
58-60	Publishing, audiovisual and broadcasting activities	118.7	123.6	119.4	138.3 e	189.5	..	..	..
58	Publishing activities	79.7	82.8	84.6	98.7 e	132.4	..	..	..
59-60	Motion picture, video and TV programme production; broadcasting activities	39.0	40.8	34.7	39.7 e	57.1	..	..	..
59	Motion picture, video and TV programme production; sound and music	13.2	13.5	13.4	..	..	..	..	..
60	Programming and broadcasting activities	25.7	27.2	21.4	..	..	..	..	..
61	Telecommunications	202.9	234.3	319.0	276.7 e	164.7	..	..	..
62-63	IT and other information services	745.4	757.7	776.7	944.7 e	1 301.5	..	..	..
62	Computer programming, consultancy and related activities	728.5	738.2	751.1	912.0 e	1 258.6	..	..	..
63	Information service activities	16.9	19.6	25.6	32.7 e	42.9	..	..	..
64-66	Financial and insurance activities	1 813.6	1 844.0	1 975.6	1 973.9 e	2 137.2	2 120.1 e	2 185.8	..
68-82	Real estate; professional, scientific and technical; administrative and support	1 268.9	1 316.8	1 391.0	1 417.4 e	1 598.8	1 621.6 e	1 684.4	..
68	Real estate activities	11.8	9.2	15.2	22.2 e	32.8	40.1 e	48.1	..
69-75x72	Professional, scientific and technical activities, except scientific R&D	574.9	637.2	668.0	..	..	..	..	..
72	Scientific research and development	464.0	427.6	454.9	..	..	..	..	..
77-82	Administrative and support service activities	218.1	242.8	252.9	247.9 e	264.2 e	257.3 e	260.1	..
84-99	**Community, social and personal services**	112.1	117.8	149.2	167.6 e	207.2	246.9 e	305.3	..
84-85	Public administration and defence; compulsory social security and education	10.9	13.5	17.5	19.2 e	23.1	..	..	..
86-88	Human health and social work activities	53.5	53.2	62.5	57.2 e	50.9	..	..	..
90-93	Arts, entertainment and recreation	23.4	27.3	47.9	60.8 e	77.9	..	..	..
94-99	Other services; household-employers; extraterritorial bodies	24.2	23.9	21.2	30.3 e	55.3	..	..	..

.. Not available; e Estimated value
Note: Detailed metadata at: http://metalinks.oecd.org/anberd/20181213/8c73.

AUSTRALIA

R&D expenditure in industry by main activity of the enterprise, constant prices
ISIC Rev. 4

2010 USD PPP

ISIC	Activity	2009	2010	2011	2012	2013	2014	2015	2016
	TOTAL BUSINESS ENTERPRISE	11 861.9	11 994.1	11 978.9	12 072.4 e	12 168.5	11 526.1 e	10 883.4	..
01-03	**AGRICULTURE, FORESTRY AND FISHING**	130.1	122.6	124.0	139.4 e	156.7	160.5 e	162.1	..
05-09	**MINING AND QUARRYING**	2 628.0	2 556.9	2 683.4	2 344.9 e	1 827.1	1 441.8 e	1 225.6	..
10-33	**MANUFACTURING**	3 028.3	3 213.5	2 942.8	2 977.4 e	3 151.4	2 939.2 e	2 577.3	..
10-12	Food products, beverages and tobacco	347.1	401.6	358.5	380.5 e	444.8	..	..	..
13-15	Textiles, wearing apparel, leather and related products	20.5	30.7	34.5	33.8 e	29.7	..	..	..
13	Textiles	11.8	14.6	16.6	..	..	..	..	..
14	Wearing apparel	4.6	5.4 e	4.5	..	..	..	..	..
15	Leather and related products, footwear	4.1	10.7 e	13.4	..	..	..	..	..
16-18	Wood and paper products and printing	184.7	144.7	67.9	47.4 e	64.1	..	..	..
16	Wood and wood products, except furniture	40.7	41.6	25.0	..	..	..	..	..
17	Paper and paper products	..	..	31.6	..	..	..	..	..
18	Printing and reproduction of recorded media	..	..	11.3	..	..	..	..	..
19-23	Chemical, rubber, plastic, non-metallic mineral products	673.9	689.4	704.4	758.4 e	800.5	..	..	..
19	Coke and refined petroleum products	54.9	60.9	59.2	77.4 e	107.4	..	..	..
20-21	Chemical and pharmaceutical products	464.7	489.4	511.6	534.7 e	533.3	..	..	..
20	Chemicals and chemical products	193.0	237.2	247.6	230.6 e	191.2	..	..	..
21	Pharmaceuticals, medicinal, chemical and botanical products	271.6	252.2	264.0	304.2 e	342.1	..	..	..
22	Rubber and plastic products	51.5	65.8	66.8	68.6 e	70.0	..	..	..
23	Other non-metallic mineral products	102.8	73.3	66.8	77.7 e	89.7	..	..	..
24-25	Basic metals, metal products, except machinery and equipment	443.5	533.5	476.8	419.0 e	375.6 e	..	..	..
24	Basic metals	310.1	346.9	330.4	281.3 e	213.9	..	..	..
25	Fabricated metal products, except machinery and equipment	133.3	186.6	146.3	137.7 e	161.6 e	..	..	..
26-30	Computer, electronic, optical products; electrical machinery, transport equipment	1 197.2	1 230.4	1 097.4	1 117.5 e	1 212.1 e	..	..	..
26	Computer, electronic and optical products	260.0	249.0	235.1	..	..	..	..	..
27	Electrical equipment	65.9	62.7	85.7	..	..	..	..	..
28	Machinery and equipment n.e.c.	269.2	288.3	236.4	..	..	..	..	..
29	Motor vehicles, trailers and semi-trailers	461.4	470.3	435.4	..	..	..	..	..
30	Other transport equipment	140.8	160.1	104.9	..	..	..	..	..
31-33	Furniture; repair, installation of machinery and equipment	161.4	183.1	203.4	220.7 e	224.5	..	..	..
31	Furniture	6.9	7.9	12.0	13.1 e	10.8	..	..	..
32	Other manufacturing	141.6	162.2	173.7	185.6 e	189.7	..	..	..
33	Repair and installation of machinery and equipment	13.0	13.0	17.7	22.0 e	24.1	..	..	..
35-39	**ELECTRICITY, GAS, WATER AND WASTE MANAGEMENT**	287.6	281.0	247.2	220.2 e	203.6	182.2 e	164.3	..
35-36	Electricity, gas and water	206.1	185.2	171.6	149.8 e	120.7	..	..	..
37-39	Sewerage, waste management and remediation activities	81.4	95.8	75.7	70.5 e	82.9	..	..	..
41-43	**CONSTRUCTION**	612.6	669.9	535.8	517.6 e	557.8	478.0 e	330.6	..
45-99	**TOTAL SERVICES**	5 175.5	5 149.3	5 445.6	5 872.9 e	6 271.9	6 324.4 e	6 423.5	..
45-82	**Business sector services**	5 061.1	5 031.4	5 298.3	5 703.9 e	6 078.4	6 091.2 e	6 130.1	..
45-47	Wholesale and retail trade; motor vehicle and motorcycle repairs	628.4	551.1	566.2	680.3 e	791.2	777.9 e	714.9	..
49-53	Transportation and storage	182.8	194.6	191.4	216.2 e	234.3	194.7 e	124.8	..
55-56	Accommodation and food service activities	15.7	10.4	14.1	15.6 e	15.7	17.4 e	21.2	..
58-63	Information and communication	1 088.8	1 115.5	1 200.6	1 371.4 e	1 546.9	1 567.0 e	1 550.4	..
58-60	Publishing, audiovisual and broadcasting activities	121.1	123.6	118.0	139.5 e	177.0	..	..	..
58	Publishing activities	81.3	82.8	83.6	99.5 e	123.7	..	..	..
59-60	Motion picture, video and TV programme production; broadcasting activities	39.8	40.8	34.3	40.0 e	53.3	..	..	..
59	Motion picture, video and TV programme production; sound and music	13.5	13.5	13.2	..	..	..	..	..
60	Programming and broadcasting activities	26.3	27.2	21.1	..	..	..	..	..
61	Telecommunications	207.0	234.3	315.1	279.1 e	153.9	..	..	..
62-63	IT and other information services	760.6	757.7	767.4	952.8 e	1 215.9	..	..	..
62	Computer programming, consultancy and related activities	743.4	738.2	742.1	919.8 e	1 175.8	..	..	..
63	Information service activities	17.3	19.6	25.3	33.0 e	40.1	..	..	..
64-66	**Financial and insurance activities**	1 850.7	1 844.0	1 951.8	1 990.8 e	1 996.6	2 002.6 e	2 100.3	..
68-82	**Real estate; professional, scientific and technical; administrative and support**	1 294.8	1 316.8	1 374.2	1 429.5 e	1 493.6	1 531.6 e	1 618.5	..
68	Real estate activities	12.0	9.2	15.0	22.3 e	30.6	37.9 e	46.2	..
69-75x72	Professional, scientific and technical activities, except scientific R&D	586.7	637.2	660.0	..	..	..	..	..
72	Scientific research and development	473.5	427.6	449.4	..	..	..	..	..
77-82	Administrative and support service activities	222.6	242.8	249.8	250.0 e	246.8 e	243.0 e	249.9	..
84-99	Community, social and personal services	114.4	117.8	147.4	169.0 e	193.5	233.2 e	293.4	..
84-85	Public administration and defence; compulsory social security and education	11.1	13.5	17.3	19.4 e	21.6	..	..	..
86-88	Human health and social work activities	54.6	53.2	61.7	57.7 e	47.6	..	..	..
90-93	Arts, entertainment and recreation	23.9	27.3	47.3	61.3 e	72.8	..	..	..
94-99	Other services; household-employers; extraterritorial bodies	24.7	23.9	21.0	30.6 e	51.6	..	..	..

.. Not available; e Estimated value
Note: Detailed metadata at: http://metalinks.oecd.org/anberd/20181213/8c73.

AUSTRIA

R&D expenditure in industry by main activity of the enterprise, current prices
ISIC Rev. 4

Million USD PPP

		2009	2010	2011	2012	2013	2014	2015	2016
	TOTAL BUSINESS ENTERPRISE	**6 036.3**	**6 560.7**	**6 847.5**	**8 038.4**	**8 504.0**	**9 118.3**	**9 384.2**	..
01-03	**AGRICULTURE, FORESTRY AND FISHING**	1.7	2.0 e	2.4	3.7 e	4.3	4.0 e	2.8	..
05-09	**MINING AND QUARRYING**	5.3	6.6 e	7.2	5.3 e	3.7	7.2 e	13.7	..
10-33	**MANUFACTURING**	**4 071.8**	**4 298.3 e**	**4 361.2**	**5 031.3 e**	**5 276.3**	**5 631.1 e**	**5 778.0**	..
10-12	Food products, beverages and tobacco	38.0	37.1 e	34.5	45.4 e	54.3	57.8 e	54.8	..
13-15	Textiles, wearing apparel, leather and related products	26.8 e	24.6 e	23.3 e	26.1 e	26.3 e	25.8 e	23.4 e	..
13	Textiles	14.2	12.8 e	12.8	15.7 e	16.8	17.0 e	15.6	..
14	Wearing apparel	8.7 e	8.2 e	7.3 e	7.1 e	5.9 e	4.9 e	3.8 e	..
15	Leather and related products, footwear	3.9	3.7 e	3.2	3.4 e	3.6	3.9 e	4.0	..
16-18	Wood and paper products and printing	63.7	68.8 e	65.3	71.5 e	72.8	76.0 e	76.5	..
16	Wood and wood products, except furniture	21.5	21.5 e	18.4	21.4 e	25.2	29.7 e	33.1	..
17	Paper and paper products	17.0	24.0 e	28.4	30.5 e	28.2	29.5 e	31.9	..
18	Printing and reproduction of recorded media	25.1	23.3 e	18.6	19.5 e	19.4	16.8 e	11.6	..
19-23	Chemical, rubber, plastic, non-metallic mineral products	669.4	705.6 e	745.5 e	895.1 e	950.8 e	991.4 e	974.5 e	..
19	Coke and refined petroleum products	15.3 e	14.4 e	12.9 e	12.4 e	10.4 e	8.7 e	6.7 e	..
20-21	Chemical and pharmaceutical products	431.8	443.9 e	462.9	557.6 e	593.9	613.5 e	592.5	..
20	Chemicals and chemical products	203.6	244.5 e	258.0	266.0 e	236.8	229.1 e	224.6	..
21	Pharmaceuticals, medicinal, chemical and botanical products	228.2	199.4 e	204.8	291.6 e	357.1	384.4 e	367.9	..
22	Rubber and plastic products	135.4	145.3 e	157.6	202.2 e	227.7	243.8 e	242.1	..
23	Other non-metallic mineral products	86.8	102.0 e	112.1	122.9 e	118.7	125.4 e	133.3	..
24-25	Basic metals, metal products, except machinery and equipment	306.3	315.0 e	325.8	434.9 e	503.5	517.8 e	471.5	..
24	Basic metals	155.6	144.7 e	145.6	226.6 e	288.1	290.0 e	238.6	..
25	Fabricated metal products, except machinery and equipment	150.7	170.3 e	180.2	208.3 e	215.3	227.9 e	232.9	..
26-30	Computer, electronic, optical products; electrical machinery, transport equipment	2 811.5	2 961.8 e	2 962.4	3 334.9 e	3 456.1	3 745.6 e	3 956.6	..
26	Computer, electronic and optical products	624.8	673.6 e	630.1	713.6 e	772.3	855.6 e	909.3	..
27	Electrical equipment	978.5	948.1 e	885.0	908.2 e	863.1	894.6 e	929.2	..
28	Machinery and equipment n.e.c.	646.2	737.6 e	817.6	1 015.9 e	1 116.4	1 216.3 e	1 257.8	..
29	Motor vehicles, trailers and semi-trailers	436.8	464.1 e	489.4	561.1 e	581.0	632.7 e	674.6	..
30	Other transport equipment	125.3	138.4 e	140.3	136.1 e	123.3	146.5 e	185.8	..
31-33	Furniture; repair, installation of machinery and equipment	156.1	185.6 e	204.3	223.4 e	212.5	216.7 e	220.7	..
31	Furniture	19.9	20.8 e	24.1	23.0 e	16.4	13.2 e	11.6	..
32	Other manufacturing	110.9	116.8 e	111.1	114.7 e	108.0	108.2 e	107.3	..
33	Repair and installation of machinery and equipment	25.3	47.9 e	69.1	85.7 e	88.1	95.3 e	101.7	..
35-39	**ELECTRICITY, GAS, WATER AND WASTE MANAGEMENT**	15.3	20.8 e	24.4	25.1 e	22.9	27.0 e	33.8	..
35-36	Electricity, gas and water	12.6	16.9 e	19.2	20.2 e	18.5	19.6 e	21.6	..
37-39	Sewerage, waste management and remediation activities	2.8	3.9 e	5.2	4.8 e	4.4	7.4 e	12.2	..
41-43	**CONSTRUCTION**	34.5	50.7 e	57.1	55.2 e	50.3	66.6 e	93.3	..
45-99	**TOTAL SERVICES**	**1 907.7**	**2 182.4 e**	**2 395.3**	**2 917.9 e**	**3 146.5**	**3 382.5 e**	**3 462.5**	..
45-82	**Business sector services**	1 904.4	2 177.4 e	2 389.7	2 912.2 e	3 141.3	3 376.3 e	3 454.5	..
45-47	Wholesale and retail trade; motor vehicle and motorcycle repairs	303.3	342.7 e	361.3	416.9 e	426.6	438.4 e	430.6	..
49-53	Transportation and storage	7.9	6.8 e	6.6	9.5 e	12.7	16.2 e	19.0	..
55-56	Accommodation and food service activities	0.0	0.0 e	0.0	0.0 e	0.0	0.0 e	0.0	..
58-63	Information and communication	263.9	327.3 e	415.9	512.7 e	535.1	574.6 e	600.4	..
58-60	Publishing, audiovisual and broadcasting activities	14.0	13.6 e	26.4	39.3 e	44.8	50.7 e	55.0	..
58	Publishing activities	12.7	12.6 e	24.7	37.1 e	42.5	47.5 e	50.4	..
59-60	Motion picture, video and TV programme production; broadcasting activities	1.3	1.0 e	1.7	2.1 e	2.3	3.3 e	4.6	..
59	Motion picture, video and TV programme production; sound and music	..	..	..	..	..	..	..	..
60	Programming and broadcasting activities	..	..	..	..	..	..	..	..
61	Telecommunications	53.5	60.1 e	60.3	58.2 e	48.3	45.3 e	44.7	..
62-63	IT and other information services	196.4	253.6 e	329.2	415.2 e	442.0	478.5 e	500.6	..
62	Computer programming, consultancy and related activities	174.4	193.6 e	223.1	295.3 e	341.9	384.4 e	405.9	..
63	Information service activities	21.9	60.0 e	106.1	119.9 e	100.1	94.1 e	94.7	..
64-66	**Financial and insurance activities**	53.6	55.4 e	36.0	22.4 e	14.5	16.3 e	22.9	..
68-82	**Real estate; professional, scientific and technical; administrative and support**	1 275.8	1 445.2 e	1 569.7	1 950.7 e	2 152.5	2 330.8 e	2 381.6	..
68	Real estate activities	0.3	0.2 e	0.7	1.8 e	2.8	3.1 e	3.0	..
69-75x72	Professional, scientific and technical activities, except scientific R&D	508.0	572.9 e	625.3	745.0 e	796.5	879.0 e	939.5	..
72	Scientific research and development	759.9	860.5 e	931.0	1 193.1 e	1 345.9	1 440.3 e	1 427.1	..
77-82	Administrative and support service activities	7.5	11.6 e	12.8	10.7 e	7.3	8.4 e	12.1	..
84-99	**Community, social and personal services**	3.3	5.0 e	5.6	5.6 e	5.1	6.2 e	8.0	..
84-85	Public administration and defence; compulsory social security and education	2.0	2.8 e	3.1	3.0 e	2.3	1.7 e	1.2	..
86-88	Human health and social work activities	0.2	0.4 e	0.8	1.4 e	1.9	2.4 e	2.8	..
90-93	Arts, entertainment and recreation	0.6	0.8 e	0.6	0.3 e	0.3	1.0 e	2.1	..
94-99	Other services; household-employers; extraterritorial bodies	0.4	0.9 e	1.2	0.9 e	0.6	1.1 e	2.0	..

.. Not available; e Estimated value
Note: Detailed metadata at: http://metalinks.oecd.org/anberd/20181213/8c73.

AUSTRIA

R&D expenditure in industry by main activity of the enterprise, constant prices
ISIC Rev. 4

2010 USD PPP

		2009	2010	2011	2012	2013	2014	2015	2016
	TOTAL BUSINESS ENTERPRISE	6 105.5	6 560.7	6 643.8	7 479.4	7 627.6	8 037.0	8 086.8	..
01-03	AGRICULTURE, FORESTRY AND FISHING	1.8	2.0 e	2.3	3.4 e	3.9	3.5 e	2.4	..
05-09	MINING AND QUARRYING	5.4	6.6 e	7.0	5.0 e	3.3	6.3 e	11.8	..
10-33	MANUFACTURING	4 118.4	4 298.3 e	4 231.5	4 681.4 e	4 732.5	4 963.4 e	4 979.2	..
10-12	Food products, beverages and tobacco	38.5	37.1 e	33.5	42.3 e	48.7	51.0 e	47.2	..
13-15	Textiles, wearing apparel, leather and related products	27.1 e	24.6 e	22.6 e	24.3 e	23.6 e	22.7 e	20.2 e	..
13	Textiles	14.3	12.8 e	12.5	14.6 e	15.1	15.0 e	13.5	..
14	Wearing apparel	8.8 e	8.2 e	7.1 e	6.6 e	5.3 e	4.3 e	3.3 e	..
15	Leather and related products, footwear	4.0	3.7 e	3.1	3.2 e	3.2	3.4 e	3.4	..
16-18	Wood and paper products and printing	64.4	68.8 e	63.4	66.5 e	65.3	67.0 e	66.0	..
16	Wood and wood products, except furniture	21.8	21.5 e	17.8	19.9 e	22.6	26.2 e	28.5	..
17	Paper and paper products	17.2	24.0 e	27.5	28.4 e	25.3	26.0 e	27.5	..
18	Printing and reproduction of recorded media	25.4	23.3 e	18.0	18.2 e	17.4	14.8 e	10.0	..
19-23	Chemical, rubber, plastic, non-metallic mineral products	677.0 e	705.6 e	723.3 e	832.8 e	852.8 e	873.8 e	839.8 e	..
19	Coke and refined petroleum products	15.5 e	14.4 e	12.5 e	11.6 e	9.4 e	7.7 e	5.7 e	..
20-21	Chemical and pharmaceutical products	436.8	443.9 e	449.1	518.8 e	532.7	540.7 e	510.5	..
20	Chemicals and chemical products	206.0	244.5 e	250.4	247.5 e	212.4	201.9 e	193.5	..
21	Pharmaceuticals, medicinal, chemical and botanical products	230.8	199.4 e	198.8	271.3 e	320.3	338.8 e	317.0	..
22	Rubber and plastic products	137.0	145.3 e	152.9	188.1 e	204.2	214.9 e	208.6	..
23	Other non-metallic mineral products	87.8	102.0 e	108.8	114.3 e	106.4	110.5 e	114.9	..
24-25	Basic metals, metal products, except machinery and equipment	309.8	315.0 e	316.1	404.6 e	451.6	456.4 e	406.3	..
24	Basic metals	157.4	144.7 e	141.3	210.8 e	258.4	255.6 e	205.6	..
25	Fabricated metal products, except machinery and equipment	152.5	170.3 e	174.8	193.8 e	193.2	200.8 e	200.7	..
26-30	Computer, electronic, optical products; electrical machinery, transport equipment	2 843.8	2 961.8 e	2 874.3	3 103.0 e	3 099.9	3 301.5 e	3 409.7	..
26	Computer, electronic and optical products	631.9	673.6 e	611.3	663.9 e	692.7	754.1 e	783.6	..
27	Electrical equipment	989.7	948.1 e	858.7	845.1 e	774.2	788.5 e	800.7	..
28	Machinery and equipment n.e.c.	653.6	737.6 e	793.3	945.2 e	1 001.4	1 072.0 e	1 083.9	..
29	Motor vehicles, trailers and semi-trailers	441.8	464.1 e	474.9	522.1 e	521.1	557.7 e	581.3	..
30	Other transport equipment	126.8	138.4 e	136.1	126.7 e	110.6	129.1 e	160.1	..
31-33	Furniture; repair, installation of machinery and equipment	157.8	185.5 e	198.2	207.9 e	190.6	191.0 e	190.2	..
31	Furniture	20.1	20.8 e	23.4	21.4 e	14.7	11.6 e	10.0	..
32	Other manufacturing	112.1	116.8 e	107.8	106.7 e	96.9	95.4 e	92.5	..
33	Repair and installation of machinery and equipment	25.6	47.9 e	67.0	79.8 e	79.1	84.0 e	87.7	..
35-39	ELECTRICITY, GAS, WATER AND WASTE MANAGEMENT	15.5	20.8 e	23.7	23.3 e	20.6	23.8 e	29.1	..
35-36	Electricity, gas and water	12.7	16.9 e	18.7	18.8 e	16.6	17.2 e	18.6	..
37-39	Sewerage, waste management and remediation activities	2.8	3.9 e	5.0	4.5 e	4.0	6.5 e	10.6	..
41-43	CONSTRUCTION	34.9	50.7 e	55.4	51.4 e	45.2	58.7 e	80.4	..
45-99	**TOTAL SERVICES**	1 929.5	2 182.4 e	2 324.0	2 714.9 e	2 822.2	2 981.4 e	2 983.8	..
45-82	**Business sector services**	1 926.2	2 177.4 e	2 318.6	2 709.7 e	2 817.6	2 975.9 e	2 976.9	..
45-47	Wholesale and retail trade; motor vehicle and motorcycle repairs	306.8	342.7 e	350.6	387.9 e	382.6	386.4 e	371.1	..
49-53	Transportation and storage	8.0	6.8 e	6.4	8.8 e	11.4	14.3 e	16.4	..
55-56	Accommodation and food service activities	0.0	0.0 e	0.0	0.0 e	0.0	0.0 e	0.0	..
58-63	Information and communication	266.9	327.3 e	403.6	477.0 e	479.9	506.4 e	517.4	..
58-60	Publishing, audiovisual and broadcasting activities	14.2	13.6 e	25.7	36.5 e	40.2	44.7 e	47.4	..
58	Publishing activities	12.9	12.6 e	24.0	34.6 e	38.1	41.8 e	43.4	..
59-60	Motion picture, video and TV programme production; broadcasting activities	1.3	1.0 e	1.7	2.0 e	2.0	2.9 e	4.0	..
59	Motion picture, video and TV programme production; sound and music	..	..	..	..	..	..	..	..
60	Programming and broadcasting activities	..	..	..	..	..	..	..	..
61	Telecommunications	54.1	60.1 e	58.5	54.2 e	43.3	40.0 e	38.5	..
62-63	IT and other information services	198.6	253.6 e	319.4	386.3 e	396.5	421.8 e	431.4	..
62	Computer programming, consultancy and related activities	176.4	193.6 e	216.4	274.8 e	306.7	338.8 e	349.8	..
63	Information service activities	22.2	60.0 e	102.9	111.5 e	89.8	83.0 e	81.6	..
64-66	Financial and insurance activities	54.2	55.4 e	35.0	20.9 e	13.0	14.4 e	19.7	..
68-82	Real estate; professional, scientific and technical; administrative and support	1 290.4	1 445.2 e	1 523.0	1 815.0 e	1 930.7	2 054.4 e	2 052.4	..
68	Real estate activities	0.3	0.2 e	0.6	1.7 e	2.5	2.8 e	2.6	..
69-75x72	Professional, scientific and technical activities, except scientific R&D	513.8	572.9 e	606.7	693.2 e	714.4	774.7 e	809.6	..
72	Scientific research and development	768.6	860.5 e	903.3	1 110.1 e	1 207.2	1 269.5 e	1 229.8	..
77-82	Administrative and support service activities	7.6	11.6 e	12.4	10.0 e	6.6	7.4 e	10.4	..
84-99	Community, social and personal services	3.3	5.0 e	5.4	5.2 e	4.6	5.5 e	6.9	..
84-85	Public administration and defence; compulsory social security and education	2.0	2.8 e	3.0	2.8 e	2.1	1.5 e	1.0	..
86-88	Human health and social work activities	0.2	0.4 e	0.8	1.3 e	1.7	2.1 e	2.4	..
90-93	Arts, entertainment and recreation	0.7	0.8 e	0.6	0.3 e	0.3	0.9 e	1.8	..
94-99	Other services; household-employers; extraterritorial bodies	0.4	0.9 e	1.1	0.9 e	0.6	1.0 e	1.7	..

.. Not available; e Estimated value
Note: Detailed metadata at: http://metalinks.oecd.org/anberd/20181213/8c73.

BELGIUM

R&D expenditure in industry by main activity of the enterprise, current prices
ISIC Rev. 4

Million USD PPP

ISIC	Activity	2009	2010	2011	2012	2013	2014	2015	2016
	TOTAL BUSINESS ENTERPRISE	5 381.5	6 015.3	6 747.6	7 479.2	7 885.3	8 342.7	8 830.9	..
01-03	**AGRICULTURE, FORESTRY AND FISHING**	31.8	29.8	31.1	18.6	20.4	7.7	13.5	..
05-09	**MINING AND QUARRYING**	1.9	6.0	7.7	1.5	2.3	6.0	7.8	..
10-33	**MANUFACTURING**	3 476.7	3 608.3	4 246.0	4 468.8	4 663.3	4 605.5	4 823.8	..
10-12	Food products, beverages and tobacco	119.9	133.9	146.3	132.7	138.3	168.8 e	184.6 e	..
13-15	Textiles, wearing apparel, leather and related products	54.1	60.2	68.0	59.7	67.7	82.6 e	90.4 e	..
13	Textiles	45.8	49.9	52.4	40.6	46.2	..	..	..
14	Wearing apparel	2.7	6.2	6.4	7.4	8.7	..	..	..
15	Leather and related products, footwear	5.6	4.1	9.2	11.6	12.8	..	..	..
16-18	Wood and paper products and printing	22.2	19.5	23.4	32.3	36.4	30.9	30.3	..
16	Wood and wood products, except furniture	6.1	6.0	6.8	14.9	17.0	5.9	6.0	..
17	Paper and paper products	10.6	9.8	12.5	13.2	14.6	22.0	20.8	..
18	Printing and reproduction of recorded media	5.4	3.6	4.1	4.3	4.8	3.0	3.5	..
19-23	Chemical, rubber, plastic, non-metallic mineral products	1 856.0	1 897.6	2 331.7	2 505.7	2 583.4	2 612.8 e	2 682.6 e	..
19	Coke and refined petroleum products	14.9	6.8	7.9	11.5	12.1	14.8 e	16.2 e	..
20-21	Chemical and pharmaceutical products	1 672.8	1 716.2	2 137.4	2 314.4	2 390.1	2 391.6	2 443.5	..
20	Chemicals and chemical products	325.4	348.6	421.0	458.4	460.7	443.1	457.5	..
21	Pharmaceuticals, medicinal, chemical and botanical products	1 347.5	1 367.6	1 716.4	1 856.0	1 929.4	1 948.5	1 986.0	..
22	Rubber and plastic products	96.2	102.7	109.6	111.9	112.9	129.3	141.6	..
23	Other non-metallic mineral products	72.1	71.9	76.9	68.0	68.3	77.1	81.3	..
24-25	Basic metals, metal products, except machinery and equipment	184.6	236.7	276.0	299.5	287.8	301.1 e	311.9 e	..
24	Basic metals	111.5	135.8	169.0	171.7	155.1	174.5 e	180.1 e	..
25	Fabricated metal products, except machinery and equipment	73.2	100.9	107.0	127.9	132.7	126.6	131.8	..
26-30	Computer, electronic, optical products; electrical machinery, transport equipment	1 199.0	1 223.6	1 359.4	1 378.5	1 481.1	1 358.8	1 463.8	..
26	Computer, electronic and optical products	532.4	489.1	511.4	555.7	593.4	550.1	577.6	..
27	Electrical equipment	231.5	241.5	266.7	169.4	170.4	184.3	183.2	..
28	Machinery and equipment n.e.c.	227.2	259.9	289.0	359.7	376.0	324.7	356.1	..
29	Motor vehicles, trailers and semi-trailers	99.0	106.3	136.2	153.6	183.6	143.9	162.5	..
30	Other transport equipment	108.8	126.9	156.2	140.1	157.7	155.9	184.4	..
31-33	Furniture; repair, installation of machinery and equipment	40.9	36.8	41.1	60.4	68.5	50.4	60.3	..
31	Furniture	10.7	9.7	10.4	12.5	12.6	9.6	10.4	..
32	Other manufacturing	15.1	14.2	16.2	21.1	25.0	21.3	25.5	..
33	Repair and installation of machinery and equipment	15.1	12.9	14.5	26.8	30.9	19.5	24.3	..
35-39	**ELECTRICITY, GAS, WATER AND WASTE MANAGEMENT**	19.5	60.7	68.8	107.3	127.4	101.4	108.3	..
35-36	Electricity, gas and water	11.6	41.8	51.7	91.3	104.9	76.7	83.6	..
37-39	Sewerage, waste management and remediation activities	7.9	18.8	17.2	15.9	22.5	24.7	24.8	..
41-43	**CONSTRUCTION**	58.6	76.3	67.6	44.0	48.6	49.8	65.1	..
45-99	**TOTAL SERVICES**	1 793.0	2 234.2	2 326.4	2 839.0	3 023.3	3 572.5	3 812.2	..
45-82	**Business sector services**	1 785.4	2 222.8	2 311.9	2 833.5	3 017.7	3 552.3	3 783.5	..
45-47	Wholesale and retail trade; motor vehicle and motorcycle repairs	128.0	166.8	162.1	339.3	353.4	405.1	424.2	..
49-53	Transportation and storage	19.6	14.5	18.1	17.0	21.5	31.8	35.5	..
55-56	Accommodation and food service activities	1.3	0.0	0.0	0.1	0.0	0.0 e	0.0 e	..
58-63	Information and communication	440.5	591.9	670.6	659.9	673.2	769.1	811.0	..
58-60	Publishing, audiovisual and broadcasting activities	22.0	27.4	31.9	51.1	55.8	79.2	90.9	..
58	Publishing activities	14.9	20.2	22.1	44.8	47.8	58.7	69.5	..
59-60	Motion picture, video and TV programme production; broadcasting activities	7.1	7.2	9.8	6.2	8.0	20.5	21.4	..
59	Motion picture, video and TV programme production; sound and music	2.2	5.3	7.5	3.6	4.5	..	..	..
60	Programming and broadcasting activities	4.9	1.9	2.3	2.6	3.5	..	..	..
61	Telecommunications	140.3	206.7	249.7	112.4	94.5	85.4	90.4	..
62-63	IT and other information services	278.2	357.8	389.0	496.5	522.9	604.5	629.8	..
62	Computer programming, consultancy and related activities	240.6	319.5	353.3	460.9	485.5	555.7	581.9	..
63	Information service activities	37.6	38.3	35.7	35.6	37.3	48.8	47.9	..
64-66	Financial and insurance activities	122.5	120.6	125.9	214.1	218.3	306.1	315.6	..
68-82	Real estate; professional, scientific and technical; administrative and support	1 073.5	1 329.0	1 335.2	1 603.2	1 751.3	2 040.2	2 197.2	..
68	Real estate activities	0.3	0.9	0.9	1.4	1.5	0.9 e	0.9 e	..
69-75x72	Professional, scientific and technical activities, except scientific R&D	496.3	660.4	682.0	743.2	830.9	892.0	978.3	..
72	Scientific research and development	460.6	636.4	618.6	809.8	869.8	1 017.7	1 084.9	..
77-82	Administrative and support service activities	116.3	31.2	33.7	48.8	49.1	129.6	133.0	..
84-99	**Community, social and personal services**	7.6	11.4	14.5	5.5	5.6	20.1	28.7	..
84-85	Public administration and defence; compulsory social security and education	1.0	0.9	1.0	0.7 e	0.6 e	0.3	0.8	..
86-88	Human health and social work activities	5.2	9.2	12.0	4.1	4.0	17.3	25.1	..
90-93	Arts, entertainment and recreation	0.4	0.0	0.0	0.2 e	0.4 e	0.6	0.8	..
94-99	Other services; household-employers; extraterritorial bodies	1.0	1.3	1.5	0.6	0.7	1.9	2.0	..

.. Not available; e Estimated value

Note: Detailed metadata at: http://metalinks.oecd.org/anberd/20181213/8c73.

BELGIUM

R&D expenditure in industry by main activity of the enterprise, constant prices
ISIC Rev. 4

2010 USD PPP

		2009	2010	2011	2012	2013	2014	2015	2016
	TOTAL BUSINESS ENTERPRISE	5 576.4	6 015.3	6 584.2	7 072.7	7 236.1	7 549.2	7 913.7	..
01-03	**AGRICULTURE, FORESTRY AND FISHING**	33.0	29.8	30.3	17.6	18.7	7.0	12.1	..
05-09	**MINING AND QUARRYING**	2.0	6.0	7.6	1.4	2.1	5.4	7.0	..
10-33	**MANUFACTURING**	3 602.6	3 608.3	4 143.2	4 225.9	4 279.4	4 167.4	4 322.8	..
10-12	Food products, beverages and tobacco	124.2	133.9	142.8	125.5	126.9	152.7 e	165.4 e	..
13-15	Textiles, wearing apparel, leather and related products	56.1	60.2	66.4	56.5	62.2	74.8 e	81.0 e	..
13	Textiles	47.4	49.9	51.2	38.4	42.4	..	..	..
14	Wearing apparel	2.8	6.2	6.2	7.0	8.0	..	..	..
15	Leather and related products, footwear	5.8	4.1	9.0	11.0	11.7	..	..	..
16-18	Wood and paper products and printing	23.0	19.5	22.8	30.6	33.4	28.0	27.2	..
16	Wood and wood products, except furniture	6.3	6.0	6.6	14.1	15.6	5.3	5.4	..
17	Paper and paper products	11.0	9.8	12.2	12.4	13.4	19.9	18.7	..
18	Printing and reproduction of recorded media	5.6	3.6	4.0	4.0	4.4	2.8	3.1	..
19-23	Chemical, rubber, plastic, non-metallic mineral products	1 923.3	1 897.6	2 275.3	2 369.5	2 370.7	2 364.3 e	2 403.9 e	..
19	Coke and refined petroleum products	15.4	6.8	7.7	10.8	11.1	13.4 e	14.5 e	..
20-21	Chemical and pharmaceutical products	1 733.4	1 716.2	2 085.7	2 188.6	2 193.3	2 164.1	2 189.7	..
20	Chemicals and chemical products	337.1	348.6	410.8	433.4	422.8	401.0	410.0	..
21	Pharmaceuticals, medicinal, chemical and botanical products	1 396.3	1 367.6	1 674.9	1 755.1	1 770.5	1 763.2	1 779.8	..
22	Rubber and plastic products	99.7	102.7	106.9	105.8	103.6	117.0	126.9	..
23	Other non-metallic mineral products	74.7	71.9	75.0	64.3	62.6	69.8	72.9	..
24-25	Basic metals, metal products, except machinery and equipment	191.3	236.7	269.3	283.3	264.1	272.4 e	279.5 e	..
24	Basic metals	115.5	135.8	164.9	162.3	142.4	157.9 e	161.4 e	..
25	Fabricated metal products, except machinery and equipment	75.8	100.9	104.4	120.9	121.8	114.5	118.1	..
26-30	Computer, electronic, optical products; electrical machinery, transport equipment	1 242.4	1 223.6	1 326.5	1 303.6	1 359.2	1 229.6	1 311.8	..
26	Computer, electronic and optical products	551.7	489.1	499.1	525.5	544.6	497.8	517.6	..
27	Electrical equipment	239.9	241.5	260.2	160.2	156.4	166.8	164.2	..
28	Machinery and equipment n.e.c.	235.5	259.9	282.0	340.2	345.0	293.8	319.1	..
29	Motor vehicles, trailers and semi-trailers	102.6	106.3	132.9	145.3	168.5	130.2	145.7	..
30	Other transport equipment	112.7	126.9	152.4	132.4	144.7	141.0	165.2	..
31-33	Furniture; repair, installation of machinery and equipment	42.3	36.8	40.1	57.1	62.8	45.6	54.0	..
31	Furniture	11.1	9.7	10.2	11.8	11.6	8.7	9.3	..
32	Other manufacturing	15.6	14.2	15.8	20.0	23.0	19.2	22.9	..
33	Repair and installation of machinery and equipment	15.6	12.9	14.2	25.3	28.3	17.7	21.8	..
35-39	**ELECTRICITY, GAS, WATER AND WASTE MANAGEMENT**	20.2	60.7	67.2	101.4	116.9	91.7	97.1	..
35-36	Electricity, gas and water	12.0	41.8	50.4	86.4	96.2	69.4	74.9	..
37-39	Sewerage, waste management and remediation activities	8.1	18.8	16.7	15.1	20.7	22.3	22.2	..
41-43	**CONSTRUCTION**	60.7	76.3	66.0	41.6	44.6	45.1	58.4	..
45-99	**TOTAL SERVICES**	1 857.9	2 234.2	2 270.1	2 684.7	2 774.4	3 232.6	3 416.3	..
45-82	**Business sector services**	1 850.0	2 222.8	2 255.9	2 679.5	2 769.2	3 214.4	3 390.6	..
45-47	Wholesale and retail trade; motor vehicle and motorcycle repairs	132.6	166.8	158.1	320.8	324.3	366.6	380.2	..
49-53	Transportation and storage	20.3	14.5	17.7	16.1	19.7	28.7	31.8	..
55-56	Accommodation and food service activities	1.3	0.0	0.0	0.1	0.0	0.0 e	0.0 e	..
58-63	Information and communication	456.5	591.9	654.4	624.0	617.7	696.0	726.8	..
58-60	Publishing, audiovisual and broadcasting activities	22.8	27.4	31.2	48.3	51.2	71.7	81.4	..
58	Publishing activities	15.4	20.2	21.6	42.4	43.9	53.1	62.3	..
59-60	Motion picture, video and TV programme production; broadcasting activities	7.4	7.2	9.6	5.9	7.3	18.5	19.2	..
59	Motion picture, video and TV programme production; sound and music	2.3	5.3	7.3	3.4	4.1	..	..	..
60	Programming and broadcasting activities	5.1	1.9	2.2	2.5	3.2	..	..	..
61	Telecommunications	145.4	206.7	243.6	106.3	86.7	77.3	81.0	..
62-63	IT and other information services	288.1	357.8	379.6	469.5	479.8	547.0	564.4	..
62	Computer programming, consultancy and related activities	249.3	319.5	344.7	435.9	445.6	502.8	521.4	..
63	Information service activities	38.9	38.3	34.9	33.6	34.2	44.2	42.9	..
64-66	**Financial and insurance activities**	127.0	120.6	122.8	202.4	200.4	277.0	282.8	..
68-82	**Real estate; professional, scientific and technical; administrative and support**	1 112.3	1 329.0	1 302.9	1 516.1	1 607.1	1 846.1 e	1 969.0 e	..
68	Real estate activities	0.3	0.9	0.9	1.3	1.4	0.8 e	0.8 e	..
69-75x72	Professional, scientific and technical activities, except scientific R&D	514.2	660.4	665.5	702.8	762.5	807.2	876.7	..
72	Scientific research and development	477.3	636.4	603.6	765.7	798.2	920.9	972.2	..
77-82	Administrative and support service activities	120.5	31.2	32.9	46.2	45.1	117.2	119.2	..
84-99	Community, social and personal services	7.9	11.4	14.1	5.2	5.1	18.2	25.7	..
84-85	Public administration and defence; compulsory social security and education	1.1	0.9	0.9	0.7 e	0.5 e	0.3	0.7	..
86-88	Human health and social work activities	5.4	9.2	11.7	3.8	3.6	15.6	22.5	..
90-93	Arts, entertainment and recreation	0.4	0.0	0.0	0.2 e	0.3 e	0.6	0.7	..
94-99	Other services; household-employers; extraterritorial bodies	1.0	1.3	1.4	0.6	0.6	1.7	1.8	..

.. Not available; e Estimated value
Note: Detailed metadata at: *http://metalinks.oecd.org/anberd/20181213/8c73*.

BELGIUM

R&D expenditure in industry by industry orientation, current prices
ISIC Rev. 4

Million USD PPP

		2009	2010	2011	2012	2013	2014	2015	2016
	TOTAL BUSINESS ENTERPRISE	**5 381.5**	**6 015.3**	**6 747.6**	**7 479.2**	**7 885.3**	**8 342.7**	**8 830.9**	..
01-03	**AGRICULTURE, FORESTRY AND FISHING**	92.4 e	96.8	104.3	79.0	89.8	69.6	81.9	..
05-09	**MINING AND QUARRYING**	1.9 e	6.1	7.8	6.8	6.0	6.2	8.3	..
10-33	**MANUFACTURING**	**3 932.7 e**	**4 459.4**	**5 071.8**	**5 724.4**	**5 993.2**	**6 065.9**	**6 351.7**	..
10-12	Food products, beverages and tobacco	149.8 e	182.2	180.8	200.7	202.0	297.5 e	318.3 e	..
13-15	Textiles, wearing apparel, leather and related products	54.0 e	61.9	71.0	74.6	84.2	124.1 e	132.7 e	..
13	Textiles	45.9 e	49.4	52.0	50.3	56.9	..	..	..
14	Wearing apparel	2.5 e	6.3	6.5	12.6	14.5	..	..	..
15	Leather and related products, footwear	5.6 e	6.2	12.4	11.6	12.8	..	..	..
16-18	Wood and paper products and printing	25.5 e	17.9	21.9	32.8	37.6	30.9	30.5	..
16	Wood and wood products, except furniture	6.0 e	5.5	6.3	14.6	17.2	6.2	6.8	..
17	Paper and paper products	17.0 e	9.8	12.5	14.0	15.6	21.6	20.2	..
18	Printing and reproduction of recorded media	2.5 e	2.6	3.1	4.2	4.8	3.0	3.5	..
19-23	Chemical, rubber, plastic, non-metallic mineral products	2 268.9 e	2 590.5	3 016.1	3 269.2 e	3 376.9 e	3 571.4 e	3 674.5 e	..
19	Coke and refined petroleum products	13.1 e	7.2	8.0	12.0 e	12.4 e	18.3 e	19.6 e	..
20-21	Chemical and pharmaceutical products	2 038.6 e	2 343.4	2 756.5	3 035.3	3 140.5	3 297.5	3 379.8	..
20	Chemicals and chemical products	499.9 e	605.3	688.2	774.8	778.4	795.6	801.1	..
21	Pharmaceuticals, medicinal, chemical and botanical products	1 538.7 e	1 738.1	2 068.3	2 260.5	2 362.2	2 501.8	2 578.6	..
22	Rubber and plastic products	135.6 e	155.2	160.0	129.7	129.9	150.6	165.0	..
23	Other non-metallic mineral products	81.7 e	84.7	91.5	92.2	94.0	105.0	110.2	..
24-25	Basic metals, metal products, except machinery and equipment	252.5 e	286.3	345.9	342.8	333.1	358.3	371.5	..
24	Basic metals	117.4 e	162.1	199.3	210.1	193.7	217.9	224.9	..
25	Fabricated metal products, except machinery and equipment	135.1 e	124.2	146.5	132.7	139.4	140.4	146.6	..
26-30	Computer, electronic, optical products; electrical machinery, transport equipment	1 157.2 e	1 288.6	1 401.2	1 747.1	1 892.8	1 594.2	1 710.6	..
26	Computer, electronic and optical products	646.0 e	520.1	541.4	643.7	685.0	650.3	677.3	..
27	Electrical equipment	78.3 e	176.4	201.6	172.5	173.7	186.7	185.8	..
28	Machinery and equipment n.e.c.	222.0 e	266.3	295.4	371.9	389.4	327.8	362.5	..
29	Motor vehicles, trailers and semi-trailers	94.2 e	194.3	201.8	400.1	460.6	266.2	291.1	..
30	Other transport equipment	116.6 e	131.5	161.0	158.9	184.1	163.1	194.0	..
31-33	Furniture; repair, installation of machinery and equipment	24.8 e	32.0	35.0	57.1 e	66.6 e	89.7	113.4	..
31	Furniture	..	8.7	9.2	13.8 e	14.2 e	12.2	13.0	..
32	Other manufacturing	..	21.1	23.3	39.6	48.5	62.0	81.6	..
33	Repair and installation of machinery and equipment	..	2.1	2.5	3.7 e	3.9 e	15.4	18.8	..
35-39	**ELECTRICITY, GAS, WATER AND WASTE MANAGEMENT**	17.3 e	62.0	70.0	132.2	154.9	145.4	174.5	..
35-36	Electricity, gas and water	..	42.4	52.1	113.7	129.5	114.6	140.7	..
37-39	Sewerage, waste management and remediation activities	..	19.6	17.9	18.5	25.4	30.8	33.9	..
41-43	**CONSTRUCTION**	57.7 e	80.3	73.7	79.2	84.8	79.1	98.4	..
45-99	**TOTAL SERVICES**	**1 279.4 e**	**1 310.8**	**1 420.0**	**1 457.6**	**1 556.6**	**1 976.6**	**2 116.1**	..
45-82	**Business sector services**	1 265.1 e	1 293.9	1 399.8	1 407.4	1 497.6	1 937.2	2 068.8	..
45-47	Wholesale and retail trade; motor vehicle and motorcycle repairs	51.1 e	83.4	75.7	63.8	75.6	220.1	231.5	..
49-53	Transportation and storage	19.0 e	15.0	18.4	16.3	20.0	35.0	39.5	..
55-56	Accommodation and food service activities	2.1 e	0.0	0.0	0.1 e	0.2 e	0.2	0.3	..
58-63	Information and communication	704.5 e	699.9	775.2	748.6	772.6	840.4	889.4	..
58-60	Publishing, audiovisual and broadcasting activities	..	27.4	31.7	29.8	31.1	78.4	88.8	..
58	Publishing activities	..	20.1	21.9	22.7	22.1	58.0	67.5	..
59-60	Motion picture, video and TV programme production; broadcasting activities	..	7.3	9.8	7.1	9.0	20.4	21.3	..
59	Motion picture, video and TV programme production; sound and music	..	..	..	..	..	..	..	..
60	Programming and broadcasting activities	..	..	..	..	..	..	..	..
61	Telecommunications	253.9 e	309.7	350.2	161.4	145.5	157.6	161.6	..
62-63	IT and other information services	..	362.8	393.2	557.5	596.0	604.4	639.0	..
62	Computer programming, consultancy and related activities	..	324.0	356.8	512.0	548.5	535.7	562.1	..
63	Information service activities	..	38.7	36.5	45.6	47.6	68.7	76.9	..
64-66	Financial and insurance activities	82.1 e	114.2	119.5	111.5	106.5	235.0	246.1	..
68-82	Real estate; professional, scientific and technical; administrative and support	406.3 e	381.4	411.0	467.0 e	522.8 e	606.5	662.1	..
68	Real estate activities	..	0.9	0.9	2.9 e	3.0 e	0.5	0.6	..
69-75x72	Professional, scientific and technical activities, except scientific R&D	..	344.7	370.1	446.2	500.0	536.6	593.7	..
72	Scientific research and development	8.7 e	4.9	6.2	7.4	7.6	42.4	39.6	..
77-82	Administrative and support service activities	..	30.9	33.8	10.5	12.2	26.9	28.2	..
84-99	**Community, social and personal services**	14.3 e	16.8	20.2	50.2	58.9	39.4	47.4	..
84-85	Public administration and defence; compulsory social security and education	..	1.0	1.1	3.0 e	1.9 e	0.4	0.8	..
86-88	Human health and social work activities	..	15.5	18.7	44.3	52.7	36.2	43.4	..
90-93	Arts, entertainment and recreation	..	0.0	0.0	0.6 e	1.1 e	0.8	0.9	..
94-99	Other services; household-employers; extraterritorial bodies	..	0.3	0.4	2.3 e	3.3 e	2.1	2.2	..

.. Not available; e Estimated value

Note: Detailed metadata at: http://metalinks.oecd.org/anberd/20181213/8c73.

BELGIUM

R&D expenditure in industry by industry orientation, constant prices
ISIC Rev. 4

2010 USD PPP

		2009	2010	2011	2012	2013	2014	2015	2016
	TOTAL BUSINESS ENTERPRISE	5 576.4	6 015.3	6 584.2	7 072.7	7 236.1	7 549.2	7 913.7	..
01-03	**AGRICULTURE, FORESTRY AND FISHING**	95.8 e	96.8	101.8	74.7	82.4	63.0	73.4	..
05-09	**MINING AND QUARRYING**	2.0 e	6.1	7.6	6.5	5.5	5.6	7.4	..
10-33	**MANUFACTURING**	4 075.1 e	4 459.4	4 949.0	5 413.3	5 499.8	5 488.9	5 692.0	..
10-12	Food products, beverages and tobacco	155.2 e	182.2	176.5	189.7	185.4	269.2 e	285.3 e	..
13-15	Textiles, wearing apparel, leather and related products	56.0 e	61.9	69.2	70.5	77.3	112.3 e	118.9 e	..
13	Textiles	47.5 e	49.4	50.8	47.6	52.2	..	..	..
14	Wearing apparel	2.6 e	6.3	6.4	12.0	13.3	..	..	..
15	Leather and related products, footwear	5.8 e	6.2	12.1	11.0	11.7	..	..	..
16-18	Wood and paper products and printing	26.4 e	17.9	21.4	31.0	34.5	27.9	27.3	..
16	Wood and wood products, except furniture	6.2 e	5.5	6.1	13.8	15.8	5.6	6.1	..
17	Paper and paper products	17.6 e	9.8	12.2	13.2	14.3	19.6	18.1	..
18	Printing and reproduction of recorded media	2.6 e	2.6	3.0	4.0	4.4	2.8	3.1	..
19-23	Chemical, rubber, plastic, non-metallic mineral products	2 351.1 e	2 590.5	2 943.0	3 091.6 e	3 098.9 e	3 231.7 e	3 292.9 e	..
19	Coke and refined petroleum products	13.5 e	7.2	7.8	11.4 e	11.4 e	16.6 e	17.5 e	..
20-21	Chemical and pharmaceutical products	2 112.4 e	2 343.4	2 689.7	2 870.3	2 882.0	2 983.8	3 028.8	..
20	Chemicals and chemical products	518.0 e	605.3	671.5	732.7	714.3	720.0	717.9	..
21	Pharmaceuticals, medicinal, chemical and botanical products	1 594.5 e	1 738.1	2 018.2	2 137.7	2 167.7	2 263.8	2 310.8	..
22	Rubber and plastic products	140.5 e	155.2	156.2	122.7	119.2	136.3	147.9	..
23	Other non-metallic mineral products	84.6 e	84.7	89.3	87.2	86.3	95.0	98.7	..
24-25	Basic metals, metal products, except machinery and equipment	261.7 e	286.3	337.5	324.2	305.7	324.2	332.9	..
24	Basic metals	121.6 e	162.1	194.5	198.7	177.8	197.2	201.5	..
25	Fabricated metal products, except machinery and equipment	140.0 e	124.2	143.0	125.5	127.9	127.0	131.4	..
26-30	Computer, electronic, optical products; electrical machinery, transport equipment	1 199.1 e	1 288.6	1 367.3	1 652.2	1 737.0	1 442.5	1 533.0	..
26	Computer, electronic and optical products	669.4 e	520.1	528.3	608.8	628.6	588.5	606.9	..
27	Electrical equipment	81.1 e	176.4	196.7	163.1	159.4	169.0	166.5	..
28	Machinery and equipment n.e.c.	230.0 e	266.3	288.3	351.6	357.4	296.6	324.8	..
29	Motor vehicles, trailers and semi-trailers	97.6 e	194.3	196.9	378.3	422.6	240.9	260.9	..
30	Other transport equipment	120.8 e	131.5	157.1	150.3	168.9	147.6	173.8	..
31-33	Furniture; repair, installation of machinery and equipment	25.7 e	32.0	34.1	54.0 e	61.1 e	81.1	101.6	..
31	Furniture	..	8.7	9.0	13.0 e	13.1 e	11.1	11.7	..
32	Other manufacturing	..	21.1	22.7	37.5	44.5	56.1	73.1	..
33	Repair and installation of machinery and equipment	..	2.1	2.4	3.5 e	3.5 e	13.9	16.8	..
35-39	**ELECTRICITY, GAS, WATER AND WASTE MANAGEMENT**	18.0 e	62.0	68.3	125.0	142.2	131.6	156.4	..
35-36	Electricity, gas and water	..	42.4	50.8	107.5	118.9	103.7	126.1	..
37-39	Sewerage, waste management and remediation activities	..	19.6	17.5	17.5	23.3	27.9	30.3	..
41-43	**CONSTRUCTION**	59.8 e	80.3	71.9	74.9	77.8	71.5	88.2	..
45-99	**TOTAL SERVICES**	1 325.8 e	1 310.8	1 385.6	1 378.4	1 428.4	1 788.6	1 896.4	..
45-82	**Business sector services**	1 311.0 e	1 293.9	1 365.9	1 330.9	1 374.4	1 752.9	1 853.9	..
45-47	Wholesale and retail trade; motor vehicle and motorcycle repairs	53.0 e	83.4	73.8	60.4	69.4	199.1	207.5	..
49-53	Transportation and storage	19.7 e	15.0	18.0	15.4	18.4	31.7	35.4	..
55-56	Accommodation and food service activities	2.2 e	0.0	0.0	0.1 e	0.1 e	0.2	0.2	..
58-63	Information and communication	730.0 e	699.9	756.4	708.0	709.0	760.5	797.0	..
58-60	Publishing, audiovisual and broadcasting activities	..	27.4	31.0	28.1	28.5	71.0	79.6	..
58	Publishing activities	..	20.1	21.4	21.4	20.3	52.5	60.5	..
59-60	Motion picture, video and TV programme production; broadcasting activities	..	7.3	9.6	6.7	8.2	18.5	19.1	..
59	Motion picture, video and TV programme production; sound and music	..	..	..	..	..	..	..	..
60	Programming and broadcasting activities	..	..	..	..	..	..	..	..
61	Telecommunications	263.1 e	309.7	341.7	152.6	133.5	142.6	144.8	..
62-63	IT and other information services	..	362.8	383.7	527.2	547.0	546.9	572.6	..
62	Computer programming, consultancy and related activities	..	324.0	348.1	484.1	503.3	484.8	503.8	..
63	Information service activities	..	38.7	35.6	43.1	43.7	62.1	68.9	..
64-66	Financial and insurance activities	85.1 e	114.2	116.6	105.4	97.7	212.6	220.5	..
68-82	Real estate; professional, scientific and technical; administrative and support	421.0 e	381.4	401.0	441.7 e	479.8 e	548.8	593.3	..
68	Real estate activities	..	0.9	0.9	2.7 e	2.7 e	0.5	0.5	..
69-75x72	Professional, scientific and technical activities, except scientific R&D	..	344.7	361.1	421.9	458.9	485.6	532.0	..
72	Scientific research and development	9.1 e	4.9	6.0	7.0	7.0	38.4	35.5	..
77-82	Administrative and support service activities	..	30.9	33.0	10.0	11.2	24.4	25.3	..
84-99	Community, social and personal services	14.8 e	16.8	19.7	47.5	54.1	35.7	42.4	..
84-85	Public administration and defence; compulsory social security and education	..	1.0	1.0	2.8 e	1.7 e	0.3	0.8	..
86-88	Human health and social work activities	..	15.5	18.2	41.9	48.4	32.8	38.9	..
90-93	Arts, entertainment and recreation	..	0.0	0.0	0.6 e	1.0 e	0.7	0.8	..
94-99	Other services; household-employers; extraterritorial bodies	..	0.3	0.4	2.2 e	3.0 e	1.9	2.0	..

.. Not available; e Estimated value
Note: Detailed metadata at: http://metalinks.oecd.org/anberd/20181213/8c73.

CANADA

R&D expenditure in industry by main activity of the enterprise, current prices
ISIC Rev. 4

Million USD PPP

		2009	2010	2011	2012	2013	2014	2015	2016
	TOTAL BUSINESS ENTERPRISE	13 348.1	12 941.2	13 625.3	13 417.9	13 560.5	14 798.1	13 759.9	..
01-03	**AGRICULTURE, FORESTRY AND FISHING**	105.7	107.3	116.9 e	77.9	72.7	67.5	57.3 e	..
05-09	**MINING AND QUARRYING**	773.2	803.4	1 118.6	1 292.0	1 344.0	1 177.7	800.9 e	..
10-33	**MANUFACTURING**	6 496.0	6 032.9	5 973.0	5 782.5	5 718.1	5 028.8 e	5 057.7 e	..
10-12	Food products, beverages and tobacco	167.3	158.9	136.3	126.9	128.3 e	126.8	115.5	..
13-15	Textiles, wearing apparel, leather and related products	67.4	59.8	66.9	48.1 e	33.5	36.8 e	32.9 e	..
13	Textiles	39.1	36.0	35.0 e	25.7	22.1	25.2	23.3	..
14	Wearing apparel	25.0	20.5	28.7 e	19.1 e	9.0	8.9	7.2	..
15	Leather and related products, footwear	3.3	3.3	3.2	3.2 e	2.5	2.7 e	2.4 e	..
16-18	Wood and paper products and printing	211.4	244.9	234.7	214.5 e	213.6 e	242.2	243.8	..
16	Wood and wood products, except furniture	85.7	71.2	71.0	70.7 e	61.3 e	50.4	67.4	..
17	Paper and paper products	65.8	123.7	121.8	105.3	113.6	154.4	136.3	..
18	Printing and reproduction of recorded media	59.9	49.1	41.9	38.6	38.8 e	38.2	40.1	..
19-23	Chemical, rubber, plastic, non-metallic mineral products	1 269.2 e	1 297.2 e	953.3 e	791.6 e	780.6 e	727.4	969.0 e	..
19	Coke and refined petroleum products	248.9 e	272.7 e	74.2 e	49.8 e	53.9 e	3.3	112.6 e	..
20-21	Chemical and pharmaceutical products	804.0	835.3	675.9	543.9	543.3	551.9	707.3	..
20	Chemicals and chemical products	245.5	288.3	258.1	180.0	202.6	176.4	307.1	..
21	Pharmaceuticals, medicinal, chemical and botanical products	558.5	547.0	417.8	364.0	340.7	375.5	400.2	..
22	Rubber and plastic products	144.0 e	124.5 e	137.9 e	144.8 e	127.9 e	127.6	111.5	..
23	Other non-metallic mineral products	72.4	64.7	65.3	53.0	55.6	44.7	37.7	..
24-25	Basic metals, metal products, except machinery and equipment	531.0	413.5	409.7	384.9 e	414.2 e	529.3 e	439.1 e	..
24	Basic metals	221.4	155.6	172.6	167.1 e	194.4 e	279.6 e	202.9	..
25	Fabricated metal products, except machinery and equipment	309.6	258.0	237.1	217.7	219.8	249.7 e	236.2 e	..
26-30	Computer, electronic, optical products; electrical machinery, transport equipment	4 041.6	3 657.3	3 989.8	4 035.8	3 982.8	3 224.0 e	3 117.1 e	..
26	Computer, electronic and optical products	2 120.1	1 739.4	1 980.8	2 012.7	1 820.3	838.8	828.4	..
27	Electrical equipment	135.7	130.2	118.6	117.3	138.9	161.2 e	151.6	..
28	Machinery and equipment n.e.c.	526.8	436.5	516.2	472.4	473.0	615.5 e	431.5	..
29	Motor vehicles, trailers and semi-trailers	208.1	209.6 e	162.1 e	149.4 e	143.0	112.2	124.2 e	..
30	Other transport equipment	1 051.2	1 141.6 e	1 212.2 e	1 283.9 e	1 407.7	1 496.3	1 581.4 e	..
31-33	Furniture; repair, installation of machinery and equipment	208.1	201.5	182.3	180.8	165.0	142.2	140.3	..
31	Furniture	39.9	34.4	29.0	23.3	18.0	19.5	21.7	..
32	Other manufacturing	134.8	140.0	125.8	131.8	121.7	72.3	87.4	..
33	Repair and installation of machinery and equipment	33.3	27.0	27.4	25.7	25.3	50.4	31.3	..
35-39	**ELECTRICITY, GAS, WATER AND WASTE MANAGEMENT**	155.6	154.0	160.5 e	171.1	189.5	315.9 e	166.3 e	..
35-36	Electricity, gas and water	..	..	..	..	..	..	..	..
37-39	Sewerage, waste management and remediation activities	..	..	..	..	..	..	..	..
41-43	**CONSTRUCTION**	112.4	92.5	127.4	88.4	68.6	73.1	82.6	..
45-99	**TOTAL SERVICES**	5 705.3	5 751.2	6 128.7	6 005.9	6 167.5	8 135.0	7 595.1 e	..
45-82	**Business sector services**	5 574.6	5 639.0	6 019.8	5 904.7	6 059.6	8 014.7	7 474.2	..
45-47	Wholesale and retail trade; motor vehicle and motorcycle repairs	1 121.9	1 111.3	1 198.5	1 255.8	1 170.8	1 296.4	1 336.9	..
49-53	Transportation and storage	139.6	55.7	49.2	50.6	68.1 e	70.7	96.2	..
55-56	Accommodation and food service activities	5.0	6.6	2.4 e	2.4	1.6	1.7 e	1.3 e	..
58-63	Information and communication	1 954.2	2 112.0	2 171.9	2 076.2	2 238.6	3 551.0	3 307.3	..
58-60	Publishing, audiovisual and broadcasting activities	473.6	480.7	494.4	593.8	568.6	1 408.5	..	..
58	Publishing activities	456.9	459.4	470.2	563.2	535.1	1 367.1	1 157.2	..
59-60	Motion picture, video and TV programme production; broadcasting activities	16.6	21.3	24.2	30.5	33.5	41.5	..	..
59	Motion picture, video and TV programme production; sound and music	..	20.5	23.4	28.9 e	31.0	..	..	..
60	Programming and broadcasting activities	..	0.8	0.8	1.6 e	2.5	..	..	..
61	Telecommunications	441.9	470.1	347.6	322.2	356.2	311.3	..	..
62-63	IT and other information services	1 038.1	1 161.2	1 329.9	1 161.0	1 313.7	1 831.2	..	..
62	Computer programming, consultancy and related activities	980.4	1 100.6	1 254.9	1 079.9	1 212.4	1 700.3	..	..
63	Information service activities	58.3	60.6	75.0	81.2	101.3	130.9	..	..
64-66	Financial and insurance activities	349.6	255.5	260.5	278.0	379.9	377.1	344.0	..
68-82	Real estate; professional, scientific and technical; administrative and support	2 004.1	2 098.0	2 337.3 e	2 241.7	2 200.6 e	2 717.9 e	2 388.6 e	..
68	Real estate activities	9.2	6.6	6.5 e	6.4	8.7 e	8.9 e	6.7 e	..
69-75x72	Professional, scientific and technical activities, except scientific R&D	482.7	488.9	575.0	555.2	539.6	700.6	603.1	..
72	Scientific research and development	1 395.7	1 504.3	1 641.3	1 564.3	1 533.5	1 888.1	1 690.5	..
77-82	Administrative and support service activities	116.5	97.5	114.5	115.7	118.9	119.5	88.2	..
84-99	**Community, social and personal services**	130.7	112.2	108.9	101.2	108.7	120.3	120.9 e	..
84-85	Public administration and defence; compulsory social security and education	21.6	9.8	10.4 e	11.2	11.4	13.8	..	..
86-88	Human health and social work activities	95.7	80.3	79.0	72.3	78.4	86.2	86.6	..
90-93	Arts, entertainment and recreation	4.2	4.1	4.0 e	4.0	4.1	4.9	..	..
94-99	Other services; household-employers; extraterritorial bodies	10.0	18.0	15.4 e	13.7	14.7	15.4	..	..

.. Not available; e Estimated value

Note: Detailed metadata at: http://metalinks.oecd.org/anberd/20181213/8c73.

CANADA

R&D expenditure in industry by main activity of the enterprise, constant prices
ISIC Rev. 4

2010 USD PPP

ISIC	Activity	2009	2010	2011	2012	2013	2014	2015	2016
	TOTAL BUSINESS ENTERPRISE	13 511.2	12 941.2	13 400.2	13 086.5	12 803.6	13 773.4	13 078.7	..
01-03	**AGRICULTURE, FORESTRY AND FISHING**	107.0	107.3	115.0 e	76.0	68.7	62.8	54.4 e	..
05-09	**MINING AND QUARRYING**	782.6	803.4	1 100.2	1 260.1	1 268.9	1 096.2	761.3 e	..
10-33	**MANUFACTURING**	6 575.3	6 032.9	5 874.4	5 639.7	5 399.0	4 680.6 e	4 807.3 e	..
10-12	Food products, beverages and tobacco	169.3	158.9	134.0	123.8	121.1 e	118.0	109.8	..
13-15	Textiles, wearing apparel, leather and related products	68.2	59.8	65.8	46.9 e	31.6	34.3 e	31.3 e	..
13	Textiles	39.6	36.0	34.4 e	25.1	20.8	23.5	22.1	..
14	Wearing apparel	25.3	20.5	28.3 e	18.7	8.5	8.3	6.9	..
15	Leather and related products, footwear	3.4	3.3	3.2	3.1 e	2.3	2.5 e	2.3 e	..
16-18	Wood and paper products and printing	214.0	244.9	230.8	209.2 e	201.7 e	225.4	231.7	..
16	Wood and wood products, except furniture	86.8	71.2	69.8	69.0 e	57.9 e	46.9	64.0	..
17	Paper and paper products	66.6	123.7	119.8	102.7	107.2	143.7	129.6	..
18	Printing and reproduction of recorded media	60.7	49.1	41.2	37.6	36.6 e	35.6	38.1	..
19-23	Chemical, rubber, plastic, non-metallic mineral products	1 284.7 e	1 297.2 e	937.6 e	772.0 e	737.1 e	677.1	921.1 e	..
19	Coke and refined petroleum products	251.9 e	272.7 e	73.0 e	48.6 e	50.9 e	3.0	107.0 e	..
20-21	Chemical and pharmaceutical products	813.8	835.3	664.7	530.5	513.0	513.7	672.3	..
20	Chemicals and chemical products	248.5	288.3	253.8	175.5	191.3	164.2	291.9	..
21	Pharmaceuticals, medicinal, chemical and botanical products	565.3	547.0	410.9	355.0	321.7	349.5	380.4	..
22	Rubber and plastic products	145.7 e	124.5 e	135.6 e	141.2 e	120.7 e	118.8	106.0	..
23	Other non-metallic mineral products	73.3	64.7	64.2	51.7	52.5	41.6	35.8	..
24-25	Basic metals, metal products, except machinery and equipment	537.5	413.5	402.9	375.4 e	391.1 e	492.7 e	417.3 e	..
24	Basic metals	224.1	155.6	169.7	163.0 e	183.6 e	260.2 e	192.8	..
25	Fabricated metal products, except machinery and equipment	313.4	258.0	233.2	212.4	207.5	232.4 e	224.5 e	..
26-30	Computer, electronic, optical products; electrical machinery, transport equipment	4 090.9	3 657.3	3 923.9	3 936.1	3 760.6	3 000.8 e	2 962.8 e	..
26	Computer, electronic and optical products	2 146.6	1 739.4	1 948.1	1 963.0	1 718.7	780.7	787.4	..
27	Electrical equipment	137.3	130.2	116.6	114.4	131.1	150.1 e	144.1	..
28	Machinery and equipment n.e.c.	533.3	436.5	507.6	460.8	446.6	572.9 e	410.1	..
29	Motor vehicles, trailers and semi-trailers	210.6	209.6 e	159.4 e	145.8 e	135.0	104.4	118.1 e	..
30	Other transport equipment	1 064.0	1 141.6 e	1 192.2 e	1 252.2 e	1 329.1	1 392.7	1 503.1 e	..
31-33	Furniture; repair, installation of machinery and equipment	210.6	201.5	179.3	176.3	155.8	132.4	133.4	..
31	Furniture	40.4	34.4	28.6	22.7	17.0	18.2	20.6	..
32	Other manufacturing	136.5	140.0	123.7	128.5	114.9	67.3	83.1	..
33	Repair and installation of machinery and equipment	33.7	27.0	27.0	25.1	23.9	46.9	29.7	..
35-39	**ELECTRICITY, GAS, WATER AND WASTE MANAGEMENT**	157.5	154.0	157.8 e	166.9	179.0	294.1 e	158.1 e	..
35-36	Electricity, gas and water	..	..	..	..	..	..	..	..
37-39	Sewerage, waste management and remediation activities	..	..	..	..	..	..	..	..
41-43	**CONSTRUCTION**	113.7	92.5	125.3	86.2	64.8	68.1	78.5	..
45-99	**TOTAL SERVICES**	5 775.0	5 751.2	6 027.5	5 857.6	5 823.3	7 571.7	7 219.1 e	..
45-82	**Business sector services**	5 642.7	5 639.0	5 920.4	5 758.9	5 721.5	7 459.7	7 104.2	..
45-47	Wholesale and retail trade; motor vehicle and motorcycle repairs	1 135.6	1 111.3	1 178.7	1 224.8	1 105.4	1 206.6	1 270.7	..
49-53	Transportation and storage	141.5	55.7	48.4	49.4	64.3 e	65.8	91.5	..
55-56	Accommodation and food service activities	5.1	6.6	2.4 e	2.4	1.5	1.6 e	1.2 e	..
58-63	Information and communication	1 978.1	2 112.0	2 136.1	2 024.9	2 113.6	3 305.1	3 143.5	..
58-60	Publishing, audiovisual and broadcasting activities	479.4	480.7	486.2	579.1	536.9	1 311.0	..	..
58	Publishing activities	462.5	459.4	462.4	549.3	505.3	1 272.4	1 099.9	..
59-60	Motion picture, video and TV programme production; broadcasting activities	16.8	21.3	23.8	29.8	31.6	38.6	..	..
59	Motion picture, video and TV programme production; sound and music	..	20.5	23.0	28.2 e	29.3	..	..	..
60	Programming and broadcasting activities	..	0.8	0.8	1.6 e	2.3	..	..	..
61	Telecommunications	447.3	470.1	341.9	314.2	336.3	289.7	..	..
62-63	IT and other information services	1 051.4	1 161.2	1 308.0	1 132.3	1 240.4	1 704.4	..	..
62	Computer programming, consultancy and related activities	992.4	1 100.6	1 234.2	1 053.2	1 144.8	1 582.6	..	..
63	Information service activities	59.0	60.6	73.8	79.1	95.7	121.8	..	..
64-66	Financial and insurance activities	353.8	255.5	256.2	271.1	358.7	351.0	327.0	..
68-82	Real estate; professional, scientific and technical; administrative and support	2 028.6	2 098.0	2 298.7 e	2 186.3	2 077.8 e	2 529.6 e	2 270.3 e	..
68	Real estate activities	9.3	6.6	6.3 e	6.3	8.2 e	8.3 e	6.4 e	..
69-75x72	Professional, scientific and technical activities, except scientific R&D	488.6	488.9	565.5	541.5	509.5	652.1	573.2	..
72	Scientific research and development	1 412.8	1 504.3	1 614.2	1 525.7	1 447.9	1 757.3	1 606.8	..
77-82	Administrative and support service activities	117.9	97.5	112.6	112.8	112.2 e	111.2	83.8	..
84-99	Community, social and personal services	132.3	112.2	107.1	98.7	102.6	112.0	114.9 e	..
84-85	Public administration and defence; compulsory social security and education	21.9	9.8	10.2 e	11.0	10.8	12.9	..	..
86-88	Human health and social work activities	96.9	80.3	77.7	70.5	74.1	80.2	82.3	..
90-93	Arts, entertainment and recreation	4.2	4.1	4.0 e	3.9	3.9	4.5	..	..
94-99	Other services; household-employers; extraterritorial bodies	10.1	18.0	15.2 e	13.3	13.9	14.4	..	..

.. Not available; e Estimated value
Note: Detailed metadata at: http://metalinks.oecd.org/anberd/20181213/8c73.

CHILE

R&D expenditure in industry by main activity of the enterprise, current prices
ISIC Rev. 4

Million USD PPP

		2009	2010	2011	2012	2013	2014	2015	2016
	TOTAL BUSINESS ENTERPRISE	281.9	302.9	419.5	466.7	536.4	506.5	528.4	586.8
01-03	**AGRICULTURE, FORESTRY AND FISHING**	8.6 e	10.0 e	50.8 e	48.0	87.9	69.5	69.1	71.6
05-09	**MINING AND QUARRYING**	56.0 e	64.7 e	41.6 e	66.6	93.7	52.7	104.8	91.5
10-33	**MANUFACTURING**	42.6 e	51.9 e	93.6 e	117.0	120.9	153.2	146.5	175.5
10-12	Food products, beverages and tobacco	..	..	..	25.1	26.1	58.8	63.2	..
13-15	Textiles, wearing apparel, leather and related products	..	..	..	1.5	0.6	1.3	0.3	..
13	Textiles	..	..	..	0.6	0.4	1.0	0.1	..
14	Wearing apparel	..	..	..	0.0	0.0	0.0	0.0	..
15	Leather and related products, footwear	..	..	..	0.9	0.3	0.3	0.2	..
16-18	Wood and paper products and printing	..	..	..	7.2	6.2	5.0	5.7	..
16	Wood and wood products, except furniture	..	..	..	0.5	1.7	1.2	1.7	..
17	Paper and paper products	..	..	..	6.7	4.5	3.8	3.9	..
18	Printing and reproduction of recorded media	..	..	..	0.0	0.0	0.0	0.1	..
19-23	Chemical, rubber, plastic, non-metallic mineral products	..	..	..	60.0	66.7	67.6	60.4	..
19	Coke and refined petroleum products	..	..	..	0.5	1.2	0.4	0.2	..
20-21	Chemical and pharmaceutical products	..	..	..	55.8	56.8	60.7	52.8	..
20	Chemicals and chemical products	..	..	..	37.4	23.2	32.6	24.3	..
21	Pharmaceuticals, medicinal, chemical and botanical products	..	..	..	18.5	33.7	28.0	28.6	..
22	Rubber and plastic products	..	..	..	1.1	5.8	4.7	5.1	..
23	Other non-metallic mineral products	..	..	..	2.5	2.9	1.8	2.4	..
24-25	Basic metals, metal products, except machinery and equipment	..	..	..	11.2	11.5	10.7	8.9	..
24	Basic metals	..	..	..	6.2	6.6	6.4	4.6	..
25	Fabricated metal products, except machinery and equipment	..	..	..	5.1	4.9	4.2	4.3	..
26-30	Computer, electronic, optical products; electrical machinery, transport equipment	..	..	..	8.4	6.8	6.9	6.8	..
26	Computer, electronic and optical products	..	..	..	0.5	1.2	1.7	1.0	..
27	Electrical equipment	..	..	..	1.3	1.2	1.5	2.1	..
28	Machinery and equipment n.e.c.	..	..	..	3.8	3.8	2.7	2.8	..
29	Motor vehicles, trailers and semi-trailers	..	..	..	1.3	0.0	0.7	0.8	..
30	Other transport equipment	..	..	..	1.4	0.5	0.4	0.2	..
31-33	Furniture; repair, installation of machinery and equipment	..	..	..	3.6	3.1	2.8	1.1	..
31	Furniture	..	..	..	0.5	1.7	0.8	0.5	..
32	Other manufacturing	..	..	..	0.0	0.9	1.1	0.1	..
33	Repair and installation of machinery and equipment	..	..	..	3.1	0.5	1.0	0.5	..
35-39	**ELECTRICITY, GAS, WATER AND WASTE MANAGEMENT**	0.4 e	0.5 e	7.8 e	10.9	12.5	7.1	4.1	3.6
35-36	Electricity, gas and water	..	..	..	10.9	9.0	4.3	3.2	2.3
37-39	Sewerage, waste management and remediation activities	..	..	..	0.0	3.5	2.8	0.9	1.3
41-43	**CONSTRUCTION**	0.1 e	0.2 e	3.8 e	3.7	3.3	3.2	3.0	3.3
45-99	**TOTAL SERVICES**	174.1 e	175.7 e	221.9 e	219.1	218.1	220.9	200.9	241.3
45-82	**Business sector services**	173.2 e	174.5 e	220.5 e	216.1	207.9	215.5	192.1	232.3
45-47	Wholesale and retail trade; motor vehicle and motorcycle repairs	..	..	..	63.6	42.5	59.3	50.0	56.4
49-53	Transportation and storage	..	..	..	3.1	1.7	8.4	4.6	0.2
55-56	Accommodation and food service activities	..	..	..	0.0	0.6	0.5	0.0	3.8
58-63	Information and communication	..	..	..	32.0	47.6	28.2	34.9	52.6
58-60	Publishing, audiovisual and broadcasting activities	..	..	..	1.7	8.4	1.8	0.0	0.0
58	Publishing activities	..	..	..	0.1	6.3	1.8	0.0	0.0
59-60	Motion picture, video and TV programme production; broadcasting activities	..	..	..	1.6	2.1	0.0	0.0	0.0
59	Motion picture, video and TV programme production; sound and music	..	..	..	1.6	2.0	0.0	0.0	0.0
60	Programming and broadcasting activities	..	..	..	0.0	0.1	0.0	0.0	0.0
61	Telecommunications	..	..	..	1.5	1.9	0.4	2.5	28.2
62-63	IT and other information services	..	..	..	28.8	37.3	26.1	32.4	24.4
62	Computer programming, consultancy and related activities	..	..	..	23.3	35.5	25.0	31.7	24.4
63	Information service activities	..	..	..	5.6	1.8	1.0	0.8	0.0
64-66	Financial and insurance activities	..	..	..	35.0	24.8	28.4	11.1	0.4
68-82	Real estate; professional, scientific and technical; administrative and support	..	..	..	82.4	90.8	90.6	91.5	118.9
68	Real estate activities	..	..	..	0.6	0.0	0.0	0.0	4.8
69-75x72	Professional, scientific and technical activities, except scientific R&D	..	..	..	59.2	50.1	49.2	33.7	72.8
72	Scientific research and development	..	..	..	20.8	37.8	39.8	55.5	12.1
77-82	Administrative and support service activities	..	..	..	1.7	2.9	1.7	2.3	29.3
84-99	**Community, social and personal services**	0.9 e	1.1 e	1.4 e	3.0	10.2	5.4	8.8	9.1
84-85	Public administration and defence; compulsory social security and education	..	..	..	0.0	2.3	1.9	0.9	1.7
86-88	Human health and social work activities	..	..	..	2.9	5.1	2.2	6.5	6.5
90-93	Arts, entertainment and recreation	..	..	..	0.1	2.0	0.0	0.3	0.0
94-99	Other services; household-employers; extraterritorial bodies	..	..	..	0.0	0.8	1.2	1.0	0.8

.. Not available; e Estimated value
Note: Detailed metadata at: http://metalinks.oecd.org/anberd/20181213/8c73.

CHILE

R&D expenditure in industry by main activity of the enterprise, constant prices
ISIC Rev. 4

2010 USD PPP

ISIC	Activity	2009	2010	2011	2012	2013	2014	2015	2016
	TOTAL BUSINESS ENTERPRISE	302.7	302.9	394.1	432.6	491.0	459.7	490.6	531.1
01-03	**AGRICULTURE, FORESTRY AND FISHING**	9.2 e	10.0 e	47.7 e	44.5	80.4	63.1	64.1	64.8
05-09	**MINING AND QUARRYING**	60.2 e	64.7 e	39.1 e	61.7	85.8	47.8	97.3	82.8
10-33	**MANUFACTURING**	45.8 e	51.9 e	87.9 e	108.5	110.7	139.0	136.0	158.8
10-12	Food products, beverages and tobacco	..	..	..	23.2	23.9	53.4	58.6	..
13-15	Textiles, wearing apparel, leather and related products	..	..	..	1.4	0.6	1.1	0.3	..
13	Textiles	..	..	..	0.6	0.3	0.9	0.1	..
14	Wearing apparel	..	..	..	0.0	0.0	0.0	0.0	..
15	Leather and related products, footwear	..	..	..	0.8	0.2	0.3	0.2	..
16-18	Wood and paper products and printing	..	..	..	6.7	5.7	4.6	5.3	..
16	Wood and wood products, except furniture	..	..	..	0.5	1.6	1.1	1.5	..
17	Paper and paper products	..	..	..	6.2	4.1	3.4	3.7	..
18	Printing and reproduction of recorded media	..	..	..	0.0	0.0	0.0	0.1	..
19-23	Chemical, rubber, plastic, non-metallic mineral products	..	..	..	55.6	61.1	61.4	56.1	..
19	Coke and refined petroleum products	..	..	..	0.4	1.1	0.4	0.2	..
20-21	Chemical and pharmaceutical products	..	..	..	51.8	52.0	55.1	49.0	..
20	Chemicals and chemical products	..	..	..	34.6	21.2	29.6	22.5	..
21	Pharmaceuticals, medicinal, chemical and botanical products	..	..	..	17.1	30.8	25.4	26.5	..
22	Rubber and plastic products	..	..	..	1.0	5.3	4.3	4.7	..
23	Other non-metallic mineral products	..	..	..	2.3	2.7	1.7	2.2	..
24-25	Basic metals, metal products, except machinery and equipment	..	..	..	10.4	10.5	9.7	8.2	..
24	Basic metals	..	..	..	5.7	6.0	5.8	4.3	..
25	Fabricated metal products, except machinery and equipment	..	..	..	4.7	4.5	3.8	4.0	..
26-30	Computer, electronic, optical products; electrical machinery, transport equipment	..	..	..	7.8	6.2	6.3	6.3	..
26	Computer, electronic and optical products	..	..	..	0.5	1.1	1.5	0.9	..
27	Electrical equipment	..	..	..	1.2	1.1	1.3	1.9	..
28	Machinery and equipment n.e.c.	..	..	..	3.6	3.5	2.4	2.6	..
29	Motor vehicles, trailers and semi-trailers	..	..	..	1.2	0.0	0.6	0.7	..
30	Other transport equipment	..	..	..	1.3	0.5	0.4	0.1	..
31-33	Furniture; repair, installation of machinery and equipment	..	..	..	3.3	2.8	2.6	1.1	..
31	Furniture	..	..	..	0.5	1.6	0.7	0.5	..
32	Other manufacturing	..	..	..	0.0	0.8	1.0	0.1	..
33	Repair and installation of machinery and equipment	..	..	..	2.9	0.4	0.9	0.5	..
35-39	**ELECTRICITY, GAS, WATER AND WASTE MANAGEMENT**	0.5 e	0.5 e	7.3 e	10.1	11.4	6.4	3.8	3.3
35-36	Electricity, gas and water	..	..	..	10.1	8.2	3.9	3.0	2.1
37-39	Sewerage, waste management and remediation activities	..	..	..	0.0	3.2	2.6	0.8	1.2
41-43	**CONSTRUCTION**	0.1 e	0.2 e	3.5 e	3.4	3.0	2.9	2.8	3.0
45-99	**TOTAL SERVICES**	186.9 e	175.7 e	208.5 e	203.1	199.6	200.4	186.5	218.4
45-82	**Business sector services**	186.0 e	174.5 e	207.2 e	200.3	190.3	195.6	178.3	210.2
45-47	**Wholesale and retail trade; motor vehicle and motorcycle repairs**	..	..	..	58.9	38.9	53.9	46.4	51.0
49-53	**Transportation and storage**	..	..	..	2.9	1.5	7.6	4.2	0.1
55-56	**Accommodation and food service activities**	..	..	..	0.0	0.5	0.4	0.0	3.4
58-63	**Information and communication**	..	..	..	29.7	43.6	25.6	32.4	47.6
58-60	Publishing, audiovisual and broadcasting activities	..	..	..	1.6	7.7	1.6	0.0	0.0
58	Publishing activities	..	..	..	0.0	5.7	1.6	0.0	0.0
59-60	Motion picture, video and TV programme production; broadcasting activities	..	..	..	1.5	1.9	0.0	0.0	0.0
59	Motion picture, video and TV programme production; sound and music	..	..	..	1.5	1.9	0.0	0.0	0.0
60	Programming and broadcasting activities	..	..	..	0.0	0.1	0.0	0.0	0.0
61	Telecommunications	..	..	..	1.4	1.7	0.3	2.3	25.5
62-63	IT and other information services	..	..	..	26.7	34.2	23.6	30.1	22.1
62	Computer programming, consultancy and related activities	..	..	..	21.6	32.5	22.7	29.4	22.1
63	Information service activities	..	..	..	5.2	1.7	0.9	0.7	0.0
64-66	**Financial and insurance activities**	..	..	..	32.4	22.7	25.8	10.3	0.4
68-82	**Real estate; professional, scientific and technical; administrative and support**	..	..	..	76.4	83.1	82.2	84.9	107.6
68	Real estate activities	..	..	..	0.5	0.0	0.0	0.0	4.3
69-75x72	Professional, scientific and technical activities, except scientific R&D	..	..	..	54.9	45.8	44.6	31.3	65.9
72	Scientific research and development	..	..	..	19.3	34.6	36.1	51.5	10.9
77-82	Administrative and support service activities	..	..	..	1.6	2.7	1.5	2.1	26.5
84-99	Community, social and personal services	0.9 e	1.1 e	1.3 e	2.8	9.3	4.9	8.2	8.2
84-85	Public administration and defence; compulsory social security and education	..	..	..	0.0	2.1	1.8	0.9	1.5
86-88	Human health and social work activities	..	..	..	2.7	4.7	2.0	6.0	5.9
90-93	Arts, entertainment and recreation	..	..	..	0.1	1.8	0.0	0.3	0.0
94-99	Other services; household-employers; extraterritorial bodies	..	..	..	0.0	0.8	1.1	0.9	0.7

.. Not available; e Estimated value
Note: Detailed metadata at: http://metalinks.oecd.org/anberd/20181213/8c73.

CZECH REPUBLIC

R&D expenditure in industry by main activity of the enterprise, current prices
ISIC Rev. 4

Million USD PPP

Code	Activity	2009	2010	2011	2012	2013	2014	2015	2016
	TOTAL BUSINESS ENTERPRISE	2 062.3	2 197.2	2 558.8	2 874.8	3 246.9	3 698.3	3 697.8	3 767.7
01-03	**AGRICULTURE, FORESTRY AND FISHING**	7.4	8.4	8.5	10.0	11.4	11.7	13.7	14.8
05-09	**MINING AND QUARRYING**	4.8	3.8	1.4	1.5	1.1	2.4	2.6	3.9
10-33	**MANUFACTURING**	1 093.7	1 156.3	1 341.7	1 468.4	1 725.9	1 910.1	1 941.3	2 015.6
10-12	Food products, beverages and tobacco	22.2	24.3	24.6	22.8	25.0	18.0	19.4	18.5
13-15	Textiles, wearing apparel, leather and related products	18.2	18.4	32.9	15.7	24.7	27.0	25.9	24.5
13	Textiles	12.8	14.8	16.8	12.9	21.9	24.7	23.7	22.3
14	Wearing apparel	3.9	2.6	14.8	1.7	1.3	0.8	0.9	1.1
15	Leather and related products, footwear	1.5	1.1	1.4	1.1	1.5	1.5	1.3	1.2
16-18	Wood and paper products and printing	1.2	3.5	6.1	3.2	2.7	4.0	9.6	6.6
16	Wood and wood products, except furniture	1.0	1.3	3.1	0.4	0.8	1.6	4.5	3.6
17	Paper and paper products	0.2	0.2	2.4	2.1	1.0	1.1	4.2	2.0
18	Printing and reproduction of recorded media	..	2.0	0.5	0.7	0.9	1.3	0.9	1.1
19-23	Chemical, rubber, plastic, non-metallic mineral products	222.6	226.3	239.5	243.0	281.0	304.1	315.1	280.8
19	Coke and refined petroleum products	0.7	0.8	0.8	0.5	0.5	0.6	0.9	0.7
20-21	Chemical and pharmaceutical products	153.5	147.6	156.4	155.9	165.1	177.7	175.9	157.2
20	Chemicals and chemical products	66.3	70.4	75.7	72.0	88.2	93.1	89.6	69.7
21	Pharmaceuticals, medicinal, chemical and botanical products	87.2	77.1	80.7	83.9	76.9	84.6	86.3	87.5
22	Rubber and plastic products	44.5	49.3	52.0	51.4	66.5	83.5	92.5	80.9
23	Other non-metallic mineral products	23.9	28.6	30.2	35.2	48.9	42.3	45.9	42.1
24-25	Basic metals, metal products, except machinery and equipment	59.7	75.2	79.8	92.4	86.5	113.3	117.4	93.2
24	Basic metals	14.9	17.7	22.0	23.6	17.8	23.5	24.7	12.3
25	Fabricated metal products, except machinery and equipment	44.8	57.6	57.8	68.8	68.7	89.9	92.7	80.9
26-30	Computer, electronic, optical products; electrical machinery, transport equipment	698.3	733.0	874.8	1 004.9	1 244.2	1 373.7	1 365.0	1 509.0
26	Computer, electronic and optical products	96.7	87.2	86.1	92.7	119.1	147.5	151.7	179.6
27	Electrical equipment	78.5	102.6	121.3	154.1	147.2	239.0	257.4	292.2
28	Machinery and equipment n.e.c.	166.9	183.0	219.7	289.1	335.3	330.1	299.0	304.3
29	Motor vehicles, trailers and semi-trailers	260.2	252.2	298.3	345.4	508.4	511.6	545.3	601.3
30	Other transport equipment	96.0	108.0	149.3	123.6	134.2	145.5	111.6	131.6
31-33	Furniture; repair, installation of machinery and equipment	71.5	75.5	84.0	86.4	61.7	70.0	88.9	82.9
31	Furniture	2.8	3.0	5.4	4.0	3.7	3.1	3.2	2.3
32	Other manufacturing	19.3	21.1	26.8	34.0	27.0	28.1	30.9	42.8
33	Repair and installation of machinery and equipment	49.5	51.3	51.7	48.4	31.0	38.9	54.7	37.8
35-39	**ELECTRICITY, GAS, WATER AND WASTE MANAGEMENT**	11.0	11.0	10.6	10.5	14.8	13.0	18.1	10.8
35-36	Electricity, gas and water	3.1	2.2	3.1	3.7	7.6	5.1	4.4	4.1
37-39	Sewerage, waste management and remediation activities	8.0	8.7	7.4	6.7	7.2	7.9	13.7	6.7
41-43	**CONSTRUCTION**	27.6	29.7	27.2	31.7	41.3	53.0	47.5	40.6
45-99	**TOTAL SERVICES**	917.7	988.2	1 169.5	1 352.7	1 452.4	1 708.1	1 674.6	1 681.9
45-82	**Business sector services**	911.6	981.5	1 161.3	1 341.7	1 422.5	1 686.0	1 647.2	1 656.7
45-47	Wholesale and retail trade; motor vehicle and motorcycle repairs	62.4	67.5	69.8	69.1	75.0	70.8	83.8	73.7
49-53	Transportation and storage	0.1	0.1	0.4	1.5	1.7	1.8	1.5	1.4
55-56	Accommodation and food service activities	0.0	0.0	0.1	0.1	0.1	0.1	0.1	0.1
58-63	Information and communication	279.9	300.0	371.5	421.2	458.3	607.6	609.1	663.8
58-60	Publishing, audiovisual and broadcasting activities	15.5	18.0	16.0	18.3	18.1	21.5	21.3	21.7
58	Publishing activities	15.5	18.0	16.0	18.0	17.6	21.0	20.9	21.2
59-60	Motion picture, video and TV programme production; broadcasting activities	0.0	0.0	0.1	0.3	0.5	0.5	0.4	0.5
59	Motion picture, video and TV programme production; sound and music	..	..	0.1	0.3	0.4	0.5	0.4	0.4
60	Programming and broadcasting activities	..	..	0.0	0.0	0.1	0.0	0.0	0.1
61	Telecommunications	29.7	38.0	41.1	45.7	46.3	47.5	48.6	52.7
62-63	IT and other information services	234.7	244.0	314.4	357.2	393.9	538.7	539.2	589.3
62	Computer programming, consultancy and related activities	177.0	194.6	229.7	267.5	287.9	414.3	456.2	517.2
63	Information service activities	57.7	49.3	84.7	89.6	106.0	124.4	83.0	72.2
64-66	Financial and insurance activities	35.9	36.7	35.2	45.8	60.2	58.2	50.2	68.9
68-82	Real estate; professional, scientific and technical; administrative and support	533.4	577.1	684.4	804.0	827.3	947.5	902.6	848.8
68	Real estate activities	2.1	5.6	9.4	23.4	37.5	15.5	2.8	2.6
69-75x72	Professional, scientific and technical activities, except scientific R&D	109.8	126.9	176.3	174.5	152.9	170.9	201.3	207.9
72	Scientific research and development	420.9	444.0	497.2	601.1	629.1	753.4	692.7	634.9
77-82	Administrative and support service activities	0.6	0.7	1.4	4.9	7.8	7.7	5.9	3.4
84-99	Community, social and personal services	6.1	6.7	8.1	11.0	29.9	22.1	27.4	25.3
84-85	Public administration and defence; compulsory social security and education	0.4	0.3	1.0	2.0	12.1	9.8	10.4	4.1
86-88	Human health and social work activities	1.9	3.9	3.2	5.2	10.9	6.0	5.0	5.0
90-93	Arts, entertainment and recreation	0.6	0.6	0.9	0.7	0.9	0.7	0.7	0.9
94-99	Other services; household-employers; extraterritorial bodies	3.3	1.9	3.1	3.2	5.8	5.6	11.3	15.3

.. Not available

Note: Detailed metadata at: http://metalinks.oecd.org/anberd/20181213/8c73.

CZECH REPUBLIC

R&D expenditure in industry by main activity of the enterprise, constant prices
ISIC Rev. 4

2010 USD PPP

		2009	2010	2011	2012	2013	2014	2015	2016
	TOTAL BUSINESS ENTERPRISE	2 029.7	2 197.2	2 499.4	2 757.7	2 952.4	3 260.4	3 302.9	3 319.0
01-03	**AGRICULTURE, FORESTRY AND FISHING**	7.3	8.4	8.3	9.6	10.4	10.4	12.2	13.0
05-09	**MINING AND QUARRYING**	4.7	3.8	1.4	1.5	1.0	2.1	2.4	3.5
10-33	**MANUFACTURING**	1 076.4	1 156.3	1 310.5	1 408.6	1 569.3	1 683.9	1 734.0	1 775.6
10-12	Food products, beverages and tobacco	21.8	24.3	24.1	21.8	22.7	15.9	17.3	16.3
13-15	Textiles, wearing apparel, leather and related products	17.9	18.4	32.1	15.1	22.5	23.8	23.1	21.6
13	Textiles	12.6	14.8	16.4	12.4	19.9	21.8	21.1	19.6
14	Wearing apparel	3.8	2.6	14.4	1.6	1.2	0.7	0.8	1.0
15	Leather and related products, footwear	1.5	1.1	1.3	1.1	1.3	1.3	1.1	1.0
16-18	Wood and paper products and printing	1.2	3.5	5.9	3.1	2.5	3.5	8.5	5.9
16	Wood and wood products, except furniture	1.0	1.3	3.1	0.4	0.8	1.4	4.0	3.2
17	Paper and paper products	0.2	0.2	2.3	2.0	0.9	1.0	3.8	1.8
18	Printing and reproduction of recorded media	..	2.0	0.5	0.7	0.8	1.1	0.8	0.9
19-23	Chemical, rubber, plastic, non-metallic mineral products	219.1	226.3	233.9	233.1	255.6	268.1	281.5	247.4
19	Coke and refined petroleum products	0.7	0.8	0.8	0.5	0.5	0.5	0.8	0.6
20-21	Chemical and pharmaceutical products	151.1	147.6	152.8	149.6	150.1	156.7	157.1	138.5
20	Chemicals and chemical products	65.2	70.4	74.0	69.1	80.2	82.1	80.0	61.4
21	Pharmaceuticals, medicinal, chemical and botanical products	85.8	77.1	78.8	80.5	70.0	74.6	77.1	77.1
22	Rubber and plastic products	43.8	49.3	50.8	49.3	60.5	73.6	82.6	71.2
23	Other non-metallic mineral products	23.5	28.6	29.5	33.7	44.5	37.2	41.0	37.1
24-25	Basic metals, metal products, except machinery and equipment	58.8	75.2	78.0	88.7	78.7	99.9	104.9	82.1
24	Basic metals	14.7	17.7	21.5	22.7	16.2	20.7	22.1	10.8
25	Fabricated metal products, except machinery and equipment	44.1	57.6	56.4	66.0	62.5	79.2	82.8	71.3
26-30	Computer, electronic, optical products; electrical machinery, transport equipment	687.2	733.0	854.5	964.0	1 131.3	1 211.0	1 219.2	1 329.3
26	Computer, electronic and optical products	95.2	87.2	84.1	88.9	108.3	130.0	135.5	158.2
27	Electrical equipment	77.2	102.6	118.5	147.8	133.9	210.7	229.9	257.4
28	Machinery and equipment n.e.c.	164.3	183.0	214.6	277.3	304.9	291.1	267.1	268.1
29	Motor vehicles, trailers and semi-trailers	256.1	252.2	291.4	331.3	462.3	451.0	487.1	529.7
30	Other transport equipment	94.5	108.0	145.8	118.5	122.0	128.2	99.7	115.9
31-33	Furniture; repair, installation of machinery and equipment	70.4	75.5	82.0	82.9	56.1	61.7	79.4	73.0
31	Furniture	2.7	3.0	5.3	3.8	3.3	2.7	2.9	2.0
32	Other manufacturing	19.0	21.1	26.2	32.6	24.6	24.7	27.6	37.7
33	Repair and installation of machinery and equipment	48.7	51.3	50.5	46.5	28.2	34.3	48.9	33.3
35-39	**ELECTRICITY, GAS, WATER AND WASTE MANAGEMENT**	10.9	11.0	10.3	10.1	13.5	11.5	16.2	9.5
35-36	Electricity, gas and water	3.0	2.2	3.0	3.6	6.9	4.5	3.9	3.6
37-39	Sewerage, waste management and remediation activities	7.8	8.7	7.3	6.5	6.5	7.0	12.2	5.9
41-43	**CONSTRUCTION**	27.2	29.7	26.5	30.4	37.5	46.8	42.4	35.8
45-99	**TOTAL SERVICES**	903.2	988.2	1 142.3	1 297.7	1 320.6	1 505.9	1 495.7	1 481.6
45-82	**Business sector services**	897.2	981.5	1 134.3	1 287.1	1 293.5	1 486.3	1 471.3	1 459.4
45-47	**Wholesale and retail trade; motor vehicle and motorcycle repairs**	61.4	67.5	68.1	66.3	68.2	62.4	74.8	64.9
49-53	**Transportation and storage**	0.1	0.1	0.4	1.4	1.6	1.6	1.3	1.2
55-56	**Accommodation and food service activities**	0.0	0.0	0.1	0.1	0.0	0.0	0.1	0.1
58-63	**Information and communication**	275.4	300.0	362.9	404.0	416.7	535.7	544.1	584.7
58-60	Publishing, audiovisual and broadcasting activities	15.3	18.0	15.7	17.6	16.4	19.0	19.1	19.1
58	Publishing activities	15.3	18.0	15.6	17.3	16.0	18.5	18.7	18.7
59-60	Motion picture, video and TV programme production; broadcasting activities	0.0	0.0	0.1	0.3	0.4	0.4	0.4	0.4
59	Motion picture, video and TV programme production; sound and music	..	..	0.1	0.3	0.3	0.4	0.3	0.4
60	Programming and broadcasting activities	..	..	0.0	0.0	0.1	0.0	0.0	0.1
61	Telecommunications	29.2	38.0	40.2	43.8	42.1	41.9	43.4	46.4
62-63	IT and other information services	230.9	244.0	307.1	342.6	358.2	474.9	481.6	519.2
62	Computer programming, consultancy and related activities	174.2	194.6	224.3	256.7	261.8	365.2	407.5	455.6
63	Information service activities	56.8	49.3	82.7	86.0	96.4	109.7	74.1	63.6
64-66	**Financial and insurance activities**	35.3	36.7	34.4	44.0	54.7	51.3	44.8	60.7
68-82	**Real estate; professional, scientific and technical; administrative and support**	525.0	577.1	668.5	771.3	752.3	835.3	806.2	747.8
68	Real estate activities	2.1	5.6	9.2	22.5	34.1	13.7	2.5	2.3
69-75x72	Professional, scientific and technical activities, except scientific R&D	108.1	126.9	172.2	167.4	139.0	150.7	179.8	183.1
72	Scientific research and development	414.2	444.0	485.7	576.7	572.1	664.2	618.7	559.3
77-82	Administrative and support service activities	0.6	0.7	1.4	4.7	7.1	6.8	5.2	3.0
84-99	**Community, social and personal services**	6.0	6.7	7.9	10.6	27.2	19.5	24.5	22.3
84-85	Public administration and defence; compulsory social security and education	0.3	0.3	1.0	1.9	11.0	8.6	9.3	3.6
86-88	Human health and social work activities	1.9	3.9	3.1	4.9	10.0	5.3	4.4	4.4
90-93	Arts, entertainment and recreation	0.5	0.6	0.9	0.7	0.9	0.7	0.6	0.8
94-99	Other services; household-employers; extraterritorial bodies	3.2	1.9	3.0	3.1	5.3	4.9	10.1	13.5

.. Not available

Note: Detailed metadata at: *http://metalinks.oecd.org/anberd/20181213/8c73*.

CZECH REPUBLIC

R&D expenditure in industry by industry orientation, current prices
ISIC Rev. 4

Million USD PPP

		2009	2010	2011	2012	2013	2014	2015	2016
	TOTAL BUSINESS ENTERPRISE	2 062.3	2 197.2	2 558.8	2 874.8	3 246.9	3 698.3	3 697.8	3 767.7
01-03	**AGRICULTURE, FORESTRY AND FISHING**	15.9 e	14.0 e	15.6 e	15.7 e	20.1	22.9	23.6	24.6
05-09	**MINING AND QUARRYING**	6.1 e	6.0 e	4.6 e	1.8 e	2.1	3.2	2.9	5.1
10-33	**MANUFACTURING**	1 313.9 e	1 380.3 e	1 616.0 e	1 711.7 e	2 033.3	2 352.1	2 377.4	2 422.0
10-12	Food products, beverages and tobacco	20.8 e	20.4 e	21.0 e	27.0 e	23.3	19.4	21.6	17.9
13-15	Textiles, wearing apparel, leather and related products	19.8 e	21.2 e	26.7 e	17.7 e	28.2	36.0	29.9	25.7
13	Textiles	14.0 e	17.1 e	23.5 e	15.2 e	25.1	30.8	27.0	23.3
14	Wearing apparel	3.9 e	2.9 e	2.3 e	1.5 e	2.5	2.3	1.9	1.7
15	Leather and related products, footwear	2.0 e	1.2 e	0.9 e	1.0 e	0.6	2.9	1.0	0.7
16-18	Wood and paper products and printing	1.3 e	4.3 e	7.6 e	5.2 e	3.5	4.0	5.6	2.7
16	Wood and wood products, except furniture	0.7 e	2.0 e	4.5 e	2.6 e	1.4	2.2	2.8	1.1
17	Paper and paper products	0.3 e	0.3 e	2.3 e	2.4 e	1.1	1.1	1.8	1.1
18	Printing and reproduction of recorded media	0.4 e		0.8 e	0.2 e	1.0	0.7	1.1	0.5
19-23	Chemical, rubber, plastic, non-metallic mineral products	227.5 e	248.3 e	268.7 e	239.5 e	271.6	296.4	325.9	300.2
19	Coke and refined petroleum products	1.2 e	0.8 e	1.2 e	1.7 e	1.8	4.4	3.9	1.6
20-21	Chemical and pharmaceutical products	159.7 e	165.4 e	189.1 e	144.1 e	160.1	176.7	202.7	187.4
20	Chemicals and chemical products	44.1 e	63.4 e	59.3 e	52.0 e	55.8	53.6	58.9	56.7
21	Pharmaceuticals, medicinal, chemical and botanical products	115.6 e	102.0 e	129.8 e	92.1 e	104.3	123.0	143.8	130.7
22	Rubber and plastic products	41.6 e	51.6 e	48.1 e	55.6 e	63.9	74.4	80.7	74.2
23	Other non-metallic mineral products	25.0 e	30.6 e	30.3 e	38.1 e	45.7	40.8	38.6	37.0
24-25	Basic metals, metal products, except machinery and equipment	60.3 e	67.3 e	108.5 e	124.0 e	123.8	148.7	165.1	122.4
24	Basic metals	15.9 e	16.3 e	15.6 e	14.8 e	12.8	12.7	11.1	9.3
25	Fabricated metal products, except machinery and equipment	44.4 e	50.9 e	92.9 e	109.3 e	111.0	136.0	154.0	113.1
26-30	Computer, electronic, optical products; electrical machinery, transport equipment	910.5 e	943.7 e	1 080.6 e	1 236.4 e	1 494.1	1 745.9	1 741.9	1 872.2
26	Computer, electronic and optical products	179.4 e	193.9 e	183.9 e	235.0 e	264.3	309.1	299.2	352.0
27	Electrical equipment	79.2 e	105.8 e	126.5 e	206.2 e	124.6	155.6	154.8	150.9
28	Machinery and equipment n.e.c.	222.1 e	255.0 e	293.8 e	250.5 e	357.8	390.5	377.3	366.6
29	Motor vehicles, trailers and semi-trailers	272.5 e	237.8 e	266.2 e	361.5 e	556.3	671.9	723.8	799.7
30	Other transport equipment	157.3 e	151.2 e	210.2 e	183.2 e	190.9	218.7	186.8	203.0
31-33	Furniture; repair, installation of machinery and equipment	73.6 e	75.1 e	102.9 e	61.8 e	88.9	101.6	87.3	81.0
31	Furniture	3.1 e	2.1 e	1.7 e	4.4 e	5.0	10.5	3.4	2.3
32	Other manufacturing	18.8 e	24.7 e	35.4 e	29.1 e	39.9	36.8	32.5	38.6
33	Repair and installation of machinery and equipment	51.8 e	48.3 e	65.8 e	28.3 e	44.0	54.4	51.4	40.1
35-39	**ELECTRICITY, GAS, WATER AND WASTE MANAGEMENT**	15.8 e	15.9 e	21.3 e	22.9 e	29.8	28.2	30.1	23.1
35-36	Electricity, gas and water	7.6 e	7.6 e	10.7 e	9.8 e	10.5	10.6	10.6	13.2
37-39	Sewerage, waste management and remediation activities	8.1 e	8.3 e	10.7 e	13.1 e	19.3	17.6	19.5	9.9
41-43	**CONSTRUCTION**	28.2 e	27.2 e	25.9 e	28.0 e	35.1	40.4	39.2	32.8
45-99	**TOTAL SERVICES**	682.4 e	753.9 e	875.3 e	1 094.6 e	1 126.6	1 251.6	1 224.5	1 260.1
45-82	**Business sector services**	641.5 e	717.9 e	839.3 e	1 061.3 e	1 087.7	1 219.6	1 185.5	1 241.5
45-47	Wholesale and retail trade; motor vehicle and motorcycle repairs	13.3 e	22.9 e	21.3 e	1.9 e	0.0	0.2	3.5	3.8
49-53	Transportation and storage	2.8 e	9.1 e	2.1 e	2.7 e	4.6	4.4	4.2	3.0
55-56	Accommodation and food service activities	0.0 e	0.0 e	0.1 e	1.2 e	0.0	0.0	0.1	0.2
58-63	Information and communication	270.6 e	279.0 e	385.0 e	442.2 e	478.9	642.4	646.7	698.9
58-60	Publishing, audiovisual and broadcasting activities	2.0 e	1.7 e	2.0 e	16.9 e	0.0	2.4	0.6	0.5
58	Publishing activities	..	..	..	..	..	..	0.1	..
59-60	Motion picture, video and TV programme production; broadcasting activities	..	..	..	..	..	..	0.5	..
59	Motion picture, video and TV programme production; sound and music	..	..	..	..	..	..	..	..
60	Programming and broadcasting activities	..	..	..	..	..	..	..	..
61	Telecommunications	54.6 e	53.2 e	47.3 e	51.8 e	60.4	70.4	64.9	71.1
62-63	IT and other information services	214.0 e	224.1 e	335.6 e	373.5 e	418.5	569.6	581.2	627.2
62	Computer programming, consultancy and related activities	193.9 e	206.0 e	248.6 e	264.9 e	285.6	427.3	495.3	565.8
63	Information service activities	20.1 e	18.1 e	87.1 e	108.6 e	132.9	142.3	85.9	61.4
64-66	Financial and insurance activities	36.1 e	40.7 e	34.1 e	36.9 e	48.3	46.7	24.3	50.5
68-82	Real estate; professional, scientific and technical; administrative and support	318.7 e	366.2 e	396.7 e	576.4 e	555.8	526.0	506.7	485.1
68	Real estate activities	1.0 e	4.0 e	4.4 e	0.2 e	0.0	0.0	0.0	0.0
69-75x72	Professional, scientific and technical activities, except scientific R&D	86.5 e	83.7 e	105.0 e	28.2 e	32.1	36.2	48.9	35.6
72	Scientific research and development	231.0 e	277.5 e	286.6 e	547.7 e	523.0	489.3	457.8	449.5
77-82	Administrative and support service activities	0.3 e	1.0 e	0.7 e	0.4 e	0.6	0.5	0.0	0.1
84-99	Community, social and personal services	40.9 e	36.0 e	36.0 e	33.3 e	39.0	32.0	39.0	18.7
84-85	Public administration and defence; compulsory social security and education	11.7 e	10.7 e	10.4 e	11.0 e	15.5	10.2	12.2	6.7
86-88	Human health and social work activities	18.8 e	19.2 e	20.2 e	20.1 e	18.2	17.9	21.6	5.7
90-93	Arts, entertainment and recreation	9.0 e	5.4 e	3.8 e	0.2 e	0.1	0.1	0.0	0.0
94-99	Other services; household-employers; extraterritorial bodies	1.3 e	0.7 e	1.6 e	1.9 e	5.2	3.8	5.3	6.3

.. Not available; e Estimated value
Note: Detailed metadata at: http://metalinks.oecd.org/anberd/20181213/8c73.

CZECH REPUBLIC

R&D expenditure in industry by industry orientation, constant prices
ISIC Rev. 4

2010 USD PPP

		2009	2010	2011	2012	2013	2014	2015	2016
	TOTAL BUSINESS ENTERPRISE	2 029.7	2 197.2	2 499.4	2 757.7	2 952.4	3 260.4	3 302.9	3 319.0
01-03	AGRICULTURE, FORESTRY AND FISHING	15.7 e	14.0 e	15.3 e	15.1 e	18.3	20.1	21.1	21.7
05-09	MINING AND QUARRYING	6.0 e	6.0 e	4.5 e	1.8 e	1.9	2.9	2.6	4.5
10-33	MANUFACTURING	1 293.1 e	1 380.3 e	1 578.4 e	1 642.0 e	1 848.8	2 073.6	2 123.5	2 133.6
10-12	Food products, beverages and tobacco	20.5 e	20.4 e	20.5 e	25.9 e	21.2	17.1	19.3	15.7
13-15	Textiles, wearing apparel, leather and related products	19.5 e	21.2 e	26.1 e	17.0 e	25.6	31.7	26.7	22.7
13	Textiles	13.7 e	17.1 e	22.9 e	14.6 e	22.8	27.2	24.1	20.6
14	Wearing apparel	3.8 e	2.9 e	2.3 e	1.4 e	2.3	2.0	1.7	1.5
15	Leather and related products, footwear	1.9 e	1.2 e	0.9 e	1.0 e	0.5	2.6	0.9	0.6
16-18	Wood and paper products and printing	1.3 e	4.3 e	7.4 e	5.0 e	3.2	3.5	5.0	2.3
16	Wood and wood products, except furniture	0.7 e	2.0 e	4.4 e	2.5 e	1.2	1.9	2.5	1.0
17	Paper and paper products	0.2 e	0.3 e	2.2 e	2.3 e	1.0	1.0	1.6	0.9
18	Printing and reproduction of recorded media	0.4 e	2.0 e	0.8 e	0.2 e	0.9	0.7	0.9	0.4
19-23	Chemical, rubber, plastic, non-metallic mineral products	223.9 e	248.3 e	262.4 e	229.8 e	247.0	261.3	291.1	264.5
19	Coke and refined petroleum products	1.2 e	0.8 e	1.2 e	1.6 e	1.7	3.9	3.5	1.4
20-21	Chemical and pharmaceutical products	157.2 e	165.4 e	184.7 e	138.3 e	145.6	155.7	181.1	165.1
20	Chemicals and chemical products	43.4 e	63.4 e	57.9 e	49.9 e	50.7	47.3	52.6	50.0
21	Pharmaceuticals, medicinal, chemical and botanical products	113.7 e	102.0 e	126.8 e	88.4 e	94.9	108.5	128.5	115.1
22	Rubber and plastic products	41.0 e	51.6 e	47.0 e	53.4 e	58.1	65.6	72.1	65.4
23	Other non-metallic mineral products	24.6 e	30.6 e	29.6 e	36.5 e	41.6	36.0	34.5	32.6
24-25	Basic metals, metal products, except machinery and equipment	59.3 e	67.3 e	106.0 e	119.0 e	112.5	131.1	147.5	107.8
24	Basic metals	15.7 e	16.3 e	15.2 e	14.2 e	11.6	11.2	9.9	8.2
25	Fabricated metal products, except machinery and equipment	43.7 e	50.9 e	90.7 e	104.8 e	100.9	119.9	137.5	99.6
26-30	Computer, electronic, optical products; electrical machinery, transport equipment	896.1 e	943.7 e	1 055.5 e	1 186.0 e	1 358.5	1 539.2	1 555.8	1 649.2
26	Computer, electronic and optical products	176.6 e	193.9 e	179.7 e	225.4 e	240.4	272.5	267.2	310.1
27	Electrical equipment	77.9 e	105.8 e	123.6 e	197.8 e	113.3	137.2	138.3	132.9
28	Machinery and equipment n.e.c.	218.6 e	255.0 e	287.0 e	240.3 e	325.3	344.3	337.0	322.9
29	Motor vehicles, trailers and semi-trailers	268.2 e	237.8 e	260.0 e	346.8 e	505.9	592.4	646.5	704.5
30	Other transport equipment	154.8 e	151.2 e	205.3 e	175.7 e	173.6	192.8	166.8	178.8
31-33	Furniture; repair, installation of machinery and equipment	72.5 e	75.1 e	100.5 e	59.3 e	80.8	89.6	78.0	71.4
31	Furniture	3.0 e	2.1 e	1.7 e	4.2 e	4.6	9.3	3.0	2.0
32	Other manufacturing	18.5 e	24.7 e	34.6 e	27.9 e	36.3	32.4	29.0	34.0
33	Repair and installation of machinery and equipment	50.9 e	48.3 e	64.2 e	27.1 e	40.0	47.9	45.9	35.3
35-39	ELECTRICITY, GAS, WATER AND WASTE MANAGEMENT	15.5 e	15.9 e	20.8 e	22.0 e	27.1	24.9	26.9	20.3
35-36	Electricity, gas and water	7.5 e	7.6 e	10.4 e	9.4 e	9.5	9.3	9.5	11.6
37-39	Sewerage, waste management and remediation activities	8.0 e	8.3 e	10.4 e	12.6 e	17.6	15.5	17.4	8.7
41-43	CONSTRUCTION	27.8 e	27.2 e	25.3 e	26.9 e	31.9	35.6	35.0	28.9
45-99	TOTAL SERVICES	671.6 e	753.9 e	855.0 e	1 050.0 e	1 024.4	1 103.4	1 093.8	1 110.1
45-82	Business sector services	631.4 e	717.9 e	819.8 e	1 018.1 e	989.0	1 075.2	1 058.9	1 093.6
45-47	Wholesale and retail trade; motor vehicle and motorcycle repairs	13.1 e	22.9 e	20.8 e	1.8 e	0.0	0.1	3.1	3.3
49-53	Transportation and storage	2.7 e	9.1 e	2.0 e	2.6 e	4.2	3.9	3.7	2.7
55-56	Accommodation and food service activities	0.0 e	0.0 e	0.1 e	1.1 e	0.0	0.0	0.1	0.1
58-63	Information and communication	266.3 e	279.0 e	376.0 e	424.2 e	435.5	566.3	577.7	615.6
58-60	Publishing, audiovisual and broadcasting activities	2.0 e	1.7 e	2.0 e	16.2 e	0.0	2.1	0.6	0.4
58	Publishing activities	..	..	..	..	..	..	0.1	..
59-60	Motion picture, video and TV programme production; broadcasting activities	..	..	..	..	..	..	0.5	..
59	Motion picture, video and TV programme production; sound and music	..	..	..	..	..	..	..	..
60	Programming and broadcasting activities	..	..	..	..	..	..	..	..
61	Telecommunications	53.8 e	53.2 e	46.2 e	49.7 e	55.0	62.0	57.9	62.7
62-63	IT and other information services	210.6 e	224.1 e	327.8 e	358.3 e	380.5	502.2	519.2	552.5
62	Computer programming, consultancy and related activities	190.8 e	206.0 e	242.8 e	254.1 e	259.7	376.8	442.4	498.4
63	Information service activities	19.8 e	18.1 e	85.0 e	104.2 e	120.9	125.4	76.7	54.1
64-66	Financial and insurance activities	35.5 e	40.7 e	33.3 e	35.4 e	44.0	41.2	21.7	44.5
68-82	Real estate; professional, scientific and technical; administrative and support	313.7 e	366.2 e	387.5 e	553.0 e	505.4	463.7	452.6	427.4
68	Real estate activities	0.9 e	4.0 e	4.3 e	0.1 e	0.0	0.0	0.0	0.0
69-75x72	Professional, scientific and technical activities, except scientific R&D	85.1 e	83.7 e	102.5 e	27.1 e	29.2	31.9	43.7	31.4
72	Scientific research and development	227.3 e	277.5 e	280.0 e	525.4 e	475.6	431.3	408.9	395.9
77-82	Administrative and support service activities	0.3 e	1.0 e	0.7 e	0.4 e	0.6	0.4	0.0	0.1
84-99	Community, social and personal services	40.2 e	36.0 e	35.2 e	31.9 e	35.4	28.2	34.9	16.4
84-85	Public administration and defence; compulsory social security and education	11.6 e	10.7 e	10.1 e	10.6 e	14.1	9.0	10.9	5.9
86-88	Human health and social work activities	18.5 e	19.2 e	19.8 e	19.3 e	16.5	15.8	19.3	5.0
90-93	Arts, entertainment and recreation	8.9 e	5.4 e	3.7 e	0.2 e	0.1	0.1	0.0	0.0
94-99	Other services; household-employers; extraterritorial bodies	1.3 e	0.7 e	1.6 e	1.8 e	4.7	3.3	4.7	5.5

.. Not available; e Estimated value
Note: Detailed metadata at: http://metalinks.oecd.org/anberd/20181213/8c73.

DENMARK

R&D expenditure in industry by main activity of the enterprise, current prices
ISIC Rev. 4

Million USD PPP

		2009	2010	2011	2012	2013	2014	2015	2016
	TOTAL BUSINESS ENTERPRISE	4 749.0	4 669.4	4 859.9	4 897.4	4 936.6	5 023.4	5 388.9	5 766.1
01-03	**AGRICULTURE, FORESTRY AND FISHING**	3.8	7.0	7.0	5.8	7.1	6.5	6.7	4.3 e
05-09	**MINING AND QUARRYING**	3.6	5.7	5.6	1.9	6.4	11.1	11.2	12.0 e
10-33	**MANUFACTURING**	2 343.4	2 443.4	2 524.4	2 754.5	2 870.2	2 913.6	3 038.1	3 044.2
10-12	Food products, beverages and tobacco	58.9	49.8	69.0	81.9	64.8	54.0	64.1	63.2 e
13-15	Textiles, wearing apparel, leather and related products	3.4	4.0	2.4	2.7	2.7	2.7	3.1	3.9 e
13	Textiles	3.0	2.5	1.5	1.7	2.3	2.3	2.7	3.6 e
14	Wearing apparel	..	..	..	1.0	0.5	0.4	0.5	0.3 e
15	Leather and related products, footwear	..	..	..	0.0	0.0	0.0	0.0	0.0 e
16-18	Wood and paper products and printing	6.2	6.3	5.9	4.6	46.7	7.9	3.1	2.3 e
16	Wood and wood products, except furniture	1.2	1.1	1.4	1.5	43.4	2.3	1.9	1.3 e
17	Paper and paper products	4.9	3.9	4.2	3.1	3.3	5.6	1.2	1.0 e
18	Printing and reproduction of recorded media	0.1	1.3	0.3	0.0	0.0	0.0	0.0	0.0 e
19-23	Chemical, rubber, plastic, non-metallic mineral products	1 111.8	1 196.1	1 185.8	1 418.6	1 476.6	1 541.9	1 672.7	1 678.5 e
19	Coke and refined petroleum products	..	..	..	..	..	..	..	..
20-21	Chemical and pharmaceutical products	..	..	..	..	..	..	..	..
20	Chemicals and chemical products	..	..	..	..	..	..	..	..
21	Pharmaceuticals, medicinal, chemical and botanical products	847.0	931.4	892.2	1 065.8	1 127.2	1 162.6	1 234.9	1 316.6 e
22	Rubber and plastic products	54.1	51.1	50.3	53.8	55.0	55.8	62.2	14.7 e
23	Other non-metallic mineral products	10.6	5.5	4.7	22.4	23.4	24.7	26.1	23.1 e
24-25	Basic metals, metal products, except machinery and equipment	22.8	15.9	19.5	19.8	19.8	17.5	24.0	24.9 e
24	Basic metals	2.2	2.8	3.1	3.2	2.9	2.9	3.3	3.9 e
25	Fabricated metal products, except machinery and equipment	20.6	13.1	16.4	16.6	16.8	14.6	20.7	21.0 e
26-30	Computer, electronic, optical products; electrical machinery, transport equipment	1 000.8	1 041.4	1 112.5	1 079.5	1 078.1	1 081.8	1 011.3	1 054.6 e
26	Computer, electronic and optical products	338.0	334.5	325.7	373.3	406.2	412.4	437.0	460.8 e
27	Electrical equipment	50.1	70.4	78.6	73.1	69.0	67.7	57.2	64.5 e
28	Machinery and equipment n.e.c.	599.5	620.9	687.7	612.4	581.1	583.3	496.8	510.1 e
29	Motor vehicles, trailers and semi-trailers	10.0	10.5	14.9	15.3	15.6	11.6	10.8	12.7 e
30	Other transport equipment	3.2	5.1	5.5	5.4	6.1	6.8	9.7	6.4 e
31-33	Furniture; repair, installation of machinery and equipment	139.7	129.7	129.3	147.3	181.5	208.0	260.1	217.0 e
31	Furniture	9.2	5.2	6.1	4.5	4.0	5.6	6.8	6.8 e
32	Other manufacturing	129.0	123.8	123.2	141.3	177.5	202.4	252.9	210.1 e
33	Repair and installation of machinery and equipment	1.6	0.7	0.0	1.5	0.0	0.0	0.4	0.1 e
35-39	**ELECTRICITY, GAS, WATER AND WASTE MANAGEMENT**	98.0	31.4	37.3	13.2	12.4	13.5	27.8	21.0 e
35-36	Electricity, gas and water	96.4	30.5	34.2	9.2	10.9	8.9	13.0	15.4 e
37-39	Sewerage, waste management and remediation activities	1.7	0.9	3.1	4.0	1.5	4.6	14.9	5.5 e
41-43	**CONSTRUCTION**	2.1	7.3	5.3	5.9	7.2	5.0	5.0	6.1
45-99	**TOTAL SERVICES**	2 298.1	2 174.4	2 280.4	2 116.1	2 033.2	2 073.6	2 300.0	2 678.5 e
45-82	**Business sector services**	2 292.0	2 173.8	2 250.4	2 072.9	1 996.2	2 043.6	2 286.9	2 669.3 e
45-47	Wholesale and retail trade; motor vehicle and motorcycle repairs	167.3	176.1	255.7	236.8	160.8	224.2	239.5	242.9
49-53	Transportation and storage	27.7	19.4	7.5	15.6	8.9	7.8	9.3	8.6
55-56	Accommodation and food service activities	0.3	0.5	0.3	0.1	1.9	1.2	3.0	1.6
58-63	Information and communication	705.6	770.2	749.3	594.8	492.3	480.6	551.1	677.0
58-60	Publishing, audiovisual and broadcasting activities	120.9	114.4	89.3	74.3	71.4	86.0	133.2	98.7 e
58	Publishing activities	120.6	105.2	86.9	73.0	67.3	80.9	122.6	96.5 e
59-60	Motion picture, video and TV programme production; broadcasting activities	0.4	9.1	2.5	1.3	4.1	5.0	10.6	2.2 e
59	Motion picture, video and TV programme production; sound and music	0.4	9.1	2.5	1.3	4.1	3.5	9.3	2.2 e
60	Programming and broadcasting activities	0.0	0.0	0.0	0.0	0.0	1.5	1.4	0.0 e
61	Telecommunications	42.3	31.9	52.0	64.0	52.8	30.6	37.4	26.8
62-63	IT and other information services	542.2	624.0	607.9	456.5	368.1	364.0	380.5	551.5 e
62	Computer programming, consultancy and related activities	538.0	619.4	595.7	444.5	353.7	350.5	359.1	515.8 e
63	Information service activities	4.3	4.6	12.2	12.0	14.3	13.5	21.4	35.7 e
64-66	Financial and insurance activities	467.0	510.5	531.7	541.5	541.4	547.7	630.4	671.0
68-82	Real estate; professional, scientific and technical; administrative and support	924.2	697.1	705.8	684.1	790.9	782.3	853.8	1 068.3 e
68	Real estate activities	7.4	0.0	1.3	3.1	6.8	2.0	2.3	2.2 e
69-75x72	Professional, scientific and technical activities, except scientific R&D	246.4	151.4	164.9	161.7	174.9	159.1	248.0	218.7 e
72	Scientific research and development	659.3	537.9	530.1	512.2	604.6	611.2	599.9	832.5
77-82	Administrative and support service activities	11.1	7.8	9.5	7.0	4.6	10.0	3.5	14.8 e
84-99	Community, social and personal services	6.1	0.6	30.0	43.2	37.1	30.0	13.1	9.2 e
84-85	Public administration and defence; compulsory social security and education	..	..	..	..	..	..	..	..
86-88	Human health and social work activities	..	..	..	..	..	..	..	..
90-93	Arts, entertainment and recreation	3.2	0.3	0.1	6.1	5.2	5.0	4.4	4.5 e
94-99	Other services; household-employers; extraterritorial bodies	0.0	0.1	29.9	29.6	31.5	24.7	8.9	4.8 e

.. Not available; e Estimated value
Note: Detailed metadata at: http://metalinks.oecd.org/anberd/20181213/8c73.

DENMARK

R&D expenditure in industry by main activity of the enterprise, constant prices
ISIC Rev. 4

2010 USD PPP

		2009	2010	2011	2012	2013	2014	2015	2016
	TOTAL BUSINESS ENTERPRISE	4 997.1	4 669.4	4 754.2	4 740.9	4 605.7	4 622.4	4 923.3	5 291.2
01-03	**AGRICULTURE, FORESTRY AND FISHING**	3.9	7.0	6.8	5.6	6.6	6.0	6.1	4.0 e
05-09	**MINING AND QUARRYING**	3.8	5.7	5.5	1.8	6.0	10.2	10.2	11.0 e
10-33	**MANUFACTURING**	2 465.8	2 443.4	2 469.5	2 666.5	2 677.8	2 681.0	2 775.7	2 793.4
10-12	Food products, beverages and tobacco	61.9	49.8	67.5	79.3	60.4	49.7	58.6	58.0 e
13-15	Textiles, wearing apparel, leather and related products	3.5	4.0	2.3	2.6	2.5	2.5	2.9	3.6 e
13	Textiles	3.1	2.5	1.5	1.7	2.1	2.1	2.5	3.3 e
14	Wearing apparel	..	..	..	0.9	0.4	0.4	0.5	0.2 e
15	Leather and related products, footwear	..	..	..	0.0	0.0	0.0	0.0	0.0 e
16-18	Wood and paper products and printing	6.5	6.3	5.7	4.4	43.6	7.3	2.9	2.1 e
16	Wood and wood products, except furniture	1.2	1.1	1.4	1.5	40.5	2.1	1.7	1.2 e
17	Paper and paper products	5.2	3.9	4.1	3.0	3.1	5.1	1.1	0.9 e
18	Printing and reproduction of recorded media	0.1	1.3	0.3	0.0	0.0	0.0	0.0	0.0 e
19-23	Chemical, rubber, plastic, non-metallic mineral products	1 169.8	1 196.1	1 160.0	1 373.3	1 377.6	1 418.8	1 528.2	1 540.2 e
19	Coke and refined petroleum products	..	..	..	..	..	..	..	..
20-21	Chemical and pharmaceutical products	..	..	..	..	..	..	..	..
20	Chemicals and chemical products	..	..	..	..	..	..	..	..
21	Pharmaceuticals, medicinal, chemical and botanical products	891.2	931.4	872.8	1 031.8	1 051.6	1 069.7	1 128.3	1 208.2 e
22	Rubber and plastic products	56.9	51.1	49.2	52.1	51.3	51.4	56.9	13.5 e
23	Other non-metallic mineral products	11.2	5.5	4.6	21.7	21.9	22.7	23.8	21.2 e
24-25	Basic metals, metal products, except machinery and equipment	24.0	15.9	19.1	19.2	18.5	16.1	21.9	22.8 e
24	Basic metals	2.3	2.8	3.1	3.1	2.7	2.6	3.0	3.6 e
25	Fabricated metal products, except machinery and equipment	21.6	13.1	16.0	16.1	15.7	13.4	19.0	19.2 e
26-30	Computer, electronic, optical products; electrical machinery, transport equipment	1 053.1	1 041.4	1 088.3	1 045.0	1 005.8	995.4	923.9	967.7 e
26	Computer, electronic and optical products	355.6	334.5	318.6	361.3	379.0	379.4	399.2	422.8 e
27	Electrical equipment	52.7	70.4	76.9	70.8	64.4	62.3	52.2	59.2 e
28	Machinery and equipment n.e.c.	630.9	620.9	672.7	592.9	542.1	536.8	453.8	468.1 e
29	Motor vehicles, trailers and semi-trailers	10.5	10.5	14.6	14.8	14.6	10.7	9.8	11.6 e
30	Other transport equipment	3.4	5.1	5.4	5.2	5.7	6.3	8.9	5.9 e
31-33	Furniture; repair, installation of machinery and equipment	147.0	129.7	126.5	142.6	169.4	191.3	237.6	199.1 e
31	Furniture	9.7	5.2	6.0	4.3	3.7	5.1	6.2	6.2 e
32	Other manufacturing	135.7	123.8	120.5	136.8	165.6	186.2	231.0	192.8 e
33	Repair and installation of machinery and equipment	1.6	0.7	0.0	1.5	0.0	0.0	0.4	0.1 e
35-39	**ELECTRICITY, GAS, WATER AND WASTE MANAGEMENT**	103.2	31.4	36.5	12.8	11.6	12.4	25.4	19.3 e
35-36	Electricity, gas and water	101.4	30.5	33.5	8.9	10.2	8.2	11.8	14.2 e
37-39	Sewerage, waste management and remediation activities	1.8	0.9	3.1	3.9	1.4	4.3	13.6	5.1 e
41-43	**CONSTRUCTION**	2.2	7.3	5.2	5.7	6.7	4.6	4.6	5.6
45-99	**TOTAL SERVICES**	2 418.1	2 174.4	2 230.8	2 048.5	1 897.0	1 908.1	2 101.3	2 457.9 e
45-82	**Business sector services**	2 411.7	2 173.8	2 201.4	2 006.6	1 862.4	1 880.5	2 089.3	2 449.5 e
45-47	Wholesale and retail trade; motor vehicle and motorcycle repairs	176.0	176.1	250.2	229.2	150.0	206.3	218.8	222.9
49-53	Transportation and storage	29.1	19.4	7.4	15.1	8.3	7.2	8.5	7.9
55-56	Accommodation and food service activities	0.3	0.5	0.3	0.1	1.7	1.1	2.7	1.5
58-63	Information and communication	742.5	770.2	733.0	575.8	459.3	442.2	503.5	621.2
58-60	Publishing, audiovisual and broadcasting activities	127.3	114.4	87.4	71.9	66.6	79.1	121.7	90.6 e
58	Publishing activities	126.9	105.2	85.0	70.6	62.8	74.5	112.0	88.5 e
59-60	Motion picture, video and TV programme production; broadcasting activities	0.4	9.1	2.4	1.3	3.9	4.6	9.7	2.0 e
59	Motion picture, video and TV programme production; sound and music	0.4	9.1	2.4	1.3	3.9	3.3	8.5	2.0 e
60	Programming and broadcasting activities	0.0	0.0	0.0	0.0	0.0	1.4	1.2	0.0 e
61	Telecommunications	44.5	31.9	50.9	62.0	49.3	28.1	34.2	24.6
62-63	IT and other information services	570.6	624.0	594.7	441.9	343.4	335.0	347.6	506.1 e
62	Computer programming, consultancy and related activities	566.1	619.4	582.8	430.3	330.0	322.6	328.0	473.3 e
63	Information service activities	4.5	4.6	11.9	11.6	13.4	12.4	19.6	32.7 e
64-66	Financial and insurance activities	491.3	510.5	520.1	524.2	505.2	504.0	575.9	615.7
68-82	Real estate; professional, scientific and technical; administrative and support	972.5	697.1	690.4	662.2	737.9	719.8	780.0	980.3 e
68	Real estate activities	7.8	0.0	1.2	3.0	6.3	1.9	2.1	2.1 e
69-75x72	Professional, scientific and technical activities, except scientific R&D	259.3	151.4	161.3	156.6	163.2	146.4	226.5	200.7 e
72	Scientific research and development	693.7	537.9	518.6	495.8	564.1	562.4	548.1	763.9
77-82	Administrative and support service activities	11.7	7.8	9.3	6.8	4.3	9.2	3.2	13.6 e
84-99	**Community, social and personal services**	6.4	0.6	29.3	41.8	34.6	27.6	12.0	8.5 e
84-85	Public administration and defence; compulsory social security and education	..	..	..	..	..	..	..	..
86-88	Human health and social work activities	..	..	..	..	..	..	..	..
90-93	Arts, entertainment and recreation	3.4	0.3	0.1	5.9	4.9	4.6	4.0	4.1 e
94-99	Other services; household-employers; extraterritorial bodies	0.0	0.1	29.3	28.7	29.4	22.7	8.1	4.4 e

.. Not available; e Estimated value

Note: Detailed metadata at: http://metalinks.oecd.org/anberd/20181213/8c73.

ESTONIA

R&D expenditure in industry by main activity of the enterprise, current prices
ISIC Rev. 4

Million USD PPP

		2009	2010	2011	2012	2013	2014	2015	2016
	TOTAL BUSINESS ENTERPRISE	170.6	228.2	474.7	420.3	297.8	236.9	258.6	258.2
01-03	AGRICULTURE, FORESTRY AND FISHING	..	..	0.1	..	..	..	0.0	0.0
05-09	MINING AND QUARRYING	..	..	..	..	..	..	..	..
10-33	MANUFACTURING	35.0	83.8	302.8	182.3	102.9	51.0	69.7	63.6
10-12	Food products, beverages and tobacco	3.9	3.0	2.7	2.6	9.0	6.0	6.3	10.0
13-15	Textiles, wearing apparel, leather and related products	0.7	1.0	1.0	0.9	1.0	1.2	1.2	1.0
13	Textiles	..	..	..	..	..	..	..	..
14	Wearing apparel	..	..	..	..	..	..	..	..
15	Leather and related products, footwear	..	..	..	..	..	..	..	..
16-18	Wood and paper products and printing	0.6	3.9	1.1	0.2	0.6	0.1	1.1	0.6
16	Wood and wood products, except furniture	..	..	..	..	0.6	0.1	0.0	0.2
17	Paper and paper products	0.0	0.0	0.0	0.0	0.0	0.0	0.0	0.0
18	Printing and reproduction of recorded media	..	..	..	..	..	0.0	1.0	0.3
19-23	Chemical, rubber, plastic, non-metallic mineral products	..	..	..	..	..	..	..	..
19	Coke and refined petroleum products	4.7	..	263.9	146.3	64.5	9.1	22.1	1.5
20-21	Chemical and pharmaceutical products	..	6.9	9.2	8.5	6.7	5.9	6.2	4.9
20	Chemicals and chemical products	5.1	6.4	3.0	6.8	4.8	3.7	4.6	4.2
21	Pharmaceuticals, medicinal, chemical and botanical products	..	0.5	6.2	1.7	1.9	2.1	1.6	0.8
22	Rubber and plastic products	1.6	1.3	1.7	1.6	0.8	7.6	0.4	0.7
23	Other non-metallic mineral products	0.1	..	..	..	..	..	..	..
24-25	Basic metals, metal products, except machinery and equipment	1.6	..	0.7	0.4	..	..	..	..
24	Basic metals	0.0	..	0.0	0.0	..	..	..	..
25	Fabricated metal products, except machinery and equipment	1.6	0.8	0.7	0.4	1.6	1.4	0.9	0.9
26-30	Computer, electronic, optical products; electrical machinery, transport equipment	12.8	13.4	19.2	18.7	16.0	16.7	29.4	41.3
26	Computer, electronic and optical products	5.9	5.6	5.7	4.5	5.0	8.0	12.4	16.7
27	Electrical equipment	2.2	3.2	7.9	8.4	3.4	4.7	9.1	10.1
28	Machinery and equipment n.e.c.	2.8	2.0	1.6	1.4	5.2	1.2	1.6	2.9
29	Motor vehicles, trailers and semi-trailers	1.7	1.8	3.7	4.4	2.3	2.8	3.3	8.4
30	Other transport equipment	..	..	..	..	..	..	..	..
31-33	Furniture; repair, installation of machinery and equipment	3.5	..	3.0	..	2.2	..	..	..
31	Furniture	0.3	0.5	0.4	0.6	0.4	..	..	..
32	Other manufacturing	2.8	2.2	2.4	1.6	1.5	1.5	0.6	1.3
33	Repair and installation of machinery and equipment	0.3	..	0.1	..	0.4	0.2	0.2	0.4
35-39	ELECTRICITY, GAS, WATER AND WASTE MANAGEMENT	5.4	4.9	23.7	33.0	9.6	25.2	15.3	16.1
35-36	Electricity, gas and water	..	..	..	..	..	..	..	..
37-39	Sewerage, waste management and remediation activities	..	..	..	..	..	..	..	..
41-43	CONSTRUCTION	..	..	0.7	5.9	..	..	..	1.0
45-99	TOTAL SERVICES	129.4	137.6	147.0	198.7	181.1	155.0	172.8	171.8
45-82	Business sector services	127.3	137.6	144.5	196.2	178.9	151.1	170.3	171.4
45-47	Wholesale and retail trade; motor vehicle and motorcycle repairs	7.6	2.9	2.9	3.3	2.7	2.7	0.2	2.4
49-53	Transportation and storage	1.3	..	..	..	..	..	..	..
55-56	Accommodation and food service activities	0.0	0.0	0.0	0.0	0.0	0.0	0.0	0.0
58-63	Information and communication	61.3	57.6	68.9	101.0	85.2	71.6	93.6	102.9
58-60	Publishing, audiovisual and broadcasting activities	..	..	..	..	..	..	..	..
58	Publishing activities	..	..	..	..	..	..	..	..
59-60	Motion picture, video and TV programme production; broadcasting activities	0.0	0.0	0.0	0.0	0.0	0.0	0.0	0.0
59	Motion picture, video and TV programme production; sound and music	0.0	0.0	0.0	0.0	0.0	0.0	0.0	0.0
60	Programming and broadcasting activities	0.0	0.0	0.0	0.0	0.0	0.0	0.0	0.0
61	Telecommunications	..	3.9	11.5	25.0	11.9	10.8	10.0	13.5
62-63	IT and other information services	..	53.7	57.3	75.9	..	..	..	..
62	Computer programming, consultancy and related activities	49.3	52.7	54.6	73.2	69.6	59.4	77.8	83.3
63	Information service activities	..	1.0	2.7	2.7	..	..	..	..
64-66	Financial and insurance activities	19.3	25.9	22.5	22.5	25.4	25.1	24.4	22.7
68-82	Real estate; professional, scientific and technical; administrative and support	37.8	50.6	49.4	69.4	65.4	50.0	49.8	38.9
68	Real estate activities	0.0	0.0	0.0	0.0	0.0	0.0	0.0	0.0
69-75x72	Professional, scientific and technical activities, except scientific R&D	6.7	6.9	7.9	11.2	10.8	9.6	11.1	9.0
72	Scientific research and development	29.0	41.8	40.5	57.5	54.1	40.2	33.2	29.8
77-82	Administrative and support service activities	2.0	1.9	..	..	..	..	..	..
84-99	Community, social and personal services	2.1	..	2.6	2.5	2.2	3.9	2.5	0.4
84-85	Public administration and defence; compulsory social security and education	0.0	0.0	0.0	0.0	0.0	0.0	0.0	0.1
86-88	Human health and social work activities	2.1	..	2.6	2.5	2.2	3.9	2.5	0.3
90-93	Arts, entertainment and recreation	0.0	0.0	0.0	0.0	0.0	0.0	0.0	0.0
94-99	Other services; household-employers; extraterritorial bodies	0.0	0.0	0.0	0.0	0.0	0.0	0.0	0.0

.. Not available

Note: Detailed metadata at: *http://metalinks.oecd.org/anberd/20181213/8c73.*

ESTONIA

R&D expenditure in industry by main activity of the enterprise, constant prices
ISIC Rev. 4

2010 USD PPP

		2009	2010	2011	2012	2013	2014	2015	2016
	TOTAL BUSINESS ENTERPRISE	175.4	228.2	450.9	394.2	270.5	213.8	235.9	231.8
01-03	**AGRICULTURE, FORESTRY AND FISHING**	..	..	0.1	..	..	..	0.0	0.0
05-09	**MINING AND QUARRYING**	..	..	..	..	..	..	..	..
10-33	**MANUFACTURING**	36.0	83.8	287.6	171.0	93.4	46.1	63.6	57.1
10-12	Food products, beverages and tobacco	4.0	3.0	2.6	2.4	8.1	5.4	5.7	9.0
13-15	Textiles, wearing apparel, leather and related products	0.8	1.0	1.0	0.8	0.9	1.1	1.1	0.9
13	Textiles	..	..	..	..	..	..	..	..
14	Wearing apparel	..	..	..	..	..	..	..	..
15	Leather and related products, footwear	..	..	..	..	..	..	..	..
16-18	Wood and paper products and printing	0.6	3.9	1.1	0.2	0.6	0.1	1.0	0.5
16	Wood and wood products, except furniture	..	..	..	..	0.6	0.1	0.0	0.2
17	Paper and paper products	0.0	0.0	0.0	0.0	0.0	0.0	0.0	0.0
18	Printing and reproduction of recorded media	..	..	..	..	0.0	0.0	0.9	0.3
19-23	Chemical, rubber, plastic, non-metallic mineral products	..	..	..	..	..	..	..	..
19	Coke and refined petroleum products	4.9	..	250.7	137.2	58.6	8.2	20.2	1.3
20-21	Chemical and pharmaceutical products	..	6.9	8.8	8.0	6.1	5.3	5.7	4.4
20	Chemicals and chemical products	5.2	6.4	2.9	6.4	4.3	3.4	4.2	3.7
21	Pharmaceuticals, medicinal, chemical and botanical products	..	0.5	5.9	1.6	1.7	1.9	1.5	0.7
22	Rubber and plastic products	1.6	1.3	1.7	1.5	0.8	6.8	0.4	0.6
23	Other non-metallic mineral products	0.1	..	..	..	..	..	..	..
24-25	Basic metals, metal products, except machinery and equipment	1.7	..	0.7	0.4	..	..	..	..
24	Basic metals	0.0	..	0.0	0.0	..	..	..	..
25	Fabricated metal products, except machinery and equipment	1.7	0.8	0.7	0.4	1.5	1.2	0.8	0.8
26-30	Computer, electronic, optical products; electrical machinery, transport equipment	13.2	13.4	18.2	17.6	14.6	15.0	26.8	37.1
26	Computer, electronic and optical products	6.0	5.6	5.4	4.2	4.6	7.2	11.3	15.0
27	Electrical equipment	2.3	3.2	7.5	7.9	3.1	4.2	8.3	9.1
28	Machinery and equipment n.e.c.	2.9	2.0	1.5	1.3	4.8	1.1	1.4	2.6
29	Motor vehicles, trailers and semi-trailers	1.8	1.8	3.5	4.2	2.1	2.5	3.0	7.5
30	Other transport equipment	..	..	..	..	..	..	..	..
31-33	Furniture; repair, installation of machinery and equipment	3.6	..	2.8	..	2.0	..	..	..
31	Furniture	0.3	0.5	0.4	0.5	0.3	..	..	..
32	Other manufacturing	2.9	2.2	2.3	1.5	1.3	1.4	0.5	1.1
33	Repair and installation of machinery and equipment	0.3	..	0.1	..	0.3	0.2	0.2	0.3
35-39	**ELECTRICITY, GAS, WATER AND WASTE MANAGEMENT**	5.6	4.9	22.6	30.9	8.7	22.8	14.0	14.4
35-36	Electricity, gas and water	..	..	..	..	..	..	..	..
37-39	Sewerage, waste management and remediation activities	..	..	..	..	..	..	..	..
41-43	**CONSTRUCTION**	..	..	0.7	5.6	..	..	..	0.9
45-99	**TOTAL SERVICES**	133.1	137.6	139.7	186.3	164.4	139.9	157.6	154.2
45-82	**Business sector services**	130.9	137.6	137.3	184.0	162.5	136.4	155.4	153.9
45-47	Wholesale and retail trade; motor vehicle and motorcycle repairs	7.8	2.9	2.7	3.0	2.5	2.5	0.2	2.1
49-53	Transportation and storage	1.4	..	..	..	..	..	..	..
55-56	Accommodation and food service activities	0.0	0.0	0.0	0.0	0.0	0.0	0.0	0.0
58-63	Information and communication	63.0	57.6	65.5	94.7	77.4	64.6	85.4	92.4
58-60	Publishing, audiovisual and broadcasting activities	..	..	..	..	..	..	..	..
58	Publishing activities	..	..	..	..	..	..	..	..
59-60	Motion picture, video and TV programme production; broadcasting activities	0.0	0.0	0.0	0.0	0.0	0.0	0.0	0.0
59	Motion picture, video and TV programme production; sound and music	0.0	0.0	0.0	0.0	0.0	0.0	0.0	0.0
60	Programming and broadcasting activities	0.0	0.0	0.0	0.0	0.0	0.0	0.0	0.0
61	Telecommunications	..	3.9	10.9	23.4	10.8	9.8	9.2	12.1
62-63	IT and other information services	..	53.7	54.4	71.2	..	..	..	..
62	Computer programming, consultancy and related activities	50.7	52.7	51.8	68.7	63.2	53.6	71.0	74.8
63	Information service activities	..	1.0	2.5	2.6	..	..	..	..
64-66	Financial and insurance activities	19.8	25.9	21.4	21.1	23.0	22.6	22.3	20.4
68-82	Real estate; professional, scientific and technical; administrative and support	38.8	50.6	46.9	65.1	59.4	45.2	45.4	35.0
68	Real estate activities	0.0	0.0	0.0	0.0	0.0	0.0	0.0	0.0
69-75x72	Professional, scientific and technical activities, except scientific R&D	6.9	6.9	7.5	10.5	9.8	8.7	10.2	8.1
72	Scientific research and development	29.8	41.8	38.5	53.9	49.1	36.3	30.2	26.8
77-82	Administrative and support service activities	2.1	1.9	..	..	..	..	..	..
84-99	Community, social and personal services	2.1	..	2.4	2.3	2.0	3.5	2.3	0.3
84-85	Public administration and defence; compulsory social security and education	0.0	0.0	0.0	0.0	0.0	0.0	0.0	0.1
86-88	Human health and social work activities	2.1	..	2.4	2.3	2.0	3.5	2.3	0.2
90-93	Arts, entertainment and recreation	0.0	0.0	0.0	0.0	0.0	0.0	0.0	0.0
94-99	Other services; household-employers; extraterritorial bodies	0.0	0.0	0.0	0.0	0.0	0.0	0.0	0.0

.. Not available

Note: Detailed metadata at: *http://metalinks.oecd.org/anberd/20181213/8c73*.

FINLAND

R&D expenditure in industry by main activity of the enterprise, current prices
ISIC Rev. 4

Million USD PPP

		2009	2010	2011	2012	2013	2014	2015	2016
	TOTAL BUSINESS ENTERPRISE	5 406.9	5 395.8	5 620.3	5 167.9	5 083.5	4 860.5	4 451.4	4 310.4
01-03	**AGRICULTURE, FORESTRY AND FISHING**	1.2	3.9	5.5	2.0	3.2	1.7	1.8	1.9
05-09	**MINING AND QUARRYING**	16.5	9.1	9.3	10.9	9.4	6.9	7.5	10.3
10-33	**MANUFACTURING**	4 328.1	4 298.5	4 318.3	3 728.4	3 626.2	3 446.2	2 987.3	2 769.6
10-12	Food products, beverages and tobacco	63.7	71.7	71.5	65.6	75.7	78.2	66.5	53.6
13-15	Textiles, wearing apparel, leather and related products	19.1	9.6	7.6	5.4	7.0	9.7	12.2	8.4
13	Textiles	..	1.5 e	1.0 e	0.8 e	1.7 e	0.7 e	4.4	5.3
14	Wearing apparel	..	8.0 e	6.5 e	4.5 e	5.1 e	9.0 e	7.6	3.0 e
15	Leather and related products, footwear	..	0.1 e	0.1 e	0.1 e	0.1 e	0.0 e	0.1	0.0 e
16-18	Wood and paper products and printing	107.1	129.7	101.1	109.1	105.0	99.8	114.2	111.4
16	Wood and wood products, except furniture	11.4	12.0	10.7	8.5	8.4	8.8	5.6	9.3
17	Paper and paper products	87.5	112.8	84.5	94.3	90.0	85.0	99.3	94.3
18	Printing and reproduction of recorded media	8.2	4.9	5.8	6.4	6.6	6.0	9.2	7.8
19-23	Chemical, rubber, plastic, non-metallic mineral products	358.5 e	367.8	390.1 e	385.0 e	385.5 e	363.5 e	386.8 e	415.8 e
19	Coke and refined petroleum products	41.6 e	45.6	45.6 e	41.9 e	41.4 e	28.7 e	38.5 e	41.5 e
20-21	Chemical and pharmaceutical products	250.7	252.9	273.6	267.2	273.8	264.3	276.4	299.2
20	Chemicals and chemical products	128.8	135.8	143.5	117.1	141.4	115.8	133.4	140.6
21	Pharmaceuticals, medicinal, chemical and botanical products	121.9	117.0	130.1	150.1	132.4	148.5	143.0	158.5
22	Rubber and plastic products	39.2	36.0	37.2	38.6	40.0	38.0	41.0	42.6
23	Other non-metallic mineral products	27.0	33.4	33.7	37.3	30.3	32.4	30.9	32.5
24-25	Basic metals, metal products, except machinery and equipment	115.4	116.1	108.3	98.9	93.6	82.1	81.2	79.3
24	Basic metals	63.8	66.9	56.4	51.9	44.7	35.6	41.1	40.4
25	Fabricated metal products, except machinery and equipment	51.7	49.2	51.9	47.0	48.8	46.5	40.0	38.9
26-30	Computer, electronic, optical products; electrical machinery, transport equipment	3 629.6	3 569.1	3 604.0	3 023.4	2 926.6	2 783.4	2 296.8	2 066.6
26	Computer, electronic and optical products	2 939.7	2 872.9	2 794.6	2 097.5	1 966.8	1 916.4	1 504.1	1 282.7
27	Electrical equipment	236.5	258.5	289.4	318.4	331.7	334.4	258.2	246.7
28	Machinery and equipment n.e.c.	388.9	385.2	444.2	518.7	557.1	487.8	470.3	458.4
29	Motor vehicles, trailers and semi-trailers	25.7	21.5	22.9	23.2	27.8	28.3	43.9	44.7
30	Other transport equipment	38.7	31.0	52.9	65.5	43.1	16.4	20.2	34.0
31-33	Furniture; repair, installation of machinery and equipment	34.7 e	34.4	35.8 e	40.9 e	32.9 e	29.6 e	29.6 e	34.6 e
31	Furniture	7.2	6.4	8.5	9.7	7.5	6.8	5.3	4.1
32	Other manufacturing	16.7	16.2	15.4	20.3	14.7	15.3	14.3	19.8
33	Repair and installation of machinery and equipment	10.8 e	11.8	11.8 e	10.9 e	10.7 e	7.5 e	10.0 e	10.8 e
35-39	**ELECTRICITY, GAS, WATER AND WASTE MANAGEMENT**	43.3	45.6	57.4	62.4	53.5	40.6	44.3	71.7
35-36	Electricity, gas and water	15.8	23.5	26.0	33.7	27.7	21.1	23.6	50.0
37-39	Sewerage, waste management and remediation activities	27.5	22.1	31.4	28.7	25.7	19.6	20.7	21.7
41-43	**CONSTRUCTION**	48.8	64.3	55.3	56.5	50.4	87.9	110.9	112.5
45-99	**TOTAL SERVICES**	969.0	974.4	1 174.5	1 307.7	1 340.9	1 277.3	1 299.7	1 344.6
45-82	**Business sector services**	956.7	954.2	1 153.6	1 278.5	1 315.6	1 248.3	1 269.0	1 309.2
45-47	Wholesale and retail trade; motor vehicle and motorcycle repairs	82.0	80.2	101.7	129.0	93.4	79.4	95.9	98.8
49-53	Transportation and storage	20.0	11.7	17.3	19.6	17.2	16.1	18.6	16.8
55-56	Accommodation and food service activities	..	0.7	0.7	1.1	0.5	0.1 e	0.1 e	0.1 e
58-63	Information and communication	417.9	460.3	500.5	514.4	602.6	563.4	603.3	639.4
58-60	Publishing, audiovisual and broadcasting activities	11.5	57.8	64.4	64.0	75.2	90.2	93.9	66.6
58	Publishing activities	9.3	55.6	61.3	62.2	74.1	86.6	90.8	64.1
59-60	Motion picture, video and TV programme production; broadcasting activities	2.2	2.2	3.1	1.8	1.1	3.5	3.2	2.4
59	Motion picture, video and TV programme production; sound and music	..	2.1	..	..	..	..	..	..
60	Programming and broadcasting activities	..	0.1	..	..	..	..	..	..
61	Telecommunications	50.5	48.7	42.3	27.4	38.8	40.0	34.9	34.0
62-63	IT and other information services	355.9	353.8	393.8	423.0	488.6	433.2	474.4	538.8
62	Computer programming, consultancy and related activities	341.7	337.1	383.3	416.9	473.4	409.9	454.6	516.5
63	Information service activities	14.2	16.7	10.5	6.1	15.2	23.4	19.8	22.3
64-66	Financial and insurance activities	77.0	76.2	79.3	94.8	75.6	103.7	139.2	106.2
68-82	Real estate; professional, scientific and technical; administrative and support	359.9	325.1	454.1	519.6	526.3 e	485.7 e	411.9 e	448.0 e
68	Real estate activities	..	2.6	3.1	3.2	1.4 e	0.2 e	0.3 e	0.2 e
69-75x72	Professional, scientific and technical activities, except scientific R&D	188.1	190.6	170.0	192.3	154.1	140.4	189.7	183.1
72	Scientific research and development	171.8	128.7	276.4	318.8	367.1	338.3	216.2	253.5
77-82	Administrative and support service activities	..	3.3	4.5	5.3	3.5	6.8	5.7	11.3
84-99	**Community, social and personal services**	12.3	20.2	21.0	29.2	25.3	29.0	30.7	35.5
84-85	Public administration and defence; compulsory social security and education	..	0.0	1.4 e	3.3	1.4	1.9 e	0.0	0.1
86-88	Human health and social work activities	..	2.8	3.0	4.0	5.3	2.2	2.9	3.1
90-93	Arts, entertainment and recreation	..	14.5	13.2 e	16.8	16.7	22.5	26.2	30.8
94-99	Other services; household-employers; extraterritorial bodies	..	2.9	3.4 e	5.1	1.9	2.4 e	1.5	1.4

.. Not available; e Estimated value
Note: Detailed metadata at: http://metalinks.oecd.org/anberd/20181213/8c73.

FINLAND

R&D expenditure in industry by main activity of the enterprise, constant prices
ISIC Rev. 4

2010 USD PPP

		2009	2010	2011	2012	2013	2014	2015	2016
	TOTAL BUSINESS ENTERPRISE	5 406.6	5 395.8	5 469.0	4 941.2	4 723.2	4 449.9	4 009.3	3 834.8
01-03	**AGRICULTURE, FORESTRY AND FISHING**	1.2	3.9	5.4	1.9	3.0	1.5	1.6	1.7
05-09	**MINING AND QUARRYING**	16.5	9.1	9.0	10.4	8.7	6.4	6.7	9.1
10-33	**MANUFACTURING**	4 327.9	4 298.5	4 202.0	3 564.8	3 369.2	3 155.0	2 690.6	2 464.0
10-12	Food products, beverages and tobacco	63.7	71.7	69.6	62.7	70.3	71.5	59.9	47.7
13-15	Textiles, wearing apparel, leather and related products	19.1	9.6	7.4	5.2	6.5	8.9	11.0	7.5
13	Textiles	..	1.5 e	1.0 e	0.8 e	1.6 e	0.6 e	4.0	4.7
14	Wearing apparel	..	8.0 e	6.3 e	4.3 e	4.8 e	8.2 e	6.8	2.7 e
15	Leather and related products, footwear	..	0.1 e	0.1 e	0.1 e	0.1 e	0.0 e	0.1	0.0 e
16-18	Wood and paper products and printing	107.1	129.7	98.3	104.4	97.6	91.3	102.8	99.1
16	Wood and wood products, except furniture	11.4	12.0	10.4	8.1	7.8	8.1	5.1	8.3
17	Paper and paper products	87.5	112.8	82.3	90.1	83.6	77.8	89.5	83.9
18	Printing and reproduction of recorded media	8.2	4.9	5.7	6.1	6.2	5.4	8.3	7.0
19-23	Chemical, rubber, plastic, non-metallic mineral products	358.5 e	367.8	379.6 e	368.1 e	358.1 e	332.8 e	348.4 e	369.9 e
19	Coke and refined petroleum products	41.6 e	45.6	44.4 e	40.1 e	38.5 e	26.3 e	34.7 e	36.9 e
20-21	Chemical and pharmaceutical products	250.6	252.9	266.2	255.5	254.4	242.0	248.9	266.2
20	Chemicals and chemical products	128.7	135.8	139.6	111.9	131.4	106.1	120.2	125.1
21	Pharmaceuticals, medicinal, chemical and botanical products	121.9	117.0	126.6	143.6	123.0	135.9	128.8	141.0
22	Rubber and plastic products	39.2	36.0	36.2	36.9	37.2	34.8	36.9	37.9
23	Other non-metallic mineral products	27.0	33.4	32.8	35.6	28.1	29.7	27.8	28.9
24-25	Basic metals, metal products, except machinery and equipment	115.4	116.1	105.4	94.6	86.9	75.2	73.1	70.6
24	Basic metals	63.8	66.9	54.9	49.6	41.6	32.6	37.0	36.0
25	Fabricated metal products, except machinery and equipment	51.7	49.2	50.5	44.9	45.4	42.6	36.1	34.6
26-30	Computer, electronic, optical products; electrical machinery, transport equipment	3 629.4	3 569.1	3 507.0	2 890.7	2 719.1	2 548.2	2 068.7	1 838.5
26	Computer, electronic and optical products	2 939.6	2 872.9	2 719.3	2 005.5	1 827.4	1 754.5	1 354.8	1 141.2
27	Electrical equipment	236.5	258.5	281.6	304.4	308.2	306.2	232.6	219.5
28	Machinery and equipment n.e.c.	388.9	385.2	432.2	496.0	517.6	446.6	423.6	407.8
29	Motor vehicles, trailers and semi-trailers	25.7	21.5	22.3	22.2	25.9	25.9	39.5	39.8
30	Other transport equipment	38.7	31.0	51.5	62.6	40.0	15.0	18.2	30.3
31-33	Furniture; repair, installation of machinery and equipment	34.7 e	34.4	34.8 e	39.1 e	30.6 e	27.1 e	26.6 e	30.8 e
31	Furniture	7.2	6.4	8.3	9.3	7.0	6.3	4.8	3.6
32	Other manufacturing	16.7	16.2	15.0	19.4	13.6	14.0	12.9	17.6
33	Repair and installation of machinery and equipment	10.8 e	11.8	11.5 e	10.4 e	10.0 e	6.8 e	9.0 e	9.6 e
35-39	**ELECTRICITY, GAS, WATER AND WASTE MANAGEMENT**	43.3	45.6	55.9	59.7	49.7	37.1	39.9	63.8
35-36	Electricity, gas and water	15.8	23.5	25.3	32.2	25.8	19.3	21.3	44.5
37-39	Sewerage, waste management and remediation activities	27.5	22.1	30.6	27.4	23.9	18.0	18.6	19.3
41-43	**CONSTRUCTION**	48.8	64.3	53.8	54.0	46.8	80.4	99.9	100.1
45-99	**TOTAL SERVICES**	969.0	974.4	1 142.9	1 250.4	1 245.9	1 169.4	1 170.6	1 196.2
45-82	**Business sector services**	956.7	954.2	1 122.5	1 222.5	1 222.4	1 142.9	1 143.0	1 164.8
45-47	Wholesale and retail trade; motor vehicle and motorcycle repairs	82.0	80.2	98.9	123.4	86.8	72.7	86.4	87.9
49-53	Transportation and storage	20.0	11.7	16.9	18.7	16.0	14.7	16.7	14.9
55-56	Accommodation and food service activities	..	0.7	0.7	1.0	0.4 e	0.1 e	0.1 e	0.0 e
58-63	Information and communication	417.9	460.3	487.0	491.8	559.9	515.8	543.4	568.9
58-60	Publishing, audiovisual and broadcasting activities	11.5	57.8	62.7	61.2	69.9	82.5	84.6	59.3
58	Publishing activities	9.3	55.6	59.6	59.5	68.9	79.3	81.8	57.0
59-60	Motion picture, video and TV programme production; broadcasting activities	2.2	2.2	3.0	1.7	1.0	3.2	2.9	2.2
59	Motion picture, video and TV programme production; sound and music	..	2.1	..	..	..	..	..	..
60	Programming and broadcasting activities	..	0.1	..	..	..	..	..	..
61	Telecommunications	50.5	48.7	41.1	26.2	36.0	36.6	31.4	30.3
62-63	IT and other information services	355.9	353.8	383.2	404.4	454.0	396.7	427.3	479.3
62	Computer programming, consultancy and related activities	341.7	337.1	373.0	398.6	439.8	375.3	409.4	459.5
63	Information service activities	14.2	16.7	10.2	5.8	14.2	21.4	17.8	19.9
64-66	Financial and insurance activities	77.0	76.2	77.2	90.7	70.2	95.0	125.4	94.5
68-82	Real estate; professional, scientific and technical; administrative and support	359.8	325.1	441.8	496.8	489.0 e	444.7 e	371.0 e	398.6 e
68	Real estate activities	..	2.6	3.0	3.1	1.3 e	0.2 e	0.3 e	0.1 e
69-75x72	Professional, scientific and technical activities, except scientific R&D	188.1	190.6	165.4	183.8	143.2	128.6	170.9	162.9
72	Scientific research and development	171.8	128.7	269.0	304.8	341.1	309.5	194.8	225.6
77-82	Administrative and support service activities	..	3.3	4.4	5.1	3.3	6.3	5.2	10.0
84-99	**Community, social and personal services**	12.3	20.2	20.4	27.9	23.5	26.5	27.6	31.5
84-85	Public administration and defence; compulsory social security and education	..	0.0	1.3 e	3.1	1.3	1.7 e	0.0	0.1
86-88	Human health and social work activities	..	2.8	3.0	3.8	4.9	2.0	2.6	2.8
90-93	Arts, entertainment and recreation	..	14.5	12.8 e	16.0	15.5	20.6	23.6	27.4
94-99	Other services; household-employers; extraterritorial bodies	..	2.9	3.3 e	4.9	1.7	2.2 e	1.4	1.3

.. Not available; e Estimated value
Note: Detailed metadata at: http://metalinks.oecd.org/anberd/20181213/8c73.

FINLAND

R&D expenditure in industry by industry orientation, current prices
ISIC Rev. 4

Million USD PPP

		2009	2010	2011	2012	2013	2014	2015	2016
	TOTAL BUSINESS ENTERPRISE	..	5 395.8	5 620.3	5 167.9	5 083.5	4 860.5	4 451.4	4 310.4
01-03	**AGRICULTURE, FORESTRY AND FISHING**	..	13.2	22.3	21.0	13.8	12.2	18.0	20.4
05-09	**MINING AND QUARRYING**	..	41.8	40.8	18.4	15.5	15.7	20.0	21.8
10-33	**MANUFACTURING**	..	4 410.5	4 500.8	3 916.0	3 800.2	3 664.6	3 304.1	3 053.2
10-12	Food products, beverages and tobacco	..	74.3	71.0	81.2	82.1	86.7	75.3	58.7
13-15	Textiles, wearing apparel, leather and related products	..	13.6	14.1	9.4	10.2	11.2	16.9	8.7
13	Textiles	..	9.1	8.7	5.8	7.8	5.1	14.4	5.2
14	Wearing apparel	..	4.2	4.8	2.8	2.0	5.9	2.1	3.3
15	Leather and related products, footwear	..	0.3	0.6	0.8	0.4	0.2	0.3	0.2
16-18	Wood and paper products and printing	..	123.9	95.4	109.5	108.1	99.6	117.1	115.7
16	Wood and wood products, except furniture	..	9.1	7.8	7.2	8.6	8.0	3.7	5.4
17	Paper and paper products	..	112.2	82.0	95.3	92.0	85.0	103.5	97.8
18	Printing and reproduction of recorded media	..	2.7	5.6	6.0	7.5	6.6	9.8	12.5
19-23	Chemical, rubber, plastic, non-metallic mineral products	..	416.0	432.9	406.1	402.6	368.2	404.8	433.0
19	Coke and refined petroleum products	..	45.8	47.9	49.1	51.0	33.7	42.1	48.5
20-21	Chemical and pharmaceutical products	..	312.8	326.0	297.1	292.6	279.5	300.8	317.0
20	Chemicals and chemical products	..	130.7	134.6	100.8	125.7	94.5	115.0	111.1
21	Pharmaceuticals, medicinal, chemical and botanical products	..	182.0	191.4	196.3	166.9	185.0	185.8	205.9
22	Rubber and plastic products	..	36.9	41.6	43.0	48.3	40.7	46.3	44.4
23	Other non-metallic mineral products	..	20.5	17.5	16.9	10.7	14.2	15.6	23.2
24-25	Basic metals, metal products, except machinery and equipment	..	214.3	150.9	94.4	145.2	157.9	170.0	180.4
24	Basic metals	..	41.6	37.4	35.1	31.0	42.3	33.5	25.6
25	Fabricated metal products, except machinery and equipment	..	172.7	113.5	59.3	114.2	115.6	136.5	154.9
26-30	Computer, electronic, optical products; electrical machinery, transport equipment	..	3 492.2	3 658.3	3 133.7	2 968.6	2 854.2	2 426.2	2 120.8
26	Computer, electronic and optical products	..	2 953.2	2 937.1	2 256.8	2 117.0	2 056.9	1 617.0	1 354.5
27	Electrical equipment	..	241.2	278.5	314.7	320.2	330.5	265.3	246.6
28	Machinery and equipment n.e.c.	..	239.5	348.6	457.9	452.3	415.4	459.2	431.5
29	Motor vehicles, trailers and semi-trailers	..	16.8	18.7	5.9	11.7	8.5	40.3	29.8
30	Other transport equipment	..	41.5	75.4	98.5	67.4	42.9	44.3	58.7
31-33	Furniture; repair, installation of machinery and equipment	..	76.2	78.2	81.8	83.4	86.8	93.8	135.9
31	Furniture	..	4.6	6.3	7.6	6.1	7.0	5.8	5.5
32	Other manufacturing	..	55.3	60.5	61.9	66.8	73.2	78.0	101.9
33	Repair and installation of machinery and equipment	..	16.4	11.4	12.3	10.5	6.6	10.0	28.5
35-39	**ELECTRICITY, GAS, WATER AND WASTE MANAGEMENT**	..	45.4	41.7	32.6	27.9	22.0	19.3	18.5
35-36	Electricity, gas and water	..	38.7	30.1	27.7	20.9	17.2	12.3	16.0
37-39	Sewerage, waste management and remediation activities	..	6.7	11.6	4.9	7.1	4.9	7.0	2.5
41-43	**CONSTRUCTION**	..	64.9	74.0	72.4	62.3	26.2	33.9	41.7
45-99	**TOTAL SERVICES**	..	820.0	940.7	1 107.5	1 164.0	1 119.9	1 056.1	1 154.6
45-82	**Business sector services**	..	779.0	900.8	1 034.6	1 097.9	1 044.6	1 018.3	1 107.9
45-47	Wholesale and retail trade; motor vehicle and motorcycle repairs	..	6.4	15.7	3.4	7.8	6.9	12.2	5.8
49-53	Transportation and storage	..	12.3	17.4	18.3	14.8	17.1	17.8	17.7
55-56	Accommodation and food service activities	..	1.3	8.2	1.1	0.4	0.2	0.5	0.0
58-63	Information and communication	..	517.5	644.7	760.1	805.4	723.9	697.3	789.5
58-60	Publishing, audiovisual and broadcasting activities	..	9.0	11.6	15.3	19.9	15.1	18.2	19.3
58	Publishing activities	..	6.9	9.1	13.1	17.8	12.7	15.9	18.2
59-60	Motion picture, video and TV programme production; broadcasting activities	..	2.1	2.5	2.3	2.1	2.4	2.3	1.0
59	Motion picture, video and TV programme production; sound and music	..	0.7	1.0	1.1	0.2	0.9	0.6	0.3 e
60	Programming and broadcasting activities	..	1.3	1.5	1.2	1.9	1.5	1.7	0.8 e
61	Telecommunications	..	90.2	227.9	290.3	272.9	218.0	95.1	127.0
62-63	IT and other information services	..	418.3	405.1	454.4	512.6	490.8	583.9	643.2
62	Computer programming, consultancy and related activities	..	292.9	279.4	327.9	366.3	360.4	492.6	527.3
63	Information service activities	..	125.4	125.8	126.6	146.4	130.4	91.4	116.0
64-66	Financial and insurance activities	..	73.0	75.2	92.6	71.8	102.2	131.3	108.1
68-82	Real estate; professional, scientific and technical; administrative and support	..	168.5	139.6	159.0	197.6	194.3	159.2	186.7
68	Real estate activities	..	10.0	2.7	5.7	4.5	3.6	2.1	1.7
69-75x72	Professional, scientific and technical activities, except scientific R&D	..	41.4	21.8	22.9	22.8	31.5	39.0	52.4
72	Scientific research and development	..	110.2	107.1	126.9	164.6	154.6	106.9	128.2
77-82	Administrative and support service activities	..	6.9	8.0	3.6	5.7	4.6	11.2	4.4
84-99	**Community, social and personal services**	..	41.0	39.9	72.9	66.1	75.3	37.8	46.7
84-85	Public administration and defence; compulsory social security and education	..	1.2	1.8	4.4	1.7	3.4	1.5	1.9
86-88	Human health and social work activities	..	7.2	4.2	7.4	11.3	8.2	8.0	5.8
90-93	Arts, entertainment and recreation	..	10.1	10.1	10.2	11.8	11.7	15.1	17.5
94-99	Other services; household-employers; extraterritorial bodies	..	22.5	23.8	51.0	41.3	52.1	13.2	21.5

.. Not available; e Estimated value
Note: Detailed metadata at: http://metalinks.oecd.org/anberd/20181213/8c73.

FINLAND

R&D expenditure in industry by industry orientation, constant prices
ISIC Rev. 4

2010 USD PPP

Code	Industry	2009	2010	2011	2012	2013	2014	2015	2016
	TOTAL BUSINESS ENTERPRISE	..	5 395.8	5 469.0	4 941.2	4 723.2	4 449.9	4 009.3	3 834.8
01-03	AGRICULTURE, FORESTRY AND FISHING	..	13.2	21.7	20.1	12.8	11.1	16.2	18.2
05-09	MINING AND QUARRYING	..	41.8	39.7	17.6	14.4	14.4	18.0	19.4
10-33	MANUFACTURING	..	4 410.5	4 379.6	3 744.2	3 530.8	3 355.0	2 976.0	2 716.3
10-12	Food products, beverages and tobacco	..	74.3	69.1	77.6	76.3	79.4	67.9	52.2
13-15	Textiles, wearing apparel, leather and related products	..	13.6	13.7	9.0	9.4	10.3	15.2	7.7
13	Textiles	..	9.1	8.4	5.5	7.3	4.7	13.0	4.6
14	Wearing apparel	..	4.2	4.7	2.7	1.8	5.4	1.9	3.0
15	Leather and related products, footwear	..	0.3	0.6	0.8	0.4	0.2	0.3	0.1
16-18	Wood and paper products and printing	..	123.9	92.8	104.7	100.5	91.2	105.5	102.9
16	Wood and wood products, except furniture	..	9.1	7.6	6.9	8.0	7.4	3.4	4.8
17	Paper and paper products	..	112.2	79.7	91.1	85.5	77.8	93.2	87.0
18	Printing and reproduction of recorded media	..	2.7	5.5	5.7	7.0	6.1	8.9	11.2
19-23	Chemical, rubber, plastic, non-metallic mineral products	..	416.0	421.3	388.3	374.1	337.0	364.6	385.3
19	Coke and refined petroleum products	..	45.8	46.6	46.9	47.4	30.8	37.9	43.2
20-21	Chemical and pharmaceutical products	..	312.8	317.2	284.0	271.9	255.9	270.9	282.0
20	Chemicals and chemical products	..	130.7	131.0	96.4	116.8	86.5	103.5	98.8
21	Pharmaceuticals, medicinal, chemical and botanical products	..	182.0	186.2	187.7	155.1	169.4	167.3	183.2
22	Rubber and plastic products	..	36.9	40.5	41.2	44.8	37.3	41.7	39.5
23	Other non-metallic mineral products	..	20.5	17.0	16.2	10.0	13.0	14.1	20.6
24-25	Basic metals, metal products, except machinery and equipment	..	214.3	146.9	90.2	135.0	144.5	153.2	160.5
24	Basic metals	..	41.6	36.4	33.5	28.8	38.8	30.2	22.8
25	Fabricated metal products, except machinery and equipment	..	172.7	110.5	56.7	106.1	105.8	123.0	137.8
26-30	Computer, electronic, optical products; electrical machinery, transport equipment	..	3 492.2	3 559.8	2 996.2	2 758.1	2 613.1	2 185.2	1 886.8
26	Computer, electronic and optical products	..	2 953.2	2 858.1	2 157.8	1 966.9	1 883.1	1 456.4	1 205.0
27	Electrical equipment	..	241.2	271.0	300.9	297.5	302.6	239.0	219.4
28	Machinery and equipment n.e.c.	..	239.5	339.2	437.8	420.2	380.3	413.6	383.9
29	Motor vehicles, trailers and semi-trailers	..	16.8	18.2	5.7	10.9	7.8	36.3	26.5
30	Other transport equipment	..	41.5	73.3	94.1	62.6	39.3	39.9	52.2
31-33	Furniture; repair, installation of machinery and equipment	..	76.2	76.1	78.2	77.5	79.5	84.5	120.9
31	Furniture	..	4.6	6.2	7.2	5.6	6.4	5.2	4.9
32	Other manufacturing	..	55.3	58.9	59.2	62.1	67.0	70.3	90.6
33	Repair and installation of machinery and equipment	..	16.4	11.1	11.7	9.7	6.1	9.0	25.4
35-39	ELECTRICITY, GAS, WATER AND WASTE MANAGEMENT	..	45.4	40.5	31.2	26.0	20.2	17.4	16.5
35-36	Electricity, gas and water	..	38.7	29.2	26.4	19.4	15.8	11.0	14.3
37-39	Sewerage, waste management and remediation activities	..	6.7	11.3	4.7	6.6	4.5	6.3	2.2
41-43	CONSTRUCTION	..	64.9	72.0	69.2	57.9	24.0	30.5	37.1
45-99	TOTAL SERVICES	..	820.0	915.4	1 058.9	1 081.5	1 025.3	951.2	1 027.2
45-82	Business sector services	..	779.0	876.6	989.2	1 020.1	956.4	917.2	985.7
45-47	Wholesale and retail trade; motor vehicle and motorcycle repairs	..	6.4	15.2	3.3	7.3	6.4	11.0	5.2
49-53	Transportation and storage	..	12.3	17.0	17.5	13.8	15.6	16.1	15.8
55-56	Accommodation and food service activities	..	1.3	7.9	1.0	0.4	0.2	0.4	0.0
58-63	Information and communication	..	517.5	627.4	726.8	748.3	662.7	628.1	702.4
58-60	Publishing, audiovisual and broadcasting activities	..	9.0	11.3	14.6	18.5	13.8	16.4	17.1
58	Publishing activities	..	6.9	8.9	12.5	16.5	11.6	14.4	16.2
59-60	Motion picture, video and TV programme production; broadcasting activities	..	2.1	2.5	2.2	1.9	2.2	2.1	0.9
59	Motion picture, video and TV programme production; sound and music	..	0.7	1.0	1.1	0.2	0.8	0.5	0.2 e
60	Programming and broadcasting activities	..	1.3	1.5	1.1	1.7	1.4	1.5	0.7 e
61	Telecommunications	..	90.2	221.8	277.6	253.6	199.6	85.7	113.0
62-63	IT and other information services	..	418.3	394.2	434.5	476.3	449.3	526.0	572.3
62	Computer programming, consultancy and related activities	..	292.9	271.8	313.5	340.3	330.0	443.6	469.1
63	Information service activities	..	125.4	122.4	121.0	136.0	119.4	82.3	103.2
64-66	Financial and insurance activities	..	73.0	73.2	88.6	66.7	93.6	118.3	96.2
68-82	Real estate; professional, scientific and technical; administrative and support	..	168.5	135.9	152.0	183.6	177.9	143.4	166.1
68	Real estate activities	..	10.0	2.7	5.4	4.2	3.3	1.9	1.5
69-75x72	Professional, scientific and technical activities, except scientific R&D	..	41.4	21.2	21.9	21.1	28.8	35.1	46.6
72	Scientific research and development	..	110.2	104.2	121.3	152.9	141.5	96.3	114.0
77-82	Administrative and support service activities	..	6.9	7.8	3.4	5.3	4.2	10.1	3.9
84-99	Community, social and personal services	..	41.0	38.8	69.7	61.4	68.9	34.0	41.6
84-85	Public administration and defence; compulsory social security and education	..	1.2	1.8	4.2	1.5	3.1	1.3	1.7
86-88	Human health and social work activities	..	7.2	4.1	7.1	10.5	7.5	7.2	5.2
90-93	Arts, entertainment and recreation	..	10.1	9.8	9.7	11.0	10.7	13.6	15.5
94-99	Other services; household-employers; extraterritorial bodies	..	22.5	23.1	48.7	38.4	47.7	11.9	19.1

.. Not available; e Estimated value
Note: Detailed metadata at: http://metalinks.oecd.org/anberd/20181213/8c73.

FRANCE

R&D expenditure in industry by main activity of the enterprise, current prices
ISIC Rev. 4

Million USD PPP

		2009	2010	2011	2012	2013	2014	2015	2016
	TOTAL BUSINESS ENTERPRISE	30 623.0	32 153.2	34 290.4	35 581.4	37 834.5	..	..	..
01-03	**AGRICULTURE, FORESTRY AND FISHING**	146.5	159.2	179.9	185.4	219.2	..	..	..
05-09	**MINING AND QUARRYING**	17.4	17.6	14.1	17.5	18.5	..	..	..
10-33	**MANUFACTURING**	16 321.3	16 190.9	17 057.9	17 866.7	19 208.7	..	..	..
10-12	Food products, beverages and tobacco	366.4	443.1	396.1	414.1	445.1	..	..	..
13-15	Textiles, wearing apparel, leather and related products	157.5	165.1	134.5	134.9	154.5	..	..	..
13	Textiles	113.0	102.6	89.8	88.1	98.2	..	..	..
14	Wearing apparel	36.4	51.1	37.4	39.9	50.0	..	..	..
15	Leather and related products, footwear	8.1	11.5	7.2	7.0	6.3	..	..	..
16-18	Wood and paper products and printing	80.6	66.4	78.0	87.8	92.5	..	..	..
16	Wood and wood products, except furniture	19.8	17.8	17.1	22.6	22.8	..	..	..
17	Paper and paper products	28.0	31.8	48.5	47.3	52.4	..	..	..
18	Printing and reproduction of recorded media	32.8	16.9	12.5	17.9	17.4	..	..	..
19-23	Chemical, rubber, plastic, non-metallic mineral products	3 302.0	3 344.2	3 166.3	3 285.7	3 450.0	..	..	..
19	Coke and refined petroleum products	106.1	126.8	127.8	91.8	123.9	..	..	..
20-21	Chemical and pharmaceutical products	2 184.5	2 241.0	1 988.2	2 031.0	2 155.4	..	..	..
20	Chemicals and chemical products	1 194.8	1 265.2	990.5	1 074.4	1 163.6	..	..	..
21	Pharmaceuticals, medicinal, chemical and botanical products	989.8	975.8	997.7	956.6	991.8	..	..	..
22	Rubber and plastic products	781.8	783.6	832.8	943.3	935.4	..	..	..
23	Other non-metallic mineral products	229.6	192.8	217.5	219.6	235.3	..	..	..
24-25	Basic metals, metal products, except machinery and equipment	1 030.5	879.8	1 074.2	1 105.3	1 165.9	..	..	..
24	Basic metals	325.5	142.8	289.7	290.5	305.6	..	..	..
25	Fabricated metal products, except machinery and equipment	704.9	737.0	784.5	814.8	860.4	..	..	..
26-30	Computer, electronic, optical products; electrical machinery, transport equipment	10 777.2	10 782.6	11 540.5	12 107.4	13 135.5	..	..	..
26	Computer, electronic and optical products	3 908.9	3 619.4	3 795.6	4 007.9	4 520.0	..	..	..
27	Electrical equipment	971.5	742.7	771.2	790.5	813.4	..	..	..
28	Machinery and equipment n.e.c.	1 080.4	1 116.5	1 219.0	1 293.3	1 275.3	..	..	..
29	Motor vehicles, trailers and semi-trailers	1 921.2	2 113.7	2 280.0	2 251.7	2 350.2	..	..	..
30	Other transport equipment	2 895.2	3 190.3	3 474.7	3 763.9	4 176.6	..	..	..
31-33	Furniture; repair, installation of machinery and equipment	607.1	509.6	668.3	731.5	765.1	..	..	..
31	Furniture	22.1	21.4	20.8	20.7	22.7	..	..	..
32	Other manufacturing	252.6	261.4	328.3	345.5	377.6	..	..	..
33	Repair and installation of machinery and equipment	332.4	226.9	319.2	365.3	364.8	..	..	..
35-39	**ELECTRICITY, GAS, WATER AND WASTE MANAGEMENT**	551.8	587.8	643.7	647.8	708.2	..	..	..
35-36	Electricity, gas and water	527.2	533.6	611.8	621.1	669.4	..	..	..
37-39	Sewerage, waste management and remediation activities	24.6	54.2	31.9	26.8	38.8	..	..	..
41-43	**CONSTRUCTION**	184.0	193.7	153.5	173.2	180.7	..	..	..
45-99	**TOTAL SERVICES**	13 402.0	15 003.9	16 241.2	16 690.9	17 499.0	..	..	..
45-82	**Business sector services**	13 350.1	14 948.3	16 177.5	16 625.1	17 419.1	..	..	..
45-47	Wholesale and retail trade; motor vehicle and motorcycle repairs	1 166.9	1 429.0	1 757.4	1 819.0	2 022.6	..	..	..
49-53	Transportation and storage	85.2	41.3	57.6	55.5	56.7	..	..	..
55-56	Accommodation and food service activities	3.2	3.8	0.4	4.1	5.2 e	..	..	..
58-63	Information and communication	3 024.7	3 480.9	3 581.2	3 935.3	4 478.7	..	..	..
58-60	Publishing, audiovisual and broadcasting activities	830.8	953.5	939.2	1 067.4	1 219.3	..	..	..
58	Publishing activities	785.7	839.6	870.4	983.2	1 151.2	..	..	..
59-60	Motion picture, video and TV programme production; broadcasting activities	45.2	113.9	68.8	84.2	68.0	..	..	..
59	Motion picture, video and TV programme production; sound and music	41.4	99.8	58.9	74.9	61.1	..	..	..
60	Programming and broadcasting activities	3.7	14.0	10.0	9.4	7.0	..	..	..
61	Telecommunications	798.3	774.8	708.4	853.8	1 034.7	..	..	..
62-63	IT and other information services	1 395.6	1 752.6	1 933.6	2 014.1	2 224.7	..	..	..
62	Computer programming, consultancy and related activities	1 278.2	1 609.5	1 797.5	1 892.7	2 087.2	..	..	..
63	Information service activities	117.4	143.2	136.1	121.4	137.5	..	..	..
64-66	Financial and insurance activities	187.9	259.1	311.0	302.9	312.2	..	..	..
68-82	Real estate; professional, scientific and technical; administrative and support	8 882.2	9 736.7	10 469.8	10 508.2	10 543.8 e	..	..	..
68	Real estate activities	1.1	2.5	4.3	2.1	2.7 e	..	..	..
69-75x72	Professional, scientific and technical activities, except scientific R&D	4 401.4	5 294.1	5 970.7	5 926.6	5 862.7	..	..	..
72	Scientific research and development	4 033.8	4 311.9	4 332.2	4 388.8	4 433.2	..	..	..
77-82	Administrative and support service activities	445.9	128.1	162.6	190.7	245.3	..	..	..
84-99	**Community, social and personal services**	51.9	55.6	63.7	65.7	79.8	..	..	..
84-85	Public administration and defence; compulsory social security and education	7.9	5.5	4.6	4.5	5.8	..	..	..
86-88	Human health and social work activities	5.8	12.1	16.9	18.0	24.8	..	..	..
90-93	Arts, entertainment and recreation	2.3	1.4	4.1	6.9	8.1	..	..	..
94-99	Other services; household-employers; extraterritorial bodies	36.0	36.7	38.2	36.4	41.2	..	..	..

.. Not available; e Estimated value
Note: Detailed metadata at: http://metalinks.oecd.org/anberd/20181213/8c73.

FRANCE

R&D expenditure in industry by main activity of the enterprise, constant prices
ISIC Rev. 4

2010 USD PPP

ISIC	Activity	2009	2010	2011	2012	2013	2014	2015	2016
	TOTAL BUSINESS ENTERPRISE	31 274.6	32 153.2	33 433.7	34 369.1	34 860.5	..	..	..
01-03	**AGRICULTURE, FORESTRY AND FISHING**	149.6	159.2	175.4	179.0	202.0	..	..	..
05-09	**MINING AND QUARRYING**	17.8	17.6	13.8	16.9	17.0	..	..	..
10-33	**MANUFACTURING**	16 668.6	16 190.9	16 631.7	17 258.0	17 698.8	..	..	..
10-12	Food products, beverages and tobacco	374.2	443.1	386.2	400.0	410.2	..	..	..
13-15	Textiles, wearing apparel, leather and related products	160.9	165.1	131.2	130.3	142.4	..	..	..
13	Textiles	115.4	102.6	87.6	85.1	90.5	..	..	..
14	Wearing apparel	37.2	51.1	36.5	38.6	46.1	..	..	..
15	Leather and related products, footwear	8.3	11.5	7.1	6.7	5.8	..	..	..
16-18	Wood and paper products and printing	82.3	66.4	76.1	84.8	85.3	..	..	..
16	Wood and wood products, except furniture	20.2	17.8	16.6	21.9	21.0	..	..	..
17	Paper and paper products	28.6	31.8	47.3	45.6	48.2	..	..	..
18	Printing and reproduction of recorded media	33.5	16.9	12.2	17.3	16.0	..	..	..
19-23	Chemical, rubber, plastic, non-metallic mineral products	3 372.3	3 344.2	3 087.2	3 173.7	3 178.9	..	..	..
19	Coke and refined petroleum products	108.4	126.8	124.6	88.7	114.2	..	..	..
20-21	Chemical and pharmaceutical products	2 231.0	2 241.0	1 938.5	1 961.8	1 986.0	..	..	..
20	Chemicals and chemical products	1 220.2	1 265.2	965.8	1 037.8	1 072.1	..	..	..
21	Pharmaceuticals, medicinal, chemical and botanical products	1 010.8	975.8	972.8	924.1	913.9	..	..	..
22	Rubber and plastic products	798.4	783.6	812.0	911.1	861.9	..	..	..
23	Other non-metallic mineral products	234.4	192.8	212.0	212.1	216.8	..	..	..
24-25	Basic metals, metal products, except machinery and equipment	1 052.4	879.8	1 047.3	1 067.6	1 074.3	..	..	..
24	Basic metals	332.5	142.8	282.4	280.6	281.5	..	..	..
25	Fabricated metal products, except machinery and equipment	719.9	737.0	764.9	787.0	792.7	..	..	..
26-30	Computer, electronic, optical products; electrical machinery, transport equipment	11 006.5	10 782.6	11 252.2	11 694.9	12 103.0	..	..	..
26	Computer, electronic and optical products	3 992.1	3 619.4	3 700.7	3 871.4	4 164.7	..	..	..
27	Electrical equipment	992.2	742.7	751.9	763.5	749.5	..	..	..
28	Machinery and equipment n.e.c.	1 103.4	1 116.5	1 188.6	1 249.2	1 175.1	..	..	..
29	Motor vehicles, trailers and semi-trailers	1 962.0	2 113.7	2 223.1	2 175.0	2 165.4	..	..	..
30	Other transport equipment	2 956.8	3 190.3	3 387.9	3 635.7	3 848.3	..	..	..
31-33	Furniture; repair, installation of machinery and equipment	620.0	509.6	651.6	706.6	705.0	..	..	..
31	Furniture	22.6	21.4	20.3	20.0	20.9	..	..	..
32	Other manufacturing	258.0	261.4	320.1	333.7	347.9	..	..	..
33	Repair and installation of machinery and equipment	339.4	226.9	311.2	352.8	336.1	..	..	..
35-39	**ELECTRICITY, GAS, WATER AND WASTE MANAGEMENT**	563.6	587.8	627.6	625.7	652.5	..	..	..
35-36	Electricity, gas and water	538.4	533.6	596.5	599.9	616.8	..	..	..
37-39	Sewerage, waste management and remediation activities	25.1	54.2	31.1	25.9	35.8	..	..	..
41-43	**CONSTRUCTION**	187.9	193.7	149.7	167.3	166.5	..	..	..
45-99	**TOTAL SERVICES**	13 687.1	15 003.9	15 835.5	16 122.2	16 123.5	..	..	..
45-82	**Business sector services**	13 634.1	14 948.3	15 773.3	16 058.7	16 049.9	..	..	..
45-47	Wholesale and retail trade; motor vehicle and motorcycle repairs	1 191.7	1 429.0	1 713.5	1 757.0	1 863.6	..	..	..
49-53	Transportation and storage	87.0	41.3	56.2	53.7	52.2	..	..	..
55-56	Accommodation and food service activities	3.3	3.8	0.4	4.0	4.8 e	..	..	..
58-63	Information and communication	3 089.0	3 480.9	3 491.8	3 801.2	4 126.6	..	..	..
58-60	Publishing, audiovisual and broadcasting activities	848.5	953.5	915.8	1 031.0	1 123.4	..	..	..
58	Publishing activities	802.4	839.6	848.7	949.7	1 060.8	..	..	..
59-60	Motion picture, video and TV programme production; broadcasting activities	46.1	113.9	67.1	81.3	62.7	..	..	..
59	Motion picture, video and TV programme production; sound and music	42.3	99.8	57.4	72.3	56.3	..	..	..
60	Programming and broadcasting activities	3.8	14.0	9.7	9.0	6.5	..	..	..
61	Telecommunications	815.3	774.8	690.7	824.8	953.4	..	..	..
62-63	IT and other information services	1 425.3	1 752.6	1 885.3	1 945.5	2 049.9	..	..	..
62	Computer programming, consultancy and related activities	1 305.4	1 609.5	1 752.6	1 828.2	1 923.2	..	..	..
63	Information service activities	119.9	143.2	132.7	117.3	126.7	..	..	..
64-66	Financial and insurance activities	191.9	259.1	303.2	292.5	287.7	..	..	..
68-82	Real estate; professional, scientific and technical; administrative and support	9 071.2	9 736.7	10 208.3	10 150.2	9 715.0 e	..	..	..
68	Real estate activities	1.1	2.5	4.2	2.1	2.5 e	..	..	..
69-75x72	Professional, scientific and technical activities, except scientific R&D	4 495.0	5 294.1	5 821.6	5 724.6	5 401.8	..	..	..
72	Scientific research and development	4 119.7	4 311.9	4 224.0	4 239.3	4 084.8	..	..	..
77-82	Administrative and support service activities	455.4	128.1	158.6	184.2	226.0	..	..	..
84-99	Community, social and personal services	53.0	55.6	62.2	63.5	73.6	..	..	..
84-85	Public administration and defence; compulsory social security and education	8.0	5.5	4.5	4.3	5.3	..	..	..
86-88	Human health and social work activities	5.9	12.1	16.5	17.4	22.8	..	..	..
90-93	Arts, entertainment and recreation	2.4	1.4	4.0	6.6	7.5	..	..	..
94-99	Other services; household-employers; extraterritorial bodies	36.7	36.7	37.2	35.1	37.9	..	..	..

.. Not available; e Estimated value

Note: Detailed metadata at: *http://metalinks.oecd.org/anberd/20181213/8c73*.

FRANCE

R&D expenditure in industry by industry orientation, current prices
ISIC Rev. 4

Million USD PPP

		2009	2010	2011	2012	2013	2014	2015	2016
	TOTAL BUSINESS ENTERPRISE	30 623.0	32 153.2	34 290.4	35 581.4	37 834.5	..	..	..
01-03	**AGRICULTURE, FORESTRY AND FISHING**	458.9	476.6	496.5	532.2	624.4	..	..	..
05-09	**MINING AND QUARRYING**	266.0	270.3	281.2	295.3	297.8	..	..	..
10-33	**MANUFACTURING**	24 272.7	24 640.0	26 216.5	26 762.7	27 918.4	..	..	..
10-12	Food products, beverages and tobacco	665.4	725.7	721.6	734.8	811.9	..	..	..
13-15	Textiles, wearing apparel, leather and related products	162.6	194.2	166.2	149.4	172.9	..	..	..
13	Textiles	91.4	103.7	92.9	80.1	88.8	..	..	..
14	Wearing apparel	57.6	74.6	66.3	61.7	74.3	..	..	..
15	Leather and related products, footwear	13.5	15.9	7.0	7.6	9.7	..	..	..
16-18	Wood and paper products and printing	95.8	92.2	116.8	123.2	125.1	..	..	..
16	Wood and wood products, except furniture	34.8	32.5	34.3	35.4	34.4	..	..	..
17	Paper and paper products	53.1	53.7	73.7	75.3	78.5	..	..	..
18	Printing and reproduction of recorded media	7.9	6.0	8.8	12.3	12.2	..	..	..
19-23	Chemical, rubber, plastic, non-metallic mineral products	7 004.7	6 952.1	7 076.0	7 239.4	7 710.4	..	..	..
19	Coke and refined petroleum products	249.4	260.7	255.9	238.4	277.1	..	..	..
20-21	Chemical and pharmaceutical products	5 611.6	5 525.4	5 565.1	5 649.9	6 020.3	..	..	..
20	Chemicals and chemical products	1 682.0	1 752.1	1 831.9	1 940.2	2 185.4	..	..	..
21	Pharmaceuticals, medicinal, chemical and botanical products	3 929.6	3 773.3	3 733.2	3 709.7	3 834.8	..	..	..
22	Rubber and plastic products	767.6	814.1	887.7	979.6	992.7	..	..	..
23	Other non-metallic mineral products	376.1	351.9	367.3	371.4	420.4	..	..	..
24-25	Basic metals, metal products, except machinery and equipment	1 089.4	1 215.2	1 295.3	1 295.2	1 347.9	..	..	..
24	Basic metals	412.9	467.8	503.5	462.0	484.2	..	..	..
25	Fabricated metal products, except machinery and equipment	676.5	747.4	791.9	833.1	863.7	..	..	..
26-30	Computer, electronic, optical products; electrical machinery, transport equipment	14 826.0	15 016.6	16 321.0	16 722.7	17 239.0	..	..	..
26	Computer, electronic and optical products	4 577.0	4 554.0	4 586.2	4 781.8	5 062.8	..	..	..
27	Electrical equipment	1 006.8	1 035.0	1 141.1	1 179.1	1 256.3	..	..	..
28	Machinery and equipment n.e.c.	1 061.7	1 111.0	1 214.9	1 302.3	1 363.9	..	..	..
29	Motor vehicles, trailers and semi-trailers	4 958.7	4 940.2	5 592.0	5 324.8	4 877.1	..	..	..
30	Other transport equipment	3 221.8	3 376.4	3 786.8	4 134.8	4 678.9	..	..	..
31-33	Furniture; repair, installation of machinery and equipment	428.8	444.0	519.7	498.2	511.1	..	..	..
31	Furniture	..	19.8	28.2	23.1	27.5	..	..	..
32	Other manufacturing	361.4	424.2	491.5	475.1	483.6	..	..	..
33	Repair and installation of machinery and equipment	..	0.0	0.0	0.0	0.0	..	..	..
35-39	**ELECTRICITY, GAS, WATER AND WASTE MANAGEMENT**	618.4	613.3	697.5	710.4	769.6	..	..	..
35-36	Electricity, gas and water	554.3	574.7	652.6	664.2	716.8	..	..	..
37-39	Sewerage, waste management and remediation activities	64.1	38.6	44.9	46.2	52.7	..	..	..
41-43	**CONSTRUCTION**	108.6	103.5	128.3	138.2	128.3	..	..	..
45-99	**TOTAL SERVICES**	4 898.4	6 049.4	6 470.4	7 142.6	8 082.9	..	..	..
45-82	**Business sector services**	4 876.6	6 023.0	6 434.9	7 084.8	8 008.3	..	..	..
45-47	Wholesale and retail trade; motor vehicle and motorcycle repairs	0.0	0.0	0.0	0.0	0.0	..	..	..
49-53	Transportation and storage	49.5	52.5	72.4	63.8	62.2	..	..	..
55-56	Accommodation and food service activities	0.0	0.0	0.0	0.0	0.0	..	..	..
58-63	Information and communication	3 475.5	4 081.7	4 233.4	4 523.6	5 015.1	..	..	..
58-60	Publishing, audiovisual and broadcasting activities	861.7	1 056.0	1 063.4	1 132.3	1 302.1	..	..	..
58	Publishing activities	775.7	898.3	956.2	1 007.5	1 201.8	..	..	..
59-60	Motion picture, video and TV programme production; broadcasting activities	86.0	157.7	107.2	125.0	100.3	..	..	..
59	Motion picture, video and TV programme production; sound and music	35.3	94.6	53.9	67.6	51.5	..	..	..
60	Programming and broadcasting activities	50.7	63.1	53.3	57.3	48.7	..	..	..
61	Telecommunications	927.8	944.6	959.7	1 097.4	1 215.3	..	..	..
62-63	IT and other information services	1 686.0	2 081.1	2 210.3	2 294.0	2 497.8	..	..	..
62	Computer programming, consultancy and related activities	1 568.8	1 926.2	2 020.0	2 133.1	2 324.4	..	..	..
63	Information service activities	117.2	155.0	190.3	160.8	173.4	..	..	..
64-66	Financial and insurance activities	195.2	202.0	231.9	235.8	246.3	..	..	..
68-82	Real estate; professional, scientific and technical; administrative and support	1 156.4	1 686.8	1 897.2	2 261.4	2 684.7	..	..	..
68	Real estate activities	0.0	0.0	0.0	0.0	0.0	..	..	..
69-75x72	Professional, scientific and technical activities, except scientific R&D	785.9	1 161.6	1 275.4	1 486.6	1 817.4	..	..	..
72	Scientific research and development	297.9	406.4	501.8	621.6	699.1	..	..	..
77-82	Administrative and support service activities	72.6	118.8	119.9	153.3	168.2	..	..	..
84-99	**Community, social and personal services**	21.8	26.4	35.5	57.8	74.5	..	..	..
84-85	Public administration and defence; compulsory social security and education	3.8	1.2	3.1	4.3 e	4.1	..	..	..
86-88	Human health and social work activities	15.4	20.7	23.1	30.1	37.0	..	..	..
90-93	Arts, entertainment and recreation	0.8	1.2	2.5	3.6	7.3	..	..	..
94-99	Other services; household-employers; extraterritorial bodies	1.9	3.2	6.8	19.8 e	26.2	..	..	..

.. Not available; e Estimated value
Note: Detailed metadata at: http://metalinks.oecd.org/anberd/20181213/8c73.

FRANCE

R&D expenditure in industry by industry orientation, constant prices
ISIC Rev. 4

2010 USD PPP

		2009	2010	2011	2012	2013	2014	2015	2016
	TOTAL BUSINESS ENTERPRISE	31 274.6	32 153.2	33 433.7	34 369.1	34 860.5	..	..	..
01-03	**AGRICULTURE, FORESTRY AND FISHING**	468.6	476.6	484.1	514.0	575.3	..	..	..
05-09	**MINING AND QUARRYING**	271.6	270.3	274.2	285.2	274.4	..	..	..
10-33	**MANUFACTURING**	24 789.2	24 640.6	25 561.5	25 850.9	25 723.9	..	..	..
10-12	Food products, beverages and tobacco	679.6	725.7	703.6	709.8	748.1	..	..	..
13-15	Textiles, wearing apparel, leather and related products	166.0	194.2	162.0	144.3	159.3	..	..	..
13	Textiles	93.4	103.7	90.6	77.3	81.8	..	..	..
14	Wearing apparel	58.9	74.6	64.6	59.6	68.5	..	..	..
15	Leather and related products, footwear	13.8	15.9	6.8	7.3	9.0	..	..	..
16-18	Wood and paper products and printing	97.8	92.2	113.9	119.0	115.2	..	..	..
16	Wood and wood products, except furniture	35.6	32.5	33.4	34.2	31.7	..	..	..
17	Paper and paper products	54.2	53.7	71.8	72.8	72.3	..	..	..
18	Printing and reproduction of recorded media	8.0	6.0	8.6	11.9	11.2	..	..	..
19-23	Chemical, rubber, plastic, non-metallic mineral products	7 153.7	6 952.1	6 899.2	6 992.7	7 104.3	..	..	..
19	Coke and refined petroleum products	254.7	260.7	249.5	230.3	255.3	..	..	..
20-21	Chemical and pharmaceutical products	5 731.0	5 525.4	5 426.0	5 457.4	5 547.0	..	..	..
20	Chemicals and chemical products	1 717.8	1 752.1	1 786.1	1 874.1	2 013.7	..	..	..
21	Pharmaceuticals, medicinal, chemical and botanical products	4 013.2	3 773.3	3 639.9	3 583.3	3 533.4	..	..	..
22	Rubber and plastic products	783.9	814.1	865.5	946.2	914.6	..	..	..
23	Other non-metallic mineral products	384.1	351.9	358.1	358.8	387.3	..	..	..
24-25	Basic metals, metal products, except machinery and equipment	1 112.6	1 215.2	1 263.0	1 251.0	1 241.9	..	..	..
24	Basic metals	421.7	467.8	490.9	446.3	446.1	..	..	..
25	Fabricated metal products, except machinery and equipment	690.9	747.4	772.1	804.7	795.8	..	..	..
26-30	Computer, electronic, optical products; electrical machinery, transport equipment	15 141.5	15 016.6	15 913.2	16 152.9	15 883.9	..	..	..
26	Computer, electronic and optical products	4 674.4	4 554.0	4 471.6	4 618.9	4 664.9	..	..	..
27	Electrical equipment	1 028.3	1 035.0	1 112.6	1 138.9	1 157.6	..	..	..
28	Machinery and equipment n.e.c.	1 084.3	1 111.0	1 184.6	1 257.9	1 256.7	..	..	..
29	Motor vehicles, trailers and semi-trailers	5 064.2	4 940.2	5 452.3	5 143.3	4 493.8	..	..	..
30	Other transport equipment	3 290.3	3 376.4	3 692.2	3 993.9	4 311.1	..	..	..
31-33	Furniture; repair, installation of machinery and equipment	437.9	444.0	506.7	481.2	470.9	..	..	..
31	Furniture	..	19.8	27.5	22.3	25.3	..	..	..
32	Other manufacturing	369.1	424.2	479.2	458.9	445.6	..	..	..
33	Repair and installation of machinery and equipment	..	0.0	0.0	0.0	0.0	..	..	..
35-39	**ELECTRICITY, GAS, WATER AND WASTE MANAGEMENT**	631.6	613.3	680.0	686.2	709.1	..	..	..
35-36	Electricity, gas and water	566.1	574.7	636.3	641.6	660.5	..	..	..
37-39	Sewerage, waste management and remediation activities	65.5	38.6	43.8	44.6	48.6	..	..	..
41-43	**CONSTRUCTION**	110.9	103.5	125.1	133.5	118.2	..	..	..
45-99	**TOTAL SERVICES**	5 002.6	6 049.4	6 308.8	6 899.2	7 447.5	..	..	..
45-82	**Business sector services**	4 980.4	6 023.0	6 274.1	6 843.4	7 378.8	..	..	..
45-47	Wholesale and retail trade; motor vehicle and motorcycle repairs	0.0	0.0	0.0	0.0	0.0	..	..	..
49-53	Transportation and storage	50.5	52.5	70.5	61.7	57.3	..	..	..
55-56	Accommodation and food service activities	0.0	0.0	0.0	0.0	0.0	..	..	..
58-63	Information and communication	3 549.5	4 081.7	4 127.6	4 369.5	4 620.9	..	..	..
58-60	Publishing, audiovisual and broadcasting activities	880.0	1 056.0	1 036.8	1 093.7	1 199.7	..	..	..
58	Publishing activities	792.2	898.3	932.3	973.1	1 107.3	..	..	..
59-60	Motion picture, video and TV programme production; broadcasting activities	87.9	157.7	104.5	120.7	92.4	..	..	..
59	Motion picture, video and TV programme production; sound and music	36.1	94.6	52.5	65.3	47.5	..	..	..
60	Programming and broadcasting activities	51.8	63.1	52.0	55.4	44.8	..	..	..
61	Telecommunications	947.6	944.6	935.7	1 060.0	1 119.8	..	..	..
62-63	IT and other information services	1 721.9	2 081.1	2 155.1	2 215.8	2 301.4	..	..	..
62	Computer programming, consultancy and related activities	1 602.1	1 926.2	1 969.5	2 060.4	2 141.7	..	..	..
63	Information service activities	119.7	155.0	185.6	155.4	159.7	..	..	..
64-66	Financial and insurance activities	199.4	202.0	226.1	227.8	226.9	..	..	..
68-82	Real estate; professional, scientific and technical; administrative and support	1 181.0	1 686.8	1 849.8	2 184.3	2 473.7	..	..	..
68	Real estate activities	0.0	0.0	0.0	0.0	0.0	..	..	..
69-75x72	Professional, scientific and technical activities, except scientific R&D	802.7	1 161.6	1 243.5	1 435.9	1 674.6	..	..	..
72	Scientific research and development	304.2	406.4	489.3	600.4	644.1	..	..	..
77-82	Administrative and support service activities	74.1	118.8	116.9	148.0	155.0	..	..	..
84-99	**Community, social and personal services**	22.3	26.4	34.7	55.8	68.7	..	..	..
84-85	Public administration and defence; compulsory social security and education	3.9	1.2	3.0	4.2 e	3.7	..	..	..
86-88	Human health and social work activities	15.7	20.7	22.5	29.1	34.1	..	..	..
90-93	Arts, entertainment and recreation	0.8	1.2	2.5	3.4	6.7	..	..	..
94-99	Other services; household-employers; extraterritorial bodies	1.9	3.2	6.7	19.1 e	24.2	..	..	..

.. Not available; e Estimated value
Note: Detailed metadata at: http://metalinks.oecd.org/anberd/20181213/8c73.

GERMANY

R&D expenditure in industry by main activity of the enterprise, current prices
ISIC Rev. 4

Million USD PPP

		2009	2010	2011	2012	2013	2014	2015	2016
	TOTAL BUSINESS ENTERPRISE	55 820.2	58 346.1	64 758.0	68 327.0	69 136.9	74 123.8	78 211.5	80 537.5
01-03	**AGRICULTURE, FORESTRY AND FISHING**	161.8	176.9	159.9	175.7	185.6	178.0	192.5	202.8
05-09	**MINING AND QUARRYING**	16.6	15.3	12.7	13.6	19.9	16.1	26.9	26.3
10-33	**MANUFACTURING**	47 727.9	50 030.7	55 447.2	58 854.9	59 434.2	64 351.7	66 613.0	68 401.7
10-12	Food products, beverages and tobacco	392.1	408.5	390.5	400.0	406.2	414.1	407.5	401.5
13-15	Textiles, wearing apparel, leather and related products	155.7	154.2	151.1	155.4	145.8	149.6	116.8	121.1
13	Textiles	87.2	84.5	78.7	81.8	72.5	72.0	68.0	..
14	Wearing apparel	61.6	62.7	65.4	66.3	66.1	70.1	43.6	..
15	Leather and related products, footwear	6.9	7.1	7.0	7.2	7.2	7.4	5.1	..
16-18	Wood and paper products and printing	217.1	258.6	231.6	218.4	293.0	291.1	275.9	294.2
16	Wood and wood products, except furniture	24.8	28.5	28.7	25.2	25.7	25.4	25.7	..
17	Paper and paper products	78.9	92.0	77.7	73.8	130.2	133.7	125.8	..
18	Printing and reproduction of recorded media	113.4	138.1	125.3	119.4	137.1	132.0	123.2	..
19-23	Chemical, rubber, plastic, non-metallic mineral products	10 259.7	10 031.3	11 011.9	11 337.5	11 328.3	11 831.8	11 901.4	12 915.8
19	Coke and refined petroleum products	114.7	110.8	119.6	121.9	120.9	154.6	173.2	181.0
20-21	Chemical and pharmaceutical products	8 746.1	8 529.9	9 339.5	9 638.4	9 578.8	9 966.1	9 934.3	10 807.9
20	Chemicals and chemical products	3 942.6	3 884.0	4 179.7	4 440.5	4 319.4	4 719.1	4 858.1	5 016.4
21	Pharmaceuticals, medicinal, chemical and botanical products	4 803.4	4 645.9	5 159.8	5 197.9	5 259.4	5 247.0	5 076.2	5 791.6
22	Rubber and plastic products	1 044.4	1 035.9	1 196.1	1 214.4	1 251.8	1 318.2	1 396.1	1 505.0
23	Other non-metallic mineral products	354.6	354.7	356.8	362.8	376.8	392.9	397.8	421.9
24-25	Basic metals, metal products, except machinery and equipment	1 487.5	1 498.8	1 574.8	1 644.5	1 643.4	1 670.6	1 738.7	1 772.4
24	Basic metals	610.2	612.9	654.5	688.1	683.9	695.4	681.4	691.5
25	Fabricated metal products, except machinery and equipment	877.3	885.8	920.3	956.4	959.5	975.2	1 057.3	1 080.9
26-30	Computer, electronic, optical products; electrical machinery, transport equipment	33 935.3	36 381.6	40 548.1	43 633.5	43 967.2	48 216.6	49 689.3	50 638.1
26	Computer, electronic and optical products	7 169.9	7 453.2	8 321.4	9 389.4	9 476.1	9 762.4	9 676.4	9 790.1
27	Electrical equipment	1 644.0	1 671.8	2 030.7	2 200.5	2 749.3	2 824.3	2 885.8	2 945.7
28	Machinery and equipment n.e.c.	5 546.3	5 715.5	6 215.6	6 583.2	6 954.5	7 348.6	7 004.8	7 246.0
29	Motor vehicles, trailers and semi-trailers	17 039.8	18 415.2	20 681.6	22 052.6	22 183.0	25 577.9	27 544.4	28 059.8
30	Other transport equipment	2 535.4	3 125.9	3 298.8	3 408.0	2 604.5	2 690.1	2 575.3	2 596.6
31-33	Furniture; repair, installation of machinery and equipment	1 280.5	1 297.6	1 539.2	1 465.7	1 650.3	1 778.0	2 484.2	2 258.7
31	Furniture	63.0	65.1	52.9	50.7	48.3	50.7	44.9	41.9
32	Other manufacturing	539.2	548.0	697.3	667.3	786.0	840.9	803.3	746.7
33	Repair and installation of machinery and equipment	678.4	684.4	789.0	747.8	816.0	886.4	1 636.0	1 470.1
35-39	**ELECTRICITY, GAS, WATER AND WASTE MANAGEMENT**	266.8	244.2	250.3	236.4	269.1	254.2	206.6	198.3
35-36	Electricity, gas and water	257.7	235.6	235.4	224.3	251.6	237.3	192.5	..
37-39	Sewerage, waste management and remediation activities	9.1	8.6	14.8	12.1	17.6	16.9	14.1	..
41-43	**CONSTRUCTION**	85.1	95.1	83.4	89.7	103.3	104.0	96.2	102.9
45-99	**TOTAL SERVICES**	7 562.1	7 784.0	8 804.6	8 956.7	9 124.9	9 219.6	11 076.3	11 605.5
45-82	**Business sector services**	7 540.6	7 763.9	8 773.6	8 925.3	9 087.6	9 183.1	11 035.2	11 567.5
45-47	Wholesale and retail trade; motor vehicle and motorcycle repairs	251.3	278.6	331.7	360.2	333.6	333.8	338.8	299.8
49-53	Transportation and storage	71.3	78.9	137.7	156.0	118.2	123.7	171.9	140.6
55-56	Accommodation and food service activities	0.4	0.5	0.5	0.5	0.3	0.3	0.0	0.0
58-63	Information and communication	3 161.7	3 296.8	3 790.4	4 033.4	4 092.0	4 199.4	4 086.9	4 269.9
58-60	Publishing, audiovisual and broadcasting activities	47.1	46.9	53.5	53.4	34.5	35.1	38.5	..
58	Publishing activities	..	..	..	..	..	..	..	..
59-60	Motion picture, video and TV programme production; broadcasting activities	..	..	..	..	..	..	..	..
59	Motion picture, video and TV programme production; sound and music	..	..	..	..	..	..	..	..
60	Programming and broadcasting activities	..	..	..	..	..	..	..	..
61	Telecommunications	702.4	749.3	723.8	789.0	482.7	495.6	256.6	..
62-63	IT and other information services	2 412.2	2 500.6	3 013.0	3 189.7	3 574.8	3 668.7	3 791.8	..
62	Computer programming, consultancy and related activities	2 344.1	2 433.7	2 893.6	3 065.2	3 449.0	3 540.3	3 662.2	..
63	Information service activities	68.1	66.9	119.4	124.5	125.8	128.4	129.6	..
64-66	Financial and insurance activities	412.5	289.1	330.8	336.9	374.7	413.0	364.4	373.8
68-82	Real estate; professional, scientific and technical; administrative and support	3 643.5	3 819.7	4 182.6	4 038.3	4 168.8	4 112.8	6 073.2	6 482.9
68	Real estate activities	0.7	0.6	1.0	1.0	0.9	0.9	1.3	1.0
69-75x72	Professional, scientific and technical activities, except scientific R&D	1 633.4	1 700.4	1 967.2	1 837.5	1 956.5	1 808.0	3 227.2	3 531.5
72	Scientific research and development	1 967.6	2 072.8	2 168.8	2 150.7	2 174.7	2 267.4	2 784.5	2 896.9
77-82	Administrative and support service activities	41.8	45.9	45.6	49.0	36.7	36.5	60.3	53.5
84-99	**Community, social and personal services**	21.5	20.0	30.9	31.4	37.3	36.5	41.1	38.1
84-85	Public administration and defence; compulsory social security and education	..	..	2.8	2.8	3.5	3.3	1.3	1.7
86-88	Human health and social work activities	..	..	4.6	4.7	8.1	8.2	10.3	9.5
90-93	Arts, entertainment and recreation	..	..	1.6	1.7	4.5	4.4	2.6	2.7
94-99	Other services; household-employers; extraterritorial bodies	..	..	21.9	22.2	21.2	20.7	25.7	24.2

.. Not available
Note: Detailed metadata at: http://metalinks.oecd.org/anberd/20181213/8c73.

GERMANY

R&D expenditure in industry by main activity of the enterprise, constant prices
ISIC Rev. 4

2010 USD PPP

		2009	2010	2011	2012	2013	2014	2015	2016
	TOTAL BUSINESS ENTERPRISE	56 716.3	58 346.1	62 830.9	65 164.4	63 642.3	66 524.2	69 737.1	70 938.3
01-03	**AGRICULTURE, FORESTRY AND FISHING**	164.4	176.9	155.1	167.5	170.8	159.8	171.6	178.6
05-09	**MINING AND QUARRYING**	16.9	15.3	12.3	13.0	18.3	14.5	24.0	23.1
10-33	**MANUFACTURING**	48 494.0	50 030.7	53 797.2	56 130.8	54 710.8	57 754.0	59 395.3	60 249.0
10-12	Food products, beverages and tobacco	398.4	408.5	378.9	381.5	373.9	371.6	363.4	353.6
13-15	Textiles, wearing apparel, leather and related products	158.2	154.2	146.6	148.2	134.3	134.2	104.1	106.7
13	Textiles	88.6	84.5	76.4	78.0	66.8	64.7	60.6	..
14	Wearing apparel	62.6	62.7	63.5	63.2	60.8	62.9	38.9	..
15	Leather and related products, footwear	7.0	7.1	6.8	6.9	6.7	6.7	4.6	..
16-18	Wood and paper products and printing	220.6	258.6	224.7	208.2	269.7	261.2	246.0	259.1
16	Wood and wood products, except furniture	25.2	28.5	27.8	24.0	23.6	22.8	22.9	..
17	Paper and paper products	80.2	92.0	75.4	70.4	119.9	120.0	112.1	..
18	Printing and reproduction of recorded media	115.2	138.1	121.5	113.9	126.2	118.5	109.8	..
19-23	Chemical, rubber, plastic, non-metallic mineral products	10 424.4	10 031.3	10 684.2	10 812.7	10 428.0	10 618.7	10 611.8	11 376.4
19	Coke and refined petroleum products	116.5	110.8	116.0	116.3	111.3	138.8	154.5	159.4
20-21	Chemical and pharmaceutical products	8 886.4	8 529.9	9 061.5	9 192.3	8 817.5	8 944.3	8 857.9	9 519.7
20	Chemicals and chemical products	4 005.9	3 884.0	4 055.3	4 235.0	3 976.1	4 235.3	4 331.7	4 418.5
21	Pharmaceuticals, medicinal, chemical and botanical products	4 880.5	4 645.9	5 006.2	4 957.3	4 841.4	4 709.0	4 526.2	5 101.3
22	Rubber and plastic products	1 061.2	1 035.9	1 160.5	1 158.2	1 152.3	1 183.0	1 244.8	1 325.6
23	Other non-metallic mineral products	360.3	354.7	346.2	346.0	346.8	352.6	354.7	371.6
24-25	Basic metals, metal products, except machinery and equipment	1 511.4	1 498.8	1 527.9	1 568.4	1 512.8	1 499.3	1 550.3	1 561.1
24	Basic metals	620.0	612.9	635.0	656.2	629.6	624.1	607.5	609.0
25	Fabricated metal products, except machinery and equipment	891.4	885.8	892.9	912.1	883.2	875.3	942.8	952.1
26-30	Computer, electronic, optical products; electrical machinery, transport equipment	34 480.0	36 381.6	39 341.5	41 613.9	40 473.0	43 273.1	44 305.3	44 602.6
26	Computer, electronic and optical products	7 285.0	7 453.2	8 073.8	8 954.8	8 723.0	8 761.5	8 627.9	8 623.2
27	Electrical equipment	1 670.4	1 671.8	1 970.3	2 098.6	2 530.8	2 534.7	2 573.2	2 594.6
28	Machinery and equipment n.e.c.	5 635.3	5 715.5	6 030.6	6 278.5	6 401.8	6 595.2	6 245.8	6 382.4
29	Motor vehicles, trailers and semi-trailers	17 313.3	18 415.2	20 066.2	21 031.9	20 420.0	22 955.5	24 559.9	24 715.4
30	Other transport equipment	2 576.1	3 125.9	3 200.6	3 250.2	2 397.5	2 414.3	2 296.3	2 287.2
31-33	Furniture; repair, installation of machinery and equipment	1 301.1	1 297.6	1 493.4	1 397.9	1 519.1	1 595.7	2 215.0	1 989.5
31	Furniture	64.0	65.1	51.3	48.3	44.4	45.5	40.0	36.9
32	Other manufacturing	547.8	548.0	676.6	636.4	723.6	754.7	716.2	657.7
33	Repair and installation of machinery and equipment	689.2	684.4	765.5	713.2	751.1	795.5	1 458.8	1 294.9
35-39	**ELECTRICITY, GAS, WATER AND WASTE MANAGEMENT**	271.1	244.2	242.8	225.5	247.7	228.2	184.2	174.7
35-36	Electricity, gas and water	261.8	235.6	228.4	213.9	231.6	213.0	171.6	..
37-39	Sewerage, waste management and remediation activities	9.3	8.6	14.4	11.5	16.2	15.2	12.6	..
41-43	**CONSTRUCTION**	86.4	95.1	80.9	85.5	95.0	93.4	85.8	90.7
45-99	**TOTAL SERVICES**	7 683.5	7 784.0	8 542.5	8 542.1	8 399.7	8 274.4	9 876.1	10 222.3
45-82	**Business sector services**	7 661.7	7 763.9	8 512.5	8 512.2	8 365.3	8 241.6	9 839.5	10 188.8
45-47	Wholesale and retail trade; motor vehicle and motorcycle repairs	255.3	278.6	321.8	343.6	307.1	299.6	302.1	264.1
49-53	Transportation and storage	72.4	78.9	133.6	148.8	108.8	111.0	153.3	123.9
55-56	Accommodation and food service activities	0.4	0.5	0.5	0.5	0.2	0.2	0.0	0.0
58-63	Information and communication	3 212.4	3 296.8	3 677.6	3 846.7	3 766.8	3 768.9	3 644.1	3 761.0
58-60	Publishing, audiovisual and broadcasting activities	47.9	46.9	51.9	50.9	31.7	31.5	34.3	..
58	Publishing activities	..	..	..	..	..	..	..	..
59-60	Motion picture, video and TV programme production; broadcasting activities	..	..	..	..	..	..	..	..
59	Motion picture, video and TV programme production; sound and music	..	..	..	..	..	..	..	..
60	Programming and broadcasting activities	..	..	..	..	..	..	..	..
61	Telecommunications	713.7	749.3	702.3	752.4	444.4	444.8	228.8	..
62-63	IT and other information services	2 450.9	2 500.6	2 923.4	3 042.1	3 290.7	3 292.6	3 380.9	..
62	Computer programming, consultancy and related activities	2 381.8	2 433.7	2 807.5	2 923.4	3 174.9	3 177.4	3 265.3	..
63	Information service activities	69.1	66.9	115.9	118.7	115.8	115.2	115.6	..
64-66	Financial and insurance activities	419.2	289.1	320.9	321.3	344.9	370.7	324.9	329.3
68-82	Real estate; professional, scientific and technical; administrative and support	3 702.0	3 819.7	4 058.2	3 851.3	3 837.5	3 691.2	5 415.2	5 710.2
68	Real estate activities	0.8	0.6	1.0	1.0	0.8	0.8	1.1	0.9
69-75x72	Professional, scientific and technical activities, except scientific R&D	1 659.6	1 700.4	1 908.6	1 752.5	1 801.1	1 622.6	2 877.5	3 110.6
72	Scientific research and development	1 999.2	2 072.8	2 104.2	2 051.1	2 001.8	2 034.9	2 482.8	2 551.6
77-82	Administrative and support service activities	42.5	45.9	44.3	46.8	33.7	32.8	53.8	47.1
84-99	Community, social and personal services	21.8	20.0	30.0	29.9	34.3	32.8	36.6	33.5
84-85	Public administration and defence; compulsory social security and education	..	..	2.7	2.7	3.2	2.9	1.1	1.5
86-88	Human health and social work activities	..	..	4.4	4.5	7.5	7.4	9.2	8.4
90-93	Arts, entertainment and recreation	..	..	1.6	1.6	4.2	4.0	2.3	2.4
94-99	Other services; household-employers; extraterritorial bodies	..	..	21.3	21.2	19.5	18.6	22.9	21.3

.. Not available

Note: Detailed metadata at: *http://metalinks.oecd.org/anberd/20181213/8c73*.

GREECE

R&D expenditure in industry by main activity of the enterprise, current prices
ISIC Rev. 4

Million USD PPP

ISIC	Activity	2009	2010	2011	2012	2013	2014	2015	2016
	TOTAL BUSINESS ENTERPRISE	..	..	681.3	669.8	774.1	825.3	920.2	..
01-03	**AGRICULTURE, FORESTRY AND FISHING**	..	..	2.0	1.5 e	1.5	2.0 e	2.9	..
05-09	**MINING AND QUARRYING**	..	..	0.5	0.7 e	1.1	1.5 e	2.0	..
10-33	**MANUFACTURING**	..	..	267.2	256.8 e	278.5	260.8 e	245.3	..
10-12	Food products, beverages and tobacco	..	..	23.7	35.9 e	47.8 e	43.1 e	31.9	..
13-15	Textiles, wearing apparel, leather and related products	..	..	1.7	1.3 e	1.5	2.6 e	4.5	..
13	Textiles	..	..	..	..	..	..	..	..
14	Wearing apparel	..	..	..	..	..	..	..	..
15	Leather and related products, footwear	..	..	..	..	..	..	..	..
16-18	Wood and paper products and printing	..	..	14.5	7.3 e	3.3	3.2 e	6.3	..
16	Wood and wood products, except furniture	..	..	..	..	..	..	..	..
17	Paper and paper products	..	..	..	..	..	..	..	..
18	Printing and reproduction of recorded media	..	..	..	..	..	..	..	..
19-23	Chemical, rubber, plastic, non-metallic mineral products	..	..	122.6	119.6 e	129.5	117.1 e	103.3	..
19	Coke and refined petroleum products	..	..	7.2 e	6.8	7.8 e	8.7 e	10.4	..
20-21	Chemical and pharmaceutical products	..	..	107.2	105.0 e	113.2	99.9 e	84.1	..
20	Chemicals and chemical products	..	..	22.7	20.1 e	20.0	17.3 e	15.0	..
21	Pharmaceuticals, medicinal, chemical and botanical products	..	..	84.6	85.0 e	93.2	82.6 e	69.1	..
22	Rubber and plastic products	..	..	3.0	3.2 e	3.5	2.7 e	1.5	..
23	Other non-metallic mineral products	..	..	5.2	4.5 e	5.0	5.8 e	7.3	..
24-25	Basic metals, metal products, except machinery and equipment	..	..	35.5	37.7 e	44.5	44.5 e	44.6	..
24	Basic metals	..	..	17.7	16.5 e	17.4	16.1 e	15.1	..
25	Fabricated metal products, except machinery and equipment	..	..	17.8	21.2 e	27.0	28.4 e	29.5	..
26-30	Computer, electronic, optical products; electrical machinery, transport equipment	..	..	67.3	53.3 e	49.9	47.3 e	50.7	..
26	Computer, electronic and optical products	..	..	32.3	25.5 e	23.2	20.3 e	19.5	..
27	Electrical equipment	..	..	14.9	12.2 e	11.8	11.2 e	11.6	..
28	Machinery and equipment n.e.c.	..	..	10.4	9.5 e	10.4	10.8 e	12.1	..
29	Motor vehicles, trailers and semi-trailers	..	..	0.6 e	0.4 e	0.3	0.1 e	0.0	..
30	Other transport equipment	..	..	9.0 e	5.6 e	4.2	4.9 e	7.5	..
31-33	Furniture; repair, installation of machinery and equipment	..	..	2.0	1.8 e	2.1	2.9 e	4.1	..
31	Furniture	..	..	..	..	..	..	..	..
32	Other manufacturing	..	..	..	..	..	..	..	..
33	Repair and installation of machinery and equipment	..	..	..	..	..	..	..	..
35-39	**ELECTRICITY, GAS, WATER AND WASTE MANAGEMENT**	..	..	8.8	8.1 e	9.7	12.3 e	16.6	..
35-36	Electricity, gas and water	..	..	7.4	6.9 e	8.4	10.9 e	15.0	..
37-39	Sewerage, waste management and remediation activities	..	..	1.4	1.2 e	1.3	1.4 e	1.6	..
41-43	**CONSTRUCTION**	..	..	7.5	4.9 e	3.8	3.8 e	5.1	..
45-99	**TOTAL SERVICES**	..	..	395.2	397.9 e	479.5	544.9 e	648.2	..
45-82	**Business sector services**	..	..	392.4	394.6 e	475.4	540.7 e	643.8	..
45-47	Wholesale and retail trade; motor vehicle and motorcycle repairs	..	..	41.9	67.4 e	103.0	124.9 e	147.6	..
49-53	Transportation and storage	..	..	0.3	4.0 e	7.0	6.4 e	3.9	..
55-56	Accommodation and food service activities	..	..	0.1 e	0.6 e	1.1	1.1 e	1.0 e	..
58-63	Information and communication	..	..	98.1	99.5 e	115.7	119.3 e	126.1	..
58-60	Publishing, audiovisual and broadcasting activities	..	..	0.1	6.5 e	11.3	9.7 e	4.9	..
58	Publishing activities	..	..	0.1	5.9 e	10.2	8.8 e	4.4 e	..
59-60	Motion picture, video and TV programme production; broadcasting activities	..	..	0.0	0.7 e	1.1	1.0 e	0.5 e	..
59	Motion picture, video and TV programme production; sound and music	..	..	..	..	..	..	..	..
60	Programming and broadcasting activities	..	..	..	..	..	..	..	..
61	Telecommunications	..	..	41.0	26.2 e	17.9	13.5 e	14.1	..
62-63	IT and other information services	..	..	56.9	66.7 e	86.5	96.0 e	107.1	..
62	Computer programming, consultancy and related activities	..	..	52.6	64.3 e	85.1	94.8 e	105.4	..
63	Information service activities	..	..	4.3	2.4 e	1.4	1.2 e	1.8	..
64-66	Financial and insurance activities	..	..	143.7	135.4 e	163.5	203.7 e	268.7	..
68-82	Real estate; professional, scientific and technical; administrative and support	..	..	108.4	87.5 e	85.1	85.3 e	96.5	..
68	Real estate activities	..	..	0.0 e	0.0 e	0.0	0.0 e	0.0 e	..
69-75x72	Professional, scientific and technical activities, except scientific R&D	..	..	48.2	32.1 e	24.3	21.6 e	25.3	..
72	Scientific research and development	..	..	59.5	54.7 e	60.1	63.3 e	71.2	..
77-82	Administrative and support service activities	..	..	0.7 e	0.7 e	0.7	0.4 e	0.0 e	..
84-99	Community, social and personal services	..	..	2.8	3.3 e	4.1	4.3 e	4.4	..
84-85	Public administration and defence; compulsory social security and education	..	..	1.7	1.8 e	2.0	1.9 e	1.7 e	..
86-88	Human health and social work activities	..	..	0.5	1.1 e	1.8	2.2 e	2.7	..
90-93	Arts, entertainment and recreation	..	..	0.0	0.0 e	0.0 e	0.0 e	0.0 e	..
94-99	Other services; household-employers; extraterritorial bodies	..	..	0.6	0.5 e	0.3 e	0.2 e	0.0 e	..

.. Not available; e Estimated value

Note: Detailed metadata at: http://metalinks.oecd.org/anberd/20181213/8c73.

GREECE

R&D expenditure in industry by main activity of the enterprise, constant prices
ISIC Rev. 4

2010 USD PPP

ISIC	Activity	2009	2010	2011	2012	2013	2014	2015	2016
	TOTAL BUSINESS ENTERPRISE	..	..	668.2	633.1	690.9	726.3	817.1	..
01-03	AGRICULTURE, FORESTRY AND FISHING	..	..	2.0	1.4 e	1.4	1.7 e	2.6	..
05-09	MINING AND QUARRYING	..	..	0.5	0.7 e	1.0	1.3 e	1.8	..
10-33	MANUFACTURING	..	..	262.1	242.7 e	248.6	229.5 e	217.8	..
10-12	Food products, beverages and tobacco	..	..	23.2	34.0 e	42.7 e	37.9 e	28.3	..
13-15	Textiles, wearing apparel, leather and related products	..	..	1.7	1.2 e	1.4	2.3 e	4.0	..
13	Textiles	..	..	..	..	..	..	..	..
14	Wearing apparel	..	..	..	..	..	..	..	..
15	Leather and related products, footwear	..	..	..	..	..	..	..	..
16-18	Wood and paper products and printing	..	..	14.2	6.9 e	2.9	2.8 e	5.6	..
16	Wood and wood products, except furniture	..	..	..	..	..	..	..	..
17	Paper and paper products	..	..	..	..	..	..	..	..
18	Printing and reproduction of recorded media	..	..	..	..	..	..	..	..
19-23	Chemical, rubber, plastic, non-metallic mineral products	..	..	120.3	113.0 e	115.5	103.1 e	91.7	..
19	Coke and refined petroleum products	..	..	7.1 e	6.4 e	7.0 e	7.7 e	9.2	..
20-21	Chemical and pharmaceutical products	..	..	105.2	99.3 e	101.0	88.0 e	74.7	..
20	Chemicals and chemical products	..	..	22.2	19.0 e	17.9	15.2 e	13.3	..
21	Pharmaceuticals, medicinal, chemical and botanical products	..	..	83.0	80.3 e	83.1	72.7 e	61.4	..
22	Rubber and plastic products	..	..	2.9	3.0 e	3.1	2.4 e	1.4	..
23	Other non-metallic mineral products	..	..	5.1	4.3 e	4.4	5.1 e	6.5	..
24-25	Basic metals, metal products, except machinery and equipment	..	..	34.9	35.6 e	39.7	39.2 e	39.6	..
24	Basic metals	..	..	17.4	15.6 e	15.6	14.2 e	13.4	..
25	Fabricated metal products, except machinery and equipment	..	..	17.5	20.0 e	24.1	25.0 e	26.2	..
26-30	Computer, electronic, optical products; electrical machinery, transport equipment	..	..	66.0	50.4 e	44.5	41.6 e	45.0	..
26	Computer, electronic and optical products	..	..	31.7	24.1 e	20.7	17.8 e	17.3	..
27	Electrical equipment	..	..	14.6	11.6 e	10.6	9.8 e	10.3	..
28	Machinery and equipment n.e.c.	..	..	10.2	9.0 e	9.3	9.5 e	10.7	..
29	Motor vehicles, trailers and semi-trailers	..	..	0.6 e	0.4 e	0.3	0.1 e	0.0	..
30	Other transport equipment	..	..	8.9 e	5.3 e	3.7	4.3 e	6.6	..
31-33	Furniture; repair, installation of machinery and equipment	..	..	1.9	1.7 e	1.9	2.5 e	3.6	..
31	Furniture	..	..	..	..	..	..	..	..
32	Other manufacturing	..	..	..	..	..	..	..	..
33	Repair and installation of machinery and equipment	..	..	..	..	..	..	..	..
35-39	ELECTRICITY, GAS, WATER AND WASTE MANAGEMENT	..	..	8.6	7.6 e	8.7	10.8 e	14.8	..
35-36	Electricity, gas and water	..	..	7.2	6.5 e	7.5	9.6 e	13.3	..
37-39	Sewerage, waste management and remediation activities	..	..	1.4	1.1 e	1.2	1.2 e	1.4	..
41-43	CONSTRUCTION	..	..	7.4	4.6 e	3.4	3.3 e	4.5	..
45-99	TOTAL SERVICES	..	..	387.6	376.0 e	428.0	479.6 e	575.6	..
45-82	Business sector services	..	..	384.9	372.9 e	424.3	475.8 e	571.7	..
45-47	Wholesale and retail trade; motor vehicle and motorcycle repairs	..	..	41.1	63.7 e	91.9	110.0 e	131.1	..
49-53	Transportation and storage	..	..	0.3	3.8 e	6.2	5.6 e	3.5	..
55-56	Accommodation and food service activities	..	..	0.1 e	0.6 e	1.0	1.0 e	0.9	..
58-63	Information and communication	..	..	96.2	94.0 e	103.3	105.0 e	112.0	..
58-60	Publishing, audiovisual and broadcasting activities	..	..	0.1	6.2 e	10.1	8.6 e	4.4	..
58	Publishing activities	..	..	0.1	5.5 e	9.1	7.7 e	3.9 e	..
59-60	Motion picture, video and TV programme production; broadcasting activities	..	..	0.0	0.6 e	1.0	0.9 e	0.4 e	..
59	Motion picture, video and TV programme production; sound and music	..	..	..	..	..	..	..	..
60	Programming and broadcasting activities	..	..	..	..	..	..	..	..
61	Telecommunications	..	..	40.2	24.8 e	16.0	11.9 e	12.5	..
62-63	IT and other information services	..	..	55.8	63.1 e	77.2	84.5 e	95.1	..
62	Computer programming, consultancy and related activities	..	..	51.6	60.8 e	75.9	83.4 e	93.6	..
63	Information service activities	..	..	4.2	2.3 e	1.3	1.1 e	1.6	..
64-66	Financial and insurance activities	..	..	140.9	128.0 e	145.9	179.2 e	238.6	..
68-82	Real estate; professional, scientific and technical; administrative and support	..	..	106.4	82.7 e	75.9	75.1 e	85.7	..
68	Real estate activities	..	..	0.0 e	0.0 e	0.0	0.0 e	0.0 e	..
69-75x72	Professional, scientific and technical activities, except scientific R&D	..	..	47.3	30.4 e	21.7	19.0 e	22.5	..
72	Scientific research and development	..	..	58.4	51.7 e	53.7	55.7 e	63.2	..
77-82	Administrative and support service activities	..	..	0.7 e	0.6 e	0.6	0.3 e	0.0 e	..
84-99	Community, social and personal services	..	..	2.8	3.1 e	3.7	3.8 e	3.9	..
84-85	Public administration and defence; compulsory social security and education	..	..	1.7	1.7 e	1.8	1.7 e	1.5 e	..
86-88	Human health and social work activities	..	..	0.5	1.0 e	1.6	2.0 e	2.4	..
90-93	Arts, entertainment and recreation	..	..	0.0	0.0 e	0.0 e	0.0 e	0.0 e	..
94-99	Other services; household-employers; extraterritorial bodies	..	..	0.6	0.4 e	0.3 e	0.2 e	0.0 e	..

.. Not available; e Estimated value
Note: Detailed metadata at: http://metalinks.oecd.org/anberd/20181213/8c73.

HUNGARY

R&D expenditure in industry by main activity of the enterprise, current prices
ISIC Rev. 4

Million USD PPP

		2009	2010	2011	2012	2013	2014	2015	2016
	TOTAL BUSINESS ENTERPRISE	1 341.0	1 469.1	1 690.4	1 899.9	2 333.8	2 437.9	2 579.3	2 343.0
01-03	**AGRICULTURE, FORESTRY AND FISHING**	18.9 e	21.4 e	23.7 e	32.2 e	38.3 e	39.8	27.0	19.4
05-09	**MINING AND QUARRYING**	0.0 e	0.0 e	0.0 e	1.8 e	0.8 e	1.1 e	2.9	0.2
10-33	**MANUFACTURING**	834.0 e	863.2 e	939.5 e	1 070.1 e	1 171.2 e	1 091.3	1 045.5	1 131.2
10-12	Food products, beverages and tobacco	20.9 e	26.4 e	32.0 e	32.4 e	37.4 e	21.8	21.0	18.6
13-15	Textiles, wearing apparel, leather and related products	..	..	..	..	..	..	..	..
13	Textiles	..	..	..	..	..	..	..	..
14	Wearing apparel	..	..	..	..	..	..	..	..
15	Leather and related products, footwear	..	..	..	..	..	..	..	..
16-18	Wood and paper products and printing	9.5 e	8.9 e	9.8 e	12.6 e	31.9 e	29.1	10.4	15.5
16	Wood and wood products, except furniture	1.4 e	1.1 e	2.1 e	0.6 e	4.7 e	2.0	0.5 e	0.2 e
17	Paper and paper products	0.7 e	2.8 e	4.7 e	5.7 e	22.5 e	3.4	0.8 e	12.2
18	Printing and reproduction of recorded media	7.5 e	5.1 e	3.0 e	6.3 e	4.7 e	23.7	9.2	3.2 e
19-23	Chemical, rubber, plastic, non-metallic mineral products	..	..	..	..	..	..	..	..
19	Coke and refined petroleum products	..	..	..	..	..	..	..	..
20-21	Chemical and pharmaceutical products	388.7 e	413.4 e	403.4 e	451.7 e	448.5 e	448.3	428.7	415.7
20	Chemicals and chemical products	24.7 e	21.2 e	22.6 e	15.8 e	28.2 e	15.1	24.4	10.9
21	Pharmaceuticals, medicinal, chemical and botanical products	364.1 e	392.1 e	380.8 e	436.0 e	420.3 e	433.2	404.3	404.8
22	Rubber and plastic products	13.8 e	9.3 e	13.1 e	14.5 e	15.7 e	18.7	13.1	16.2
23	Other non-metallic mineral products	2.5 e	5.0 e	5.5 e	13.0 e	5.7 e	5.4	6.3	5.6
24-25	Basic metals, metal products, except machinery and equipment	14.3 e	13.5 e	16.9 e	42.6 e	39.0 e	46.1	22.1 e	31.8 e
24	Basic metals	2.1 e	2.5 e	1.2 e	1.3 e	2.1 e	3.3	3.8 e	7.9
25	Fabricated metal products, except machinery and equipment	12.1 e	11.0 e	15.7 e	41.3 e	37.0 e	42.9	18.2	24.0
26-30	Computer, electronic, optical products; electrical machinery, transport equipment	318.3 e	334.6 e	401.7 e	433.5 e	509.7 e	450.8	490.8	550.1
26	Computer, electronic and optical products	97.3 e	88.8 e	113.0 e	97.0 e	95.4 e	35.7	37.6	44.7
27	Electrical equipment	51.4 e	44.9 e	51.7 e	48.0 e	68.0 e	64.0	51.3	56.7
28	Machinery and equipment n.e.c.	34.6 e	71.0 e	95.4 e	121.2 e	133.3 e	130.0	119.2	126.1
29	Motor vehicles, trailers and semi-trailers	123.3 e	127.9 e	139.7 e	165.1 e	211.0 e	208.9	272.7	309.6
30	Other transport equipment	11.6 e	2.0 e	1.8 e	2.2 e	2.1 e	12.1	10.1	13.0
31-33	Furniture; repair, installation of machinery and equipment	25.9 e	33.5 e	36.4 e	47.4 e	66.2 e	54.8	36.8	48.8
31	Furniture	0.6 e	1.1 e	1.5 e	3.4 e	13.3 e	5.2	2.7	4.8
32	Other manufacturing	10.4 e	16.5 e	21.0 e	24.4 e	24.2 e	34.6	22.8	31.4
33	Repair and installation of machinery and equipment	14.9 e	15.8 e	11.9 e	19.5 e	28.7 e	15.0	11.3	12.5
35-39	**ELECTRICITY, GAS, WATER AND WASTE MANAGEMENT**	7.1 e	5.7 e	4.6 e	3.4 e	12.7 e	8.5 e	21.5	8.7
35-36	Electricity, gas and water	1.6 e	2.5 e	2.0 e	1.9 e	2.7 e	4.2 e	13.4	4.3
37-39	Sewerage, waste management and remediation activities	5.5 e	3.2 e	2.6 e	1.6 e	10.1 e	4.3	8.1	4.4
41-43	**CONSTRUCTION**	9.7 e	5.7 e	7.9 e	8.2 e	22.2 e	19.8	14.0	10.6
45-99	**TOTAL SERVICES**	471.3 e	573.1 e	714.8 e	784.1 e	1 088.5 e	1 277.2	1 468.3	1 173.0
45-82	**Business sector services**	462.3 e	561.6 e	702.4 e	768.5 e	1 074.7 e	1 261.5	1 451.4	1 161.4
45-47	Wholesale and retail trade; motor vehicle and motorcycle repairs	67.9 e	138.8 e	207.7 e	217.8 e	275.2 e	359.9	357.9	146.5
49-53	Transportation and storage	1.0 e	0.1 e	1.0 e	2.9 e	7.5 e	6.5	7.2	5.8 e
55-56	Accommodation and food service activities	..	..	..	..	..	..	..	..
58-63	Information and communication	55.2 e	39.5 e	51.1 e	122.0 e	161.9 e	244.9	207.3	173.5
58-60	Publishing, audiovisual and broadcasting activities	5.7 e	7.0 e	8.8 e	16.5 e	22.6 e	29.7	23.0	22.0
58	Publishing activities	..	..	..	..	..	29.5	..	22.0
59-60	Motion picture, video and TV programme production; broadcasting activities	..	..	..	..	..	0.1	..	..
59	Motion picture, video and TV programme production; sound and music	..	..	..	..	..	..	..	..
60	Programming and broadcasting activities	..	..	..	..	..	..	..	..
61	Telecommunications	..	..	..	..	..	3.4	11.6	4.9
62-63	IT and other information services	..	..	..	..	..	211.9	172.6	146.7
62	Computer programming, consultancy and related activities	..	..	..	..	..	188.0	163.2	136.7
63	Information service activities	..	..	..	..	..	23.9	9.4	10.0
64-66	Financial and insurance activities	..	..	..	..	..	..	..	..
68-82	Real estate; professional, scientific and technical; administrative and support	337.1 e	379.9 e	436.8 e	417.6 e	626.0 e	646.5	875.4	835.1
68	Real estate activities	4.9 e	2.0 e	4.0 e	3.5 e	8.8 e	15.1	11.5	4.2
69-75x72	Professional, scientific and technical activities, except scientific R&D	118.5 e	22.3 e	134.1 e	159.9 e	45.9 e	86.4	84.7	51.0
72	Scientific research and development	211.5 e	353.0 e	295.1 e	250.6 e	564.6 e	528.2	751.1	765.8
77-82	Administrative and support service activities	2.3 e	2.5 e	3.5 e	3.6 e	6.7 e	16.8	28.2	14.1
84-99	Community, social and personal services	8.9 e	11.6 e	12.3 e	15.6 e	13.8 e	15.7	16.9	11.6
84-85	Public administration and defence; compulsory social security and education	0.4 e	0.5 e	0.2 e	2.9 e	1.3 e	2.4	3.6	1.3
86-88	Human health and social work activities	2.7 e	3.5 e	3.2 e	4.7 e	2.4 e	3.5	3.6	1.8
90-93	Arts, entertainment and recreation	0.6 e	0.6 e	1.0 e	1.7 e	1.5 e	2.0	2.7	5.9
94-99	Other services; household-employers; extraterritorial bodies	5.2 e	7.0 e	7.9 e	6.4 e	8.6 e	7.9	7.0	2.7

.. Not available; e Estimated value
Note: Detailed metadata at: http://metalinks.oecd.org/anberd/20181213/8c73.

HUNGARY

R&D expenditure in industry by main activity of the enterprise, constant prices
ISIC Rev. 4

2010 USD PPP

		2009	2010	2011	2012	2013	2014	2015	2016
	TOTAL BUSINESS ENTERPRISE	1 387.3	1 469.1	1 626.4	1 787.4	2 122.1	2 220.3	2 376.0	2 166.8
01-03	**AGRICULTURE, FORESTRY AND FISHING**	19.5 e	21.4 e	22.8 e	30.3 e	34.8 e	36.3	24.9	17.9
05-09	**MINING AND QUARRYING**	0.0 e	0.0 e	0.0 e	1.7 e	0.8 e	1.0 e	2.6	0.2
10-33	**MANUFACTURING**	862.8 e	863.2 e	904.0 e	1 006.8 e	1 064.9 e	993.9	963.1	1 046.1
10-12	Food products, beverages and tobacco	21.6 e	26.4 e	30.8 e	30.5 e	34.0 e	19.8	19.3	17.2
13-15	Textiles, wearing apparel, leather and related products	..	..	..	..	..	..	..	..
13	Textiles	..	..	..	..	..	..	..	..
14	Wearing apparel	..	..	..	..	..	..	..	..
15	Leather and related products, footwear	..	..	..	..	..	..	..	..
16-18	Wood and paper products and printing	9.9 e	8.9 e	9.4 e	11.8 e	29.0 e	26.5	9.6	14.3
16	Wood and wood products, except furniture	1.5 e	1.1 e	2.0 e	0.5 e	4.2 e	1.8	0.4 e	0.2 e
17	Paper and paper products	0.7 e	2.8 e	4.5 e	5.4 e	20.4 e	3.1	0.7 e	11.3
18	Printing and reproduction of recorded media	7.7 e	5.1 e	2.9 e	5.9 e	4.3 e	21.6	8.4	2.9 e
19-23	Chemical, rubber, plastic, non-metallic mineral products	..	..	..	..	..	..	..	..
19	Coke and refined petroleum products	..	..	..	..	..	..	..	..
20-21	Chemical and pharmaceutical products	402.2 e	413.4 e	388.1 e	425.0 e	407.8 e	408.3	394.9	384.5
20	Chemicals and chemical products	25.5 e	21.2 e	21.8 e	14.8 e	25.7 e	13.8	22.5	10.1
21	Pharmaceuticals, medicinal, chemical and botanical products	376.6 e	392.1 e	366.3 e	410.2 e	382.2 e	394.5	372.4	374.4
22	Rubber and plastic products	14.3 e	9.3 e	12.6 e	13.6 e	14.3 e	17.0	12.1	15.0
23	Other non-metallic mineral products	2.6 e	5.0 e	5.3 e	12.3 e	5.2 e	4.9	5.8	5.2
24-25	Basic metals, metal products, except machinery and equipment	14.8 e	13.5 e	16.2 e	40.1 e	35.5 e	42.0	20.3 e	29.5 e
24	Basic metals	2.2 e	2.5 e	1.1 e	1.2 e	1.9 e	3.0	3.5 e	7.3
25	Fabricated metal products, except machinery and equipment	12.6 e	11.0 e	15.1 e	38.8 e	33.6 e	39.1	16.8	22.2
26-30	Computer, electronic, optical products; electrical machinery, transport equipment	329.3 e	334.6 e	386.5 e	407.8 e	463.5 e	410.5	452.1	508.7
26	Computer, electronic and optical products	100.7 e	88.8 e	108.7 e	91.3 e	86.7 e	32.6	34.6	41.3
27	Electrical equipment	53.2 e	44.9 e	49.8 e	45.2 e	61.8 e	58.3	47.3	52.4
28	Machinery and equipment n.e.c.	35.8 e	71.0 e	91.8 e	114.0 e	121.2 e	118.4	109.8	116.6
29	Motor vehicles, trailers and semi-trailers	127.6 e	127.9 e	134.4 e	155.3 e	191.9 e	190.2	251.2	286.3
30	Other transport equipment	12.0 e	2.0 e	1.8 e	2.1 e	1.9 e	11.1	9.3	12.0
31-33	Furniture; repair, installation of machinery and equipment	26.8 e	33.5 e	35.0 e	44.6 e	60.2 e	49.9	33.9	45.1
31	Furniture	0.6 e	1.1 e	3.3 e	3.3 e	12.1 e	4.8	2.5	4.5
32	Other manufacturing	10.8 e	16.5 e	20.2 e	23.0 e	22.0 e	31.5	21.0	29.1
33	Repair and installation of machinery and equipment	15.4 e	15.8 e	11.5 e	18.4 e	26.1 e	13.6	10.4	11.6
35-39	**ELECTRICITY, GAS, WATER AND WASTE MANAGEMENT**	7.4 e	5.7 e	4.4 e	3.2 e	11.6 e	7.8 e	19.8	8.0
35-36	Electricity, gas and water	1.7 e	2.5 e	2.0 e	1.8 e	2.4 e	3.9 e	12.4	4.0
37-39	Sewerage, waste management and remediation activities	5.7 e	3.2 e	2.5 e	1.5 e	9.2 e	3.9	7.5	4.1
41-43	**CONSTRUCTION**	10.0 e	5.7 e	7.6 e	7.7 e	20.2 e	18.0	12.9	9.8
45-99	**TOTAL SERVICES**	487.6 e	573.1 e	687.7 e	737.7 e	989.7 e	1 163.2	1 352.6	1 084.8
45-82	**Business sector services**	478.3 e	561.6 e	675.8 e	723.0 e	977.2 e	1 148.9	1 337.0	1 074.1
45-47	Wholesale and retail trade; motor vehicle and motorcycle repairs	70.2 e	138.8 e	199.8 e	204.9 e	250.3 e	327.8	329.7	135.4
49-53	Transportation and storage	1.0 e	0.1 e	0.9 e	2.8 e	6.8 e	5.9	6.7	5.4 e
55-56	Accommodation and food service activities	..	..	..	..	..	..	..	..
58-63	Information and communication	57.1 e	39.5 e	49.2 e	114.8 e	147.2 e	223.1	190.9	160.4
58-60	Publishing, audiovisual and broadcasting activities	5.9 e	7.0 e	8.4 e	15.6 e	20.5 e	27.0	21.2	20.3
58	Publishing activities	..	..	..	..	..	26.9	..	20.3
59-60	Motion picture, video and TV programme production; broadcasting activities	..	..	..	..	..	0.1	..	..
59	Motion picture, video and TV programme production; sound and music	..	..	..	..	..	..	..	..
60	Programming and broadcasting activities	..	..	..	..	..	..	..	..
61	Telecommunications	..	..	..	..	..	3.1	10.7	4.5
62-63	IT and other information services	..	..	..	..	..	193.0	159.0	135.6
62	Computer programming, consultancy and related activities	..	..	..	..	..	171.2	150.4	126.4
63	Information service activities	..	..	..	..	..	21.8	8.6	9.2
64-66	Financial and insurance activities	..	..	..	..	..	..	..	..
68-82	Real estate; professional, scientific and technical; administrative and support	348.8 e	379.9 e	420.2 e	392.9 e	569.2 e	588.8	806.4	772.3
68	Real estate activities	5.0 e	2.0 e	3.8 e	3.3 e	8.0 e	13.7	10.6	3.9
69-75x72	Professional, scientific and technical activities, except scientific R&D	122.5 e	22.3 e	129.0 e	150.5 e	41.8 e	78.7	78.0	47.2
72	Scientific research and development	218.8 e	353.0 e	284.0 e	235.7 e	513.3 e	481.1	691.9	708.2
77-82	Administrative and support service activities	2.4 e	2.5 e	3.4 e	3.4 e	6.1 e	15.3	26.0	13.0
84-99	Community, social and personal services	9.3 e	11.6 e	11.9 e	14.7 e	12.5 e	14.3	15.6	10.7
84-85	Public administration and defence; compulsory social security and education	0.5 e	0.5 e	0.2 e	2.7 e	1.2 e	2.2	3.3	1.2
86-88	Human health and social work activities	2.8 e	3.5 e	3.1 e	4.4 e	2.2 e	3.2	3.3	1.6
90-93	Arts, entertainment and recreation	0.6 e	0.6 e	1.0 e	1.6 e	1.4 e	1.8	2.5	5.4
94-99	Other services; household-employers; extraterritorial bodies	5.4 e	7.0 e	7.6 e	6.0 e	7.8 e	7.2	6.5	2.5

.. Not available; e Estimated value

Note: Detailed metadata at: *http://metalinks.oecd.org/anberd/20181213/8c73*.

ICELAND

R&D expenditure in industry by main activity of the enterprise, current prices
ISIC Rev. 4

Million USD PPP

		2009	2010	2011	2012	2013	2014	2015	2016
	TOTAL BUSINESS ENTERPRISE	..	..	..	..	135.9	178.1	220.5	222.7
01-03	**AGRICULTURE, FORESTRY AND FISHING**	..	..	..	..	1.4	1.4	2.4	1.7
05-09	**MINING AND QUARRYING**	..	..	..	..	0.0	0.0	0.1	0.1
10-33	**MANUFACTURING**	..	..	..	..	33.7	34.5	36.2	38.6
10-12	Food products, beverages and tobacco	..	..	..	..	4.0	4.4	3.7	4.1
13-15	Textiles, wearing apparel, leather and related products	..	..	..	..	0.0	0.0	0.1	0.1
13	Textiles	..	..	..	..	..	..	0.0	0.0
14	Wearing apparel	..	..	..	..	..	..	0.0	0.0
15	Leather and related products, footwear	..	..	..	..	..	..	0.1	0.1
16-18	Wood and paper products and printing	..	..	..	..	0.1	0.2	0.1	0.1
16	Wood and wood products, except furniture	..	..	..	..	..	..	..	..
17	Paper and paper products	..	..	..	..	..	..	..	..
18	Printing and reproduction of recorded media	..	..	..	..	..	..	..	..
19-23	Chemical, rubber, plastic, non-metallic mineral products	..	..	..	..	3.1	3.2	7.2	5.6
19	Coke and refined petroleum products	..	..	..	..	0.1	0.1	3.4	1.4
20-21	Chemical and pharmaceutical products	..	..	..	..	2.8	2.8	2.9	3.2
20	Chemicals and chemical products	..	..	..	..	2.4	2.5	1.9	1.9
21	Pharmaceuticals, medicinal, chemical and botanical products	..	..	..	..	0.4	0.2	1.0	1.4
22	Rubber and plastic products	..	..	..	..	0.3	0.3	0.6	0.6
23	Other non-metallic mineral products	..	..	..	..	0.0	0.0	0.4	0.4
24-25	Basic metals, metal products, except machinery and equipment	..	..	..	..	2.5	2.5	2.3	3.3
24	Basic metals	..	..	..	..	0.6	0.7	0.4	1.5
25	Fabricated metal products, except machinery and equipment	..	..	..	..	1.9	1.8	1.8	1.9
26-30	Computer, electronic, optical products; electrical machinery, transport equipment	..	..	..	..	8.8	9.1	5.6	7.8
26	Computer, electronic and optical products	..	..	..	..	2.7	2.8	2.4	2.8
27	Electrical equipment	..	..	..	..	0.0	0.1	1.4	1.7
28	Machinery and equipment n.e.c.	..	..	..	..	5.9	5.9	1.8	3.2
29	Motor vehicles, trailers and semi-trailers	..	..	..	..	0.0	0.0	0.0	0.0
30	Other transport equipment	..	..	..	..	0.2	0.2	0.1	0.0
31-33	Furniture; repair, installation of machinery and equipment	..	..	..	..	15.1	15.2	17.2	17.5
31	Furniture	..	..	..	..	0.0	0.0	0.0	0.0
32	Other manufacturing	..	..	..	..	15.1	14.9	16.1	16.5
33	Repair and installation of machinery and equipment	..	..	..	..	0.0	0.3	1.1	1.0
35-39	**ELECTRICITY, GAS, WATER AND WASTE MANAGEMENT**	..	..	..	..	5.8	8.5	7.8	9.5
35-36	Electricity, gas and water	..	..	..	..	5.5	8.2	7.6	9.2
37-39	Sewerage, waste management and remediation activities	..	..	..	..	0.3	0.3	0.3	0.3
41-43	**CONSTRUCTION**	..	..	..	..	0.0	1.1	0.0	0.0
45-99	**TOTAL SERVICES**	..	..	..	..	95.0	132.5	174.0	172.9
45-82	**Business sector services**	..	..	..	..	90.3	127.4	168.1	167.8
45-47	Wholesale and retail trade; motor vehicle and motorcycle repairs	..	..	..	..	0.7	0.6	1.3	1.7
49-53	Transportation and storage	..	..	..	..	0.2	0.2	0.1	0.2
55-56	Accommodation and food service activities	..	..	..	..	0.1	0.1	0.7	0.4
58-63	Information and communication	..	..	..	..	24.4	29.9	52.3	53.5
58-60	Publishing, audiovisual and broadcasting activities	..	..	..	..	..	1.0	2.5	2.9
58	Publishing activities	..	..	..	..	..	1.0	2.5	2.8
59-60	Motion picture, video and TV programme production; broadcasting activities	..	..	..	..	..	0.0	0.0	0.0
59	Motion picture, video and TV programme production; sound and music	..	..	..	..	..	..	..	..
60	Programming and broadcasting activities	..	..	..	..	..	..	..	..
61	Telecommunications	..	..	..	..	..	0.0	0.0	0.0
62-63	IT and other information services	..	..	..	..	..	28.9	49.8	50.7
62	Computer programming, consultancy and related activities	..	..	..	..	..	25.1	38.2	41.5
63	Information service activities	..	..	..	..	..	3.9	11.6	9.1
64-66	Financial and insurance activities	..	..	..	..	0.5	0.5	0.2	0.4
68-82	Real estate; professional, scientific and technical; administrative and support	..	..	..	..	64.3	96.0	113.5	111.6
68	Real estate activities	..	..	..	..	0.0	0.0	0.0	0.0
69-75x72	Professional, scientific and technical activities, except scientific R&D	..	..	..	..	9.2	7.4	0.0	7.4
72	Scientific research and development	..	..	..	..	53.7	87.3	112.2	102.5
77-82	Administrative and support service activities	..	..	..	..	1.4	1.3	1.3	1.7
84-99	**Community, social and personal services**	..	..	..	..	4.7	5.1	5.9	5.0
84-85	Public administration and defence; compulsory social security and education	..	..	..	..	0.6	0.8	0.7	0.5
86-88	Human health and social work activities	..	..	..	..	3.0	3.2	4.3	3.3
90-93	Arts, entertainment and recreation	..	..	..	..	0.8	0.7	0.6	1.0
94-99	Other services; household-employers; extraterritorial bodies	..	..	..	..	0.3	0.4	0.3	0.2

.. Not available

Note: Detailed metadata at: http://metalinks.oecd.org/anberd/20181213/8c73.

ICELAND

R&D expenditure in industry by main activity of the enterprise, constant prices
ISIC Rev. 4

2010 USD PPP

		2009	2010	2011	2012	2013	2014	2015	2016
	TOTAL BUSINESS ENTERPRISE	..	..	..	..	129.4	164.8	197.6	198.0
01-03	**AGRICULTURE, FORESTRY AND FISHING**	..	..	..	..	1.3	1.3	2.1	1.5
05-09	**MINING AND QUARRYING**	..	..	..	..	0.0	0.0	0.1	0.1
10-33	**MANUFACTURING**	..	..	..	..	32.1	32.0	32.4	34.3
10-12	Food products, beverages and tobacco					3.8	4.0	3.3	3.7
13-15	Textiles, wearing apparel, leather and related products					0.0	0.0	0.1	0.1
13	Textiles					..	..	0.0	0.0
14	Wearing apparel					..	..	0.0	0.0
15	Leather and related products, footwear					..	..	0.1	0.1
16-18	Wood and paper products and printing					0.1	0.1	0.1	0.1
16	Wood and wood products, except furniture					..	..	..	..
17	Paper and paper products					..	..	..	..
18	Printing and reproduction of recorded media					..	..	..	..
19-23	Chemical, rubber, plastic, non-metallic mineral products					3.0	2.9	6.5	5.0
19	Coke and refined petroleum products					0.1	0.1	3.0	1.2
20-21	Chemical and pharmaceutical products					2.6	2.6	2.6	2.9
20	Chemicals and chemical products					2.3	2.4	1.7	1.7
21	Pharmaceuticals, medicinal, chemical and botanical products					0.3	0.2	0.9	1.2
22	Rubber and plastic products					0.3	0.3	0.5	0.6
23	Other non-metallic mineral products					0.0	0.0	0.3	0.3
24-25	Basic metals, metal products, except machinery and equipment					2.4	2.3	2.0	2.9
24	Basic metals					0.6	0.7	0.4	1.3
25	Fabricated metal products, except machinery and equipment					1.8	1.7	1.6	1.6
26-30	Computer, electronic, optical products; electrical machinery, transport equipment					8.4	8.4	5.1	6.9
26	Computer, electronic and optical products					2.6	2.6	2.1	2.5
27	Electrical equipment					0.0	0.1	1.2	1.5
28	Machinery and equipment n.e.c.					5.6	5.5	1.6	2.8
29	Motor vehicles, trailers and semi-trailers					0.0	0.0	0.0	0.0
30	Other transport equipment					0.2	0.2	0.1	0.0
31-33	Furniture; repair, installation of machinery and equipment					14.4	14.1	15.4	15.5
31	Furniture					0.0	0.0	0.0	0.0
32	Other manufacturing					14.4	13.8	14.4	14.7
33	Repair and installation of machinery and equipment					0.0	0.3	1.0	0.9
35-39	**ELECTRICITY, GAS, WATER AND WASTE MANAGEMENT**	..	..	..	..	5.5	7.9	7.0	8.4
35-36	Electricity, gas and water					5.2	7.6	6.8	8.2
37-39	Sewerage, waste management and remediation activities					0.2	0.3	0.3	0.3
41-43	**CONSTRUCTION**	..	..	..	..	0.0	1.0	0.0	0.0
45-99	**TOTAL SERVICES**	..	..	..	..	90.5	122.6	155.9	153.7
45-82	**Business sector services**	..	..	..	..	86.0	117.9	150.6	149.2
45-47	Wholesale and retail trade; motor vehicle and motorcycle repairs					0.6	0.6	1.2	1.5
49-53	Transportation and storage					0.2	0.2	0.1	0.2
55-56	Accommodation and food service activities					0.1	0.1	0.6	0.3
58-63	Information and communication					23.3	27.7	46.9	47.6
58-60	Publishing, audiovisual and broadcasting activities					..	0.9	2.2	2.5
58	Publishing activities					..	0.9	2.2	2.5
59-60	Motion picture, video and TV programme production; broadcasting activities					..	0.0	0.0	0.0
59	Motion picture, video and TV programme production; sound and music					..	..	..	..
60	Programming and broadcasting activities					..	..	..	..
61	Telecommunications					..	0.0	0.0	0.0
62-63	IT and other information services					..	26.8	44.6	45.0
62	Computer programming, consultancy and related activities					..	23.2	34.2	36.9
63	Information service activities					..	3.6	10.4	8.1
64-66	Financial and insurance activities	..	..	..	..	0.5	0.5	0.2	0.4
68-82	Real estate; professional, scientific and technical; administrative and support	..	..	..	..	61.3	88.9	101.7	99.2
68	Real estate activities					0.0	0.0	0.0	0.0
69-75x72	Professional, scientific and technical activities, except scientific R&D					8.7	6.9	0.0	6.6
72	Scientific research and development					51.2	80.8	100.5	91.1
77-82	Administrative and support service activities					1.4	1.2	1.2	1.5
84-99	**Community, social and personal services**					4.5	4.7	5.3	4.5
84-85	Public administration and defence; compulsory social security and education					0.6	0.7	0.6	0.5
86-88	Human health and social work activities					2.9	3.0	3.8	3.0
90-93	Arts, entertainment and recreation					0.7	0.7	0.5	0.9
94-99	Other services; household-employers; extraterritorial bodies					0.3	0.3	0.2	0.2

.. Not available

Note: Detailed metadata at: *http://metalinks.oecd.org/anberd/20181213/8c73*.

IRELAND

R&D expenditure in industry by main activity of the enterprise, current prices
ISIC Rev. 4

Million USD PPP

		2009	2010	2011	2012	2013	2014	2015	2016
	TOTAL BUSINESS ENTERPRISE	2 073.2	2 160.4	2 236.4	2 383.4	2 492.4	2 572.3	2 747.8	..
01-03	**AGRICULTURE, FORESTRY AND FISHING**	1.2 e	1.2 e	2.5	2.2 e	1.5 e	1.5 e	1.2	..
05-09	**MINING AND QUARRYING**	0.5 e	0.5 e	1.0 e	1.4 e	1.4 e	2.1 e	2.5	..
10-33	**MANUFACTURING**	824.7	859.4	864.1	962.9 e	1 047.7	1 043.0 e	1 077.9	..
10-12	Food products, beverages and tobacco	82.6 e	86.1 e	88.6 e	94.2 e	98.3	93.4 e	92.3	..
13-15	Textiles, wearing apparel, leather and related products	4.1	4.3	3.9	4.6 e	5.3 e	5.6 e	6.2	..
13	Textiles	..	..	..	..	..	..	..	..
14	Wearing apparel	..	..	..	..	..	..	..	..
15	Leather and related products, footwear	..	..	..	..	..	..	..	..
16-18	Wood and paper products and printing	30.5	31.8	32.7	38.9 e	44.6	22.4 e	1.2	..
16	Wood and wood products, except furniture	13.5	14.1	9.7	..	6.8	..	..	..
17	Paper and paper products	..	..	..	..	..	..	..	..
18	Printing and reproduction of recorded media	..	..	..	..	..	..	..	..
19-23	Chemical, rubber, plastic, non-metallic mineral products	322.1	335.6	231.7	265.4 e	295.4	301.6 e	319.9	..
19	Coke and refined petroleum products	0.0	0.0	0.0	0.0 e	0.0	0.0 e	0.0	..
20-21	Chemical and pharmaceutical products	300.3	312.9	212.8	240.2 e	264.2	276.7 e	300.2	..
20	Chemicals and chemical products	34.0	35.4	59.8	61.0 e	61.2	89.7 e	121.8	..
21	Pharmaceuticals, medicinal, chemical and botanical products	266.3	277.5	153.0	179.2 e	203.0	186.9 e	178.4	..
22	Rubber and plastic products	12.6	13.1	13.1	18.6 e	24.1	19.6 e	16.0	..
23	Other non-metallic mineral products	9.3	9.6	5.9	6.5 e	7.1	5.3 e	3.7	..
24-25	Basic metals, metal products, except machinery and equipment	20.8 e	21.6 e	33.5	36.5 e	39.0	35.4 e	33.2	..
24	Basic metals	3.2	3.4	2.8	4.3 e	5.8	5.8 e	6.2	..
25	Fabricated metal products, except machinery and equipment	17.6 e	18.3 e	30.7	32.2 e	33.3	29.6 e	27.1	..
26-30	Computer, electronic, optical products; electrical machinery, transport equipment	246.6 e	257.1 e	242.7	289.4 e	332.3	364.9 e	412.2	..
26	Computer, electronic and optical products	171.8	179.1	183.8	219.1 e	251.6 e	289.2 e	338.4	..
27	Electrical equipment	19.1	19.9	15.3	18.2 e	20.9 e	19.9 e	19.7	..
28	Machinery and equipment n.e.c.	53.0	55.3	35.8	42.6 e	49.0 e	48.1 e	49.2	..
29	Motor vehicles, trailers and semi-trailers	1.5	1.5	5.7	6.8 e	7.8 e	5.6 e	3.7	..
30	Other transport equipment	1.3 e	1.3 e	2.2	2.6 e	3.0 e	2.1 e	1.2	..
31-33	Furniture; repair, installation of machinery and equipment	118.0 e	122.9 e	230.9 e	233.8 e	232.8 e	219.6 e	215.3	..
31	Furniture	1.4	1.5	1.6 e	1.8 e	2.1 e	2.2 e	2.5	..
32	Other manufacturing	114.6	119.4	220.4	225.0 e	225.8	213.8 e	210.4	..
33	Repair and installation of machinery and equipment	2.0 e	2.1 e	9.0	7.0 e	4.9	3.6 e	2.5	..
35-39	**ELECTRICITY, GAS, WATER AND WASTE MANAGEMENT**	9.2 e	9.7 e	19.8	13.9 e	7.6	8.0 e	8.6	..
35-36	Electricity, gas and water	..	..	14.5	9.9 e	5.1	4.9 e	4.9	..
37-39	Sewerage, waste management and remediation activities	..	..	5.3	4.0 e	2.5	3.0 e	3.7	..
41-43	**CONSTRUCTION**	1.4 e	1.5 e	3.1	3.1 e	3.1	2.1 e	1.2	..
45-99	**TOTAL SERVICES**	1 236.1 e	1 288.1 e	1 345.9 e	1 399.9 e	1 431.2	1 515.6 e	1 657.5	..
45-82	**Business sector services**	1 230.6	1 282.3	1 334.0	1 383.0 e	1 409.4	1 500.7 e	1 648.9	..
45-47	Wholesale and retail trade; motor vehicle and motorcycle repairs	184.8	192.6	212.2	183.2 e	150.3	218.1 e	294.1	..
49-53	Transportation and storage	0.0	0.0	2.5	2.0 e	1.5	2.5 e	3.7	..
55-56	Accommodation and food service activities	0.0	0.0	0.7	0.6 e	0.5	0.2 e	0.0	..
58-63	Information and communication	541.4	564.1	686.9	745.0 e	791.7	793.0 e	824.5	..
58-60	Publishing, audiovisual and broadcasting activities	199.3	207.6	211.9	210.1 e	204.6	154.1 e	109.5	..
58	Publishing activities	198.4	206.8	211.2	208.6 e	202.4	152.5 e	108.4 e	..
59-60	Motion picture, video and TV programme production; broadcasting activities	0.8	0.9	0.7	1.4 e	2.1	1.6 e	1.2 e	..
59	Motion picture, video and TV programme production; sound and music	..	..	..	..	2.0	1.5 e	1.1 e	..
60	Programming and broadcasting activities	..	..	..	..	0.1	0.1 e	0.1 e	..
61	Telecommunications	6.9	7.2	13.9	16.0 e	17.9	16.0 e	14.8	..
62-63	IT and other information services	335.2	349.3	461.1	518.8 e	569.2	622.9 e	700.2	..
62	Computer programming, consultancy and related activities	330.9	344.8	413.3	467.8 e	515.6	567.0 e	639.9	..
63	Information service activities	4.4	4.5	47.8	51.1 e	53.6	55.9 e	60.3	..
64-66	Financial and insurance activities	174.8	182.1	57.2	61.2 e	64.3	58.1 e	54.1	..
68-82	Real estate; professional, scientific and technical; administrative and support	329.6	343.5	374.4	391.0 e	401.3	428.8 e	472.5	..
68	Real estate activities	0.0	0.0	0.0	0.0 e	0.0	0.0 e	0.0	..
69-75x72	Professional, scientific and technical activities, except scientific R&D	32.9	34.2	71.7	95.0 e	117.2	121.9 e	130.4	..
72	Scientific research and development	290.1	302.2	279.9	273.4 e	262.1	274.3 e	295.3	..
77-82	Administrative and support service activities	6.7	7.0	22.8	22.6 e	21.9	32.6 e	44.3	..
84-99	Community, social and personal services	5.5 e	5.8 e	11.9 e	16.9 e	21.7	14.9 e	8.6	..
84-85	Public administration and defence; compulsory social security and education	..	..	..	..	..	..	2.5	..
86-88	Human health and social work activities	..	..	2.6	..	3.3	..	3.7	..
90-93	Arts, entertainment and recreation	..	..	2.4	..	5.7	..	2.5	..
94-99	Other services; household-employers; extraterritorial bodies	..	..	..	..	..	..	..	..

.. Not available; e Estimated value
Note: Detailed metadata at: http://metalinks.oecd.org/anberd/20181213/8c73.

IRELAND

R&D expenditure in industry by main activity of the enterprise, constant prices
ISIC Rev. 4

2010 USD PPP

Code	Activity	2009	2010	2011	2012	2013	2014	2015	2016
	TOTAL BUSINESS ENTERPRISE	2 130.5	2 160.4	2 199.2	2 273.0	2 318.6	2 425.6	2 396.4	..
01-03	**AGRICULTURE, FORESTRY AND FISHING**	1.2 e	1.2 e	2.5	2.1 e	1.4 e	1.5 e	1.1	..
05-09	**MINING AND QUARRYING**	0.5 e	0.5 e	1.0 e	1.3 e	1.3 e	1.9 e	2.1	..
10-33	**MANUFACTURING**	847.6	859.4	849.7	918.3 e	974.6	983.5 e	940.1	..
10-12	Food products, beverages and tobacco	84.9 e	86.1 e	87.2 e	89.9 e	91.5	88.1 e	80.5	..
13-15	Textiles, wearing apparel, leather and related products	4.2	4.3	3.8	4.4 e	4.9 e	5.3 e	5.4	..
13	Textiles	..	..	..	..	..	..	..	..
14	Wearing apparel	..	..	..	..	..	..	..	..
15	Leather and related products, footwear	..	..	..	..	..	..	..	..
16-18	Wood and paper products and printing	31.3	31.8	32.2	37.1 e	41.4	21.1 e	1.1	..
16	Wood and wood products, except furniture	13.9	14.1	9.6	..	6.3	..	..	..
17	Paper and paper products	..	..	..	..	..	..	..	..
18	Printing and reproduction of recorded media	..	..	..	..	..	..	..	..
19-23	Chemical, rubber, plastic, non-metallic mineral products	331.0	335.6	227.8	253.1 e	274.8	284.4 e	279.0	..
19	Coke and refined petroleum products	0.0	0.0	0.0	0.0 e	0.0	0.0 e	0.0	..
20-21	Chemical and pharmaceutical products	308.6	312.9	209.3	229.1 e	245.8	260.9 e	261.9	..
20	Chemicals and chemical products	34.9	35.4	58.8	58.2 e	56.9	84.6 e	106.2	..
21	Pharmaceuticals, medicinal, chemical and botanical products	273.7	277.5	150.4	170.9 e	188.9	176.3 e	155.6	..
22	Rubber and plastic products	12.9	13.1	12.8	17.8 e	22.4	18.5 e	14.0	..
23	Other non-metallic mineral products	9.5	9.6	5.8	6.2 e	6.6	5.0 e	3.2	..
24-25	Basic metals, metal products, except machinery and equipment	21.4 e	21.6 e	32.9	34.8 e	36.3	33.4 e	29.0	..
24	Basic metals	3.3	3.4	2.7	4.1 e	5.4	5.5 e	5.4	..
25	Fabricated metal products, except machinery and equipment	18.1 e	18.3 e	30.2	30.7 e	31.0	27.9 e	23.6	..
26-30	Computer, electronic, optical products; electrical machinery, transport equipment	253.5 e	257.1 e	238.7	276.0 e	309.1	344.1 e	359.5	..
26	Computer, electronic and optical products	176.6	179.1	180.7	209.0 e	234.1 e	272.7 e	295.1	..
27	Electrical equipment	19.6	19.9	15.0	17.4 e	19.5 e	18.8 e	17.2	..
28	Machinery and equipment n.e.c.	54.5	55.3	35.2	40.7 e	45.5 e	45.4 e	42.9	..
29	Motor vehicles, trailers and semi-trailers	1.5	1.5	5.6	6.5 e	7.2 e	5.3 e	3.2	..
30	Other transport equipment	1.3 e	1.3 e	2.2	2.5 e	2.8 e	2.0 e	1.1	..
31-33	Furniture; repair, installation of machinery and equipment	121.3 e	122.9 e	227.1 e	223.0 e	216.6 e	207.1 e	187.8	..
31	Furniture	1.5	1.5	1.5 e	1.8 e	2.0 e	2.1 e	2.1	..
32	Other manufacturing	117.7	119.4	216.7	214.5 e	210.0	201.6 e	183.5	..
33	Repair and installation of machinery and equipment	2.0 e	2.1 e	8.8	6.7 e	4.6	3.4 e	2.1	..
35-39	**ELECTRICITY, GAS, WATER AND WASTE MANAGEMENT**	9.5 e	9.7 e	19.5	13.3 e	7.1	7.5 e	7.5	..
35-36	Electricity, gas and water	..	..	14.2	9.5 e	4.7	4.6 e	4.3	..
37-39	Sewerage, waste management and remediation activities	..	..	5.3	3.8 e	2.3	2.9 e	3.2	..
41-43	**CONSTRUCTION**	1.5 e	1.5 e	3.0	2.9 e	2.8	2.0 e	1.1	..
45-99	**TOTAL SERVICES**	1 270.3 e	1 288.1 e	1 323.5 e	1 335.0 e	1 331.3	1 429.2 e	1 445.6	..
45-82	**Business sector services**	1 264.6	1 282.3	1 311.8	1 318.9 e	1 311.1	1 415.1 e	1 438.1	..
45-47	Wholesale and retail trade; motor vehicle and motorcycle repairs	189.9	192.6	208.7	174.7 e	139.8	205.7 e	256.5	..
49-53	Transportation and storage	0.0	0.0	2.5	1.9 e	1.4	2.4 e	3.2	..
55-56	Accommodation and food service activities	0.0	0.0	0.7	0.6 e	0.4	0.2 e	0.0	..
58-63	Information and communication	556.4	564.1	675.5	710.4 e	736.5	747.8 e	719.0	..
58-60	Publishing, audiovisual and broadcasting activities	204.8	207.6	208.4	200.3 e	190.3	145.3 e	95.5	..
58	Publishing activities	203.9	206.8	207.7	199.0 e	188.3	143.8 e	94.5 e	..
59-60	Motion picture, video and TV programme production; broadcasting activities	0.9	0.9	0.7	1.4 e	2.0	1.5 e	1.0 e	..
59	Motion picture, video and TV programme production; sound and music	..	..	..	..	1.9	1.4 e	0.9 e	..
60	Programming and broadcasting activities	..	..	..	..	0.1	0.1 e	0.1 e	..
61	Telecommunications	7.1	7.2	13.7	15.3 e	16.7	15.1 e	12.9	..
62-63	IT and other information services	344.5	349.3	453.4	494.8 e	529.5	587.4 e	610.6	..
62	Computer programming, consultancy and related activities	340.0	344.8	406.4	446.1 e	479.7	534.7 e	558.1	..
63	Information service activities	4.5	4.5	47.0	48.7 e	49.8	52.7 e	52.6	..
64-66	Financial and insurance activities	179.6	182.1	56.3	58.4 e	59.8	54.8 e	47.2	..
68-82	Real estate; professional, scientific and technical; administrative and support	338.7	343.5	368.2	372.9 e	373.3	404.3 e	412.1	..
68	Real estate activities	0.0	0.0	0.0	0.0 e	0.0	0.0 e	0.0	..
69-75x72	Professional, scientific and technical activities, except scientific R&D	33.8	34.2	70.5	90.6 e	109.1	114.9 e	113.8	..
72	Scientific research and development	298.1	302.2	275.2	260.7 e	243.8	258.6 e	257.6	..
77-82	Administrative and support service activities	6.9	7.0	22.5	21.5 e	20.4	30.7 e	38.6	..
84-99	Community, social and personal services	5.7 e	5.8 e	11.7 e	16.1 e	20.2	14.0 e	7.5	..
84-85	Public administration and defence; compulsory social security and education	..	..	..	..	..	..	2.1	..
86-88	Human health and social work activities	..	..	2.5	..	3.0	..	3.2	..
90-93	Arts, entertainment and recreation	..	..	2.4	..	5.3	..	2.1	..
94-99	Other services; household-employers; extraterritorial bodies	..	..	..	..	..	..	..	..

.. Not available; e Estimated value

Note: Detailed metadata at: *http://metalinks.oecd.org/anberd/20181213/8c73*.

ISRAEL

R&D expenditure in industry by main activity of the enterprise, current prices
ISIC Rev. 4

Million USD PPP

		2009	2010	2011	2012	2013	2014	2015	2016
	TOTAL BUSINESS ENTERPRISE	7 108.2	7 191.5	7 979.6	8 788.5	9 634.3	9 953.2	10 956.7	12 041.3
01-03	AGRICULTURE, FORESTRY AND FISHING	..	..	..	..	..	..	..	..
05-09	MINING AND QUARRYING	..	3.5	3.3	5.8	6.5	6.1	4.7	5.3
10-33	MANUFACTURING	1 989.9 e	2 170.4	2 396.1	2 372.1	2 580.3	2 313.5	2 414.0	2 437.0
10-12	Food products, beverages and tobacco	11.2 e	15.0	20.0	24.1	18.4	16.5	12.0	15.2
13-15	Textiles, wearing apparel, leather and related products	..	17.1 e	21.9 e	22.8 e	20.5	20.8	20.4	21.3
13	Textiles	..	..	..	..	..	..	..	..
14	Wearing apparel	..	..	..	..	..	..	..	..
15	Leather and related products, footwear	..	..	..	..	..	..	..	..
16-18	Wood and paper products and printing	..	5.0 e	3.4 e	3.5 e	3.2	1.2	4.8	4.0
16	Wood and wood products, except furniture	..	..	..	..	..	..	..	..
17	Paper and paper products	..	..	..	..	..	..	..	..
18	Printing and reproduction of recorded media	..	..	..	..	..	..	..	..
19-23	Chemical, rubber, plastic, non-metallic mineral products	423.0 e	416.1	375.6	401.0	495.8	400.5	495.9	466.0
19	Coke and refined petroleum products	..	64.2	45.9	66.0	64.8	75.4	90.2	78.4
20-21	Chemical and pharmaceutical products	..	..	..	..	..	..	..	..
20	Chemicals and chemical products	..	..	..	..	..	..	..	..
21	Pharmaceuticals, medicinal, chemical and botanical products	..	313.8	283.2	286.2	383.2	279.0	354.9	337.7
22	Rubber and plastic products	..	..	..	..	..	..	..	..
23	Other non-metallic mineral products	..	..	..	..	..	..	..	..
24-25	Basic metals, metal products, except machinery and equipment	62.4 e	42.6	89.5	54.0	53.8	51.4	55.1	51.4
24	Basic metals	..	..	..	..	..	..	..	..
25	Fabricated metal products, except machinery and equipment	..	..	..	..	..	..	..	..
26-30	Computer, electronic, optical products; electrical machinery, transport equipment	1 467.3 e	1 654.4 e	1 861.1 e	1 839.0 e	1 959.0	1 797.5	1 785.8	1 834.4
26	Computer, electronic and optical products	1 239.6 e	1 408.0	1 559.4	1 497.9	1 594.5	1 518.8	1 483.5	1 563.0
27	Electrical equipment	..	151.0 e	184.9 e	209.0 e	206.5 e	200.0	202.0 e	182.1 e
28	Machinery and equipment n.e.c.	..	0.5 e	0.6 e	0.6 e	0.6 e	0.6	0.6 e	0.6 e
29	Motor vehicles, trailers and semi-trailers	..	..	..	..	..	..	..	..
30	Other transport equipment	..	..	..	..	..	..	..	..
31-33	Furniture; repair, installation of machinery and equipment	..	..	..	..	..	..	..	..
31	Furniture	..	..	..	..	..	..	..	..
32	Other manufacturing	..	20.0 e	24.5 e	27.7 e	29.6	25.6	39.9	44.7
33	Repair and installation of machinery and equipment	..	..	..	..	..	..	..	..
35-39	ELECTRICITY, GAS, WATER AND WASTE MANAGEMENT	..	32.2 e	69.7 e	53.1 e	63.2	53.0	0.6	0.6
35-36	Electricity, gas and water	..	..	..	..	..	..	..	..
37-39	Sewerage, waste management and remediation activities	..	..	..	..	..	..	..	..
41-43	CONSTRUCTION	..	2.1 e	4.5 e	3.5 e	4.1	2.5	18.7	17.1
45-99	TOTAL SERVICES	4 854.6 e	4 983.4	5 506.0	6 354.1	6 980.2	7 578.2	8 518.7	9 581.3
45-82	Business sector services	..	4 822.1	5 331.7	6 165.2	6 774.2	7 367.3	8 294.0	9 344.7
45-47	Wholesale and retail trade; motor vehicle and motorcycle repairs	..	..	..	..	..	..	8.7	8.5
49-53	Transportation and storage	..	0.0	0.0	0.0	0.0	0.0	0.0	0.0
55-56	Accommodation and food service activities	..	0.0	0.0	0.0	0.0	0.0	0.0	0.0
58-63	Information and communication	2 204.4 e	2 051.2	2 415.9	2 983.6	3 395.0	3 755.5	4 412.5	5 190.5
58-60	Publishing, audiovisual and broadcasting activities	..	..	..	..	..	..	..	..
58	Publishing activities	..	..	..	..	..	..	..	..
59-60	Motion picture, video and TV programme production; broadcasting activities	..	..	..	..	..	..	..	..
59	Motion picture, video and TV programme production; sound and music	..	..	..	..	..	..	..	..
60	Programming and broadcasting activities	..	..	..	..	..	..	..	..
61	Telecommunications	..	..	..	..	..	..	..	..
62-63	IT and other information services	..	..	..	..	..	..	..	..
62	Computer programming, consultancy and related activities	..	..	..	..	..	..	..	..
63	Information service activities	..	..	..	..	..	..	..	..
64-66	Financial and insurance activities	..	3.0	6.4	18.8	22.5	18.5	30.2	36.5
68-82	Real estate; professional, scientific and technical; administrative and support	2 644.5 e	2 768.0	2 909.4	3 162.7	3 356.7	3 593.4	3 842.6	4 109.2
68	Real estate activities	..	0.0	0.0	0.0	0.0	0.0	0.0	0.0
69-75x72	Professional, scientific and technical activities, except scientific R&D	..	..	..	..	..	..	..	..
72	Scientific research and development	2 644.5 e	2 768.0	2 909.4	3 162.7	3 356.7	3 593.4	3 821.6	4 090.0
77-82	Administrative and support service activities	..	..	..	..	..	..	..	..
84-99	Community, social and personal services	..	161.3	174.3	188.9	206.0	210.8	224.8	236.6
84-85	Public administration and defence; compulsory social security and education	..	..	..	..	..	..	..	..
86-88	Human health and social work activities	..	..	..	..	..	..	..	..
90-93	Arts, entertainment and recreation	..	..	..	..	..	..	..	..
94-99	Other services; household-employers; extraterritorial bodies	..	..	..	..	..	..	..	..

.. Not available; e Estimated value

Note: Detailed metadata at: http://metalinks.oecd.org/anberd/20181213/8c73.
Information on data for Israel: http://oe.cd/israel-disclaimer.

ISRAEL

R&D expenditure in industry by main activity of the enterprise, constant prices
ISIC Rev. 4

2010 USD PPP

		2009	2010	2011	2012	2013	2014	2015	2016
	TOTAL BUSINESS ENTERPRISE	7 195.0	7 191.5	7 775.4	8 280.2	8 625.2	9 056.5	9 527.2	10 281.5
01-03	AGRICULTURE, FORESTRY AND FISHING	..	..	..	..	..	..	..	..
05-09	MINING AND QUARRYING	..	3.5	3.2	5.5	5.8	5.5	4.1	4.5
10-33	MANUFACTURING	2 014.2 e	2 170.4	2 334.8	2 234.9	2 310.1	2 105.0	2 099.0	2 080.9
10-12	Food products, beverages and tobacco	11.3 e	15.0	19.5	22.7	16.5	15.0	10.4	12.9
13-15	Textiles, wearing apparel, leather and related products	..	17.1 e	21.4 e	21.5 e	18.3	18.9	17.8	18.2
13	Textiles	..	..	..	..	..	..	..	..
14	Wearing apparel	..	..	..	..	..	..	..	..
15	Leather and related products, footwear	..	..	..	..	..	..	..	..
16-18	Wood and paper products and printing	..	5.0 e	3.3 e	3.3 e	2.8	1.1	4.2	3.5
16	Wood and wood products, except furniture	..	..	..	..	..	..	..	..
17	Paper and paper products	..	..	..	..	..	..	..	..
18	Printing and reproduction of recorded media	..	..	..	..	..	..	..	..
19-23	Chemical, rubber, plastic, non-metallic mineral products	428.1 e	416.1	366.0	377.8	443.9	364.4	431.2	397.9
19	Coke and refined petroleum products	..	64.2	44.7	62.1	58.0	68.6	78.4	66.9
20-21	Chemical and pharmaceutical products	..	..	..	..	..	..	..	..
20	Chemicals and chemical products	..	..	..	..	..	..	..	..
21	Pharmaceuticals, medicinal, chemical and botanical products	..	313.8	276.0	269.7	343.0	253.8	308.6	288.4
22	Rubber and plastic products	..	..	..	..	..	..	..	..
23	Other non-metallic mineral products	..	..	..	..	..	..	..	..
24-25	Basic metals, metal products, except machinery and equipment	63.2 e	42.6	87.2	50.8	48.2	46.7	47.9	43.9
24	Basic metals	..	..	..	..	..	..	..	..
25	Fabricated metal products, except machinery and equipment	..	..	..	..	..	..	..	..
26-30	Computer, electronic, optical products; electrical machinery, transport equipment	1 485.3 e	1 654.4	1 813.5 e	1 732.7 e	1 753.8	1 635.6	1 552.8	1 566.3
26	Computer, electronic and optical products	1 254.8 e	1 408.0	1 519.5	1 411.3	1 427.5	1 381.9	1 289.9	1 334.6
27	Electrical equipment	..	151.0 e	180.1 e	196.9 e	184.9 e	181.9	175.7 e	155.5 e
28	Machinery and equipment n.e.c.	..	0.5 e	0.5 e	0.6 e	0.6 e	0.6	0.5 e	0.5 e
29	Motor vehicles, trailers and semi-trailers	..	..	..	..	..	..	..	..
30	Other transport equipment	..	..	..	..	..	..	..	..
31-33	Furniture; repair, installation of machinery and equipment	..	..	..	..	..	..	..	..
31	Furniture	..	..	..	..	..	..	..	..
32	Other manufacturing	..	20.0 e	23.9 e	26.1 e	26.5	23.3	34.7	38.1
33	Repair and installation of machinery and equipment	..	..	..	..	..	..	..	..
35-39	ELECTRICITY, GAS, WATER AND WASTE MANAGEMENT	..	32.2 e	67.9 e	50.0 e	56.6	48.2	0.5	0.5
35-36	Electricity, gas and water	..	..	..	..	..	..	..	..
37-39	Sewerage, waste management and remediation activities	..	..	..	..	..	..	..	..
41-43	CONSTRUCTION	..	2.1 e	4.4 e	3.3 e	3.7	2.2	16.3	14.6
45-99	TOTAL SERVICES	4 913.9 e	4 983.4	5 365.1	5 986.6	6 249.1	6 895.5	7 407.3	8 180.9
45-82	Business sector services	..	4 822.1	5 195.3	5 808.6	6 064.6	6 703.6	7 211.9	7 979.0
45-47	Wholesale and retail trade; motor vehicle and motorcycle repairs	..	..	..	..	..	..	7.6	7.3
49-53	Transportation and storage	..	0.0	0.0	0.0	0.0	0.0	0.0	0.0
55-56	Accommodation and food service activities	..	0.0	0.0	0.0	0.0	0.0	0.0	0.0
58-63	Information and communication	2 231.3 e	2 051.2	2 354.1	2 811.1	3 039.4	3 417.2	3 836.8	4 431.9
58-60	Publishing, audiovisual and broadcasting activities	..	..	..	..	..	..	..	..
58	Publishing activities	..	..	..	..	..	..	..	..
59-60	Motion picture, video and TV programme production; broadcasting activities	..	..	..	..	..	..	..	..
59	Motion picture, video and TV programme production; sound and music	..	..	..	..	..	..	..	..
60	Programming and broadcasting activities	..	..	..	..	..	..	..	..
61	Telecommunications	..	..	..	..	..	..	..	..
62-63	IT and other information services	..	..	..	..	..	..	..	..
62	Computer programming, consultancy and related activities	..	..	..	..	..	..	..	..
63	Information service activities	..	..	..	..	..	..	..	..
64-66	Financial and insurance activities	..	3.0	6.3	17.7	20.1	16.8	26.2	31.2
68-82	Real estate; professional, scientific and technical; administrative and support	2 676.8 e	2 768.0	2 835.0	2 979.8	3 005.1	3 269.7	3 341.3	3 508.6
68	Real estate activities	..	0.0	0.0	0.0	0.0	0.0	0.0	0.0
69-75x72	Professional, scientific and technical activities, except scientific R&D	..	..	..	..	..	..	..	..
72	Scientific research and development	2 676.8 e	2 768.0	2 835.0	2 979.8	3 005.1	3 269.7	3 323.0	3 492.3
77-82	Administrative and support service activities	..	..	..	..	..	..	..	..
84-99	Community, social and personal services	..	161.3	169.8	178.0	184.5	191.8	195.4	202.0
84-85	Public administration and defence; compulsory social security and education	..	..	..	..	..	..	..	..
86-88	Human health and social work activities	..	..	..	..	..	..	..	..
90-93	Arts, entertainment and recreation	..	..	..	..	..	..	..	..
94-99	Other services; household-employers; extraterritorial bodies	..	..	..	..	..	..	..	..

.. Not available; e Estimated value

Note: Detailed metadata at: http://metalinks.oecd.org/anberd/20181213/8c73.
Information on data for Israel: http://oe.cd/israel-disclaimer.

ITALY

R&D expenditure in industry by main activity of the enterprise, current prices
ISIC Rev. 4

Million USD PPP

		2009	2010	2011	2012	2013	2014	2015	2016
	TOTAL BUSINESS ENTERPRISE	13 273.8	13 695.9	14 268.5	14 854.5	15 570.9	16 688.8	17 350.9	19 501.9
01-03	**AGRICULTURE, FORESTRY AND FISHING**	2.3	4.5	4.3	4.5	6.0	9.4	12.5	15.4
05-09	**MINING AND QUARRYING**	213.9	97.0	82.6	83.3	79.9	72.0	62.3	85.3
10-33	**MANUFACTURING**	9 245.7	9 810.6	10 501.7	11 035.4	11 229.0	11 810.9	12 157.2	13 611.2
10-12	Food products, beverages and tobacco	202.5	212.6	198.1	229.5	255.4	270.1	299.9	348.8
13-15	Textiles, wearing apparel, leather and related products	473.9	548.8	572.6	611.2	651.8	692.7	741.0	826.4
13	Textiles	117.5	149.5	131.9	137.3	150.1	171.2	178.3	192.8
14	Wearing apparel	252.2	269.3	281.5	301.4	304.5	306.2	347.0	384.2
15	Leather and related products, footwear	104.2	130.0	159.1	172.4	197.2	215.4	215.7	249.3
16-18	Wood and paper products and printing	96.1	89.8	95.3	87.1	101.6	106.0	126.3	153.1
16	Wood and wood products, except furniture	21.1	18.1	17.9	18.3	18.4	18.3	16.8	24.8
17	Paper and paper products	57.7	57.5	63.7	56.7	69.4	69.7	92.0	91.8
18	Printing and reproduction of recorded media	17.2	14.2	13.7	12.0	13.7	18.0	17.5	36.5
19-23	Chemical, rubber, plastic, non-metallic mineral products	1 530.0	1 633.7	1 640.7	1 765.1	1 751.9	1 827.2	1 901.2	2 171.3
19	Coke and refined petroleum products	6.9	11.9	16.6	16.4	18.3	23.5	21.8	14.4
20-21	Chemical and pharmaceutical products	1 129.9	1 191.7	1 208.9	1 244.3	1 232.5	1 213.0	1 287.7	1 475.5
20	Chemicals and chemical products	438.2	470.3	446.6	472.8	494.2	521.3	562.3	659.3
21	Pharmaceuticals, medicinal, chemical and botanical products	691.7	721.4	762.4	771.5	738.2	691.7	725.5	816.3
22	Rubber and plastic products	271.1	307.6	309.6	375.5	370.1	443.8	414.0	472.2
23	Other non-metallic mineral products	122.1	122.5	105.6	128.8	131.0	146.9	177.6	209.1
24-25	Basic metals, metal products, except machinery and equipment	453.0	471.1	494.1	507.3	568.0	534.9	601.5	719.6
24	Basic metals	124.1	124.8	138.9	134.4	125.6	109.6	118.6	176.1
25	Fabricated metal products, except machinery and equipment	328.9	346.3	355.2	372.9	442.4	425.4	482.8	543.5
26-30	Computer, electronic, optical products; electrical machinery, transport equipment	6 225.8	6 585.6	7 244.2	7 533.5	7 601.7	8 049.6	8 143.9	8 945.7
26	Computer, electronic and optical products	1 649.5	1 785.3	1 902.8	1 828.9	1 757.4	1 771.2	1 846.5	1 349.8
27	Electrical equipment	494.0	562.2	607.1	631.0	655.1	631.4	680.5	817.8
28	Machinery and equipment n.e.c.	1 400.9	1 376.6	1 539.2	1 731.5	1 860.4	1 976.4	2 031.3	2 263.5
29	Motor vehicles, trailers and semi-trailers	1 287.7	1 392.3	1 710.5	1 844.0	1 971.2	2 361.9	2 286.1	2 480.3
30	Other transport equipment	1 393.7	1 469.2	1 484.8	1 498.0	1 357.8	1 308.6	1 299.5	2 034.3
31-33	Furniture; repair, installation of machinery and equipment	264.4	269.0	256.6	301.8	298.1	330.3	343.5	446.5
31	Furniture	73.8	65.2	69.2	75.4	77.0	90.6	98.8	123.2
32	Other manufacturing	98.8	116.6	118.9	146.3	129.1	146.7	153.8	231.7
33	Repair and installation of machinery and equipment	91.8	87.1	68.5	80.1	92.0	93.0	90.9	91.6
35-39	**ELECTRICITY, GAS, WATER AND WASTE MANAGEMENT**	25.7	22.7	28.1	37.2	43.8	212.2	137.7	90.4
35-36	Electricity, gas and water	15.4	15.1	20.6	28.0	36.3	194.3	120.0	68.7
37-39	Sewerage, waste management and remediation activities	10.2	7.5	7.5	9.2	7.5	17.9	17.8	21.8
41-43	**CONSTRUCTION**	61.8	54.1	42.0	48.7	57.1	50.9	141.4	134.2
45-99	**TOTAL SERVICES**	3 724.3	3 707.0	3 609.7	3 645.4	4 155.2	4 533.3	4 839.7	5 565.3
45-82	Business sector services	3 631.4	3 617.0	3 500.0	3 477.1	3 913.6	4 276.3	4 539.3	5 230.9
45-47	Wholesale and retail trade; motor vehicle and motorcycle repairs	372.4	394.7	336.9	365.2	434.4	480.8	539.7	701.3
49-53	Transportation and storage	42.0	41.0	36.6	23.9	55.1	51.2	53.1	57.3
55-56	Accommodation and food service activities	2.9	4.4	3.8	3.2	2.4	3.0	2.7	4.2
58-63	Information and communication	1 671.1	1 610.5	1 489.9	1 515.3	1 764.7	1 664.2	1 837.1	2 089.5
58-60	Publishing, audiovisual and broadcasting activities	18.2	17.0	16.3	23.7	21.3	26.4	30.8	32.5
58	Publishing activities	5.2	6.0	5.9	15.1	12.2	17.6	20.6	26.9
59-60	Motion picture, video and TV programme production; broadcasting activities	13.0	11.0	10.4	8.6	9.0	8.9	10.1	5.7
59	Motion picture, video and TV programme production; sound and music	..	..	..	..	..	..	..	..
60	Programming and broadcasting activities	..	..	..	..	..	..	..	..
61	Telecommunications	1 293.4	1 237.1	1 090.8	1 088.2	577.9	421.8	433.8	820.3
62-63	IT and other information services	359.5	356.4	382.8	403.4	1 165.3	1 216.0	1 372.4	1 236.7
62	Computer programming, consultancy and related activities	331.6	328.4	346.8	362.2	661.9	1 162.6	1 322.9	1 142.3
63	Information service activities	27.9	28.0	36.0	41.2	503.5	53.4	49.5	94.4
64-66	Financial and insurance activities	240.0	252.8	188.4	229.4	253.2	303.5	315.6	352.1
68-82	Real estate; professional, scientific and technical; administrative and support	1 303.1	1 313.5	1 444.3	1 340.1	1 403.8	1 773.4	1 791.2	2 026.4
68	Real estate activities	30.2	13.3	7.0	10.3	3.0	4.0	1.5	5.6
69-75x72	Professional, scientific and technical activities, except scientific R&D	402.0	422.8	495.2	431.8	460.6	487.6	506.7	587.9
72	Scientific research and development	857.4	865.3	930.2	879.3	929.3	1 242.4	1 209.8	1 315.2
77-82	Administrative and support service activities	13.5	12.0	12.0	18.6	10.9	39.5	73.2	117.7
84-99	Community, social and personal services	93.0	90.0	109.7	168.4	241.6	257.1	300.4	334.4
84-85	Public administration and defence; compulsory social security and education	1.8	3.1	2.9	1.9	2.3	2.2	16.8	5.7
86-88	Human health and social work activities	81.9	76.3	94.4	155.1	216.7	223.7	237.0	281.5
90-93	Arts, entertainment and recreation	1.2	2.2	2.0	1.3	10.4	19.5	36.2	29.6
94-99	Other services; household-employers; extraterritorial bodies	8.0	8.4	10.4	10.0	12.1	11.8	10.4	17.6

.. Not available

Note: Detailed metadata at: *http://metalinks.oecd.org/anberd/20181213/8c73*.

ITALY

R&D expenditure in industry by main activity of the enterprise, constant prices
ISIC Rev. 4

2010 USD PPP

		2009	2010	2011	2012	2013	2014	2015	2016
	TOTAL BUSINESS ENTERPRISE	13 296.6	13 695.9	13 811.7	13 978.4	14 275.1	15 202.8	15 723.7	17 045.5
01-03	**AGRICULTURE, FORESTRY AND FISHING**	2.3	4.5	4.2	4.3	5.5	8.6	11.3	13.4
05-09	**MINING AND QUARRYING**	214.3	97.0	80.0	78.4	73.2	65.6	56.5	74.6
10-33	**MANUFACTURING**	9 261.6	9 810.6	10 165.5	10 384.5	10 294.5	10 759.3	11 017.1	11 896.8
10-12	Food products, beverages and tobacco	202.9	212.6	191.8	216.0	234.1	246.1	271.7	304.8
13-15	Textiles, wearing apparel, leather and related products	474.7	548.8	554.2	575.1	597.6	631.0	671.5	722.3
13	Textiles	117.7	149.5	127.7	129.2	137.6	155.9	161.6	168.6
14	Wearing apparel	252.6	269.3	272.5	283.7	279.1	278.9	314.4	335.8
15	Leather and related products, footwear	104.4	130.0	154.0	162.2	180.8	196.2	195.5	217.9
16-18	Wood and paper products and printing	96.2	89.8	92.2	81.9	93.1	96.6	114.5	133.8
16	Wood and wood products, except furniture	21.2	18.1	17.4	17.2	16.9	16.7	15.3	21.7
17	Paper and paper products	57.8	57.5	61.6	53.4	63.7	63.5	83.3	80.2
18	Printing and reproduction of recorded media	17.3	14.2	13.3	11.3	12.6	16.4	15.9	31.9
19-23	Chemical, rubber, plastic, non-metallic mineral products	1 532.6	1 633.7	1 588.2	1 661.0	1 606.1	1 664.5	1 722.9	1 897.8
19	Coke and refined petroleum products	6.9	11.9	16.1	15.5	16.8	21.4	19.8	12.6
20-21	Chemical and pharmaceutical products	1 131.9	1 191.7	1 170.2	1 170.9	1 129.9	1 105.0	1 167.0	1 289.7
20	Chemicals and chemical products	439.0	470.3	432.3	444.9	453.1	474.9	509.5	576.2
21	Pharmaceuticals, medicinal, chemical and botanical products	692.9	721.4	738.0	726.0	676.8	630.1	657.4	713.4
22	Rubber and plastic products	271.6	307.6	299.7	353.4	339.3	404.2	375.2	412.7
23	Other non-metallic mineral products	122.3	122.5	102.2	121.2	120.1	133.9	160.9	182.7
24-25	Basic metals, metal products, except machinery and equipment	453.8	471.1	478.3	477.3	520.7	487.3	545.1	628.9
24	Basic metals	124.3	124.8	134.5	126.5	115.1	99.8	107.5	153.9
25	Fabricated metal products, except machinery and equipment	329.5	346.3	343.8	350.9	405.6	387.5	437.6	475.0
26-30	Computer, electronic, optical products; electrical machinery, transport equipment	6 236.5	6 585.6	7 012.3	7 089.1	6 969.1	7 332.9	7 380.1	7 818.9
26	Computer, electronic and optical products	1 652.4	1 785.3	1 841.8	1 721.0	1 611.1	1 613.5	1 673.3	1 179.8
27	Electrical equipment	494.8	562.2	587.7	593.8	600.6	575.2	616.7	714.8
28	Machinery and equipment n.e.c.	1 403.3	1 376.6	1 490.0	1 629.4	1 705.6	1 800.4	1 840.8	1 978.4
29	Motor vehicles, trailers and semi-trailers	1 289.9	1 392.3	1 655.7	1 735.2	1 807.2	2 151.6	2 071.7	2 167.9
30	Other transport equipment	1 396.1	1 469.2	1 437.3	1 409.6	1 244.8	1 192.1	1 177.6	1 778.0
31-33	Furniture; repair, installation of machinery and equipment	264.8	269.0	248.4	284.0	273.3	300.9	311.3	390.3
31	Furniture	73.9	65.2	67.0	71.0	70.6	82.5	89.6	107.7
32	Other manufacturing	99.0	116.6	115.1	137.7	118.4	133.6	139.3	202.5
33	Repair and installation of machinery and equipment	92.0	87.1	66.3	75.4	84.3	84.7	82.4	80.1
35-39	**ELECTRICITY, GAS, WATER AND WASTE MANAGEMENT**	25.7	22.7	27.2	35.0	40.2	193.3	124.8	79.0
35-36	Electricity, gas and water	15.5	15.1	19.9	26.3	33.3	177.0	108.7	60.0
37-39	Sewerage, waste management and remediation activities	10.3	7.5	7.3	8.7	6.8	16.3	16.1	19.0
41-43	**CONSTRUCTION**	61.9	54.1	40.7	45.8	52.3	46.3	128.1	117.3
45-99	**TOTAL SERVICES**	3 730.8	3 707.0	3 494.1	3 430.4	3 809.4	4 129.7	4 385.8	4 864.3
45-82	**Business sector services**	3 637.6	3 617.0	3 387.9	3 272.0	3 587.9	3 895.4	4 113.6	4 572.0
45-47	Wholesale and retail trade; motor vehicle and motorcycle repairs	373.0	394.7	326.1	343.7	398.3	438.0	489.0	613.0
49-53	Transportation and storage	42.1	41.0	35.5	22.5	50.5	46.6	48.1	50.1
55-56	Accommodation and food service activities	2.9	4.4	3.7	3.0	2.2	2.8	2.4	3.7
58-63	Information and communication	1 673.9	1 610.6	1 442.2	1 425.9	1 617.8	1 516.0	1 664.8	1 826.3
58-60	Publishing, audiovisual and broadcasting activities	18.2	17.0	15.8	22.3	19.5	24.1	27.9	28.4
58	Publishing activities	5.2	6.0	5.7	14.2	11.2	16.0	18.7	23.5
59-60	Motion picture, video and TV programme production; broadcasting activities	13.0	11.0	10.1	8.1	8.2	8.1	9.2	5.0
59	Motion picture, video and TV programme production; sound and music	..	..	..	..	..	..	..	..
60	Programming and broadcasting activities	..	..	..	..	..	..	..	..
61	Telecommunications	1 295.6	1 237.1	1 055.9	1 024.0	529.8	384.3	393.1	716.9
62-63	IT and other information services	360.1	356.4	370.5	379.6	1 068.4	1 107.7	1 243.7	1 080.9
62	Computer programming, consultancy and related activities	332.2	328.4	335.7	340.9	606.8	1 059.0	1 198.8	998.4
63	Information service activities	27.9	28.0	34.8	38.8	461.6	48.7	44.9	82.5
64-66	Financial and insurance activities	240.4	252.8	182.3	215.8	232.1	276.5	286.0	307.8
68-82	Real estate; professional, scientific and technical; administrative and support	1 305.4	1 313.5	1 398.1	1 261.0	1 286.9	1 615.5	1 623.2	1 771.2
68	Real estate activities	30.3	13.3	6.8	9.7	2.7	3.6	1.3	4.9
69-75x72	Professional, scientific and technical activities, except scientific R&D	402.7	422.8	479.3	406.4	422.3	444.2	459.2	513.9
72	Scientific research and development	858.9	865.3	900.4	827.6	852.0	1 131.7	1 096.3	1 149.5
77-82	Administrative and support service activities	13.5	12.0	11.6	17.5	9.9	36.0	66.4	102.9
84-99	**Community, social and personal services**	93.1	90.0	106.2	158.4	221.5	234.3	272.2	292.3
84-85	Public administration and defence; compulsory social security and education	1.8	3.1	2.8	1.8	2.1	2.0	15.3	5.0
86-88	Human health and social work activities	82.1	76.3	91.4	146.0	198.7	203.8	214.8	246.0
90-93	Arts, entertainment and recreation	1.2	2.2	1.9	1.3	9.6	17.7	32.8	25.9
94-99	Other services; household-employers; extraterritorial bodies	8.1	8.4	10.1	9.4	11.1	10.7	9.4	15.4

.. Not available

Note: Detailed metadata at: http://metalinks.oecd.org/anberd/20181213/8c73.

ITALY

R&D expenditure in industry by industry orientation, current prices
ISIC Rev. 4

Million USD PPP

		2009	2010	2011	2012	2013	2014	2015	2016
	TOTAL BUSINESS ENTERPRISE	**13 273.8**	**13 695.9**	**14 268.5**	**14 854.5**	**15 570.9**	**16 688.8**	**17 350.9**	**19 501.9**
01-03	**AGRICULTURE, FORESTRY AND FISHING**	**106.4**	**86.5**	**119.3**	**130.4**	**130.7**	**155.8**	**129.3**	**352.1**
05-09	**MINING AND QUARRYING**	**228.3**	**54.5**	**47.3**	**50.2**	**82.6**	**53.0**	**115.9**	**121.0**
10-33	**MANUFACTURING**	**10 176.2**	**10 896.5**	**11 511.1**	**11 772.1**	**12 181.1**	**12 599.6**	**13 936.3**	**15 207.0**
10-12	Food products, beverages and tobacco	295.5	327.8	278.6	324.6	385.5	405.4	515.8	727.8
13-15	Textiles, wearing apparel, leather and related products	590.8	700.9	736.0	785.0	939.1	1 397.6	923.5	1 047.6
13	Textiles	232.5	283.6	269.5	296.1	353.7	685.4	312.5	389.5
14	Wearing apparel	251.3	275.1	295.4	310.7	328.2	454.2	370.3	390.6
15	Leather and related products, footwear	107.1	142.1	171.1	178.3	257.2	258.0	240.7	267.5
16-18	Wood and paper products and printing	173.7	164.7	171.3	171.2	209.5	314.5	211.7	239.0
16	Wood and wood products, except furniture	59.8	47.5	46.0	53.6	64.6	75.0	55.3	73.1
17	Paper and paper products	87.1	88.9	95.8	94.3	99.0	193.7	116.2	117.9
18	Printing and reproduction of recorded media	26.8	28.2	29.5	23.3	46.0	45.8	40.3	48.0
19-23	Chemical, rubber, plastic, non-metallic mineral products	2 046.8	2 233.3	2 291.9	2 281.3	2 227.7	2 320.8	2 574.8	2 710.3
19	Coke and refined petroleum products	94.0	126.0	130.2	115.5	128.4	56.5	35.1	46.5
20-21	Chemical and pharmaceutical products	1 490.5	1 599.5	1 609.5	1 551.2	1 504.1	1 507.0	1 711.3	1 831.9
20	Chemicals and chemical products	455.2	492.3	439.0	455.2	534.0	541.2	571.7	655.0
21	Pharmaceuticals, medicinal, chemical and botanical products	1 035.3	1 107.1	1 170.4	1 096.0	970.2	965.8	1 139.6	1 176.9
22	Rubber and plastic products	321.0	362.0	419.8	455.0	429.3	592.5	583.7	590.3
23	Other non-metallic mineral products	141.3	145.9	132.3	159.5	165.9	164.8	244.7	241.7
24-25	Basic metals, metal products, except machinery and equipment	696.9	602.2	622.0	682.1	821.0	710.7	941.0	952.5
24	Basic metals	250.9	265.4	280.5	321.9	424.4	321.5	323.7	422.3
25	Fabricated metal products, except machinery and equipment	446.0	336.9	341.5	360.2	396.6	389.2	617.3	530.2
26-30	Computer, electronic, optical products; electrical machinery, transport equipment	6 229.2	6 716.5	7 262.2	7 371.9	7 432.5	7 247.6	8 546.3	9 284.7
26	Computer, electronic and optical products	1 868.5	1 967.5	2 031.3	1 983.3	1 964.5	1 987.2	2 388.9	2 645.4
27	Electrical equipment	351.9	415.4	486.8	504.7	535.2	421.5	558.4	639.5
28	Machinery and equipment n.e.c.	1 004.4	951.5	1 069.6	1 172.6	1 224.6	1 340.5	1 409.2	1 735.0
29	Motor vehicles, trailers and semi-trailers	1 672.1	1 927.5	2 140.7	2 246.7	2 233.4	2 548.2	2 857.7	3 070.4
30	Other transport equipment	1 332.3	1 454.5	1 534.0	1 464.3	1 474.8	950.2	1 332.3	1 194.5
31-33	Furniture; repair, installation of machinery and equipment	143.3	151.1	149.1	156.1	165.7	203.0	223.0	245.3
31	Furniture	40.6	43.5	46.8	43.7	45.6	54.7	61.9	69.9
32	Other manufacturing	82.1	88.7	91.1	93.5	93.9	120.5	141.4	148.1
33	Repair and installation of machinery and equipment	20.6	18.9	11.2	18.9	26.3	27.7	19.7	27.2
35-39	**ELECTRICITY, GAS, WATER AND WASTE MANAGEMENT**	**328.7**	**318.9**	**328.6**	**303.1**	**305.4**	**429.8**	**337.2**	**285.1**
35-36	Electricity, gas and water	289.5	267.9	277.7	258.6	264.6	380.0	290.2	235.5
37-39	Sewerage, waste management and remediation activities	39.2	51.0	50.9	44.4	40.8	49.8	47.1	49.6
41-43	**CONSTRUCTION**	**128.1**	**69.8**	**64.6**	**145.2**	**70.5**	**77.9**	**86.8**	**59.4**
45-99	**TOTAL SERVICES**	**2 306.1**	**2 269.7**	**2 197.6**	**2 453.6**	**2 800.5**	**3 372.8**	**2 745.4**	**3 477.3**
45-82	**Business sector services**	**1 425.9**	**1 477.7**	**2 021.4**	**2 209.9**	**2 522.0**	**3 123.1**	**2 369.3**	**3 080.5**
45-47	Wholesale and retail trade; motor vehicle and motorcycle repairs	71.7	47.8	42.6	72.2	169.5	390.4	65.3	39.9
49-53	Transportation and storage	92.8	68.7	66.4	75.2	70.5	77.8	61.1	94.8
55-56	Accommodation and food service activities	9.2	10.9	10.4	16.7	8.3	15.2	12.3	17.1
58-63	Information and communication	834.8	930.7	1 494.0	1 539.6	1 624.7	1 834.4	1 609.0	2 120.4
58-60	Publishing, audiovisual and broadcasting activities	13.6	9.2	12.0	14.0	17.1	23.8	14.3	34.8
58	Publishing activities	0.0	0.0	0.0	0.0	0.0	0.0	0.0	0.0
59-60	Motion picture, video and TV programme production; broadcasting activities	13.6	9.2	12.0	14.0	17.1	23.8	14.3	34.8
59	Motion picture, video and TV programme production; sound and music	13.6	9.2	12.0	14.0	17.1	23.8	14.3	34.8
60	Programming and broadcasting activities	0.0	0.0	0.0	0.0	0.0	0.0	0.0	0.0
61	Telecommunications	416.2	523.1	1 050.9	1 084.5	1 009.8	1 127.0	787.5	1 052.2
62-63	IT and other information services	405.0	398.3	431.0	441.1	597.9	683.5	807.2	1 033.4
62	Computer programming, consultancy and related activities	381.7	372.2	406.9	414.9	553.5	612.1	725.6	923.6
63	Information service activities	23.3	26.2	24.1	26.2	44.4	71.5	81.6	109.9
64-66	Financial and insurance activities	253.5	273.4	216.4	271.2	315.5	361.7	413.1	497.8
68-82	Real estate; professional, scientific and technical; administrative and support	163.9	146.2	191.5	235.0	333.5	443.5	208.6	310.5
68	Real estate activities	2.9	0.8	0.1	0.1	0.9	1.0	3.1	2.5
69-75x72	Professional, scientific and technical activities, except scientific R&D	158.6	142.1	188.6	231.5	328.9	438.8	197.4	263.5
72	Scientific research and development	0.0	0.0	0.0	0.0	0.0	0.0	0.0	40.3
77-82	Administrative and support service activities	2.5	3.2	2.8	3.3	3.7	3.7	8.1	4.1
84-99	Community, social and personal services	880.2	792.0	176.2	243.7	278.4	249.7	376.1	396.9
84-85	Public administration and defence; compulsory social security and education	32.8	42.6	44.6	51.8	51.7	41.7	43.8	26.2
86-88	Human health and social work activities	80.1	82.9	114.4	176.3	216.6	186.3	283.8	326.9
90-93	Arts, entertainment and recreation	2.7	3.1	0.5	3.7	1.9	5.5	9.6	15.1
94-99	Other services; household-employers; extraterritorial bodies	764.6	663.5	16.7	11.9	8.3	16.1	39.0	28.6

Note: Detailed metadata at: http://metalinks.oecd.org/anberd/20181213/8c73.

ITALY

R&D expenditure in industry by industry orientation, constant prices
ISIC Rev. 4

2010 USD PPP

		2009	2010	2011	2012	2013	2014	2015	2016
	TOTAL BUSINESS ENTERPRISE	13 296.6	13 695.9	13 811.7	13 978.4	14 275.1	15 202.8	15 723.7	17 045.5
01-03	**AGRICULTURE, FORESTRY AND FISHING**	106.6	86.5	115.5	122.7	119.9	141.9	117.1	307.8
05-09	**MINING AND QUARRYING**	228.7	54.5	45.8	47.2	75.7	48.3	105.1	105.7
10-33	**MANUFACTURING**	10 193.7	10 896.5	11 142.5	11 077.8	11 167.4	11 477.7	12 629.3	13 291.6
10-12	Food products, beverages and tobacco	296.0	327.8	269.7	305.4	353.4	369.3	467.4	636.1
13-15	Textiles, wearing apparel, leather and related products	591.8	700.9	712.4	738.7	861.0	1 273.2	836.9	915.6
13	Textiles	232.9	283.6	260.9	278.6	324.3	624.4	283.2	340.4
14	Wearing apparel	251.7	275.1	285.9	292.3	300.9	413.7	335.5	341.4
15	Leather and related products, footwear	107.3	142.1	165.6	167.8	235.8	235.1	218.2	233.8
16-18	Wood and paper products and printing	174.0	164.7	165.9	161.1	192.1	286.5	191.8	208.9
16	Wood and wood products, except furniture	59.9	47.5	44.5	50.5	59.2	68.3	50.1	63.9
17	Paper and paper products	87.3	88.9	92.8	88.7	90.8	176.5	105.3	103.1
18	Printing and reproduction of recorded media	26.9	28.2	28.6	21.9	42.2	41.7	36.5	41.9
19-23	Chemical, rubber, plastic, non-metallic mineral products	2 050.3	2 233.5	2 218.5	2 146.7	2 042.3	2 114.1	2 333.3	2 368.9
19	Coke and refined petroleum products	94.2	126.0	126.1	108.7	117.8	51.4	31.8	40.7
20-21	Chemical and pharmaceutical products	1 493.0	1 599.5	1 558.0	1 459.7	1 379.0	1 372.8	1 550.8	1 601.1
20	Chemicals and chemical products	456.0	492.3	425.0	428.4	489.5	493.0	518.1	572.5
21	Pharmaceuticals, medicinal, chemical and botanical products	1 037.0	1 107.1	1 133.0	1 031.3	889.4	879.8	1 032.8	1 028.7
22	Rubber and plastic products	321.6	362.0	406.4	428.1	393.5	539.8	528.9	515.9
23	Other non-metallic mineral products	141.6	145.9	128.1	150.1	152.1	150.1	221.7	211.2
24-25	Basic metals, metal products, except machinery and equipment	698.1	602.2	602.1	641.8	752.6	647.4	852.8	832.5
24	Basic metals	251.3	265.4	271.5	302.9	389.1	292.9	293.3	369.1
25	Fabricated metal products, except machinery and equipment	446.8	336.9	330.6	338.9	363.6	354.5	559.5	463.4
26-30	Computer, electronic, optical products; electrical machinery, transport equipment	6 239.9	6 716.5	7 029.7	6 937.1	6 814.0	6 602.3	7 744.8	8 115.2
26	Computer, electronic and optical products	1 871.7	1 967.5	1 966.2	1 866.4	1 801.0	1 810.3	2 164.8	2 312.2
27	Electrical equipment	352.5	415.4	471.2	475.0	490.7	384.0	506.0	558.9
28	Machinery and equipment n.e.c.	1 006.1	951.5	1 035.4	1 103.5	1 122.7	1 221.1	1 277.0	1 516.4
29	Motor vehicles, trailers and semi-trailers	1 675.0	1 927.5	2 072.1	2 114.2	2 047.6	2 321.3	2 589.7	2 683.6
30	Other transport equipment	1 334.6	1 454.5	1 484.9	1 377.9	1 352.1	865.6	1 207.4	1 044.0
31-33	Furniture; repair, installation of machinery and equipment	143.5	151.1	144.3	146.9	151.9	184.9	202.1	214.4
31	Furniture	40.7	43.5	45.3	41.2	41.8	49.8	56.1	61.1
32	Other manufacturing	82.2	88.7	88.2	88.0	86.0	109.8	128.1	129.4
33	Repair and installation of machinery and equipment	20.6	18.9	10.8	17.7	24.1	25.3	17.8	23.8
35-39	**ELECTRICITY, GAS, WATER AND WASTE MANAGEMENT**	329.2	318.9	318.1	285.2	280.0	391.5	305.5	249.2
35-36	Electricity, gas and water	290.0	267.9	268.8	243.4	242.6	346.2	262.9	205.9
37-39	Sewerage, waste management and remediation activities	39.2	51.0	49.2	41.8	37.4	45.3	42.7	43.3
41-43	**CONSTRUCTION**	128.3	69.8	62.5	136.7	64.7	70.9	78.7	51.9
45-99	**TOTAL SERVICES**	2 310.1	2 269.7	2 127.3	2 308.8	2 567.4	3 072.5	2 487.9	3 039.3
45-82	**Business sector services**	1 428.4	1 477.7	1 956.7	2 079.5	2 312.2	2 845.1	2 147.1	2 692.5
45-47	Wholesale and retail trade; motor vehicle and motorcycle repairs	71.8	47.8	41.2	68.0	155.4	355.7	59.2	34.9
49-53	Transportation and storage	93.0	68.7	64.3	70.7	64.7	70.9	55.4	82.9
55-56	Accommodation and food service activities	9.2	10.9	10.1	15.7	7.6	13.9	11.1	14.9
58-63	Information and communication	836.3	930.7	1 446.2	1 448.8	1 489.5	1 671.1	1 458.1	1 853.3
58-60	Publishing, audiovisual and broadcasting activities	13.6	9.2	11.6	13.2	15.7	21.7	12.9	30.4
58	Publishing activities	0.0	0.0	0.0	0.0	0.0	0.0	0.0	0.0
59-60	Motion picture, video and TV programme production; broadcasting activities	13.6	9.2	11.6	13.2	15.7	21.7	12.9	30.4
59	Motion picture, video and TV programme production; sound and music	13.6	9.2	11.6	13.2	15.7	21.7	12.9	30.4
60	Programming and broadcasting activities	0.0	0.0	0.0	0.0	0.0	0.0	0.0	0.0
61	Telecommunications	416.9	523.1	1 017.3	1 020.5	925.7	1 026.7	713.7	919.7
62-63	IT and other information services	405.7	398.3	417.2	415.1	548.1	622.7	731.5	903.3
62	Computer programming, consultancy and related activities	382.3	372.2	393.9	390.4	507.4	557.6	657.6	807.2
63	Information service activities	23.4	26.2	23.3	24.7	40.7	65.1	73.9	96.0
64-66	Financial and insurance activities	253.9	273.4	209.5	255.2	289.2	329.5	374.3	435.1
68-82	Real estate; professional, scientific and technical; administrative and support	164.2	146.2	185.4	221.1	305.8	404.0	189.0	271.4
68	Real estate activities	2.9	0.8	0.1	0.1	0.9	0.9	2.8	2.2
69-75x72	Professional, scientific and technical activities, except scientific R&D	158.8	142.1	182.6	217.8	301.5	399.7	178.9	230.3
72	Scientific research and development	0.0	0.0	0.0	0.0	0.0	0.0	0.0	35.2
77-82	Administrative and support service activities	2.5	3.2	2.7	3.1	3.4	3.4	7.3	3.6
84-99	Community, social and personal services	881.7	792.0	170.6	229.3	255.3	227.4	340.8	346.9
84-85	Public administration and defence; compulsory social security and education	32.9	42.6	43.1	48.7	47.4	38.0	39.7	22.9
86-88	Human health and social work activities	80.3	82.9	110.7	165.9	198.6	169.7	257.2	285.7
90-93	Arts, entertainment and recreation	2.7	3.1	0.5	3.5	1.7	5.0	8.7	13.2
94-99	Other services; household-employers; extraterritorial bodies	765.9	663.5	16.2	11.2	7.6	14.7	35.4	25.0

Note: Detailed metadata at: http://metalinks.oecd.org/anberd/20181213/8c73.

JAPAN

R&D expenditure in industry by main activity of the enterprise, current prices
ISIC Rev. 4

Million USD PPP

Code	Activity	2009	2010	2011	2012	2013	2014	2015	2016
	TOTAL BUSINESS ENTERPRISE	104 052.9	107 593.6	114 204.6	116 716.3	125 287.5	131 839.8	133 178.2	132 812.4
01-03	**AGRICULTURE, FORESTRY AND FISHING**	27.1	41.1	27.6	17.8	21.2	18.4	20.8	25.4
05-09	**MINING AND QUARRYING**	136.4	89.6	30.3	29.0	43.1	36.6	39.8	40.3
10-33	**MANUFACTURING**	90 636.0	93 758.9	100 352.8	102 653.6	111 166.7	114 069.5	115 451.5	115 425.8
10-12	Food products, beverages and tobacco	2 101.6	2 127.7	2 085.7	2 113.7	2 306.8	2 034.5	2 136.3	2 260.6
13-15	Textiles, wearing apparel, leather and related products	1 046.5	1 125.5	1 266.2	1 305.1	1 366.3	1 320.1	1 341.6	1 422.4
13	Textiles	980.3	1 050.7	1 191.3	1 240.0	1 297.4	1 244.3	1 276.1	1 371.5
14	Wearing apparel	28.5	30.4	40.9	29.6	30.8	41.0	27.7	19.7
15	Leather and related products, footwear	37.7	44.4	34.0	35.4	38.0	34.8	37.7	31.2
16-18	Wood and paper products and printing	730.6	772.4	734.3	677.2	579.6	590.3	572.2	636.7
16	Wood and wood products, except furniture	67.2	81.8	86.0	101.3	91.6	83.3	82.5	86.7
17	Paper and paper products	336.7	377.6	319.8	240.5	203.3	282.0	270.5	292.9
18	Printing and reproduction of recorded media	326.8	312.9	328.5	335.4	284.8	225.0	219.2	257.0
19-23	Chemical, rubber, plastic, non-metallic mineral products	20 981.2	22 252.5	22 802.7	24 183.4	26 445.0	26 988.8	27 244.4	27 308.6
19	Coke and refined petroleum products	442.1	468.2	447.7	440.0	462.4	408.4	430.7	452.4
20-21	Chemical and pharmaceutical products	16 921.6	18 095.4	18 371.2	19 688.5	21 608.5	21 821.4	22 131.6	21 948.2
20	Chemicals and chemical products	6 557.3	6 664.2	6 925.1	7 162.5	7 422.7	7 310.9	7 946.3	8 470.1
21	Pharmaceuticals, medicinal, chemical and botanical products	10 364.2	11 431.3	11 446.1	12 526.0	14 185.8	14 510.5	14 185.4	13 478.1
22	Rubber and plastic products	2 384.3	2 421.4	2 594.7	2 638.7	2 916.5	3 281.8	3 332.3	3 481.5
23	Other non-metallic mineral products	1 233.2	1 267.4	1 389.0	1 416.3	1 457.6	1 477.1	1 349.8	1 426.5
24-25	Basic metals, metal products, except machinery and equipment	2 480.5	2 649.5	2 865.7	2 658.2	2 747.4	2 975.0	2 854.3	2 832.3
24	Basic metals	2 032.9	2 155.6	2 360.2	2 166.9	2 256.9	2 459.5	2 388.6	2 338.1
25	Fabricated metal products, except machinery and equipment	447.5	493.9	505.5	491.4	490.5	515.5	465.7	494.1
26-30	Computer, electronic, optical products; electrical machinery, transport equipment	61 539.0	62 853.4	68 596.4	69 587.1	75 291.2	77 941.2	79 482.0	79 159.0
26	Computer, electronic and optical products	27 404.3	26 268.9	29 244.8	28 387.1	28 750.8	28 017.8	28 070.4	26 203.1
27	Electrical equipment	2 975.8	3 410.5	3 221.7	3 267.6	3 467.5	3 428.3	3 441.4	3 596.5
28	Machinery and equipment n.e.c.	9 484.4	9 538.1	10 211.0	10 414.6	12 315.0	12 440.8	12 695.0	13 401.0
29	Motor vehicles, trailers and semi-trailers	21 321.7	23 159.0	25 408.9	26 930.1	29 995.1	33 184.4	34 204.5	34 845.3
30	Other transport equipment	352.9	476.9	510.1	587.7	762.7	869.9	1 070.7	1 113.1
31-33	Furniture; repair, installation of machinery and equipment	1 756.6	1 977.8	2 002.0	2 128.9	2 430.4	2 219.7	1 820.7	1 806.2
31	Furniture	115.9	93.4	106.8	98.0	97.4	108.8	107.1	143.2
32	Other manufacturing	1 640.7	1 884.5	1 895.2	2 030.9	2 333.0	2 110.9	1 713.6	1 663.0
33	Repair and installation of machinery and equipment	..	..	..	..	..	..	..	..
35-39	**ELECTRICITY, GAS, WATER AND WASTE MANAGEMENT**	551.5	595.6	505.6	503.7	512.4	464.3	471.4	404.2
35-36	Electricity, gas and water	..	..	..	..	..	..	..	..
37-39	Sewerage, waste management and remediation activities	..	..	..	..	..	..	..	..
41-43	**CONSTRUCTION**	1 004.5	1 023.3	1 024.1	1 066.6	1 061.3	951.1	1 042.7	1 245.6
45-99	**TOTAL SERVICES**	11 697.3	12 085.2	12 264.2	12 445.6	12 482.7	16 299.8	16 152.1	15 671.1
45-82	**Business sector services**	11 697.3	12 085.2	12 264.2	12 445.6	12 482.7	16 299.8	16 152.1	15 671.1
45-47	Wholesale and retail trade; motor vehicle and motorcycle repairs	386.2	360.6	313.1	463.2	489.0	641.1	727.9	751.5
49-53	Transportation and storage	327.8	306.4	326.9	425.8	519.2	561.5	442.0	457.2
55-56	Accommodation and food service activities	..	..	..	..	..	..	..	..
58-63	Information and communication	4 611.5	4 838.9	5 237.9	5 181.1	4 587.8	6 680.2	6 280.0	5 840.1
58-60	Publishing, audiovisual and broadcasting activities	110.5	103.0	8.7	9.5	18.9	16.3	15.8	29.6
58	Publishing activities	8.5	6.7	4.6	6.3	8.6	9.4	5.7	18.2
59-60	Motion picture, video and TV programme production; broadcasting activities	102.0	96.2	4.1	3.2	10.3	6.9	10.1	11.4
59	Motion picture, video and TV programme production; sound and music	2.0	0.4	0.7	0.7	1.8	1.9	2.2	3.6
60	Programming and broadcasting activities	100.0	95.8	3.5	2.5	8.5	5.0	7.9	7.8
61	Telecommunications	2 289.7	2 277.5	2 779.8	2 832.9	2 764.9	3 686.0	3 694.3	3 362.8
62-63	IT and other information services	2 211.2	2 458.5	2 449.5	2 338.7	1 804.0	2 977.9	2 569.9	2 447.7
62	Computer programming, consultancy and related activities	1 926.9	2 179.6	2 142.3	2 093.0	1 592.3	2 685.3	2 264.5	2 143.7
63	Information service activities	284.4	278.9	307.1	245.7	211.8	292.6	305.4	304.0
64-66	Financial and insurance activities	19.6	22.8	30.5	17.6	21.6	31.8	36.0	30.2
68-82	Real estate; professional, scientific and technical; administrative and support	6 352.2	6 556.4	6 355.8	6 357.8	6 865.0	8 385.2	8 666.1	8 592.0
68	Real estate activities	..	..	..	..	..	..	..	..
69-75x72	Professional, scientific and technical activities, except scientific R&D	428.6	387.9	342.0	588.2	711.0	725.6	580.8	687.4
72	Scientific research and development	5 866.8	6 107.9	5 958.0	5 713.5	6 101.3	7 602.0	8 005.5	7 820.7
77-82	Administrative and support service activities	56.8	60.6	55.7	56.1	52.7	57.7	79.8	83.9
84-99	Community, social and personal services	..	..	..	..	..	..	..	..
84-85	Public administration and defence; compulsory social security and education	..	..	..	..	..	..	..	..
86-88	Human health and social work activities	..	..	..	..	..	..	..	..
90-93	Arts, entertainment and recreation	..	..	..	..	..	..	..	..
94-99	Other services; household-employers; extraterritorial bodies	..	..	..	..	..	..	..	..

.. Not available

Note: Detailed metadata at: http://metalinks.oecd.org/anberd/20181213/8c73.

JAPAN

R&D expenditure in industry by main activity of the enterprise, constant prices
ISIC Rev. 4

2010 USD PPP

ISIC		2009	2010	2011	2012	2013	2014	2015	2016
	TOTAL BUSINESS ENTERPRISE	105 324.3	107 593.6	111 810.5	111 738.5	116 915.8	123 008.0	121 310.1	117 731.0
01-03	**AGRICULTURE, FORESTRY AND FISHING**	27.5	41.1	27.0	17.1	19.8	17.1	19.0	22.5
05-09	**MINING AND QUARRYING**	138.0	89.6	29.7	27.8	40.2	34.1	36.3	35.7
10-33	**MANUFACTURING**	91 743.5	93 758.9	98 249.1	98 275.5	103 738.6	106 428.2	105 163.1	102 318.7
10-12	Food products, beverages and tobacco	2 127.3	2 127.7	2 041.9	2 023.5	2 152.6	1 898.2	1 945.9	2 003.9
13-15	Textiles, wearing apparel, leather and related products	1 059.3	1 125.5	1 239.6	1 249.4	1 275.0	1 231.6	1 222.0	1 260.9
13	Textiles	992.3	1 050.7	1 166.3	1 187.1	1 210.7	1 160.9	1 162.4	1 215.8
14	Wearing apparel	28.8	30.4	40.1	28.4	28.7	38.2	25.2	17.5
15	Leather and related products, footwear	38.2	44.4	33.3	33.9	35.5	32.5	34.4	27.7
16-18	Wood and paper products and printing	739.6	772.4	718.9	648.3	540.9	550.7	521.2	564.4
16	Wood and wood products, except furniture	68.0	81.8	84.2	97.0	85.5	77.7	75.2	76.9
17	Paper and paper products	340.8	377.6	313.1	230.3	189.7	263.1	246.4	259.7
18	Printing and reproduction of recorded media	330.8	312.9	321.7	321.1	265.8	209.9	199.7	227.9
19-23	Chemical, rubber, plastic, non-metallic mineral products	21 237.6	22 252.5	22 324.6	23 152.0	24 678.0	25 180.9	24 816.5	24 207.6
19	Coke and refined petroleum products	447.5	468.2	438.3	421.2	431.5	381.1	392.3	401.0
20-21	Chemical and pharmaceutical products	17 128.3	18 095.4	17 986.1	18 848.8	20 164.6	20 359.6	20 159.4	19 455.9
20	Chemicals and chemical products	6 637.4	6 664.2	6 779.9	6 857.0	6 926.7	6 821.2	7 238.1	7 508.3
21	Pharmaceuticals, medicinal, chemical and botanical products	10 490.9	11 431.3	11 206.2	11 991.8	13 237.9	13 538.5	12 921.2	11 947.6
22	Rubber and plastic products	2 413.5	2 421.4	2 540.3	2 526.1	2 721.7	3 062.0	3 035.3	3 086.2
23	Other non-metallic mineral products	1 248.3	1 267.4	1 359.9	1 355.9	1 360.2	1 378.2	1 229.5	1 264.5
24-25	Basic metals, metal products, except machinery and equipment	2 510.8	2 649.5	2 805.6	2 544.9	2 563.8	2 775.7	2 599.9	2 510.7
24	Basic metals	2 057.8	2 155.6	2 310.7	2 074.5	2 106.1	2 294.7	2 175.7	2 072.6
25	Fabricated metal products, except machinery and equipment	453.0	493.9	494.9	470.4	457.8	481.0	424.2	438.0
26-30	Computer, electronic, optical products; electrical machinery, transport equipment	62 291.0	62 853.4	67 158.4	66 619.3	70 260.2	72 720.0	72 399.0	70 170.2
26	Computer, electronic and optical products	27 739.1	26 268.9	28 631.7	27 176.4	26 829.7	26 140.9	25 568.9	23 227.6
27	Electrical equipment	3 012.1	3 410.5	3 154.2	3 128.2	3 235.8	3 198.7	3 134.7	3 188.1
28	Machinery and equipment n.e.c.	9 600.3	9 538.1	9 996.9	9 970.5	11 492.2	11 607.4	11 563.7	11 879.3
29	Motor vehicles, trailers and semi-trailers	21 582.2	23 159.0	24 876.2	25 781.6	27 990.8	30 961.5	31 156.4	30 888.5
30	Other transport equipment	357.2	476.9	499.4	562.6	711.8	811.6	975.2	986.7
31-33	Furniture; repair, installation of machinery and equipment	1 778.0	1 977.8	1 960.0	2 038.1	2 268.0	2 071.0	1 658.5	1 601.1
31	Furniture	117.3	93.4	104.6	93.8	90.8	101.5	97.5	126.9
32	Other manufacturing	1 660.7	1 884.5	1 855.5	1 944.3	2 177.1	1 969.5	1 560.9	1 474.2
33	Repair and installation of machinery and equipment	..	..	..	..	..	..	..	..
35-39	**ELECTRICITY, GAS, WATER AND WASTE MANAGEMENT**	558.3	595.6	495.0	482.3	478.2	433.2	429.4	358.3
35-36	Electricity, gas and water	..	..	..	..	..	..	..	..
37-39	Sewerage, waste management and remediation activities	..	..	..	..	..	..	..	..
41-43	**CONSTRUCTION**	1 016.8	1 023.3	1 002.6	1 021.1	990.4	887.4	949.7	1 104.1
45-99	**TOTAL SERVICES**	11 840.2	12 085.2	12 007.1	11 914.8	11 648.6	15 207.9	14 712.7	13 891.5
45-82	**Business sector services**	11 840.2	12 085.2	12 007.1	11 914.8	11 648.6	15 207.9	14 712.7	13 891.5
45-47	Wholesale and retail trade; motor vehicle and motorcycle repairs	390.9	360.6	306.5	443.4	456.4	598.2	663.1	666.2
49-53	Transportation and storage	331.8	306.4	320.0	407.7	484.5	523.9	402.6	405.3
55-56	Accommodation and food service activities	..	..	..	..	..	..	..	..
58-63	Information and communication	4 667.8	4 838.9	5 128.1	4 960.1	4 281.3	6 232.7	5 720.3	5 177.0
58-60	Publishing, audiovisual and broadcasting activities	111.9	103.0	8.5	9.1	17.7	15.2	14.4	26.2
58	Publishing activities	8.6	6.7	4.5	6.1	8.1	8.7	5.2	16.1
59-60	Motion picture, video and TV programme production; broadcasting activities	103.3	96.2	4.0	3.0	9.6	6.4	9.2	10.1
59	Motion picture, video and TV programme production; sound and music	2.1	0.4	0.6	0.6	1.6	1.8	2.0	3.2
60	Programming and broadcasting activities	101.2	95.8	3.4	2.4	8.0	4.6	7.2	6.9
61	Telecommunications	2 317.7	2 277.5	2 721.5	2 712.1	2 580.1	3 439.1	3 365.1	2 980.9
62-63	IT and other information services	2 238.3	2 458.5	2 398.1	2 239.0	1 683.5	2 778.4	2 340.9	2 169.8
62	Computer programming, consultancy and related activities	1 950.4	2 179.6	2 097.4	2 003.7	1 485.9	2 505.4	2 062.7	1 900.3
63	Information service activities	287.8	278.9	300.7	235.2	197.6	273.0	278.2	269.5
64-66	Financial and insurance activities	19.8	22.8	29.9	16.8	20.2	29.7	32.8	26.8
68-82	Real estate; professional, scientific and technical; administrative and support	6 429.8	6 556.4	6 222.5	6 086.7	6 406.3	7 823.5	7 893.9	7 616.4
68	Real estate activities	..	..	..	..	..	..	..	..
69-75x72	Professional, scientific and technical activities, except scientific R&D	433.9	387.9	334.9	563.1	663.5	677.0	529.1	609.3
72	Scientific research and development	5 938.5	6 107.9	5 833.1	5 469.8	5 693.6	7 092.7	7 292.1	6 932.6
77-82	Administrative and support service activities	57.5	60.6	54.5	53.7	49.2	53.8	72.7	74.4
84-99	Community, social and personal services	..	..	..	..	..	..	..	..
84-85	Public administration and defence; compulsory social security and education	..	..	..	..	..	..	..	..
86-88	Human health and social work activities	..	..	..	..	..	..	..	..
90-93	Arts, entertainment and recreation	..	..	..	..	..	..	..	..
94-99	Other services; household-employers; extraterritorial bodies	..	..	..	..	..	..	..	..

.. Not available

Note: Detailed metadata at: *http://metalinks.oecd.org/anberd/20181213/8c73*.

KOREA

R&D expenditure in industry by main activity of the enterprise, current prices
ISIC Rev. 4

Million USD PPP

		2009	2010	2011	2012	2013	2014	2015	2016
	TOTAL BUSINESS ENTERPRISE	34 150.3	39 025.0	44 680.5	50 559.8	53 573.7	57 180.5	58 714.5	..
01-03	**AGRICULTURE, FORESTRY AND FISHING**	24.8	31.0	42.3	31.2	30.2	33.0	35.9	..
05-09	**MINING AND QUARRYING**	17.5	22.4	25.7	41.1	29.1	23.2	26.9	..
10-33	**MANUFACTURING**	29 504.9	34 188.0	39 112.9	44 404.0	47 468.5	50 842.2	52 613.0	..
10-12	Food products, beverages and tobacco	450.1	361.3	472.0	550.9	532.2	560.8	1 151.6	..
13-15	Textiles, wearing apparel, leather and related products	198.6	198.6	334.1	376.0	418.6	423.4	464.1	..
13	Textiles	90.1	97.1	142.2	135.5	142.5	148.3	177.7	..
14	Wearing apparel	96.7	84.5	164.3	203.9	231.8	226.9	230.4	..
15	Leather and related products, footwear	11.7	17.0	27.6	36.6	44.3	48.2	56.0	..
16-18	Wood and paper products and printing	74.8	81.0	106.4	141.0	119.4	124.8	157.8	..
16	Wood and wood products, except furniture	8.0	7.8	18.8	15.1	15.5	15.1	26.6	..
17	Paper and paper products	36.7	42.4	55.6	88.2	63.5	67.3	71.9	..
18	Printing and reproduction of recorded media	30.0	30.8	31.9	37.7	40.5	42.4	59.2	..
19-23	Chemical, rubber, plastic, non-metallic mineral products	3 490.3	4 065.1	5 042.5	5 225.5	5 837.0	5 441.6	6 128.8	..
19	Coke and refined petroleum products	166.5	274.4	395.4	317.7	335.3	273.5	290.2	..
20-21	Chemical and pharmaceutical products	2 600.2	2 940.3	3 739.1	3 893.4	4 303.0	4 012.0	4 638.7	..
20	Chemicals and chemical products	1 763.9	2 062.4	2 729.0	2 671.6	3 057.1	2 724.9	3 086.9	..
21	Pharmaceuticals, medicinal, chemical and botanical products	836.3	877.9	1 010.1	1 221.9	1 245.9	1 287.1	1 551.9	..
22	Rubber and plastic products	435.9	602.9	631.0	634.2	834.0	882.9	939.1	..
23	Other non-metallic mineral products	287.6	247.6	277.1	380.1	364.7	273.3	260.9	..
24-25	Basic metals, metal products, except machinery and equipment	1 022.0	972.0	1 346.8	1 442.1	1 344.0	1 325.5	1 451.1	..
24	Basic metals	669.2	664.6	721.8	858.4	712.9	744.0	748.3	..
25	Fabricated metal products, except machinery and equipment	352.8	307.4	625.0	583.7	631.1	581.5	702.7	..
26-30	Computer, electronic, optical products; electrical machinery, transport equipment	24 040.6	28 258.3	31 402.7	36 303.2	38 848.2	42 530.6	42 715.1	..
26	Computer, electronic and optical products	16 252.0	19 631.5	21 873.9	25 237.8	27 676.6	30 402.1	29 427.0	..
27	Electrical equipment	932.7	992.7	1 076.2	1 265.4	1 188.4	1 277.7	1 596.4	..
28	Machinery and equipment n.e.c.	1 943.1	2 184.9	2 413.7	3 184.4	3 066.3	3 238.9	3 263.8	..
29	Motor vehicles, trailers and semi-trailers	4 283.1	4 758.4	5 309.3	5 724.1	6 071.2	6 739.8	7 432.2	..
30	Other transport equipment	629.8	690.8	729.5	891.5	845.7	872.1	995.7	..
31-33	Furniture; repair, installation of machinery and equipment	228.5	251.7	408.6	365.2	369.0	435.4	544.5	..
31	Furniture	52.1	52.5	62.7	66.3	74.7	99.3	98.9	..
32	Other manufacturing	176.4	199.2	345.9	298.9	294.3	336.1	445.6	..
33	Repair and installation of machinery and equipment	..	..	..	..	..	..	..	..
35-39	**ELECTRICITY, GAS, WATER AND WASTE MANAGEMENT**	355.8	373.9	481.1	509.2	409.8	422.4	449.3	..
35-36	Electricity, gas and water	330.8	349.8	444.1	476.5	371.3	382.8	389.0	..
37-39	Sewerage, waste management and remediation activities	25.0	24.1	37.0	32.7	38.4	39.6	60.3	..
41-43	**CONSTRUCTION**	1 029.8	886.9	1 063.2	1 156.1	1 104.8	1 137.6	861.8	..
45-99	**TOTAL SERVICES**	3 217.6	3 522.9	3 955.3	4 418.3	4 531.4	4 722.2	4 727.5	..
45-82	**Business sector services**	3 188.6	3 490.7	3 912.0	4 379.9	4 491.4	4 679.8	4 676.2	..
45-47	Wholesale and retail trade; motor vehicle and motorcycle repairs	563.1	641.8	719.9	788.8	813.8	857.9	710.8	..
49-53	Transportation and storage	41.6	88.3	144.8	81.6	127.7	45.8	45.8	..
55-56	Accommodation and food service activities	9.8	1.0	7.7	1.4	10.0	8.8	16.0	..
58-63	Information and communication	1 592.5	1 827.2	1 978.6	2 378.6	2 247.3	2 457.4	2 431.7	..
58-60	Publishing, audiovisual and broadcasting activities	1 018.3	1 131.6	1 111.1	1 559.1	1 436.0	1 627.1	1 628.7	..
58	Publishing activities	988.1	1 095.7	1 079.0	1 527.5	1 396.0	1 588.3	1 594.3	..
59-60	Motion picture, video and TV programme production; broadcasting activities	30.2	35.9	32.0	31.6	40.0	38.8	34.4	..
59	Motion picture, video and TV programme production; sound and music	12.9	13.2	15.4	12.7	9.5	13.7	18.4	..
60	Programming and broadcasting activities	17.4	22.7	16.7	18.9	30.6	25.1	16.0	..
61	Telecommunications	340.7	412.8	402.6	452.1	468.1	492.5	432.1	..
62-63	IT and other information services	233.4	282.8	465.0	367.4	343.2	337.7	370.8	..
62	Computer programming, consultancy and related activities	115.8	169.7	319.3	246.7	206.8	222.9	251.3	..
63	Information service activities	117.7	113.1	145.7	120.7	136.4	114.8	119.5	..
64-66	Financial and insurance activities	2.0	1.6	1.2	2.1	2.0	5.2	6.4	..
68-82	Real estate; professional, scientific and technical; administrative and support	979.5	930.9	1 059.8	1 127.4	1 290.6	1 304.8	1 465.5	..
68	Real estate activities	30.7	21.0	3.5	1.9	1.6	3.7	6.7	..
69-75x72	Professional, scientific and technical activities, except scientific R&D	699.3	634.4	679.3	768.7	790.8	865.8	973.9	..
72	Scientific research and development	182.3	202.5	305.3	274.8	406.8	342.1	395.3	..
77-82	Administrative and support service activities	67.2	73.0	71.7	82.0	91.4	93.2	89.6	..
84-99	**Community, social and personal services**	29.0	32.3	43.3	38.4	40.0	42.4	51.4	..
84-85	Public administration and defence; compulsory social security and education	15.0	15.3	19.2	14.6	16.6	16.2	19.8	..
86-88	Human health and social work activities	0.2	0.2	0.3	1.1	5.0	5.6	13.6	..
90-93	Arts, entertainment and recreation	4.1	4.1	3.2	3.2	3.0	2.2	3.4	..
94-99	Other services; household-employers; extraterritorial bodies	9.7	12.6	20.6	19.5	15.4	18.4	14.6	..

.. Not available

Note: Detailed metadata at: *http://metalinks.oecd.org/anberd/20181213/8c73*.

KOREA

R&D expenditure in industry by main activity of the enterprise, constant prices
ISIC Rev. 4

2010 USD PPP

		2009	2010	2011	2012	2013	2014	2015	2016
	TOTAL BUSINESS ENTERPRISE	34 567.4	39 025.0	44 716.9	50 096.2	53 507.2	56 951.4	57 049.7	..
01-03	**AGRICULTURE, FORESTRY AND FISHING**	25.1	31.0	42.4	30.9	30.1	32.8	34.9	..
05-09	**MINING AND QUARRYING**	17.7	22.4	25.7	40.7	29.1	23.2	26.1	..
10-33	**MANUFACTURING**	29 865.3	34 188.0	39 144.9	43 996.8	47 409.6	50 638.4	51 121.2	..
10-12	Food products, beverages and tobacco	455.6	361.3	472.4	545.8	531.6	558.6	1 118.9	..
13-15	Textiles, wearing apparel, leather and related products	201.0	198.6	334.3	372.6	418.1	421.7	450.9	..
13	Textiles	91.2	97.1	142.3	134.2	142.4	147.7	172.7	..
14	Wearing apparel	97.9	84.5	164.4	202.0	231.5	225.9	223.8	..
15	Leather and related products, footwear	11.9	17.0	27.6	36.3	44.3	48.0	54.5	..
16-18	Wood and paper products and printing	75.7	81.0	106.4	139.7	119.3	124.3	153.4	..
16	Wood and wood products, except furniture	8.1	7.8	18.8	15.0	15.4	15.0	25.9	..
17	Paper and paper products	37.2	42.4	55.7	87.3	63.4	67.1	69.9	..
18	Printing and reproduction of recorded media	30.4	30.8	32.0	37.4	40.4	42.2	57.6	..
19-23	Chemical, rubber, plastic, non-metallic mineral products	3 532.9	4 065.1	5 046.6	5 177.6	5 829.8	5 419.8	5 955.1	..
19	Coke and refined petroleum products	168.5	274.4	395.7	314.8	334.9	272.4	281.9	..
20-21	Chemical and pharmaceutical products	2 632.0	2 940.3	3 742.1	3 857.7	4 297.7	3 995.9	4 507.2	..
20	Chemicals and chemical products	1 785.5	2 062.4	2 731.2	2 647.1	3 053.3	2 714.0	2 999.3	..
21	Pharmaceuticals, medicinal, chemical and botanical products	846.5	877.9	1 010.9	1 210.7	1 244.3	1 282.0	1 507.9	..
22	Rubber and plastic products	441.3	602.9	631.5	628.4	833.0	879.4	912.4	..
23	Other non-metallic mineral products	291.1	247.6	277.3	376.6	364.2	272.2	253.5	..
24-25	Basic metals, metal products, except machinery and equipment	1 034.5	972.0	1 347.9	1 428.9	1 342.3	1 320.2	1 409.9	..
24	Basic metals	677.4	664.6	722.4	850.6	712.0	741.0	727.1	..
25	Fabricated metal products, except machinery and equipment	357.1	307.4	625.5	578.4	630.4	579.2	682.8	..
26-30	Computer, electronic, optical products; electrical machinery, transport equipment	24 334.2	28 258.3	31 428.3	35 970.3	38 799.9	42 360.1	41 504.0	..
26	Computer, electronic and optical products	16 450.5	19 631.5	21 891.8	25 006.4	27 642.3	30 280.2	28 592.6	..
27	Electrical equipment	944.1	992.7	1 077.1	1 253.8	1 186.9	1 272.6	1 551.2	..
28	Machinery and equipment n.e.c.	1 966.8	2 184.9	2 415.7	3 155.2	3 062.5	3 226.0	3 171.3	..
29	Motor vehicles, trailers and semi-trailers	4 335.4	4 758.4	5 313.7	5 671.6	6 063.7	6 712.8	7 221.4	..
30	Other transport equipment	637.5	690.8	730.1	883.3	844.6	868.6	967.4	..
31-33	Furniture; repair, installation of machinery and equipment	231.3	251.7	408.9	361.9	368.5	433.7	529.1	..
31	Furniture	52.7	52.5	62.7	65.7	74.6	98.9	96.1	..
32	Other manufacturing	178.6	199.2	346.2	296.2	293.9	334.7	433.0	..
33	Repair and installation of machinery and equipment	..	..	..	..	..	..	..	..
35-39	**ELECTRICITY, GAS, WATER AND WASTE MANAGEMENT**	360.1	373.9	481.5	504.5	409.3	420.7	436.6	..
35-36	Electricity, gas and water	334.9	349.8	444.4	472.1	370.9	381.2	378.0	..
37-39	Sewerage, waste management and remediation activities	25.3	24.1	37.0	32.4	38.4	39.5	58.6	..
41-43	**CONSTRUCTION**	1 042.4	886.9	1 064.0	1 145.5	1 103.4	1 133.0	837.4	..
45-99	**TOTAL SERVICES**	3 256.9	3 522.9	3 958.5	4 377.8	4 525.8	4 703.2	4 593.5	..
45-82	**Business sector services**	3 227.5	3 490.7	3 915.2	4 339.8	4 485.8	4 661.0	4 543.6	..
45-47	Wholesale and retail trade; motor vehicle and motorcycle repairs	570.0	641.8	720.5	781.5	812.8	854.5	690.7	..
49-53	Transportation and storage	42.1	88.3	144.9	80.9	127.5	45.6	44.5	..
55-56	Accommodation and food service activities	9.9	1.0	7.8	1.4	10.0	8.8	15.5	..
58-63	Information and communication	1 612.0	1 827.2	1 980.3	2 356.8	2 244.5	2 447.5	2 362.7	..
58-60	Publishing, audiovisual and broadcasting activities	1 030.8	1 131.6	1 112.0	1 544.8	1 434.2	1 620.6	1 582.6	..
58	Publishing activities	1 000.2	1 095.7	1 079.9	1 513.5	1 394.2	1 581.9	1 549.1	..
59-60	Motion picture, video and TV programme production; broadcasting activities	30.6	35.9	32.1	31.3	40.0	38.7	33.5	..
59	Motion picture, video and TV programme production; sound and music	13.0	13.2	15.4	12.5	9.5	13.7	17.9	..
60	Programming and broadcasting activities	17.6	22.7	16.7	18.8	30.5	25.0	15.5	..
61	Telecommunications	344.9	412.8	402.9	448.0	467.5	490.5	419.9	..
62-63	IT and other information services	236.3	282.8	465.4	364.0	342.8	336.4	360.3	..
62	Computer programming, consultancy and related activities	117.2	169.7	319.6	244.4	206.5	222.0	244.2	..
63	Information service activities	119.1	113.1	145.8	119.6	136.3	114.4	116.1	..
64-66	Financial and insurance activities	2.0	1.6	1.2	2.1	2.0	5.1	6.2	..
68-82	Real estate; professional, scientific and technical; administrative and support	991.5	930.9	1 060.6	1 117.1	1 289.0	1 299.6	1 424.0	..
68	Real estate activities	31.1	21.0	3.5	1.8	1.6	3.7	6.5	..
69-75x72	Professional, scientific and technical activities, except scientific R&D	707.8	634.4	679.9	761.7	789.9	862.3	946.3	..
72	Scientific research and development	184.5	202.5	305.6	272.3	406.3	340.7	384.1	..
77-82	Administrative and support service activities	68.0	73.0	71.7	81.3	91.3	92.8	87.1	..
84-99	Community, social and personal services	29.4	32.3	43.4	38.0	40.0	42.2	49.9	..
84-85	Public administration and defence; compulsory social security and education	15.2	15.3	19.2	14.5	16.6	16.2	19.2	..
86-88	Human health and social work activities	0.3	0.2	0.3	1.1	5.0	5.6	13.2	..
90-93	Arts, entertainment and recreation	4.1	4.1	3.2	3.1	3.0	2.2	3.3	..
94-99	Other services; household-employers; extraterritorial bodies	9.8	12.6	20.6	19.3	15.4	18.3	14.2	..

.. Not available

Note: Detailed metadata at: *http://metalinks.oecd.org/anberd/20181213/8c73*.

LITHUANIA

R&D expenditure in industry by main activity of the enterprise, current prices
ISIC Rev. 4

Million USD PPP

Code	Activity	2009	2010	2011	2012	2013	2014	2015	2016
	TOTAL BUSINESS ENTERPRISE	116.1	143.5	164.0	177.5	190.9	262.8	238.5	253.8
01-03	AGRICULTURE, FORESTRY AND FISHING	0.0 e	0.8	0.0 e	0.0	0.1	0.1	0.4	0.0
05-09	MINING AND QUARRYING	0.0 e	0.1	0.3	0.2	0.2	0.1	0.0 e	0.0 e
10-33	MANUFACTURING	61.1	45.7	50.8	59.2	70.8	112.8	83.8	83.6
10-12	Food products, beverages and tobacco	7.5	6.2	4.4	1.7	5.9	3.7	5.5	7.9
13-15	Textiles, wearing apparel, leather and related products	0.5	1.2	1.0	0.5	0.6	0.8	0.7	0.7
13	Textiles	0.1	0.6	0.5	0.0	0.1	0.1	0.1 e	0.1 e
14	Wearing apparel	0.2	0.1	0.3	0.3	0.4	0.6	0.5	0.5
15	Leather and related products, footwear	0.2	0.5	0.2	0.1	0.1	0.0	0.1 e	0.1 e
16-18	Wood and paper products and printing	12.0	0.3	0.5	0.3	0.4	1.7	1.0	16.9
16	Wood and wood products, except furniture	9.4	..	0.0	0.0	0.0	0.6	0.1	2.2
17	Paper and paper products	2.7	..	0.4	0.2	0.2	0.4	0.3 e	0.5 e
18	Printing and reproduction of recorded media	0.0	..	0.1	0.1	0.2	0.7	0.6 e	14.2 e
19-23	Chemical, rubber, plastic, non-metallic mineral products	12.4	12.4	13.9	30.2	19.6	45.7	17.6	15.0
19	Coke and refined petroleum products	0.0	0.0	0.0 e	0.7	0.2	0.2	0.2 e	0.0 e
20-21	Chemical and pharmaceutical products	11.5	11.6	11.8	27.9	16.1	42.5	15.8	10.7 e
20	Chemicals and chemical products	5.2	5.3	5.1	21.9	10.5	25.5	10.8	9.5
21	Pharmaceuticals, medicinal, chemical and botanical products	6.2	6.3	6.7	6.0	5.6	17.1	5.0	1.1 e
22	Rubber and plastic products	0.1	0.1	0.4	1.0	2.8	2.0	1.0	1.4
23	Other non-metallic mineral products	0.8	0.6	1.7	0.6	0.5	1.0	0.6	2.9
24-25	Basic metals, metal products, except machinery and equipment	8.7	2.8	3.3	0.9	0.9	7.7	1.0	1.0
24	Basic metals	0.8	0.0	0.0 e	0.1	0.0	0.0	0.0 e	0.0 e
25	Fabricated metal products, except machinery and equipment	7.9	2.8	3.3	0.8	0.9	7.7	0.9	0.9
26-30	Computer, electronic, optical products; electrical machinery, transport equipment	14.3	17.4	22.1	22.9	23.7	30.8	37.4	35.5
26	Computer, electronic and optical products	8.5	10.2	11.5	12.3	12.8	17.8	18.1	18.4
27	Electrical equipment	2.2	1.4	1.8	1.8	2.4	2.6	3.6	2.0
28	Machinery and equipment n.e.c.	2.4	4.2	6.5	6.4	4.1	5.2	6.8	6.7
29	Motor vehicles, trailers and semi-trailers	1.1	1.6	2.2	2.3	4.1	5.0	8.5	8.3
30	Other transport equipment	0.1	0.1	0.1	0.1	0.2	0.2	0.4	0.1
31-33	Furniture; repair, installation of machinery and equipment	5.7	5.4	5.6	2.8	19.6	22.4	20.6	6.5
31	Furniture	0.9	2.3	2.9	1.2	12.1	12.0	2.2	2.1
32	Other manufacturing	0.1	1.9	1.1	0.7	1.2	9.2	17.3	3.3
33	Repair and installation of machinery and equipment	4.8	1.2	1.5	0.8	6.3	1.2	1.1	1.1
35-39	ELECTRICITY, GAS, WATER AND WASTE MANAGEMENT	1.9	0.6	0.1	7.9	4.8	0.9	0.4	0.8
35-36	Electricity, gas and water	..	..	..	7.2	4.6	0.6	0.1	0.3
37-39	Sewerage, waste management and remediation activities	..	..	..	0.7	0.2	0.3	0.3	0.5
41-43	CONSTRUCTION	0.1	3.1	2.5	1.0	0.5	3.1	1.7	1.0
45-99	TOTAL SERVICES	53.1 e	93.3	110.4 e	109.2	114.6	145.8	152.2	168.3 e
45-82	Business sector services	44.1	78.8	96.5	100.9	113.1	143.5	149.6	166.3
45-47	Wholesale and retail trade; motor vehicle and motorcycle repairs	1.5	5.0	5.0	4.0	6.1	13.7	13.1	10.7
49-53	Transportation and storage	3.4	0.5	0.1	0.1	0.2	1.4	0.8	4.3
55-56	Accommodation and food service activities	0.0	0.0	0.0	0.0	0.0	0.2	0.0	0.0
58-63	Information and communication	7.5	31.5	56.9	24.9	32.6	40.9	28.7	20.1
58-60	Publishing, audiovisual and broadcasting activities	0.2	0.0	0.6	0.6	0.5	2.1	0.3 e	2.2 e
58	Publishing activities	..	..	..	..	..	..	..	1.6
59-60	Motion picture, video and TV programme production; broadcasting activities	..	..	..	..	..	..	..	0.5
59	Motion picture, video and TV programme production; sound and music	..	..	..	..	..	..	..	..
60	Programming and broadcasting activities	..	..	..	..	..	..	..	..
61	Telecommunications	0.3	14.9	40.6	8.0	12.3	11.0	1.7 e	0.2 e
62-63	IT and other information services	6.9	16.7	15.6	16.3	19.8	27.8	26.7	17.8
62	Computer programming, consultancy and related activities	6.4	13.8	13.6	14.1	18.2	25.1	23.5	13.0
63	Information service activities	0.5	2.8	2.1	2.2	1.6	2.7	3.2	4.7
64-66	Financial and insurance activities	25.4	27.7	11.5	10.6	10.7	6.6	7.7	10.8
68-82	Real estate; professional, scientific and technical; administrative and support	6.3	14.1	22.9	61.3	63.4	80.6	99.3	120.4
68	Real estate activities	0.0	1.7	0.0	0.0	5.2	0.4	0.1	0.7
69-75x72	Professional, scientific and technical activities, except scientific R&D	0.9	1.2	5.8	2.7	8.2	13.1	14.6	7.4
72	Scientific research and development	5.4	10.3	16.7	58.5	49.9	65.7	83.5	111.5
77-82	Administrative and support service activities	0.0	1.0	0.5	0.1	0.2	1.4	1.1	0.8
84-99	Community, social and personal services	8.9 e	14.5	13.9 e	8.3	1.5	2.3	2.6	2.0
84-85	Public administration and defence; compulsory social security and education	0.1	0.1	0.3	0.1	0.4	0.3	0.4	0.8
86-88	Human health and social work activities	8.8	14.4	13.3	8.2	0.8	1.4	1.0	1.1
90-93	Arts, entertainment and recreation	0.0 e	0.0	0.3	0.0	0.0	0.2	0.6	0.1
94-99	Other services; household-employers; extraterritorial bodies	0.0 e	0.0	0.0 e	0.0	0.3	0.4	0.6	0.1 e

.. Not available; e Estimated value
Note: Detailed metadata at: http://metalinks.oecd.org/anberd/20181213/8c73.

LITHUANIA

R&D expenditure in industry by main activity of the enterprise, constant prices
ISIC Rev. 4

2010 USD PPP

		2009	2010	2011	2012	2013	2014	2015	2016
	TOTAL BUSINESS ENTERPRISE	124.0	143.5	156.5	165.2	171.8	233.8	213.9	227.4
01-03	**AGRICULTURE, FORESTRY AND FISHING**	0.0 e	0.8	0.0 e	0.0	0.1	0.1	0.3	0.0
05-09	**MINING AND QUARRYING**	0.0 e	0.1	0.2	0.2	0.2	0.1	0.0 e	0.0 e
10-33	**MANUFACTURING**	65.2	45.7	48.5	55.1	63.7	100.3	75.1	74.9
10-12	Food products, beverages and tobacco	8.0	6.2	4.2	1.6	5.3	3.3	5.0	7.1
13-15	Textiles, wearing apparel, leather and related products	0.5	1.2	1.0	0.4	0.5	0.7	0.7	0.7
13	Textiles	0.1	0.6	0.5	0.0	0.1	0.1	0.1 e	0.1 e
14	Wearing apparel	0.2	0.1	0.3	0.3	0.4	0.6	0.5	0.5
15	Leather and related products, footwear	0.3	0.5	0.2	0.1	0.1	0.0	0.1 e	0.1 e
16-18	Wood and paper products and printing	12.9	0.3	0.5	0.3	0.4	1.5	0.9	15.2
16	Wood and wood products, except furniture	10.0	..	0.0	0.0	0.0	0.5	0.1	2.0
17	Paper and paper products	2.8	..	0.4	0.2	0.2	0.3	0.3 e	0.5 e
18	Printing and reproduction of recorded media	0.0	..	0.1	0.1	0.2	0.6	0.5 e	12.7 e
19-23	Chemical, rubber, plastic, non-metallic mineral products	13.2	12.4	13.3	28.1	17.6	40.6	15.8	13.5
19	Coke and refined petroleum products	0.0	0.0	0.0 e	0.7	0.2	0.2	0.2 e	0.0 e
20-21	Chemical and pharmaceutical products	12.3	11.6	11.3	25.9	14.5	37.8	14.2	9.6 e
20	Chemicals and chemical products	5.6	5.3	4.9	20.4	9.5	22.7	9.7	8.5
21	Pharmaceuticals, medicinal, chemical and botanical products	6.7	6.3	6.4	5.6	5.0	15.2	4.5	1.0 e
22	Rubber and plastic products	0.1	0.1	0.4	1.0	2.6	1.8	0.9	1.3
23	Other non-metallic mineral products	0.9	0.6	1.7	0.5	0.4	0.8	0.5	2.6
24-25	Basic metals, metal products, except machinery and equipment	9.3	2.8	3.2	0.9	0.8	6.9	0.9	0.9
24	Basic metals	0.9	0.0	0.0 e	0.1	0.0	0.0	0.0 e	0.0 e
25	Fabricated metal products, except machinery and equipment	8.4	2.8	3.2	0.7	0.8	6.8	0.8	0.8
26-30	Computer, electronic, optical products; electrical machinery, transport equipment	15.2	17.4	21.1	21.3	21.3	27.4	33.5	31.8
26	Computer, electronic and optical products	9.0	10.2	10.9	11.4	11.5	15.8	16.2	16.5
27	Electrical equipment	2.3	1.4	1.7	1.7	2.1	2.4	3.2	1.8
28	Machinery and equipment n.e.c.	2.6	4.2	6.2	6.0	3.7	4.6	6.1	6.0
29	Motor vehicles, trailers and semi-trailers	1.2	1.6	2.1	2.1	3.7	4.4	7.6	7.4
30	Other transport equipment	0.1	0.1	0.1	0.1	0.2	0.2	0.3	0.1
31-33	Furniture; repair, installation of machinery and equipment	6.1	5.4	5.3	2.6	17.6	19.9	18.4	5.8
31	Furniture	0.9	2.3	2.8	1.1	10.9	10.7	1.9	1.9
32	Other manufacturing	0.1	1.9	1.0	0.7	1.1	8.2	15.5	3.0
33	Repair and installation of machinery and equipment	5.1	1.2	1.5	0.8	5.7	1.1	1.0	0.9
35-39	**ELECTRICITY, GAS, WATER AND WASTE MANAGEMENT**	2.0	0.6	0.1	7.4	4.4	0.8	0.3	0.7
35-36	Electricity, gas and water	..	..	..	6.7	4.1	0.6	0.1	0.3
37-39	Sewerage, waste management and remediation activities	..	..	..	0.7	0.2	0.3	0.3	0.4
41-43	**CONSTRUCTION**	0.1	3.1	2.4	0.9	0.4	2.8	1.5	0.9
45-99	**TOTAL SERVICES**	56.7 e	93.3	105.3 e	101.7	103.1	129.7	136.5	150.8 e
45-82	**Business sector services**	47.1	78.8	92.1	94.0	101.8	127.6	134.2	149.0
45-47	Wholesale and retail trade; motor vehicle and motorcycle repairs	1.6	5.0	4.8	3.7	5.5	12.2	11.7	9.6
49-53	Transportation and storage	3.6	0.5	0.1	0.1	0.2	1.3	0.7	3.8
55-56	Accommodation and food service activities	0.0	0.0	0.0	0.0	0.0	0.2	0.0	0.0
58-63	Information and communication	8.0	31.5	54.3	23.2	29.4	36.4	25.7	18.0
58-60	Publishing, audiovisual and broadcasting activities	0.3	0.0	0.6	0.6	0.5	1.9	0.3 e	1.9 e
58	Publishing activities	..	..	..	..	..	..	..	1.5
59-60	Motion picture, video and TV programme production; broadcasting activities	..	..	..	..	..	..	..	0.5
59	Motion picture, video and TV programme production; sound and music	..	..	..	..	..	..	..	..
60	Programming and broadcasting activities	..	..	..	..	..	..	..	..
61	Telecommunications	0.3	14.9	38.8	7.4	11.0	9.8	1.5 e	0.2 e
62-63	IT and other information services	7.4	16.7	14.9	15.2	17.8	24.7	23.9	15.9
62	Computer programming, consultancy and related activities	6.9	13.8	13.0	13.1	16.4	22.3	21.0	11.7
63	Information service activities	0.5	2.8	2.0	2.1	1.4	2.4	2.9	4.2
64-66	Financial and insurance activities	27.1	27.7	11.0	9.9	9.7	5.9	6.9	9.7
68-82	Real estate; professional, scientific and technical; administrative and support	6.7	14.1	21.9	57.1	57.1	71.7	89.1	107.9
68	Real estate activities	0.0	1.7	0.0	0.0	4.7	0.3	0.1	0.6
69-75x72	Professional, scientific and technical activities, except scientific R&D	0.9	1.2	5.5	2.5	7.3	11.7	13.1	6.7
72	Scientific research and development	5.8	10.3	15.9	54.4	44.9	58.5	74.9	99.9
77-82	Administrative and support service activities	0.0	1.0	0.5	0.1	0.2	1.2	1.0	0.7
84-99	**Community, social and personal services**	9.6 e	14.5	13.3 e	7.7	1.3	2.0	2.3	1.8
84-85	Public administration and defence; compulsory social security and education	0.1	0.1	0.3	0.1	0.4	0.3	0.4	0.7
86-88	Human health and social work activities	9.4	14.4	12.7	7.6	0.7	1.3	0.9	1.0
90-93	Arts, entertainment and recreation	0.0 e	0.0	0.3	0.0	0.0	0.2	0.5	0.0
94-99	Other services; household-employers; extraterritorial bodies	0.0 e	0.0	0.0 e	0.0	0.3	0.3	0.6	0.1 e

.. Not available; e Estimated value

Note: Detailed metadata at: *http://metalinks.oecd.org/anberd/20181213/8c73*.

MEXICO

R&D expenditure in industry by main activity of the enterprise, current prices
ISIC Rev. 4

Million USD PPP

		2009	2010	2011	2012	2013	2014	2015	2016
	TOTAL BUSINESS ENTERPRISE	3 101.0	3 274.2	3 410.3	2 909.8	3 214.3	3 449.3	3 409.0	3 368.9
01-03	**AGRICULTURE, FORESTRY AND FISHING**	20.1 e	0.0 e	0.0 e	0.0	0.0	0.0	0.0	0.0
05-09	**MINING AND QUARRYING**	101.1 e	36.4 e	50.9 e	6.0	28.2	30.3	30.0	29.6
10-33	**MANUFACTURING**	2 294.8 e	1 751.2 e	2 000.3 e	1 322.7	1 736.8	1 863.8	1 842.0	1 820.4
10-12	Food products, beverages and tobacco	256.5	149.7	173.1	150.6	203.6	218.4	215.9	213.4
13-15	Textiles, wearing apparel, leather and related products	110.3	41.4	41.6	24.7	28.0	30.0	29.7	29.3
13	Textiles	99.3 e	19.8 e	22.6 e	24.3	27.6	29.6	29.3	28.9
14	Wearing apparel	1.3 e	1.8 e	0.0 e	0.3	0.3	0.3	0.3	0.3
15	Leather and related products, footwear	9.6 e	19.8 e	19.1 e	0.1	0.1	0.1	0.1	0.1
16-18	Wood and paper products and printing	31.4	21.7	22.3	25.1	31.3	33.5	33.2	32.8
16	Wood and wood products, except furniture	2.7 e	4.9 e	4.8 e	3.1	6.6	7.1	7.0	6.9
17	Paper and paper products	27.1 e	16.2 e	17.2 e	16.4	21.5	23.1	22.8	22.5
18	Printing and reproduction of recorded media	1.5 e	0.6 e	0.2 e	5.6	3.2	3.4	3.4	3.3
19-23	Chemical, rubber, plastic, non-metallic mineral products	555.5 e	683.3 e	795.2 e	314.4	413.5	443.8	438.6	433.4
19	Coke and refined petroleum products	9.3	10.2	13.5	8.8	11.3	12.2	12.0	11.9
20-21	Chemical and pharmaceutical products	477.0 e	616.6 e	721.5 e	243.7	334.4	358.8	354.6	350.4
20	Chemicals and chemical products	280.1 e	115.5 e	137.3 e	75.7	88.3	94.7	93.6	92.5
21	Pharmaceuticals, medicinal, chemical and botanical products	197.0	501.1	584.2	167.9	246.1	264.1	261.0	257.9
22	Rubber and plastic products	37.9	30.6	39.1	12.8	19.6	21.0	20.8	20.5
23	Other non-metallic mineral products	31.2	25.9	21.1	49.1	48.2	51.7	51.1	50.5
24-25	Basic metals, metal products, except machinery and equipment	288.8	269.4	278.5	169.3	139.6	149.8	148.0	146.3
24	Basic metals	155.8 e	72.1 e	105.6 e	26.4	32.1	34.5	34.1	33.7
25	Fabricated metal products, except machinery and equipment	133.1 e	197.3 e	173.0 e	142.9	107.4	115.3	113.9	112.6
26-30	Computer, electronic, optical products; electrical machinery, transport equipment	1 046.3 e	585.0 e	687.9 e	636.1	916.8	983.8	972.3	960.9
26	Computer, electronic and optical products	68.7 e	26.1 e	29.9 e	80.8	94.4	101.3	100.1	98.9
27	Electrical equipment	243.4 e	189.4 e	213.8 e	163.5	270.4	290.1	286.7	283.4
28	Machinery and equipment n.e.c.	183.1 e	77.9 e	68.2 e	40.6	58.7	63.0	62.3	61.5
29	Motor vehicles, trailers and semi-trailers	528.3 e	273.3 e	348.6 e	330.8	465.8	499.8	494.0	488.2
30	Other transport equipment	22.8 e	18.3 e	27.4 e	20.4	27.6	29.6	29.2	28.9
31-33	Furniture; repair, installation of machinery and equipment	6.1 e	0.7 e	1.7 e	2.4	4.1	4.4	4.4	4.3
31	Furniture	0.9 e	0.5 e	1.5 e	0.1	0.0	0.0	0.0	0.0
32	Other manufacturing	5.2 e	0.1 e	0.1 e	2.3	4.1	4.4	4.3	4.3
33	Repair and installation of machinery and equipment	0.0 e	0.0 e	0.0 e	0.0	0.0	0.0	0.0	0.0
35-39	**ELECTRICITY, GAS, WATER AND WASTE MANAGEMENT**	14.6 e	0.0 e	0.0 e	10.4	17.2	18.4	18.2	18.0
35-36	Electricity, gas and water	..	..	..	..	..	..	..	..
37-39	Sewerage, waste management and remediation activities	..	..	..	..	..	..	..	..
41-43	**CONSTRUCTION**	9.4 e	104.5 e	1.6 e	6.3	12.3	13.2	13.0	12.8
45-99	**TOTAL SERVICES**	661.0 e	1 382.0 e	1 357.6 e	1 564.4	1 419.8	1 523.6	1 505.8	1 488.1
45-82	**Business sector services**	215.3 e	1 026.0 e	967.0 e	1 035.1	830.4	891.1	880.7	870.4
45-47	Wholesale and retail trade; motor vehicle and motorcycle repairs	..	..	..	0.0	0.0	0.0	0.0	0.0
49-53	Transportation and storage	..	..	..	21.5	185.5	199.0	196.7	194.4
55-56	Accommodation and food service activities	0.0 e	0.5 e	0.6 e	1.1	1.8	2.0	2.0	1.9
58-63	Information and communication	68.0 e	454.1 e	449.9 e	478.3	262.6	281.8	278.5	275.2
58-60	Publishing, audiovisual and broadcasting activities	..	..	..	..	..	..	..	..
58	Publishing activities	..	..	..	..	..	..	..	..
59-60	Motion picture, video and TV programme production; broadcasting activities	..	..	..	..	..	..	..	..
59	Motion picture, video and TV programme production; sound and music	..	..	..	..	..	..	..	..
60	Programming and broadcasting activities	..	..	..	..	..	..	..	..
61	Telecommunications	..	..	..	447.8	233.3	250.4	247.5	244.5
62-63	IT and other information services	..	..	..	..	..	..	..	..
62	Computer programming, consultancy and related activities	..	..	..	..	..	..	..	..
63	Information service activities	..	..	..	..	..	..	..	..
64-66	Financial and insurance activities	51.3 e	136.5 e	145.2 e	427.7	245.6	263.6	260.5	257.4
68-82	Real estate; professional, scientific and technical; administrative and support	51.3 e	369.9 e	339.6 e	106.5	134.9	144.8	143.1	141.4
68	Real estate activities	..	..	..	10.7	12.9	13.9	13.7	13.5
69-75x72	Professional, scientific and technical activities, except scientific R&D	..	..	..	..	..	..	..	..
72	Scientific research and development	63.5 e	419.7 e	362.6 e	90.5	115.3	123.8	122.3	120.9
77-82	Administrative and support service activities	..	..	..	..	..	..	..	..
84-99	**Community, social and personal services**	445.8 e	356.0 e	390.6 e	529.3	589.4	632.5	625.1	617.7
84-85	Public administration and defence; compulsory social security and education	..	..	..	..	..	..	..	..
86-88	Human health and social work activities	..	..	..	..	..	..	..	..
90-93	Arts, entertainment and recreation	..	..	..	..	..	..	..	..
94-99	Other services; household-employers; extraterritorial bodies	..	..	..	..	..	..	..	..

.. Not available; e Estimated value
Note: Detailed metadata at: http://metalinks.oecd.org/anberd/20181213/8c73.

MEXICO

R&D expenditure in industry by main activity of the enterprise, constant prices
ISIC Rev. 4

2010 USD PPP

ISIC	Activity	2009	2010	2011	2012	2013	2014	2015	2016
	TOTAL BUSINESS ENTERPRISE	3 141.4	3 274.2	3 224.3	2 707.5	2 955.4	3 100.8	3 166.8	3 084.2
01-03	AGRICULTURE, FORESTRY AND FISHING	20.3 e	0.0 e	0.0 e	0.0	0.0	0.0	0.0	0.0
05-09	MINING AND QUARRYING	102.4 e	36.4 e	48.1 e	5.6	26.0	27.2	27.8	27.1
10-33	MANUFACTURING	2 324.7 e	1 751.2 e	1 891.2 e	1 230.8	1 597.0	1 675.5	1 711.2	1 666.5
10-12	Food products, beverages and tobacco	259.9	149.7	163.6	140.2	187.2	196.4	200.6	195.3
13-15	Textiles, wearing apparel, leather and related products	111.7	41.4	39.4	23.0	25.7	27.0	27.6	26.9
13	Textiles	100.6 e	19.8 e	21.3 e	22.6	25.4	26.6	27.2	26.5
14	Wearing apparel	1.3 e	1.8 e	0.0 e	0.3	0.3	0.3	0.3	0.3
15	Leather and related products, footwear	9.8 e	19.8 e	18.0 e	0.1	0.1	0.1	0.1	0.1
16-18	Wood and paper products and printing	31.8	21.7	21.1	23.4	28.7	30.2	30.8	30.0
16	Wood and wood products, except furniture	2.7 e	4.9 e	4.6 e	2.9	6.0	6.3	6.5	6.3
17	Paper and paper products	27.5 e	16.2 e	16.3 e	15.3	19.8	20.8	21.2	20.6
18	Printing and reproduction of recorded media	1.5 e	0.6 e	0.2 e	5.2	2.9	3.1	3.1	3.0
19-23	Chemical, rubber, plastic, non-metallic mineral products	562.7 e	683.3 e	751.8 e	292.5	380.2	398.9	407.4	396.8
19	Coke and refined petroleum products	9.4	10.2	12.8	8.2	10.4	10.9	11.2	10.9
20-21	Chemical and pharmaceutical products	483.3 e	616.6 e	682.1 e	226.7	307.4	322.6	329.4	320.8
20	Chemicals and chemical products	283.7 e	115.5 e	129.8 e	70.5	81.2	85.2	87.0	84.7
21	Pharmaceuticals, medicinal, chemical and botanical products	199.5	501.1	552.3	156.3	226.2	237.4	242.4	236.1
22	Rubber and plastic products	38.4	30.6	37.0	11.9	18.0	18.9	19.3	18.8
23	Other non-metallic mineral products	31.6	25.9	20.0	45.7	44.3	46.5	47.5	46.3
24-25	Basic metals, metal products, except machinery and equipment	292.6	269.4	263.3	157.6	128.3	134.6	137.5	133.9
24	Basic metals	157.8 e	72.1 e	99.8 e	24.6	29.5	31.0	31.7	30.8
25	Fabricated metal products, except machinery and equipment	134.8 e	197.3 e	163.5 e	133.0	98.8	103.6	105.8	103.1
26-30	Computer, electronic, optical products; electrical machinery, transport equipment	1 060.0 e	585.0 e	650.4 e	591.9	843.0	884.4	903.2	879.7
26	Computer, electronic and optical products	69.6 e	26.1 e	28.3 e	75.2	86.8	91.1	93.0	90.6
27	Electrical equipment	246.5 e	189.4 e	202.1 e	152.2	248.6	260.8	266.4	259.4
28	Machinery and equipment n.e.c.	185.4 e	77.9 e	64.5 e	37.8	54.0	56.6	57.8	56.3
29	Motor vehicles, trailers and semi-trailers	535.2 e	273.3 e	329.5 e	307.8	428.3	449.3	458.9	446.9
30	Other transport equipment	23.1 e	18.3 e	25.9 e	19.0	25.3	26.6	27.2	26.5
31-33	Furniture; repair, installation of machinery and equipment	6.1 e	0.7 e	1.6 e	2.3	3.8	4.0	4.1	4.0
31	Furniture	0.9 e	0.5 e	1.4 e	0.1	0.0	0.0	0.0	0.0
32	Other manufacturing	5.2 e	0.1 e	0.1 e	2.2	3.8	4.0	4.0	3.9
33	Repair and installation of machinery and equipment	0.0 e	0.0 e	0.0 e	0.0	0.0	0.0	0.0	0.0
35-39	ELECTRICITY, GAS, WATER AND WASTE MANAGEMENT	14.8 e	0.0 e	0.0 e	9.7	15.8	16.5	16.9	16.5
35-36	Electricity, gas and water	..	..	..	..	..	..	..	..
37-39	Sewerage, waste management and remediation activities	..	..	..	..	..	..	..	..
41-43	CONSTRUCTION	9.5 e	104.5 e	1.5 e	5.8	11.3	11.8	12.1	11.8
45-99	TOTAL SERVICES	669.6 e	1 382.0 e	1 283.5 e	1 455.6	1 305.5	1 369.7	1 398.8	1 362.3
45-82	Business sector services	218.1 e	1 026.0 e	914.2 e	963.2	763.5	801.1	818.2	796.8
45-47	Wholesale and retail trade; motor vehicle and motorcycle repairs	..	..	..	0.0	0.0	0.0	0.0	0.0
49-53	Transportation and storage	..	..	..	20.0	170.5	178.9	182.7	178.0
55-56	Accommodation and food service activities	0.0 e	0.5 e	0.5 e	1.0	1.7	1.8	1.8	1.8
58-63	Information and communication	68.8 e	454.1 e	425.3 e	445.0	241.5	253.3	258.7	252.0
58-60	Publishing, audiovisual and broadcasting activities	..	..	..	..	..	..	..	..
58	Publishing activities	..	..	..	..	..	..	..	..
59-60	Motion picture, video and TV programme production; broadcasting activities	..	..	..	..	..	..	..	..
59	Motion picture, video and TV programme production; sound and music	..	..	..	..	..	..	..	..
60	Programming and broadcasting activities	..	..	..	..	..	..	..	..
61	Telecommunications	..	..	..	416.7	214.5	225.1	229.9	223.9
62-63	IT and other information services	..	..	..	..	..	..	..	..
62	Computer programming, consultancy and related activities	..	..	..	..	..	..	..	..
63	Information service activities	..	..	..	..	..	..	..	..
64-66	Financial and insurance activities	52.0 e	136.5 e	137.3 e	398.0	225.8	236.9	242.0	235.7
68-82	Real estate; professional, scientific and technical; administrative and support	52.0 e	369.9 e	321.1 e	99.1	124.0	130.1	132.9	129.4
68	Real estate activities	..	..	..	10.0	11.9	12.5	12.7	12.4
69-75x72	Professional, scientific and technical activities, except scientific R&D	..	..	..	..	..	..	..	..
72	Scientific research and development	64.3 e	419.7 e	342.8 e	84.3	106.0	111.2	113.6	110.7
77-82	Administrative and support service activities	..	..	..	..	..	..	..	..
84-99	Community, social and personal services	451.6 e	356.0 e	369.3 e	492.5	541.9	568.6	580.7	565.5
84-85	Public administration and defence; compulsory social security and education	..	..	..	..	..	..	..	..
86-88	Human health and social work activities	..	..	..	..	..	..	..	..
90-93	Arts, entertainment and recreation	..	..	..	..	..	..	..	..
94-99	Other services; household-employers; extraterritorial bodies	..	..	..	..	..	..	..	..

.. Not available; e Estimated value
Note: Detailed metadata at: http://metalinks.oecd.org/anberd/20181213/8c73.

NETHERLANDS

R&D expenditure in industry by main activity of the enterprise, current prices
ISIC Rev. 4

Million USD PPP

		2009	2010	2011	2012	2013	2014	2015	2016
	TOTAL BUSINESS ENTERPRISE	5 776.1	6 115.2	8 278.9	8 585.1	8 888.9	9 190.7	9 414.3	10 098.6
01-03	**AGRICULTURE, FORESTRY AND FISHING**	77.8	96.1	210.7	173.7	175.7	212.6	264.4	297.8
05-09	**MINING AND QUARRYING**	..	..	34.9	70.7	72.5	85.1	17.9	12.7
10-33	**MANUFACTURING**	4 190.6	4 149.9	4 708.0	4 911.0	5 196.4	5 426.3	5 337.4	5 652.2
10-12	Food products, beverages and tobacco	325.3	387.9	456.5	483.7	489.7	465.0	390.9	456.4
13-15	Textiles, wearing apparel, leather and related products	15.3	15.2	14.2	23.4	23.8	22.3	27.2	27.3
13	Textiles	13.0	12.9	13.0	19.3	16.9	16.7	18.1	18.0
14	Wearing apparel	0.0 e	0.0	0.6	0.5	1.0	1.1	0.6	0.5
15	Leather and related products, footwear	2.4 e	1.2	0.7	3.7	5.9	4.4	8.5	8.8
16-18	Wood and paper products and printing	35.4	24.6	25.6	29.8	29.0	38.9	51.1	78.8
16	Wood and wood products, except furniture	1.2	4.7	2.3	3.5	2.1	3.0	7.9	6.9
17	Paper and paper products	28.3	17.6	6.9	18.2	20.4	28.1	29.7	58.7
18	Printing and reproduction of recorded media	5.9	2.3	16.3	8.1	6.5	7.9	13.6	13.2
19-23	Chemical, rubber, plastic, non-metallic mineral products	1 538.3	1 329.0	1 325.0	1 363.0	1 387.2	1 396.8	1 353.5	1 288.0
19	Coke and refined petroleum products	3.5	16.4	128.9	282.7	295.6	311.3	278.4	204.9
20-21	Chemical and pharmaceutical products	1 464.1	1 250.5	1 048.6	948.7	960.8	975.9	952.4	949.2
20	Chemicals and chemical products	983.1	802.8	664.1	630.7	655.6	659.2	635.7	660.6
21	Pharmaceuticals, medicinal, chemical and botanical products	480.9	447.7	384.5	318.0	305.2	316.7	316.7	288.6
22	Rubber and plastic products	48.3	43.4	117.4	102.5	106.9	88.9	99.8	111.2
23	Other non-metallic mineral products	22.4	18.8	30.0	29.1	23.9	20.6	22.8	22.6
24-25	Basic metals, metal products, except machinery and equipment	145.2 e	164.4 e	188.9	173.8	206.8	185.5	233.8	264.8
24	Basic metals	70.9 e	84.7 e	95.2	90.1	100.7	82.3	99.7	103.4
25	Fabricated metal products, except machinery and equipment	74.3	79.7	93.8	83.7	106.1	103.2	134.2	161.4
26-30	Computer, electronic, optical products; electrical machinery, transport equipment	1 844.8	2 170.4	2 538.5	2 751.1	2 977.5	3 224.4	3 181.6	3 421.3
26	Computer, electronic and optical products	469.2	657.5	697.1	742.5	818.2	848.5	756.4	793.4
27	Electrical equipment	656.6	501.6	576.2	580.8	651.5	576.5	565.6	601.7
28	Machinery and equipment n.e.c.	607.1	854.3	979.1	1 136.3	1 196.3	1 487.5	1 531.9	1 680.5
29	Motor vehicles, trailers and semi-trailers	73.1	83.2	170.4	168.9	183.0	186.9	203.3	204.4
30	Other transport equipment	40.1	72.7	115.7	122.7	128.6	125.0	124.3	141.3
31-33	Furniture; repair, installation of machinery and equipment	286.2 e	58.3 e	159.2	86.2	82.5	93.5	99.4	115.5
31	Furniture	11.8	11.7	105.3	14.7	8.1	14.1	14.0	22.6
32	Other manufacturing	255.8	24.3 e	26.6	37.6	35.5	32.2	37.7	48.5
33	Repair and installation of machinery and equipment	18.6 e	22.3	27.3	33.9	38.8	47.3	47.7	44.4
35-39	**ELECTRICITY, GAS, WATER AND WASTE MANAGEMENT**	..	..	49.1	37.9	27.2	51.1	59.2	54.9
35-36	Electricity, gas and water	..	..	25.7	18.9	14.4	27.0	30.3	42.4
37-39	Sewerage, waste management and remediation activities	..	..	23.4	18.9	12.8	24.1	28.9	12.5
41-43	**CONSTRUCTION**	38.9	63.3	124.2	158.9	133.5	138.4	129.9	139.6
45-99	**TOTAL SERVICES**	..	..	3 152.1	3 232.9	3 283.5	3 277.1	3 605.4	3 941.5
45-82	**Business sector services**	1 340.3	1 738.0	3 138.2	3 196.8	3 247.0	3 247.6	3 527.9	3 868.4
45-47	Wholesale and retail trade; motor vehicle and motorcycle repairs	218.1	392.6	465.5	513.6	495.3	518.4	623.7	741.4
49-53	Transportation and storage	46.0	19.9	140.7	142.1	122.0	129.8	156.3	135.7
55-56	Accommodation and food service activities	0.0	0.0	13.1	2.7	2.2	1.5	1.8	2.1
58-63	Information and communication	412.6	673.9	944.7	929.2	925.6	995.6	1 116.5	1 284.2
58-60	Publishing, audiovisual and broadcasting activities	25.9	7.0	28.8	34.6	24.8	31.5	34.1	29.2
58	Publishing activities	..	..	17.6	20.2	16.5	..	..	..
59-60	Motion picture, video and TV programme production; broadcasting activities	..	..	11.3	14.4	8.2	..	..	..
59	Motion picture, video and TV programme production; sound and music	..	..	9.3	14.1	7.9	..	..	..
60	Programming and broadcasting activities	..	..	2.0	0.3	0.3	..	..	..
61	Telecommunications	18.9	60.9	76.1	61.4	38.9	59.9	52.7	55.7
62-63	IT and other information services	367.8	607.1	839.7	833.1	861.9	904.2	1 029.7	1 199.3
62	Computer programming, consultancy and related activities	367.8	582.5	769.3	794.7	814.6	825.9	980.3	1 154.9
63	Information service activities	0.0	24.6	70.4	38.4	47.3	78.3	49.4	44.4
64-66	Financial and insurance activities	23.6	29.3	240.7	329.0	321.9	242.6	308.0	312.7
68-82	Real estate; professional, scientific and technical; administrative and support	640.1 e	621.1	1 333.5	1 280.2	1 380.1	1 359.5	1 321.6	1 392.4
68	Real estate activities	0.0 e	0.0 e	8.1	5.1	5.9	7.3	2.7	2.6
69-75x72	Professional, scientific and technical activities, except scientific R&D	174.5	271.9	756.2	633.4	621.8	582.5	547.6	522.7
72	Scientific research and development	439.7	330.5	453.3	537.5	603.5	623.7	691.3	781.0
77-82	Administrative and support service activities	25.9 e	18.8	115.8	104.2	148.9	146.0	80.0	86.0
84-99	Community, social and personal services	..	..	13.9	36.1	36.4	29.6	77.6	73.1
84-85	Public administration and defence; compulsory social security and education	..	..	..	..	..	..	..	..
86-88	Human health and social work activities	..	..	..	..	..	..	..	..
90-93	Arts, entertainment and recreation	..	..	..	..	..	..	..	..
94-99	Other services; household-employers; extraterritorial bodies	..	..	..	..	..	..	..	..

.. Not available; e Estimated value
Note: Detailed metadata at: http://metalinks.oecd.org/anberd/20181213/8c73.

NETHERLANDS

R&D expenditure in industry by main activity of the enterprise, constant prices
ISIC Rev. 4

2010 USD PPP

		2009	2010	2011	2012	2013	2014	2015	2016
	TOTAL BUSINESS ENTERPRISE	5 791.2	6 115.2	8 100.4	8 166.9	8 076.2	8 449.0	8 647.1	9 241.7
01-03	**AGRICULTURE, FORESTRY AND FISHING**	78.0	96.1	206.2	165.3	159.7	195.5	242.8	272.5
05-09	**MINING AND QUARRYING**	..	..	34.2	67.3	65.9	78.2	16.4	11.6
10-33	**MANUFACTURING**	4 201.6	4 149.9	4 606.4	4 671.8	4 721.3	4 988.4	4 902.5	5 172.5
10-12	Food products, beverages and tobacco	326.2	387.9	446.7	460.1	445.0	427.5	359.1	417.7
13-15	Textiles, wearing apparel, leather and related products	15.4	15.2	13.9	22.3	21.6	20.5	24.9	25.0
13	Textiles	13.0	12.9	12.7	18.4	15.3	15.4	16.6	16.4
14	Wearing apparel	0.0 e	0.0	0.5	0.4	0.9	1.0	0.5	0.5
15	Leather and related products, footwear	2.4 e	1.2	0.7	3.5	5.3	4.1	7.8	8.1
16-18	Wood and paper products and printing	35.5	24.6	25.0	28.3	26.3	35.8	47.0	72.1
16	Wood and wood products, except furniture	1.2	4.7	2.3	3.3	1.9	2.7	7.2	6.3
17	Paper and paper products	28.4	17.6	6.8	17.3	18.5	25.8	27.3	53.7
18	Printing and reproduction of recorded media	5.9	2.3	16.0	7.7	5.9	7.2	12.5	12.1
19-23	Chemical, rubber, plastic, non-metallic mineral products	1 542.4	1 329.0	1 296.4	1 296.6	1 260.4	1 284.0	1 243.2	1 178.7
19	Coke and refined petroleum products	3.5	16.4	126.2	268.9	268.6	286.2	255.8	187.5
20-21	Chemical and pharmaceutical products	1 467.9	1 250.5	1 026.0	902.5	873.0	897.2	874.8	868.7
20	Chemicals and chemical products	985.7	802.8	649.8	600.0	595.6	606.0	583.9	604.5
21	Pharmaceuticals, medicinal, chemical and botanical products	482.2	447.7	376.2	302.5	277.3	291.2	290.9	264.1
22	Rubber and plastic products	48.5	43.4	114.9	97.5	97.2	81.8	91.7	101.8
23	Other non-metallic mineral products	22.5	18.8	29.4	27.7	21.7	19.0	21.0	20.7
24-25	Basic metals, metal products, except machinery and equipment	145.6 e	164.4 e	184.9	165.4	187.9	170.5	214.8	242.3
24	Basic metals	71.1 e	84.7 e	93.1	85.7	91.5	75.7	91.5	94.6
25	Fabricated metal products, except machinery and equipment	74.5	79.7	91.7	79.6	96.4	94.9	123.2	147.7
26-30	Computer, electronic, optical products; electrical machinery, transport equipment	1 849.6	2 170.4	2 483.8	2 617.1	2 705.2	2 964.2	2 922.3	3 131.0
26	Computer, electronic and optical products	470.4	657.5	682.1	706.4	743.4	780.0	694.8	726.1
27	Electrical equipment	658.3	501.6	563.8	552.5	591.9	529.9	519.5	550.6
28	Machinery and equipment n.e.c.	608.7	854.3	958.0	1 080.9	1 086.9	1 367.5	1 407.1	1 537.9
29	Motor vehicles, trailers and semi-trailers	73.3	83.2	166.7	160.6	166.2	171.9	186.7	187.0
30	Other transport equipment	40.2	72.7	113.2	116.7	116.8	114.9	114.2	129.3
31-33	Furniture; repair, installation of machinery and equipment	287.0 e	58.3 e	155.8	82.0	74.9	86.0	91.3	105.7
31	Furniture	11.8	11.7	103.1	14.0	7.4	12.9	12.8	20.7
32	Other manufacturing	256.5	24.3 e	26.0	35.8	32.3	29.6	34.6	44.4
33	Repair and installation of machinery and equipment	18.7 e	22.3	26.7	32.2	35.3	43.5	43.8	40.6
35-39	**ELECTRICITY, GAS, WATER AND WASTE MANAGEMENT**	..	..	48.0	36.0	24.7	47.0	54.4	50.2
35-36	Electricity, gas and water	..	..	25.1	18.0	13.1	24.8	27.9	38.8
37-39	Sewerage, waste management and remediation activities	..	..	22.9	18.0	11.7	22.2	26.5	11.5
41-43	**CONSTRUCTION**	39.0	63.3	121.5	151.2	121.3	127.2	119.4	127.7
45-99	**TOTAL SERVICES**	..	..	3 084.1	3 075.4	2 983.3	3 012.7	3 311.6	3 607.0
45-82	Business sector services	1 343.8	1 738.0	3 070.6	3 041.1	2 950.2	2 985.5	3 240.4	3 540.2
45-47	Wholesale and retail trade; motor vehicle and motorcycle repairs	218.6	392.6	455.4	488.6	450.0	476.6	572.9	678.5
49-53	Transportation and storage	46.1	19.9	137.7	135.2	110.8	119.3	143.5	124.1
55-56	Accommodation and food service activities	0.0	0.0	12.8	2.6	2.0	1.4	1.7	2.0
58-63	Information and communication	413.7	673.9	924.3	883.9	840.9	915.3	1 025.5	1 175.2
58-60	Publishing, audiovisual and broadcasting activities	26.0	7.0	28.2	32.9	22.5	29.0	31.3	26.7
58	Publishing activities	..	..	17.2	19.2	15.0	..	..	..
59-60	Motion picture, video and TV programme production; broadcasting activities	..	..	11.0	13.7	7.5	..	..	..
59	Motion picture, video and TV programme production; sound and music	..	..	9.1	13.4	7.2	..	..	..
60	Programming and broadcasting activities	..	..	2.0	0.3	0.3	..	..	..
61	Telecommunications	18.9	60.9	74.5	58.4	35.3	55.0	48.4	51.0
62-63	IT and other information services	368.7	607.1	821.6	792.5	783.1	831.3	945.8	1 097.5
62	Computer programming, consultancy and related activities	368.7	582.5	752.7	756.0	740.1	759.3	900.4	1 056.9
63	Information service activities	0.0	24.6	68.9	36.5	43.0	72.0	45.4	40.6
64-66	Financial and insurance activities	23.6	29.3	235.6	313.0	292.4	223.0	282.9	286.1
68-82	Real estate; professional, scientific and technical; administrative and support	641.8 e	621.1	1 304.8	1 217.8	1 253.9	1 249.8	1 213.9	1 274.2
68	Real estate activities	0.0 e	0.0 e	7.9	4.8	5.3	6.7	2.5	2.4
69-75x72	Professional, scientific and technical activities, except scientific R&D	174.9	271.9	739.9	602.5	564.9	535.4	503.0	478.4
72	Scientific research and development	440.8	330.5	443.6	511.3	548.3	573.4	635.0	714.8
77-82	Administrative and support service activities	26.0 e	18.8	113.3	99.2	135.3	134.2	73.5	78.7
84-99	Community, social and personal services	..	..	13.6	34.3	33.1	27.2	71.2	66.9
84-85	Public administration and defence; compulsory social security and education	..	..	..	..	..	..	..	..
86-88	Human health and social work activities	..	..	..	..	..	..	..	..
90-93	Arts, entertainment and recreation	..	..	..	..	..	..	..	..
94-99	Other services; household-employers; extraterritorial bodies	..	..	..	..	..	..	..	..

.. Not available; e Estimated value
Note: Detailed metadata at: http://metalinks.oecd.org/anberd/20181213/8c73.

NEW ZEALAND

R&D expenditure in industry by main activity of the enterprise, current prices
ISIC Rev. 4

Million USD PPP

		2009	2010	2011	2012	2013	2014	2015	2016
	TOTAL BUSINESS ENTERPRISE	690.9	736.2 e	802.9	796.7 e	861.7	..	..	..
01-03	**AGRICULTURE, FORESTRY AND FISHING**	49.6	66.8 e	84.1	76.6 e	63.6	..	..	..
05-09	**MINING AND QUARRYING**	..	..	..	..	..	..	..	..
10-33	**MANUFACTURING**	312.1	332.3 e	360.7	348.4 e	361.0	..	..	..
10-12	Food products, beverages and tobacco	55.1	64.5 e	76.7	70.1 e	60.9	..	..	..
13-15	Textiles, wearing apparel, leather and related products	5.4	5.3 e	4.7	5.3 e	7.6	..	..	..
13	Textiles	..	..	..	..	..	..	..	..
14	Wearing apparel	..	..	..	..	..	..	..	..
15	Leather and related products, footwear	..	..	..	..	..	..	..	..
16-18	Wood and paper products and printing	..	..	..	..	..	..	..	..
16	Wood and wood products, except furniture	..	..	..	..	..	..	..	..
17	Paper and paper products	..	..	..	..	..	..	..	..
18	Printing and reproduction of recorded media	..	..	..	..	..	..	..	..
19-23	Chemical, rubber, plastic, non-metallic mineral products	51.0	47.2 e	51.1	54.7 e	65.7	..	..	..
19	Coke and refined petroleum products	..	..	..	..	..	..	..	..
20-21	Chemical and pharmaceutical products	..	..	..	..	..	..	..	..
20	Chemicals and chemical products	..	..	..	..	..	..	..	..
21	Pharmaceuticals, medicinal, chemical and botanical products	..	..	..	..	..	..	..	..
22	Rubber and plastic products	..	..	..	..	..	..	..	..
23	Other non-metallic mineral products	2.0	2.3 e	2.7	2.2 e	1.4	..	..	..
24-25	Basic metals, metal products, except machinery and equipment	22.4	22.3 e	20.9	18.8 e	19.4	..	..	..
24	Basic metals	..	..	..	..	..	..	..	..
25	Fabricated metal products, except machinery and equipment	..	..	..	..	..	..	..	..
26-30	Computer, electronic, optical products; electrical machinery, transport equipment	147.6	162.7 e	177.7	172.1 e	179.1	..	..	..
26	Computer, electronic and optical products	..	..	..	..	..	..	..	..
27	Electrical equipment	..	..	..	..	..	..	..	..
28	Machinery and equipment n.e.c.	..	..	..	..	..	..	..	..
29	Motor vehicles, trailers and semi-trailers	..	..	..	..	..	..	..	..
30	Other transport equipment	..	..	..	..	..	..	..	..
31-33	Furniture; repair, installation of machinery and equipment	..	..	..	..	..	..	..	..
31	Furniture	..	..	..	..	..	..	..	..
32	Other manufacturing	..	..	..	..	..	..	..	..
33	Repair and installation of machinery and equipment	..	..	..	..	..	..	..	..
35-39	**ELECTRICITY, GAS, WATER AND WASTE MANAGEMENT**	..	..	..	..	..	..	..	..
35-36	Electricity, gas and water	..	..	..	..	..	..	..	..
37-39	Sewerage, waste management and remediation activities	..	..	..	..	..	..	..	..
41-43	**CONSTRUCTION**	..	..	..	..	..	..	..	..
45-99	**TOTAL SERVICES**	329.1	337.1 e	358.0	371.7 e	437.1	..	..	..
45-82	**Business sector services**	..	..	..	..	..	..	..	..
45-47	Wholesale and retail trade; motor vehicle and motorcycle repairs	38.1	47.3 e	59.9	62.1 e	66.4	..	..	..
49-53	Transportation and storage	..	..	..	..	..	..	..	..
55-56	Accommodation and food service activities	..	..	..	..	..	..	..	..
58-63	Information and communication	..	..	..	..	..	..	..	..
58-60	Publishing, audiovisual and broadcasting activities	..	..	..	..	..	..	..	..
58	Publishing activities	..	..	..	..	..	..	..	..
59-60	Motion picture, video and TV programme production; broadcasting activities	..	..	..	..	..	..	..	..
59	Motion picture, video and TV programme production; sound and music	..	..	..	..	..	..	..	..
60	Programming and broadcasting activities	..	..	..	..	..	..	..	..
61	Telecommunications	..	..	..	..	..	..	..	..
62-63	IT and other information services	136.0	137.3 e	148.7	167.0 e	215.1	..	..	..
62	Computer programming, consultancy and related activities	..	..	..	..	..	..	..	..
63	Information service activities	..	..	..	..	..	..	..	..
64-66	**Financial and insurance activities**	..	..	..	..	..	..	..	..
68-82	**Real estate; professional, scientific and technical; administrative and support**	..	..	..	..	..	..	..	..
68	Real estate activities	..	..	..	..	..	..	..	..
69-75x72	Professional, scientific and technical activities, except scientific R&D	..	..	..	..	..	..	..	..
72	Scientific research and development	34.7	33.4 e	34.3	34.5 e	39.4	..	..	..
77-82	Administrative and support service activities	..	..	..	..	..	..	..	..
84-99	**Community, social and personal services**	..	..	..	..	..	..	..	..
84-85	Public administration and defence; compulsory social security and education	..	..	..	..	..	..	..	..
86-88	Human health and social work activities	..	..	..	..	..	..	..	..
90-93	Arts, entertainment and recreation	..	..	..	..	..	..	..	..
94-99	Other services; household-employers; extraterritorial bodies	..	..	..	..	..	..	..	..

.. Not available; e Estimated value
Note: Detailed metadata at: http://metalinks.oecd.org/anberd/20181213/8c73.

NEW ZEALAND

R&D expenditure in industry by main activity of the enterprise, constant prices
ISIC Rev. 4

2010 USD PPP

		2009	2010	2011	2012	2013	2014	2015	2016
	TOTAL BUSINESS ENTERPRISE	704.7	736.2 e	781.5	784.5 e	782.4	..	..	..
01-03	**AGRICULTURE, FORESTRY AND FISHING**	50.6	66.8 e	81.9	75.4 e	57.8	..	..	..
05-09	**MINING AND QUARRYING**	..	..	..	..	..	..	..	..
10-33	**MANUFACTURING**	318.4	332.3 e	351.1	343.0 e	327.8	..	..	..
10-12	Food products, beverages and tobacco	56.2	64.5 e	74.7	69.0 e	55.3	..	..	..
13-15	Textiles, wearing apparel, leather and related products	5.5	5.3 e	4.6	5.2 e	6.9	..	..	..
13	Textiles	..	..	..	..	..	..	..	..
14	Wearing apparel	..	..	..	..	..	..	..	..
15	Leather and related products, footwear	..	..	..	..	..	..	..	..
16-18	Wood and paper products and printing	..	..	..	..	..	..	..	..
16	Wood and wood products, except furniture	..	..	..	..	..	..	..	..
17	Paper and paper products	..	..	..	..	..	..	..	..
18	Printing and reproduction of recorded media	..	..	..	..	..	..	..	..
19-23	Chemical, rubber, plastic, non-metallic mineral products	52.0	47.2 e	49.8	53.9 e	59.6	..	..	..
19	Coke and refined petroleum products	..	..	..	..	..	..	..	..
20-21	Chemical and pharmaceutical products	..	..	..	..	..	..	..	..
20	Chemicals and chemical products	..	..	..	..	..	..	..	..
21	Pharmaceuticals, medicinal, chemical and botanical products	..	..	..	..	..	..	..	..
22	Rubber and plastic products	..	..	..	..	..	..	..	..
23	Other non-metallic mineral products	2.1	2.3 e	2.6	2.1 e	1.3	..	..	..
24-25	Basic metals, metal products, except machinery and equipment	22.9	22.3 e	20.3	18.5 e	17.6	..	..	..
24	Basic metals	..	..	..	..	..	..	..	..
25	Fabricated metal products, except machinery and equipment	..	..	..	..	..	..	..	..
26-30	Computer, electronic, optical products; electrical machinery, transport equipment	150.5	162.7 e	172.9	169.5 e	162.6	..	..	..
26	Computer, electronic and optical products	..	..	..	..	..	..	..	..
27	Electrical equipment	..	..	..	..	..	..	..	..
28	Machinery and equipment n.e.c.	..	..	..	..	..	..	..	..
29	Motor vehicles, trailers and semi-trailers	..	..	..	..	..	..	..	..
30	Other transport equipment	..	..	..	..	..	..	..	..
31-33	Furniture; repair, installation of machinery and equipment	..	..	..	..	..	..	..	..
31	Furniture	..	..	..	..	..	..	..	..
32	Other manufacturing	..	..	..	..	..	..	..	..
33	Repair and installation of machinery and equipment	..	..	..	..	..	..	..	..
35-39	**ELECTRICITY, GAS, WATER AND WASTE MANAGEMENT**	..	..	..	..	..	..	..	..
35-36	Electricity, gas and water	..	..	..	..	..	..	..	..
37-39	Sewerage, waste management and remediation activities	..	..	..	..	..	..	..	..
41-43	**CONSTRUCTION**	..	..	..	..	..	..	..	..
45-99	**TOTAL SERVICES**	335.7	337.1 e	348.5	366.1 e	396.8	..	..	..
45-82	**Business sector services**	..	..	..	..	..	..	..	..
45-47	Wholesale and retail trade; motor vehicle and motorcycle repairs	38.8	47.3 e	58.3	61.1 e	60.3	..	..	..
49-53	Transportation and storage	..	..	..	..	..	..	..	..
55-56	Accommodation and food service activities	..	..	..	..	..	..	..	..
58-63	Information and communication	..	..	..	..	..	..	..	..
58-60	Publishing, audiovisual and broadcasting activities	..	..	..	..	..	..	..	..
58	Publishing activities	..	..	..	..	..	..	..	..
59-60	Motion picture, video and TV programme production; broadcasting activities	..	..	..	..	..	..	..	..
59	Motion picture, video and TV programme production; sound and music	..	..	..	..	..	..	..	..
60	Programming and broadcasting activities	..	..	..	..	..	..	..	..
61	Telecommunications	..	..	..	..	..	..	..	..
62-63	IT and other information services	138.7	137.3 e	144.8	164.5 e	195.3	..	..	..
62	Computer programming, consultancy and related activities	..	..	..	..	..	..	..	..
63	Information service activities	..	..	..	..	..	..	..	..
64-66	**Financial and insurance activities**	..	..	..	..	..	..	..	..
68-82	**Real estate; professional, scientific and technical; administrative and support**	..	..	..	..	..	..	..	..
68	Real estate activities	..	..	..	..	..	..	..	..
69-75x72	Professional, scientific and technical activities, except scientific R&D	..	..	..	..	..	..	..	..
72	Scientific research and development	35.4	33.4 e	33.4	34.0 e	35.8	..	..	..
77-82	Administrative and support service activities	..	..	..	..	..	..	..	..
84-99	**Community, social and personal services**	..	..	..	..	..	..	..	..
84-85	Public administration and defence; compulsory social security and education	..	..	..	..	..	..	..	..
86-88	Human health and social work activities	..	..	..	..	..	..	..	..
90-93	Arts, entertainment and recreation	..	..	..	..	..	..	..	..
94-99	Other services; household-employers; extraterritorial bodies	..	..	..	..	..	..	..	..

.. Not available; e Estimated value
Note: Detailed metadata at: http://metalinks.oecd.org/anberd/20181213/8c73.

NORWAY

R&D expenditure in industry by main activity of the enterprise, current prices
ISIC Rev. 4

Million USD PPP

		2009	2010	2011	2012	2013	2014	2015	2016
	TOTAL BUSINESS ENTERPRISE	2 378.1	2 396.4	2 610.4	2 779.1	2 949.9	3 118.9	3 333.4	3 332.5
01-03	**AGRICULTURE, FORESTRY AND FISHING**	32.9	38.2	32.3	32.9	35.3	56.4	75.5	76.0
05-09	**MINING AND QUARRYING**	133.5	142.0	135.0	177.7	229.6	210.0	180.6	185.8
10-33	**MANUFACTURING**	867.5	765.4	853.6	892.6	921.4	987.6	1 038.4	995.2
10-12	Food products, beverages and tobacco	76.4	61.7	63.9	72.2	69.6	79.2	108.6	125.1
13-15	Textiles, wearing apparel, leather and related products	7.0	7.4	8.7	7.9	6.8	7.5	8.1	8.8
13	Textiles	4.0	4.2	5.5	5.6	5.4	5.9	6.5	6.4
14	Wearing apparel	..	3.0	3.1 e	2.3 e	1.4 e	1.6 e	1.6	..
15	Leather and related products, footwear	..	0.1	0.1 e	0.1 e	0.0 e	0.0 e	0.0	..
16-18	Wood and paper products and printing	26.1	23.5	30.3	24.4	23.4	23.8	26.1	30.5
16	Wood and wood products, except furniture	4.4	5.8	6.8	7.2	7.3	6.1	8.9	10.5
17	Paper and paper products	16.8	14.1	20.7	13.7	12.4	13.7	12.7	12.5
18	Printing and reproduction of recorded media	4.9	3.7	2.8	3.4	3.7	4.0	4.6	7.5
19-23	Chemical, rubber, plastic, non-metallic mineral products	191.1	173.0	194.5	167.1	168.1	165.4	157.2	156.9
19	Coke and refined petroleum products	..	..	..	..	..	..	..	..
20-21	Chemical and pharmaceutical products	..	..	..	..	..	..	..	..
20	Chemicals and chemical products	..	..	..	..	..	..	..	..
21	Pharmaceuticals, medicinal, chemical and botanical products	50.3	53.9	79.3	43.4	42.5	36.8	33.9	35.2
22	Rubber and plastic products	7.6	11.4	9.7	13.8	14.4	15.3	15.7	15.8
23	Other non-metallic mineral products	9.1	10.0	12.9	12.2	12.6	11.5	10.2	11.4
24-25	Basic metals, metal products, except machinery and equipment	109.1	115.9	126.1	150.0	150.6	161.7	192.4	179.9
24	Basic metals	38.5	35.3	24.7	33.2	34.0	33.0	52.9	45.5
25	Fabricated metal products, except machinery and equipment	70.6	80.7	101.4	116.8	116.6	128.7	139.5	134.4
26-30	Computer, electronic, optical products; electrical machinery, transport equipment	416.4	342.9	388.6	421.4	452.4	499.2	485.4	433.0
26	Computer, electronic and optical products	206.5	166.6	183.6	182.5	180.9	195.6	200.7	187.1
27	Electrical equipment	44.6	39.2	41.4	46.1	51.8	60.6	54.6	53.1
28	Machinery and equipment n.e.c.	86.8	82.5	100.0	112.1	138.2	150.9	139.3	131.0
29	Motor vehicles, trailers and semi-trailers	28.6	13.2	22.8	23.8	25.8	30.2	17.4	18.7
30	Other transport equipment	50.0	41.4	40.9	56.8	55.7	61.9	73.3	43.0
31-33	Furniture; repair, installation of machinery and equipment	41.5	40.9	41.5	49.5	50.4	50.7	60.6	60.9
31	Furniture	10.2	13.2	12.8	14.6	16.5	16.9	14.8	15.9
32	Other manufacturing	12.6	12.3	11.9	14.2	12.5	13.9	16.8	16.1
33	Repair and installation of machinery and equipment	18.7	15.5	16.8	20.7	21.4	19.9	29.1	28.9
35-39	**ELECTRICITY, GAS, WATER AND WASTE MANAGEMENT**	19.5	23.9	22.3	25.5	24.5	24.5	31.0	38.0
35-36	Electricity, gas and water	16.7 e	15.8 e	16.3 e	16.3 e	15.9 e	15.2	17.8	19.9
37-39	Sewerage, waste management and remediation activities	2.8	8.1	5.9	9.2	8.7	9.3	13.3	18.1
41-43	**CONSTRUCTION**	15.4	15.0	12.4	12.6	19.0	22.2	24.8	25.5
45-99	**TOTAL SERVICES**	1 309.2	1 411.9	1 554.7	1 637.9	1 720.1	1 818.2	1 983.0	2 011.9
45-82	**Business sector services**	1 309.2 e	1 411.9 e	1 554.7 e	1 637.9 e	1 720.1 e	1 818.2 e	1 983.0 e	2 011.9
45-47	Wholesale and retail trade; motor vehicle and motorcycle repairs	66.8	48.9	62.6	58.1	75.8	81.9	80.8	101.7
49-53	Transportation and storage	12.5	17.2	16.2	21.2	20.0	21.9	39.5	35.8
55-56	Accommodation and food service activities	..	..	..	..	..	..	..	..
58-63	Information and communication	463.0	512.8	556.7	616.0	672.1	717.0	819.2	898.1
58-60	Publishing, audiovisual and broadcasting activities	150.3	158.6	165.6	160.9	158.5	207.8	255.7	248.8
58	Publishing activities	148.1	157.5	164.4	159.3	155.3	204.4	253.0	242.5
59-60	Motion picture, video and TV programme production; broadcasting activities	2.2	1.1	1.2	1.6	3.2	3.4	2.7	6.3
59	Motion picture, video and TV programme production; sound and music	..	1.0	1.2 e	1.6 e	3.2 e	3.4 e	2.7	..
60	Programming and broadcasting activities	..	0.1	0.0 e	0.0 e	0.0 e	0.0 e	0.0	..
61	Telecommunications	83.6	88.3	78.1	79.2	79.3	88.4	101.2	126.0
62-63	IT and other information services	229.0	265.8	313.0	375.9	434.3	420.8	462.2	523.4
62	Computer programming, consultancy and related activities	217.6	252.7	298.3	344.3	407.2	388.9	432.0	492.2
63	Information service activities	11.4	13.1	14.6	31.6	27.0	31.9	30.3	31.1
64-66	Financial and insurance activities	110.8	111.6	145.9	138.5	151.1	149.6	144.4	110.4
68-82	Real estate; professional, scientific and technical; administrative and support	656.1	721.5	773.4	804.2	801.1	847.9	899.1	865.9
68	Real estate activities	0.0	0.0	0.0	0.0	0.0	0.0	0.0	0.0
69-75x72	Professional, scientific and technical activities, except scientific R&D	236.0	286.0	306.6	287.1	280.1	331.2	347.3	356.3
72	Scientific research and development	410.4	421.3	448.3	502.1	506.8	510.4	542.8	500.6
77-82	Administrative and support service activities	9.6	14.3	18.5	15.0	14.2	6.3	9.0	9.0
84-99	Community, social and personal services	..	..	..	..	..	..	..	..
84-85	Public administration and defence; compulsory social security and education	..	..	..	..	..	..	..	..
86-88	Human health and social work activities	..	..	..	..	..	..	..	..
90-93	Arts, entertainment and recreation	..	..	..	..	..	..	..	..
94-99	Other services; household-employers; extraterritorial bodies	..	..	..	..	..	..	..	..

.. Not available; e Estimated value
Note: Detailed metadata at: http://metalinks.oecd.org/anberd/20181213/8c73.

NORWAY

R&D expenditure in industry by main activity of the enterprise, constant prices
ISIC Rev. 4

2010 USD PPP

ISIC	Activity	2009	2010	2011	2012	2013	2014	2015	2016
	TOTAL BUSINESS ENTERPRISE	2 447.0	2 396.4	2 516.7	2 600.7	2 686.8	2 842.8	3 122.7	3 175.3
01-03	AGRICULTURE, FORESTRY AND FISHING	33.9	38.2	31.2	30.8	32.2	51.4	70.7	72.4
05-09	MINING AND QUARRYING	137.4	142.0	130.2	166.3	209.1	191.4	169.2	177.1
10-33	MANUFACTURING	892.6	765.4	823.0	835.3	839.2	900.1	972.8	948.3
10-12	Food products, beverages and tobacco	78.6	61.7	61.6	67.6	63.4	72.2	101.6	119.2
13-15	Textiles, wearing apparel, leather and related products	7.2	7.4	8.4	7.4	6.2	6.9	7.6	8.4
13	Textiles	4.1	4.2	5.3	5.2	4.9	5.4	6.1	6.1
14	Wearing apparel	..	3.0	2.9 e	2.2 e	1.3 e	1.4 e	1.5	..
15	Leather and related products, footwear	..	0.1	0.1 e	0.1 e	0.0 e	0.0 e	0.0	..
16-18	Wood and paper products and printing	26.8	23.5	29.2	22.8	21.3	21.7	24.5	29.0
16	Wood and wood products, except furniture	4.5	5.8	6.6	6.8	6.6	5.6	8.3	10.0
17	Paper and paper products	17.3	14.1	20.0	12.8	11.3	12.4	11.9	11.9
18	Printing and reproduction of recorded media	5.0	3.7	2.7	3.2	3.3	3.7	4.3	7.1
19-23	Chemical, rubber, plastic, non-metallic mineral products	196.6	173.0	187.5	156.4	153.1	150.8	147.3	149.5
19	Coke and refined petroleum products	..	..	..	..	..	..	..	..
20-21	Chemical and pharmaceutical products	..	..	..	..	..	..	..	..
20	Chemicals and chemical products	..	..	..	..	..	..	..	..
21	Pharmaceuticals, medicinal, chemical and botanical products	51.7	53.9	76.5	40.6	38.7	33.5	31.8	33.5
22	Rubber and plastic products	7.8	11.4	9.4	12.9	13.1	14.0	14.7	15.0
23	Other non-metallic mineral products	9.3	10.0	12.4	11.4	11.4	10.5	9.6	10.9
24-25	Basic metals, metal products, except machinery and equipment	112.2	115.9	121.6	140.4	137.2	147.4	180.2	171.5
24	Basic metals	39.6	35.3	23.8	31.1	31.0	30.1	49.5	43.4
25	Fabricated metal products, except machinery and equipment	72.6	80.7	97.8	109.3	106.2	117.3	130.7	128.1
26-30	Computer, electronic, optical products; electrical machinery, transport equipment	428.4	342.9	374.7	394.3	412.0	455.0	454.7	412.6
26	Computer, electronic and optical products	212.5	166.6	177.0	170.8	164.8	178.3	188.0	178.3
27	Electrical equipment	45.8	39.2	39.9	43.2	47.1	55.2	51.2	50.6
28	Machinery and equipment n.e.c.	89.3	82.5	96.4	104.9	125.9	137.6	130.5	124.9
29	Motor vehicles, trailers and semi-trailers	29.4	13.2	22.0	22.3	23.5	27.5	16.3	17.9
30	Other transport equipment	51.4	41.4	39.4	53.2	50.7	56.5	68.7	41.0
31-33	Furniture; repair, installation of machinery and equipment	42.7	40.9	40.0	46.3	45.9	46.2	56.8	58.1
31	Furniture	10.5	13.2	12.4	13.6	15.0	15.4	13.8	15.2
32	Other manufacturing	12.9	12.3	11.5	13.3	11.4	12.7	15.7	15.4
33	Repair and installation of machinery and equipment	19.3	15.5	16.2	19.4	19.5	18.1	27.2	27.5
35-39	ELECTRICITY, GAS, WATER AND WASTE MANAGEMENT	20.0	23.9	21.5	23.9	22.3	22.3	29.1	36.2
35-36	Electricity, gas and water	17.2 e	15.8 e	15.8 e	15.3 e	14.4 e	13.9	16.6	19.0
37-39	Sewerage, waste management and remediation activities	2.8	8.1	5.7	8.6	7.9	8.4	12.4	17.2
41-43	CONSTRUCTION	15.9	15.0	12.0	11.8	17.3	20.3	23.3	24.3
45-99	TOTAL SERVICES	1 347.2	1 411.9	1 498.9	1 532.8	1 566.7	1 657.3	1 857.7	1 917.1
45-82	Business sector services	1 347.2 e	1 411.9 e	1 498.9 e	1 532.8 e	1 566.7 e	1 657.3 e	1 857.7 e	1 917.1
45-47	Wholesale and retail trade; motor vehicle and motorcycle repairs	68.8	48.9	60.3	54.4	69.0	74.7	75.7	96.9
49-53	Transportation and storage	12.9	17.2	15.6	19.8	18.2	19.9	37.0	34.1
55-56	Accommodation and food service activities	..	..	..	..	..	..	..	..
58-63	Information and communication	476.4	512.8	536.7	576.5	612.1	653.5	767.4	855.8
58-60	Publishing, audiovisual and broadcasting activities	154.7	158.6	159.7	150.6	144.3	189.4	239.5	237.0
58	Publishing activities	152.4	157.5	158.5	149.1	141.4	186.3	237.0	231.1
59-60	Motion picture, video and TV programme production; broadcasting activities	2.3	1.1	1.2	1.5	2.9	3.1	2.5	6.0
59	Motion picture, video and TV programme production; sound and music	..	1.0	1.1 e	1.5 e	2.9 e	3.1 e	2.5	..
60	Programming and broadcasting activities	..	0.1	0.0 e	0.0 e	0.0 e	0.0 e	0.0	..
61	Telecommunications	86.0	88.3	75.3	74.1	72.2	80.5	94.8	120.0
62-63	IT and other information services	235.7	265.8	301.7	351.8	395.5	383.6	433.0	498.7
62	Computer programming, consultancy and related activities	223.9	252.7	287.6	322.2	370.9	354.5	404.7	469.0
63	Information service activities	11.8	13.1	14.1	29.6	24.6	29.1	28.4	29.7
64-66	Financial and insurance activities	114.1	111.6	140.7	129.6	137.6	136.3	135.3	105.2
68-82	Real estate; professional, scientific and technical; administrative and support	675.1	721.5	745.6	752.5	729.7	772.8	842.3	825.1
68	Real estate activities	0.0	0.0	0.0	0.0	0.0	0.0	0.0	0.0
69-75x72	Professional, scientific and technical activities, except scientific R&D	242.9	286.0	295.6	268.6	255.1	301.9	325.4	339.5
72	Scientific research and development	422.3	421.3	432.2	469.8	461.6	465.2	508.4	477.0
77-82	Administrative and support service activities	9.9	14.3	17.8	14.1	13.0	5.8	8.5	8.5
84-99	Community, social and personal services	..	..	..	..	..	..	..	..
84-85	Public administration and defence; compulsory social security and education	..	..	..	..	..	..	..	..
86-88	Human health and social work activities	..	..	..	..	..	..	..	..
90-93	Arts, entertainment and recreation	..	..	..	..	..	..	..	..
94-99	Other services; household-employers; extraterritorial bodies	..	..	..	..	..	..	..	..

.. Not available; e Estimated value
Note: Detailed metadata at: http://metalinks.oecd.org/anberd/20181213/8c73.

POLAND

R&D expenditure in industry by main activity of the enterprise, current prices
ISIC Rev. 4

Million USD PPP

		2009	2010	2011	2012	2013	2014	2015	2016
	TOTAL BUSINESS ENTERPRISE	1 382.9	1 538.1	1 954.9	2 973.6	3 570.4	4 262.3	4 722.4	6 591.3
01-03	AGRICULTURE, FORESTRY AND FISHING	11.0	12.2	15.0	18.5	17.7	19.2	24.9	..
05-09	MINING AND QUARRYING	0.5 e	0.6	..	..	..	..	..	..
10-33	**MANUFACTURING**	802.8	782.9	960.9	1 429.5	1 572.9	1 944.4	2 093.7	2 223.6 e
10-12	Food products, beverages and tobacco	94.4	58.6	35.4	33.3	79.3	231.8	78.5	67.3
13-15	Textiles, wearing apparel, leather and related products	6.4	8.1	9.1	12.6	14.8	21.3	32.0	10.2
13	Textiles	5.4	6.3 e	7.5	7.6	12.3	17.9	26.7 e	5.8
14	Wearing apparel	0.6 e	1.0	1.1 e	3.7	2.0	2.7 e	4.0 e	3.4 e
15	Leather and related products, footwear	0.4 e	0.8 e	0.5 e	1.3	0.5	0.7 e	1.2	1.0 e
16-18	Wood and paper products and printing	11.3	17.5	19.5	24.7	40.2	29.8	47.4	52.3 e
16	Wood and wood products, except furniture	3.7	4.3	6.3 e	8.7	13.0	7.3	23.6	35.1
17	Paper and paper products	..	..	8.3	3.2	3.6	10.4	6.0	6.6 e
18	Printing and reproduction of recorded media	..	..	4.9 e	12.7	23.6	12.1	17.8	10.6
19-23	Chemical, rubber, plastic, non-metallic mineral products	153.1	203.4 e	240.9	322.0	322.4	360.5	507.3	443.8
19	Coke and refined petroleum products	3.1	2.8 e	2.4	5.0	10.4 e	6.2 e	30.7	18.8
20-21	Chemical and pharmaceutical products	121.5	141.9	162.9	222.9	227.6	232.5	356.7	284.4
20	Chemicals and chemical products	36.3	55.7	70.1	78.7	104.8 e	81.8	142.7	110.0
21	Pharmaceuticals, medicinal, chemical and botanical products	85.2	86.1	92.9	144.1	122.8	150.7	214.0	174.4
22	Rubber and plastic products	10.3	33.9 e	57.1	62.2	57.8	88.1	72.7	105.1
23	Other non-metallic mineral products	18.2	24.9	18.4	31.9	26.7	33.8 e	47.2	35.5
24-25	Basic metals, metal products, except machinery and equipment	50.0	72.7	119.1	174.3	212.9	247.5	238.4	224.8
24	Basic metals	16.9	26.7	16.3	19.5	16.9	85.3	53.0	45.4
25	Fabricated metal products, except machinery and equipment	33.1	46.0	102.8	154.7	196.0	162.2	185.4	179.5
26-30	Computer, electronic, optical products; electrical machinery, transport equipment	416.0	373.4	480.0	751.2	830.6	958.7	1 063.1	1 236.5
26	Computer, electronic and optical products	48.3	84.3	74.0	89.0	84.5	94.7	114.3	121.8
27	Electrical equipment	73.5	108.1	118.7	264.3	186.8	166.0	197.1	256.3
28	Machinery and equipment n.e.c.	67.7	68.3	95.5	160.7	123.5	173.6	174.5	181.5
29	Motor vehicles, trailers and semi-trailers	185.5	50.2	101.2	125.8	310.3	388.7	388.2	519.6 e
30	Other transport equipment	41.0	62.3	90.4	111.3	125.5	135.8	189.1	157.1 e
31-33	Furniture; repair, installation of machinery and equipment	71.6	49.2 e	57.1	111.3	72.8	94.7	126.9	188.7
31	Furniture	17.7	3.9 e	11.8	31.6	26.8	29.0	33.7	84.2
32	Other manufacturing	19.1	13.9 e	17.3	36.8	24.6	31.0	30.5	56.7
33	Repair and installation of machinery and equipment	34.9	31.4	28.0	43.0	21.3	34.7	62.8	47.8
35-39	ELECTRICITY, GAS, WATER AND WASTE MANAGEMENT	19.8	4.5	..	..	..	..	..	40.7
35-36	Electricity, gas and water	..	..	..	..	69.4	23.0	..	30.1
37-39	Sewerage, waste management and remediation activities	..	..	11.7	34.4	..	..	..	10.5
41-43	CONSTRUCTION	7.4	10.4	31.3	30.4	71.9	31.7	30.3	45.9
45-99	**TOTAL SERVICES**	541.2	727.4	925.0	1 332.8	1 647.7	2 130.2	2 450.2	4 238.0 e
45-82	Business sector services	538.6	708.7	895.2	1 320.1	1 631.6	2 110.9	2 417.0	4 196.0
45-47	Wholesale and retail trade; motor vehicle and motorcycle repairs	70.8	73.9	127.7	209.8	288.8	325.4	359.4	292.0
49-53	Transportation and storage	1.7	..	..	..	..	..	8.1	..
55-56	Accommodation and food service activities	..	..	..	..	..	..	..	1.9
58-63	Information and communication	179.4	380.5	514.4	604.9	681.8	807.6	1 014.8	..
58-60	Publishing, audiovisual and broadcasting activities	..	..	100.5	27.8	28.6	39.8	72.2	..
58	Publishing activities	..	..	..	..	27.4	38.5	69.1	..
59-60	Motion picture, video and TV programme production; broadcasting activities	..	..	..	..	1.2	1.2	3.1	3.7
59	Motion picture, video and TV programme production; sound and music	..	..	..	..	..	..	..	..
60	Programming and broadcasting activities	..	..	..	..	..	..	..	..
61	Telecommunications	..	..	..	..	..	..	..	..
62-63	IT and other information services	..	..	..	..	..	..	..	1 338.4
62	Computer programming, consultancy and related activities	72.1	179.0	231.8	369.6	408.6	445.5	552.2	1 305.8
63	Information service activities	..	..	..	..	..	..	..	32.6
64-66	Financial and insurance activities	20.6	8.4	5.9	18.3	46.3	128.5	..	443.2
68-82	Real estate; professional, scientific and technical; administrative and support	265.9	245.0	233.2	483.2	596.4	833.9	..	..
68	Real estate activities	0.0	0.0	0.0	28.9	42.3	35.6	..	..
69-75x72	Professional, scientific and technical activities, except scientific R&D	13.0	18.7	30.3	122.3	107.5	233.3	313.6	281.3
72	Scientific research and development	252.9	226.3	202.7	327.7	439.7	555.2	563.1	1 335.8
77-82	Administrative and support service activities	0.0	0.0	0.3	4.3	6.8	9.7	11.0	54.8
84-99	Community, social and personal services	2.6 e	18.7	29.9	12.7	16.1	19.3	33.2	42.1 e
84-85	Public administration and defence; compulsory social security and education	..	..	0.7 e	0.7	0.9	1.4	0.9	1.3
86-88	Human health and social work activities	..	..	21.1 e	10.5	8.8	10.5	19.2	21.5
90-93	Arts, entertainment and recreation	..	..	6.9	0.3	0.3	0.7	0.6	1.6
94-99	Other services; household-employers; extraterritorial bodies	..	0.9	1.2	1.2	6.1	6.7	12.6	17.6 e

.. Not available; e Estimated value
Note: Detailed metadata at: http://metalinks.oecd.org/anberd/20181213/8c73.

POLAND

R&D expenditure in industry by main activity of the enterprise, constant prices
ISIC Rev. 4

2010 USD PPP

Code	Activity	2009	2010	2011	2012	2013	2014	2015	2016
	TOTAL BUSINESS ENTERPRISE	1 457.2	1 538.1	1 891.9	2 803.5	3 292.6	3 922.7	4 347.7	6 071.7
01-03	AGRICULTURE, FORESTRY AND FISHING	11.6	12.2	14.6	17.5	16.3	17.7	22.9	..
05-09	MINING AND QUARRYING	0.5 e	0.6	..	..	..	..	..	..
10-33	MANUFACTURING	846.0	782.9	929.9	1 347.7	1 450.6	1 789.5	1 927.6	2 048.3 e
10-12	Food products, beverages and tobacco	99.5	58.6	34.2	31.4	73.1	213.4	72.3	62.0
13-15	Textiles, wearing apparel, leather and related products	6.7	8.1	8.8	11.9	13.6	19.6	29.5	9.4
13	Textiles	5.7	6.3 e	7.3	7.1	11.3	16.5	24.6 e	5.4
14	Wearing apparel	0.6 e	1.0	1.0 e	3.5	1.8	2.5 e	3.7 e	3.1 e
15	Leather and related products, footwear	0.4 e	0.8 e	0.5 e	1.3	0.5	0.6 e	1.1	1.0 e
16-18	Wood and paper products and printing	12.0	17.5	18.9	23.3	37.1	27.4	43.6	48.1 e
16	Wood and wood products, except furniture	3.9	4.3	6.1 e	8.2	12.0	6.7	21.8	32.4
17	Paper and paper products	..	..	8.0	3.0	3.3	9.6	5.5	6.0 e
18	Printing and reproduction of recorded media	..	..	4.7 e	12.0	21.8	11.1	16.4	9.7
19-23	Chemical, rubber, plastic, non-metallic mineral products	161.4	203.4 e	233.1	303.5	297.3	331.8	467.0	408.8
19	Coke and refined petroleum products	3.3	2.8 e	2.3	4.7	9.6 e	5.7 e	28.3	17.3
20-21	Chemical and pharmaceutical products	128.0	141.9	157.7	210.1	209.9	213.9	328.4	262.0
20	Chemicals and chemical products	38.3	55.7	67.8	74.2	96.6 e	75.3	131.4	101.4
21	Pharmaceuticals, medicinal, chemical and botanical products	89.8	86.1	89.9	135.9	113.3	138.7	197.0	160.6
22	Rubber and plastic products	10.8	33.9 e	55.3	58.6	53.3	81.0	66.9	96.8
23	Other non-metallic mineral products	19.2	24.9	17.8	30.1	24.6	31.1 e	43.4	32.7
24-25	Basic metals, metal products, except machinery and equipment	52.7	72.7	115.3	164.3	196.4	227.7	219.5	207.1
24	Basic metals	17.8	26.7	15.8	18.4	15.6	78.5	48.8	41.8
25	Fabricated metal products, except machinery and equipment	34.9	46.0	99.5	145.9	180.8	149.3	170.7	165.3
26-30	Computer, electronic, optical products; electrical machinery, transport equipment	438.3	373.4	464.5	708.2	766.0	882.3	978.8	1 139.0
26	Computer, electronic and optical products	50.9	84.3	71.6	83.9	77.9	87.1	105.2	112.2
27	Electrical equipment	77.4	108.1	114.9	249.2	172.2	152.7	181.4	236.1
28	Machinery and equipment n.e.c.	71.3	68.3	92.5	151.5	113.9	159.7	160.6	167.2
29	Motor vehicles, trailers and semi-trailers	195.5	50.2	97.9	118.6	286.2	357.7	357.4	478.7 e
30	Other transport equipment	43.2	62.3	87.5	104.9	115.7	125.0	174.1	144.8 e
31-33	Furniture; repair, installation of machinery and equipment	75.5	49.2 e	55.3	105.0	67.1	87.2	116.9	173.9
31	Furniture	18.6	3.9 e	11.4	29.8	24.8	26.7	31.0	77.6
32	Other manufacturing	20.1	13.9 e	16.7	34.7	22.7	28.5	28.1	52.3
33	Repair and installation of machinery and equipment	36.8	31.4	27.1	40.5	19.6	32.0	57.8	44.1
35-39	ELECTRICITY, GAS, WATER AND WASTE MANAGEMENT	20.9	4.5	..	..	..	..	..	37.5
35-36	Electricity, gas and water	..	..	..	..	64.0	21.1	..	27.7
37-39	Sewerage, waste management and remediation activities	..	..	11.3	32.4	..	..	..	9.7
41-43	CONSTRUCTION	7.8	10.4	30.2	28.7	66.3	29.2	27.9	42.3
45-99	TOTAL SERVICES	570.3	727.4	895.2	1 256.6	1 519.5	1 960.5	2 255.8	3 904.0 e
45-82	Business sector services	567.6	708.7	866.3	1 244.6	1 504.7	1 942.7	2 225.2	3 865.2
45-47	Wholesale and retail trade; motor vehicle and motorcycle repairs	74.6	73.9	123.6	197.8	266.3	299.5	330.9	269.0
49-53	Transportation and storage	1.7	..	..	..	..	..	7.5	..
55-56	Accommodation and food service activities	..	..	..	..	..	..	..	1.8
58-63	Information and communication	189.0	380.5	497.8	570.3	628.7	743.2	934.3	..
58-60	Publishing, audiovisual and broadcasting activities	..	..	97.3	26.2	26.4	36.6	66.5	..
58	Publishing activities	..	..	..	..	25.2	35.4	63.6	..
59-60	Motion picture, video and TV programme production; broadcasting activities	..	..	..	..	1.2	1.1	2.8	3.5
59	Motion picture, video and TV programme production; sound and music	..	..	..	..	..	..	..	..
60	Programming and broadcasting activities	..	..	..	..	..	..	..	..
61	Telecommunications	..	..	..	..	..	..	..	..
62-63	IT and other information services	..	..	..	..	..	..	..	1 232.9
62	Computer programming, consultancy and related activities	75.9	179.0	224.3	348.5	376.8	410.0	508.4	1 202.9
63	Information service activities	..	..	..	..	..	..	..	30.0
64-66	Financial and insurance activities	21.7	8.4	5.7	17.3	42.7	118.2	..	408.3
68-82	Real estate; professional, scientific and technical; administrative and support	280.2	245.0	225.7	455.6	550.0	767.4	..	..
68	Real estate activities	0.0	0.0	0.0	27.2	39.0	32.8	..	..
69-75x72	Professional, scientific and technical activities, except scientific R&D	13.7	18.7	29.3	115.3	99.2	214.7	288.7	259.2
72	Scientific research and development	266.5	226.3	196.1	308.9	405.5	511.0	518.4	1 230.5
77-82	Administrative and support service activities	0.0	0.0	0.3	4.0	6.2	8.9	10.1	50.4
84-99	Community, social and personal services	2.7 e	18.7	28.9	12.0	14.8	17.8	30.6	38.7 e
84-85	Public administration and defence; compulsory social security and education	..	..	0.7 e	0.6	0.8	1.2	0.8	1.2
86-88	Human health and social work activities	..	..	20.4 e	9.9	8.1	9.7	17.7	19.8
90-93	Arts, entertainment and recreation	..	..	6.7	0.3	0.3	0.7	0.5	1.5
94-99	Other services; household-employers; extraterritorial bodies	..	0.9	1.1	1.2	5.7	6.1	11.6	16.2 e

.. Not available; e Estimated value
Note: Detailed metadata at: *http://metalinks.oecd.org/anberd/20181213/8c73*.

PORTUGAL

R&D expenditure in industry by main activity of the enterprise, current prices
ISIC Rev. 4

Million USD PPP

		2009	2010	2011	2012	2013	2014	2015	2016
	TOTAL BUSINESS ENTERPRISE	2 090.0	2 034.0	1 952.1	1 905.1	1 838.4	1 789.6	1 763.4	1 973.6
01-03	**AGRICULTURE, FORESTRY AND FISHING**	2.9	2.4	4.6	7.9	11.6	7.9	8.5	15.4
05-09	**MINING AND QUARRYING**	4.8	4.9	6.4	4.4	6.5	5.9	12.3	8.9
10-33	**MANUFACTURING**	677.1	662.4	692.7	781.3	727.3	742.4	701.9	825.6
10-12	Food products, beverages and tobacco	73.9	75.4	66.4	117.3	101.0	96.9	76.7	83.5
13-15	Textiles, wearing apparel, leather and related products	31.2	33.1	33.2	38.4	38.9	44.0	45.8	48.6
13	Textiles	19.4	22.3	20.0	23.0	19.0	23.3	26.5	27.8
14	Wearing apparel	5.5	4.8	5.0	5.8	4.4	5.7	5.5	7.2
15	Leather and related products, footwear	6.4	6.0	8.3	9.6	15.5	15.0	13.7	13.6
16-18	Wood and paper products and printing	34.7	40.6	54.8	58.9	61.6	56.4	54.8	57.4
16	Wood and wood products, except furniture	13.7	11.0	15.3	16.0	14.5	15.0	18.3	18.2
17	Paper and paper products	4.8	12.8	21.1	25.7	26.3	19.4	16.7	19.1
18	Printing and reproduction of recorded media	16.3	16.9	18.4	17.1	20.7	22.0	19.8	20.1
19-23	Chemical, rubber, plastic, non-metallic mineral products	233.7 e	253.4	259.7	297.8 e	269.5	259.0 e	257.5 e	309.6 e
19	Coke and refined petroleum products	16.1 e	11.8	8.7	7.1 e	5.8	3.7 e	5.6 e	7.2 e
20-21	Chemical and pharmaceutical products	139.0	173.5	169.4	188.6	186.8	171.6	172.3	205.0
20	Chemicals and chemical products	30.7	48.4	29.1	40.8	41.9	41.9	45.5	54.8
21	Pharmaceuticals, medicinal, chemical and botanical products	108.3	125.1	140.4	147.8	144.9	129.7	126.8	150.3
22	Rubber and plastic products	38.4	32.1	34.8	38.9	35.6	36.6	38.5	61.5
23	Other non-metallic mineral products	40.2	35.9	46.8	63.1	41.3	47.0	41.1	35.9
24-25	Basic metals, metal products, except machinery and equipment	65.0	62.9	61.3	57.7	59.4	77.7	51.2	63.5
24	Basic metals	18.9	19.6	19.2	19.2	22.0	33.0	12.8	17.7
25	Fabricated metal products, except machinery and equipment	46.1	43.3	42.1	38.5	37.5	44.7	38.3	45.8
26-30	Computer, electronic, optical products; electrical machinery, transport equipment	206.4	177.7	200.9	195.4	177.3	189.4	196.0	239.3
26	Computer, electronic and optical products	33.4	31.1	42.5	43.0	41.0	49.8	52.9	62.5
27	Electrical equipment	43.0	54.8	70.8	62.9	59.9	52.6	44.8	51.8
28	Machinery and equipment n.e.c.	23.3	22.1	25.8	34.6	31.7	32.5	36.2	42.9
29	Motor vehicles, trailers and semi-trailers	100.1	64.8	55.4	47.3	40.9	50.0	55.1	66.7
30	Other transport equipment	6.6	4.9	6.5	7.6	3.8	4.5	7.0	15.4
31-33	Furniture; repair, installation of machinery and equipment	32.0 e	19.2	16.4	15.8 e	19.5	19.0 e	19.9 e	23.8 e
31	Furniture	7.4	8.2	6.4	7.3	7.8	8.0	6.2	5.2
32	Other manufacturing	6.3 e	4.6	4.9	4.1 e	4.7	3.0 e	4.5 e	5.8 e
33	Repair and installation of machinery and equipment	18.3	6.4	5.0	4.4	7.0	8.1	9.3	12.8
35-39	**ELECTRICITY, GAS, WATER AND WASTE MANAGEMENT**	116.3	90.1	24.3	33.9	17.0	16.1	21.4	22.9
35-36	Electricity, gas and water	109.4	84.6	17.8	15.2	9.1	8.8	14.3	16.4
37-39	Sewerage, waste management and remediation activities	6.9	5.5	6.5	18.7	7.8	7.3	7.1	6.5
41-43	**CONSTRUCTION**	23.8	15.6	16.6	8.5	13.1	14.1	13.7	10.6
45-99	**TOTAL SERVICES**	1 265.1	1 258.6	1 207.6	1 069.1	1 062.8	1 003.2	1 005.5	1 090.1
45-82	Business sector services	1 243.7	1 226.2	1 183.6	1 046.5	1 039.2	972.6	973.1	1 062.1
45-47	Wholesale and retail trade; motor vehicle and motorcycle repairs	49.5	141.3	138.1	129.0	81.4	96.0	85.4	89.3
49-53	Transportation and storage	58.7	46.4	41.7	19.4	23.1	23.1	19.6	18.4
55-56	Accommodation and food service activities	0.0	0.0	0.3	0.2	0.1	0.1	0.1	0.7
58-63	Information and communication	594.1	531.1	532.4	449.1	412.3	336.5	311.3	364.9
58-60	Publishing, audiovisual and broadcasting activities	37.1	37.9	29.4	25.7	23.6	26.7	20.6	21.1
58	Publishing activities	30.2	32.0	22.6	19.6	22.3	25.6 e	20.2	19.9
59-60	Motion picture, video and TV programme production; broadcasting activities	6.8	5.9	6.9	6.0	1.3	1.0 e	0.4	1.1
59	Motion picture, video and TV programme production; sound and music	..	0.5	0.2	0.5	0.1 e	..	..	0.5
60	Programming and broadcasting activities	..	5.4	6.7	5.6	1.2 e	..	..	0.6
61	Telecommunications	347.0	293.7	339.1	225.2	184.0	85.8	78.2	100.4
62-63	IT and other information services	210.0	199.5	163.9	198.2	204.8	224.1	212.4	243.4
62	Computer programming, consultancy and related activities	204.2	194.3	158.6	188.9	197.2	215.5	199.6	227.1
63	Information service activities	5.8	5.2	5.2	9.3	7.6	8.6	12.8	16.4
64-66	Financial and insurance activities	258.2	274.2	244.1	246.6	271.9	258.4	282.9	284.1
68-82	Real estate; professional, scientific and technical; administrative and support	283.0	233.1	227.0	202.1	250.2	258.5	273.7	304.8
68	Real estate activities	0.0	0.0	0.0	0.0	0.0	0.0	0.0	0.0
69-75x72	Professional, scientific and technical activities, except scientific R&D	220.4	168.3	138.1	95.2	97.4	89.5	107.6	125.4
72	Scientific research and development	43.7	50.1	73.4	89.0	136.9	148.7	144.8	156.8
77-82	Administrative and support service activities	18.9	14.7	15.5	17.9	15.9	20.3	21.3	22.6
84-99	Community, social and personal services	21.3	32.4	24.0	22.6	23.7	30.6	32.4	28.0
84-85	Public administration and defence; compulsory social security and education	2.3	2.2	2.2	1.5	4.0	3.9	1.0	0.4
86-88	Human health and social work activities	3.9	5.0	7.3	6.9	7.7	8.1	9.5	13.0
90-93	Arts, entertainment and recreation	1.1	0.5	1.1	0.6	3.8	1.4	2.8	2.2
94-99	Other services; household-employers; extraterritorial bodies	14.1	24.7	13.3	13.6	8.1	17.2	19.2	12.4

.. Not available; e Estimated value
Note: Detailed metadata at: http://metalinks.oecd.org/anberd/20181213/8c73.

PORTUGAL

R&D expenditure in industry by main activity of the enterprise, constant prices
ISIC Rev. 4

2010 USD PPP

ISIC	Activity	2009	2010	2011	2012	2013	2014	2015	2016
	TOTAL BUSINESS ENTERPRISE	2 119.5	2 034.0	1 959.0	1 865.0	1 696.5	1 625.9	1 594.4	1 752.3
01-03	**AGRICULTURE, FORESTRY AND FISHING**	2.9	2.4	4.6	7.7	10.7	7.1	7.7	13.7
05-09	**MINING AND QUARRYING**	4.9	4.9	6.4	4.3	6.0	5.4	11.1	7.9
10-33	**MANUFACTURING**	686.6	662.4	695.1	764.9	671.1	674.5	634.6	733.0
10-12	Food products, beverages and tobacco	75.0	75.4	66.6	114.9	93.2	88.0	69.3	74.1
13-15	Textiles, wearing apparel, leather and related products	31.7	33.1	33.3	37.6	35.9	39.9	41.4	43.2
13	Textiles	19.7	22.3	20.0	22.5	17.5	21.2	24.0	24.7
14	Wearing apparel	5.5	4.8	5.0	5.6	4.1	5.2	5.0	6.4
15	Leather and related products, footwear	6.5	6.0	8.3	9.4	14.3	13.6	12.4	12.1
16-18	Wood and paper products and printing	35.2	40.6	55.0	57.6	56.8	51.3	49.5	51.0
16	Wood and wood products, except furniture	13.9	11.0	15.3	15.7	13.4	13.7	16.5	16.1
17	Paper and paper products	4.8	12.8	21.2	25.2	24.3	17.6	15.1	17.0
18	Printing and reproduction of recorded media	16.5	16.9	18.5	16.8	19.1	20.0	17.9	17.9
19-23	Chemical, rubber, plastic, non-metallic mineral products	237.0 e	253.4	260.6	291.5 e	248.7	235.3 e	232.8 e	274.9 e
19	Coke and refined petroleum products	16.3 e	11.8	8.7	7.0 e	5.3	3.4 e	5.0 e	6.4 e
20-21	Chemical and pharmaceutical products	141.0	173.5	170.0	184.7	172.4	155.9	155.8	182.0
20	Chemicals and chemical products	31.1	48.4	29.2	39.9	38.7	38.1	41.1	48.6
21	Pharmaceuticals, medicinal, chemical and botanical products	109.9	125.1	140.9	144.7	133.7	117.8	114.7	133.4
22	Rubber and plastic products	39.0	32.1	34.9	38.1	32.8	33.2	34.8	54.6
23	Other non-metallic mineral products	40.8	35.9	46.9	61.7	38.1	42.7	37.2	31.9
24-25	Basic metals, metal products, except machinery and equipment	65.9	62.9	61.5	56.5	54.8	70.6	46.3	56.4
24	Basic metals	19.2	19.6	19.3	18.8	20.3	30.0	11.6	15.7
25	Fabricated metal products, except machinery and equipment	46.8	43.3	42.2	37.7	34.6	40.6	34.7	40.7
26-30	Computer, electronic, optical products; electrical machinery, transport equipment	209.4	177.7	201.7	191.3	163.6	172.1	177.3	212.4
26	Computer, electronic and optical products	33.8	31.1	42.7	42.1	37.8	45.2	47.8	55.5
27	Electrical equipment	43.6	54.8	71.0	61.6	55.3	47.8	40.5	45.9
28	Machinery and equipment n.e.c.	23.6	22.1	25.9	33.9	29.3	29.6	32.8	38.1
29	Motor vehicles, trailers and semi-trailers	101.5	64.8	55.6	46.3	37.7	45.4	49.9	59.2
30	Other transport equipment	6.7	4.9	6.5	7.4	3.5	4.1	6.3	13.7
31-33	Furniture; repair, installation of machinery and equipment	32.5 e	19.2	16.4	15.5 e	18.0	17.3 e	18.0 e	21.1 e
31	Furniture	7.5	8.2	6.4	7.2	7.2	7.2	5.6	4.6
32	Other manufacturing	6.4 e	4.6	4.9	4.0 e	4.3	2.7 e	4.0 e	5.2 e
33	Repair and installation of machinery and equipment	18.5	6.4	5.0	4.3	6.5	7.3	8.4	11.4
35-39	**ELECTRICITY, GAS, WATER AND WASTE MANAGEMENT**	117.9	90.1	24.4	33.2	15.7	14.7	19.4	20.3
35-36	Electricity, gas and water	110.9	84.6	17.9	14.9	8.4	8.0	12.9	14.6
37-39	Sewerage, waste management and remediation activities	7.0	5.5	6.5	18.3	7.2	6.7	6.4	5.8
41-43	**CONSTRUCTION**	24.2	15.6	16.7	8.3	12.1	12.8	12.4	9.4
45-99	**TOTAL SERVICES**	1 282.9	1 258.6	1 211.9	1 046.5	980.8	911.4	909.2	967.9
45-82	**Business sector services**	1 261.3	1 226.2	1 187.8	1 024.4	958.9	883.6	879.8	943.0
45-47	Wholesale and retail trade; motor vehicle and motorcycle repairs	50.2	141.3	138.5	126.3	75.1	87.2	77.3	79.3
49-53	Transportation and storage	59.5	46.4	41.9	19.0	21.3	21.0	17.8	16.3
55-56	Accommodation and food service activities	0.0	0.0	0.3	0.2	0.1	0.1	0.1	0.6
58-63	Information and communication	602.4	531.1	534.3	439.6	380.5	305.7	281.4	323.9
58-60	Publishing, audiovisual and broadcasting activities	37.6	37.9	29.6	25.1	21.8	24.2	18.7	18.7
58	Publishing activities	30.6	32.0	22.7	19.2	20.6	23.3 e	18.3	17.7
59-60	Motion picture, video and TV programme production; broadcasting activities	6.9	5.9	6.9	5.9	1.2	0.9 e	0.4	1.0
59	Motion picture, video and TV programme production; sound and music	..	0.5	0.2	0.5	0.1 e	..	..	0.5
60	Programming and broadcasting activities	..	5.4	6.7	5.4	1.1 e	..	..	0.5
61	Telecommunications	351.9	293.7	340.3	220.4	169.8	78.0	70.7	89.1
62-63	IT and other information services	213.0	199.5	164.4	194.1	188.9	203.5	192.1	216.1
62	Computer programming, consultancy and related activities	207.1	194.3	159.2	184.9	181.9	195.7	180.5	201.6
63	Information service activities	5.9	5.2	5.2	9.1	7.0	7.8	11.6	14.5
64-66	Financial and insurance activities	261.8	274.2	244.9	241.4	250.9	234.8	255.8	252.2
68-82	Real estate; professional, scientific and technical; administrative and support	287.0	233.1	227.8	197.9	230.9	234.8	247.5	270.6
68	Real estate activities	0.0	0.0	0.0	0.0	0.0	0.0	0.0	0.0
69-75x72	Professional, scientific and technical activities, except scientific R&D	223.5	168.3	138.6	93.2	89.9	81.3	97.3	111.3
72	Scientific research and development	44.4	50.1	73.7	87.1	126.3	135.1	130.9	139.2
77-82	Administrative and support service activities	19.1	14.7	15.5	17.5	14.7	18.4	19.3	20.1
84-99	Community, social and personal services	21.6	32.4	24.1	22.1	21.8	27.8	29.3	24.9
84-85	Public administration and defence; compulsory social security and education	2.3	2.2	2.2	1.5	3.7	3.5	0.9	0.3
86-88	Human health and social work activities	3.9	5.0	7.3	6.8	7.1	7.4	8.6	11.5
90-93	Arts, entertainment and recreation	1.1	0.5	1.1	0.5	3.5	1.2	2.5	2.0
94-99	Other services; household-employers; extraterritorial bodies	14.3	24.7	13.4	13.3	7.5	15.6	17.3	11.1

.. Not available; e Estimated value
Note: Detailed metadata at: http://metalinks.oecd.org/anberd/20181213/8c73.

PORTUGAL

R&D expenditure in industry by industry orientation, current prices
ISIC Rev. 4

Million USD PPP

		2009	2010	2011	2012	2013	2014	2015	2016
	TOTAL BUSINESS ENTERPRISE	2 090.0	2 034.0	1 952.1	1 905.1	1 838.4	1 789.6	1 763.4	1 973.6
01-03	**AGRICULTURE, FORESTRY AND FISHING**	12.4	10.3	18.5	27.3	26.2	23.1	23.7	26.0
05-09	**MINING AND QUARRYING**	32.2	19.1	23.8	13.0	12.9	13.3	24.8	16.3
10-33	**MANUFACTURING**	722.4	741.0	752.5	844.8	804.2	840.1	822.0	956.7
10-12	Food products, beverages and tobacco	71.4	75.8	63.8	109.0	89.7	90.7	69.8	83.2
13-15	Textiles, wearing apparel, leather and related products	35.3	35.5	35.9	40.9	40.8	45.5	52.2	55.1
13	Textiles	20.3	23.0	20.4	24.3	23.1	28.5	32.6	32.1
14	Wearing apparel	7.9	6.4	6.9	5.1	3.7	3.7	7.9	9.7
15	Leather and related products, footwear	7.1	6.1	8.6	11.5	14.1	13.3	11.7	13.3
16-18	Wood and paper products and printing	23.0	28.5	37.3	44.6	46.7	40.5	39.7	43.5
16	Wood and wood products, except furniture	13.1	9.8	11.9	15.6	14.1	13.8	15.1	14.7
17	Paper and paper products	9.6	18.2	25.3	28.2	31.9	25.8	23.6	27.1
18	Printing and reproduction of recorded media	0.3	0.5	0.1	0.9	0.7	1.0	1.0	1.6
19-23	Chemical, rubber, plastic, non-metallic mineral products	234.5 e	269.0	267.7	313.3	283.5 e	276.5	274.7	301.9
19	Coke and refined petroleum products	8.5 e	10.9	0.3	5.9	3.2 e	2.9	5.6	5.5
20-21	Chemical and pharmaceutical products	162.0	199.7	195.4	215.4	208.3	199.1	200.1	229.9
20	Chemicals and chemical products	40.3	54.4	36.7	46.9	44.9	46.7	49.8	58.7
21	Pharmaceuticals, medicinal, chemical and botanical products	121.7	145.3	158.7	168.5	163.4	152.4	150.3	171.2
22	Rubber and plastic products	31.2	21.7	26.2	26.5	27.8	28.3	28.1	30.7
23	Other non-metallic mineral products	32.7	36.7	45.7	65.5	44.2	46.2	40.9	35.8
24-25	Basic metals, metal products, except machinery and equipment	58.4	55.1	54.8	49.8	53.9	69.0	47.5	55.9
24	Basic metals	19.4	20.3	21.5	19.8	22.6	34.0	11.6	17.0
25	Fabricated metal products, except machinery and equipment	39.0	34.8	33.3	30.0	31.3	35.0	35.9	38.9
26-30	Computer, electronic, optical products; electrical machinery, transport equipment	281.5	253.1	265.5	258.8	262.6	289.3	307.2	374.1
26	Computer, electronic and optical products	55.1	54.4	62.5	43.5	65.3	81.6	94.1	103.2
27	Electrical equipment	46.1	68.6	61.3	53.9	56.8	54.9	49.7	55.4
28	Machinery and equipment n.e.c.	45.3	33.7	44.9	45.6	40.8	44.2	40.2	48.9
29	Motor vehicles, trailers and semi-trailers	122.3	83.5	77.2	90.1	75.1	83.2	91.0	125.5
30	Other transport equipment	12.6	12.9	19.6	25.8	24.5	25.4	32.2	41.1
31-33	Furniture; repair, installation of machinery and equipment	18.4 e	24.1	27.4	28.4	27.0 e	28.7	30.9	43.1
31	Furniture	6.7	8.0	5.8	7.1	8.2	8.0	6.8	6.8
32	Other manufacturing	9.7 e	12.3	16.6	14.7	12.2	14.1	16.0	24.3
33	Repair and installation of machinery and equipment	2.0	3.7	5.0	6.5	6.6 e	6.5	8.1	12.0
35-39	**ELECTRICITY, GAS, WATER AND WASTE MANAGEMENT**	134.5	98.2	31.9	38.4	21.3	23.7	22.4	23.9
35-36	Electricity, gas and water	121.8	90.3	18.8	15.0	8.1	10.7	14.1	16.4
37-39	Sewerage, waste management and remediation activities	12.7	7.9	13.1	23.3	13.2	13.0	8.4	7.6
41-43	**CONSTRUCTION**	40.2	15.9	13.7	7.5	12.7	13.2	16.1	16.8
45-99	**TOTAL SERVICES**	1 148.3	1 149.5	1 111.7	974.0	961.1	876.1	854.4	933.9
45-82	**Business sector services**	1 128.9	1 133.4	1 098.6	963.9	941.8	842.1	834.0	910.4
45-47	Wholesale and retail trade; motor vehicle and motorcycle repairs	53.0	62.4	57.5	71.7	69.8	77.7	67.5	65.7
49-53	Transportation and storage	29.0	45.4	34.2	12.3	17.6	16.5	16.3	15.0
55-56	Accommodation and food service activities	0.0	0.0 e	0.9	6.2	6.2	1.4	1.7	1.7
58-63	Information and communication	704.5	678.1	702.2	605.0	543.2	460.9	423.5	476.2
58-60	Publishing, audiovisual and broadcasting activities	67.5	96.4	75.7	90.0	112.0	104.2	106.4	132.6
58	Publishing activities	63.8	93.9	70.6	87.1	109.9	103.8	106.0	132.2
59-60	Motion picture, video and TV programme production; broadcasting activities	3.7	2.5	5.1	2.9	2.0	0.4	0.4	0.4
59	Motion picture, video and TV programme production; sound and music	..	..	2.1	0.8	0.8	0.4	..	..
60	Programming and broadcasting activities	..	..	3.0	2.1	1.3	0.0	..	..
61	Telecommunications	428.0	389.7	447.6	328.3	248.4	146.7	140.1	142.1
62-63	IT and other information services	209.0	192.0	178.9	186.7	182.8	210.0	177.0	201.5
62	Computer programming, consultancy and related activities	187.6	171.9	131.6	157.5	156.9	182.3	146.0	157.8
63	Information service activities	21.5	20.1	47.4	29.3	25.8	27.6	31.0	43.7
64-66	Financial and insurance activities	207.4	180.3	146.7	148.9	151.6	135.0	160.6	189.8
68-82	Real estate; professional, scientific and technical; administrative and support	134.9	167.3	157.1	119.7	153.3	150.6	164.4	162.0
68	Real estate activities	2.0	1.5 e	1.3	0.9	1.6	1.9	1.4	1.9
69-75x72	Professional, scientific and technical activities, except scientific R&D	94.7	126.0	118.2	73.2	83.1	72.5	83.5	89.5
72	Scientific research and development	36.2	36.9	33.2	38.6	60.9	69.6	70.9	62.0
77-82	Administrative and support service activities	2.0	3.0	4.4	7.0	7.7	6.6	8.7	8.6
84-99	Community, social and personal services	19.4	16.0	13.1	10.2	19.3	34.0	20.4	23.5
84-85	Public administration and defence; compulsory social security and education	0.1	0.3	0.6	1.2	1.4	1.9	2.5	2.4
86-88	Human health and social work activities	12.1	5.6	10.2	7.9	14.2	27.5	13.9	17.9
90-93	Arts, entertainment and recreation	0.4	0.5	0.6	0.5	0.6	1.4	2.8	1.0
94-99	Other services; household-employers; extraterritorial bodies	6.8	9.7	1.7	0.6	3.1	3.2	1.2	2.1

.. Not available; e Estimated value
Note: Detailed metadata at: http://metalinks.oecd.org/anberd/20181213/8c73.

PORTUGAL

R&D expenditure in industry by industry orientation, constant prices
ISIC Rev. 4

2010 USD PPP

		2009	2010	2011	2012	2013	2014	2015	2016
	TOTAL BUSINESS ENTERPRISE	2 119.5	2 034.0	1 959.0	1 865.0	1 696.5	1 625.9	1 594.4	1 752.3
01-03	**AGRICULTURE, FORESTRY AND FISHING**	12.5	10.3	18.6	26.7	24.2	21.0	21.4	23.1
05-09	**MINING AND QUARRYING**	32.6	19.1	23.9	12.8	11.9	12.1	22.4	14.5
10-33	**MANUFACTURING**	732.6	741.0	755.2	827.0	742.1	763.2	743.2	849.4
10-12	Food products, beverages and tobacco	72.4	75.8	64.1	106.7	82.7	82.4	63.1	73.8
13-15	Textiles, wearing apparel, leather and related products	35.8	35.5	36.0	40.0	37.7	41.3	47.2	48.9
13	Textiles	20.6	23.0	20.5	23.8	21.3	25.8	29.4	28.5
14	Wearing apparel	8.1	6.4	6.9	5.0	3.4	3.4	7.1	8.6
15	Leather and related products, footwear	7.2	6.1	8.6	11.2	13.0	12.1	10.6	11.8
16-18	Wood and paper products and printing	23.3	28.5	37.4	43.7	43.1	36.8	35.9	38.6
16	Wood and wood products, except furniture	13.2	9.8	12.0	15.2	13.0	12.5	13.7	13.1
17	Paper and paper products	9.7	18.2	25.4	27.6	29.4	23.4	21.3	24.1
18	Printing and reproduction of recorded media	0.3	0.5	0.1	0.9	0.6	0.9	0.9	1.4
19-23	Chemical, rubber, plastic, non-metallic mineral products	237.8 e	269.0	268.6	306.7	261.6 e	251.2	248.4	268.0
19	Coke and refined petroleum products	8.7 e	10.9	0.3	5.8	2.9 e	2.7	5.0	4.9
20-21	Chemical and pharmaceutical products	164.3	199.7	196.1	210.9	192.2	180.9	180.9	204.1
20	Chemicals and chemical products	40.9	54.4	36.8	45.9	41.5	42.4	45.0	52.1
21	Pharmaceuticals, medicinal, chemical and botanical products	123.4	145.3	159.3	164.9	150.8	138.4	135.9	152.0
22	Rubber and plastic products	31.7	21.7	26.3	26.0	25.6	25.7	25.4	27.3
23	Other non-metallic mineral products	33.2	36.7	45.9	64.1	40.8	41.9	37.0	31.8
24-25	Basic metals, metal products, except machinery and equipment	59.2	55.1	55.0	48.7	49.8	62.7	43.0	49.6
24	Basic metals	19.6	20.3	21.6	19.4	20.9	30.9	10.5	15.1
25	Fabricated metal products, except machinery and equipment	39.6	34.8	33.4	29.3	28.9	31.8	32.5	34.5
26-30	Computer, electronic, optical products; electrical machinery, transport equipment	285.5	253.1	266.5	253.4	242.3	262.8	277.7	332.2
26	Computer, electronic and optical products	55.9	54.4	62.7	42.6	60.3	74.1	85.1	91.7
27	Electrical equipment	46.8	68.6	61.5	52.7	52.4	49.8	44.9	49.2
28	Machinery and equipment n.e.c.	46.0	33.7	45.1	44.7	37.7	40.1	36.4	43.4
29	Motor vehicles, trailers and semi-trailers	124.1	83.5	77.5	88.2	69.3	75.6	82.3	111.4
30	Other transport equipment	12.8	12.9	19.7	25.2	22.6	23.1	29.1	36.5
31-33	Furniture; repair, installation of machinery and equipment	18.6 e	24.1	27.5	27.8	25.0 e	26.0	27.9	38.3
31	Furniture	6.8	8.0	5.8	7.0	7.6	7.2	6.1	6.0
32	Other manufacturing	9.8 e	12.3	16.6	14.4	11.2	12.9	14.5	21.6
33	Repair and installation of machinery and equipment	2.0	3.7	5.0	6.4	6.1 e	5.9	7.3	10.7
35-39	**ELECTRICITY, GAS, WATER AND WASTE MANAGEMENT**	136.4	98.2	32.0	37.6	19.7	21.6	20.3	21.3
35-36	Electricity, gas and water	123.5	90.3	18.9	14.7	7.5	9.7	12.7	14.5
37-39	Sewerage, waste management and remediation activities	12.9	7.9	13.1	22.9	12.2	11.8	7.6	6.7
41-43	**CONSTRUCTION**	40.8	15.9	13.8	7.4	11.7	12.0	14.5	14.9
45-99	**TOTAL SERVICES**	1 164.5	1 149.5	1 115.6	953.5	886.8	795.9	772.5	829.1
45-82	**Business sector services**	1 144.8	1 133.4	1 102.5	943.6	869.1	765.1	754.0	808.3
45-47	Wholesale and retail trade; motor vehicle and motorcycle repairs	53.8	62.4	57.7	70.2	64.4	70.6	61.0	58.3
49-53	Transportation and storage	29.4	45.4	34.3	12.1	16.3	15.0	14.7	13.3
55-56	Accommodation and food service activities	0.0	0.0 e	0.9	6.0	5.7	1.2	1.5	1.5
58-63	Information and communication	714.5	678.1	704.7	592.3	501.3	418.7	382.9	422.8
58-60	Publishing, audiovisual and broadcasting activities	68.5	96.4	76.0	88.1	103.3	94.7	96.2	117.7
58	Publishing activities	64.7	93.9	70.8	85.2	101.5	94.3	95.9	117.4
59-60	Motion picture, video and TV programme production; broadcasting activities	3.8	2.5	5.1	2.9	1.9	0.3	0.4	0.4
59	Motion picture, video and TV programme production; sound and music	..	..	2.2	0.8	0.7	0.3	..	..
60	Programming and broadcasting activities	..	..	3.0	2.1	1.2	0.0	..	..
61	Telecommunications	434.0	389.7	449.2	321.4	229.3	133.3	126.6	126.1
62-63	IT and other information services	212.0	192.0	179.6	182.8	168.7	190.8	160.0	178.9
62	Computer programming, consultancy and related activities	190.2	171.9	132.0	154.2	144.8	165.7	132.0	140.1
63	Information service activities	21.8	20.1	47.5	28.6	23.8	25.1	28.0	38.8
64-66	Financial and insurance activities	210.3	180.3	147.2	145.8	139.9	122.6	145.2	168.5
68-82	Real estate; professional, scientific and technical; administrative and support	136.8	167.3	157.6	117.2	141.5	136.8	148.7	143.8
68	Real estate activities	2.1	1.5 e	1.3	0.9	1.5	1.7	1.2	1.7
69-75x72	Professional, scientific and technical activities, except scientific R&D	96.0	126.0	118.6	71.6	76.7	65.9	75.5	79.5
72	Scientific research and development	36.8	36.9	33.3	37.8	56.2	63.2	64.1	55.0
77-82	Administrative and support service activities	2.0	3.0	4.4	6.8	7.1	6.0	7.8	7.7
84-99	Community, social and personal services	19.7	16.0	13.1	10.0	17.8	30.9	18.5	20.8
84-85	Public administration and defence; compulsory social security and education	0.1	0.3	0.6	1.2	1.3	1.7	2.3	2.1
86-88	Human health and social work activities	12.3	5.6	10.3	7.7	13.1	25.0	12.6	15.9
90-93	Arts, entertainment and recreation	0.4	0.5	0.6	0.4	0.6	1.3	2.5	0.9
94-99	Other services; household-employers; extraterritorial bodies	6.9	9.7	1.7	0.6	2.8	2.9	1.1	1.9

.. Not available; e Estimated value
Note: Detailed metadata at: http://metalinks.oecd.org/anberd/20181213/8c73.

SLOVAK REPUBLIC

R&D expenditure in industry by main activity of the enterprise, current prices
ISIC Rev. 4

Million USD PPP

		2009	2010	2011	2012	2013	2014	2015	2016
	TOTAL BUSINESS ENTERPRISE	241.2	349.3	343.9	479.6	575.4	508.2	526.0	657.8
01-03	**AGRICULTURE, FORESTRY AND FISHING**	2.5	2.4	2.9	1.9	1.5	1.3	1.5	1.2
05-09	**MINING AND QUARRYING**	0.0	0.0 e	0.0 e	0.0 e	0.0 e	0.0 e	0.0 e	0.0
10-33	**MANUFACTURING**	162.4	241.7	210.0	257.7	330.5	342.3	346.3	440.3
10-12	Food products, beverages and tobacco	1.8	3.4	2.3	2.3	1.4	1.9	2.2	1.5
13-15	Textiles, wearing apparel, leather and related products	..	..	..	2.5	0.9	0.5	..	0.6
13	Textiles	..	..	..	..	..	..	..	..
14	Wearing apparel	..	..	..	..	..	..	..	..
15	Leather and related products, footwear	..	..	..	..	..	..	..	..
16-18	Wood and paper products and printing	..	..	..	..	..	..	..	..
16	Wood and wood products, except furniture	..	..	..	..	..	..	..	..
17	Paper and paper products	..	..	..	..	..	..	..	..
18	Printing and reproduction of recorded media	..	..	..	..	..	..	..	..
19-23	Chemical, rubber, plastic, non-metallic mineral products	..	..	..	52.6	50.0	57.1	..	..
19	Coke and refined petroleum products	..	..	..	5.5	6.8	6.2	..	..
20-21	Chemical and pharmaceutical products	..	29.5	32.4	24.4	14.1	14.8	12.2	18.2
20	Chemicals and chemical products	6.2	7.2	7.1	5.8	9.9	6.1	5.9	7.3
21	Pharmaceuticals, medicinal, chemical and botanical products	..	22.3	25.3	18.6	4.2	8.7	6.3	11.0
22	Rubber and plastic products	17.9	16.2	11.4	20.3	28.3	32.9	40.0	44.5
23	Other non-metallic mineral products	1.4	1.7	2.1	2.4	0.8	3.2	4.2	3.2
24-25	Basic metals, metal products, except machinery and equipment	18.3	26.0	13.9	17.4	10.7	10.2	33.3	..
24	Basic metals	8.6 e	7.5	7.2	7.3	6.2	6.0	5.7	..
25	Fabricated metal products, except machinery and equipment	9.7	18.5	6.7	10.2	4.5	4.2	27.6	17.3
26-30	Computer, electronic, optical products; electrical machinery, transport equipment	74.7	139.9	123.7	163.4	252.0	257.5	233.0	328.1
26	Computer, electronic and optical products	2.2	4.6	5.5	7.2	7.8	7.2	9.0	12.5
27	Electrical equipment	11.6	34.3	35.3	34.5	23.7	35.7	44.9	46.2
28	Machinery and equipment n.e.c.	11.1	20.7	25.6	30.1	29.4	31.2	51.8	57.3
29	Motor vehicles, trailers and semi-trailers	38.0	65.8	47.6	79.4	173.5	152.8	107.7	198.3
30	Other transport equipment	11.9	14.5	9.6	12.3	17.6	30.6	19.6	13.7
31-33	Furniture; repair, installation of machinery and equipment	24.9	..	..	..	..	..	..	..
31	Furniture	0.0	..	..	..	..	..	..	..
32	Other manufacturing	3.2	3.1	..	..	..	..	2.1	3.1
33	Repair and installation of machinery and equipment	21.7	17.2	16.5	16.4	..	..	11.9	11.6
35-39	**ELECTRICITY, GAS, WATER AND WASTE MANAGEMENT**	0.0	0.0 e	0.0 e	..	..	..	..	..
35-36	Electricity, gas and water	..	..	..	..	..	..	..	..
37-39	Sewerage, waste management and remediation activities	..	..	..	..	..	..	..	..
41-43	**CONSTRUCTION**	0.4	1.2	1.1	2.4	2.5	..	..	..
45-99	**TOTAL SERVICES**	75.9	104.1 e	129.9 e	217.6	240.2	162.7	169.3	192.7
45-82	**Business sector services**	75.1	101.3	124.9	212.4	237.4	162.3	168.0	192.0
45-47	Wholesale and retail trade; motor vehicle and motorcycle repairs	0.0	2.2	2.5	0.6	10.3	7.1	4.7	27.2
49-53	Transportation and storage	..	..	..	..	..	..	..	..
55-56	Accommodation and food service activities	..	..	..	..	..	..	..	..
58-63	Information and communication	3.7	10.7	11.7	61.2	64.8	65.4	80.8	85.8
58-60	Publishing, audiovisual and broadcasting activities	..	..	..	..	..	..	..	..
58	Publishing activities	..	..	..	..	..	..	..	..
59-60	Motion picture, video and TV programme production; broadcasting activities	..	..	..	..	..	..	..	..
59	Motion picture, video and TV programme production; sound and music	..	..	..	..	..	..	..	..
60	Programming and broadcasting activities	..	..	..	..	..	..	..	..
61	Telecommunications	..	..	..	..	..	..	..	..
62-63	IT and other information services	3.0	9.9	..	..	..	..	..	..
62	Computer programming, consultancy and related activities	3.0 e	9.1	9.6	59.2	62.0	64.1	80.7	..
63	Information service activities	0.0	0.7	..	..	..	..	..	..
64-66	Financial and insurance activities	..	..	..	63.5	..	..	..	4.5
68-82	Real estate; professional, scientific and technical; administrative and support	..	..	..	..	..	..	..	..
68	Real estate activities	..	..	..	..	..	..	..	..
69-75x72	Professional, scientific and technical activities, except scientific R&D	4.1	12.9	17.4	23.8	31.5	29.6	17.6	..
72	Scientific research and development	61.3	70.4	51.1	53.4	52.2	52.1	58.7	54.1
77-82	Administrative and support service activities	2.5	3.3	4.2	3.3	..	..	..	..
84-99	**Community, social and personal services**	0.9	2.8 e	5.0 e	5.2	2.8	0.4	1.3	0.8
84-85	Public administration and defence; compulsory social security and education	..	..	..	..	..	..	..	..
86-88	Human health and social work activities	..	..	..	1.6	0.9	0.4	1.3	..
90-93	Arts, entertainment and recreation	..	..	..	..	..	..	..	..
94-99	Other services; household-employers; extraterritorial bodies	..	..	..	..	..	..	..	..

.. Not available; e Estimated value
Note: Detailed metadata at: http://metalinks.oecd.org/anberd/20181213/8c73.

SLOVAK REPUBLIC

R&D expenditure in industry by main activity of the enterprise, constant prices
ISIC Rev. 4

2010 USD PPP

		2009	2010	2011	2012	2013	2014	2015	2016
	TOTAL BUSINESS ENTERPRISE	249.1	349.3	341.5	468.6	544.5	476.0	501.0	626.6
01-03	AGRICULTURE, FORESTRY AND FISHING	2.6	2.4	2.9	1.9	1.5	1.2	1.5	1.1
05-09	MINING AND QUARRYING	0.0	0.0 e	0.0 e	0.0 e	0.0 e	0.0 e	0.0 e	0.0
10-33	MANUFACTURING	167.7	241.7	208.5	251.8	312.7	320.6	329.8	419.4
10-12	Food products, beverages and tobacco	1.9	3.4	2.3	2.3	1.3	1.8	2.1	1.4
13-15	Textiles, wearing apparel, leather and related products	..	..	..	2.4	0.9	0.5	..	0.6
13	Textiles	..	..	..	..	..	..	..	..
14	Wearing apparel	..	..	..	..	..	..	..	..
15	Leather and related products, footwear	..	..	..	..	..	..	..	..
16-18	Wood and paper products and printing	..	..	..	..	..	..	..	..
16	Wood and wood products, except furniture	..	..	..	..	..	..	..	..
17	Paper and paper products	..	..	..	..	..	..	..	..
18	Printing and reproduction of recorded media	..	..	..	..	..	..	..	..
19-23	Chemical, rubber, plastic, non-metallic mineral products	..	..	..	51.4	47.3	53.5	..	..
19	Coke and refined petroleum products	..	..	..	5.4	6.4	5.8	..	..
20-21	Chemical and pharmaceutical products	..	29.5	32.1	23.8	13.3	13.8	11.6	17.4
20	Chemicals and chemical products	6.4	7.2	7.0	5.6	9.3	5.7	5.6	6.9
21	Pharmaceuticals, medicinal, chemical and botanical products	..	22.3	25.1	18.2	4.0	8.1	6.0	10.5
22	Rubber and plastic products	18.5	16.2	11.3	19.8	26.8	30.8	38.1	42.4
23	Other non-metallic mineral products	1.5	1.7	2.1	2.4	0.8	3.0	4.0	3.1
24-25	Basic metals, metal products, except machinery and equipment	18.9	26.0	13.8	17.0	10.1	9.6	31.7	..
24	Basic metals	8.9 e	7.5	7.1	7.1	5.8	5.6	5.5	..
25	Fabricated metal products, except machinery and equipment	10.0	18.5	6.7	9.9	4.3	4.0	26.3	16.5
26-30	Computer, electronic, optical products; electrical machinery, transport equipment	77.2	139.9	122.8	159.6	238.4	241.2	221.9	312.5
26	Computer, electronic and optical products	2.3	4.6	5.5	7.0	7.4	6.7	8.6	11.9
27	Electrical equipment	11.9	34.3	35.1	33.7	22.5	33.4	42.7	44.0
28	Machinery and equipment n.e.c.	11.4	20.7	25.4	29.4	27.8	29.3	49.3	54.6
29	Motor vehicles, trailers and semi-trailers	39.3	65.8	47.3	77.6	164.2	143.1	102.6	188.9
30	Other transport equipment	12.3	14.5	9.6	12.0	16.6	28.6	18.6	13.1
31-33	Furniture; repair, installation of machinery and equipment	25.7	..	..	..	..	..	..	..
31	Furniture	0.0	..	..	..	..	..	..	..
32	Other manufacturing	3.3	3.1	..	..	..	..	2.0	2.9
33	Repair and installation of machinery and equipment	22.4	17.2	16.4	16.0	..	..	11.4	11.1
35-39	ELECTRICITY, GAS, WATER AND WASTE MANAGEMENT	0.0	0.0 e	0.0 e	..	..	..	..	..
35-36	Electricity, gas and water	..	..	..	..	..	..	..	..
37-39	Sewerage, waste management and remediation activities	..	..	..	..	..	..	..	..
41-43	CONSTRUCTION	0.4	1.2	1.1	2.3	2.3	..	..	..
45-99	TOTAL SERVICES	78.4	104.1 e	129.0 e	212.6	227.3	152.4	161.2	183.6
45-82	Business sector services	77.5	101.3	124.1	207.5	224.6	152.0	160.0	182.8
45-47	Wholesale and retail trade; motor vehicle and motorcycle repairs	0.0	2.2	2.5	0.6	9.7	6.6	4.4	25.9
49-53	Transportation and storage	..	..	..	..	..	..	..	..
55-56	Accommodation and food service activities	..	..	..	..	..	..	..	..
58-63	Information and communication	3.8	10.7	11.7	59.8	61.3	61.2	77.0	81.8
58-60	Publishing, audiovisual and broadcasting activities	..	..	..	..	..	..	..	..
58	Publishing activities	..	..	..	..	..	..	..	..
59-60	Motion picture, video and TV programme production; broadcasting activities	..	..	..	..	..	..	..	..
59	Motion picture, video and TV programme production; sound and music	..	..	..	..	..	..	..	..
60	Programming and broadcasting activities	..	..	..	..	..	..	..	..
61	Telecommunications	..	..	..	..	..	..	..	..
62-63	IT and other information services	3.1	9.9	..	..	..	..	..	..
62	Computer programming, consultancy and related activities	3.1 e	9.1	9.6	57.8	58.7	60.1	76.9	..
63	Information service activities	0.0	0.7	..	..	..	..	..	..
64-66	Financial and insurance activities	..	..	..	62.1	..	..	..	4.2
68-82	Real estate; professional, scientific and technical; administrative and support	..	..	..	..	..	..	..	..
68	Real estate activities	..	..	..	..	..	..	..	..
69-75x72	Professional, scientific and technical activities, except scientific R&D	4.3	12.9	17.2	23.2	29.8	27.8	16.7	..
72	Scientific research and development	63.3	70.4	50.7	52.2	49.4	48.8	55.9	51.5
77-82	Administrative and support service activities	2.6	3.3	4.1	3.2	..	..	..	..
84-99	Community, social and personal services	0.9	2.8 e	4.9 e	5.1	2.7	0.4	1.2	0.7
84-85	Public administration and defence; compulsory social security and education	..	..	..	..	..	..	..	..
86-88	Human health and social work activities	..	..	..	1.6	0.8	0.4	1.2	..
90-93	Arts, entertainment and recreation	..	..	..	..	..	..	..	..
94-99	Other services; household-employers; extraterritorial bodies	..	..	..	..	..	..	..	..

.. Not available; e Estimated value
Note: Detailed metadata at: http://metalinks.oecd.org/anberd/20181213/8c73.

SLOVENIA

R&D expenditure in industry by main activity of the enterprise, current prices
ISIC Rev. 4

Million USD PPP

		2009	2010	2011	2012	2013	2014	2015	2016
	TOTAL BUSINESS ENTERPRISE	657.5	793.7	1 058.5	1 158.7	1 211.9	1 164.5	1 087.8	1 027.7
01-03	**AGRICULTURE, FORESTRY AND FISHING**	0.4	0.4	0.7	0.9	0.0	0.0	0.9	0.1
05-09	**MINING AND QUARRYING**	8.4	8.3	9.2	7.4	7.8	5.8	5.1	6.5
10-33	**MANUFACTURING**	518.2	619.5	722.9	712.0	788.5	769.5	765.3	769.8
10-12	Food products, beverages and tobacco	2.2	2.4	5.8	6.0	10.8	10.8	12.9	10.3
13-15	Textiles, wearing apparel, leather and related products	8.9	9.6	10.5	12.5	13.6	10.8	9.8	10.3
13	Textiles	5.5	7.4	8.5	8.7	9.7	5.9	5.7	6.3
14	Wearing apparel	0.7	0.3	0.4	2.3	2.4	2.1	2.2	2.2
15	Leather and related products, footwear	2.8	1.9	1.6	1.4	1.5	2.7	1.9	1.8
16-18	Wood and paper products and printing	8.9	9.6	7.0	5.3	4.9	5.8	7.4	10.1
16	Wood and wood products, except furniture	1.9	2.4	2.9	2.0	1.2	1.6	2.0	6.1
17	Paper and paper products	4.4	5.4	3.0	2.2	2.5	2.6	4.2	3.1
18	Printing and reproduction of recorded media	2.7	1.8	1.2	1.2	1.3	1.7	1.2	0.9
19-23	Chemical, rubber, plastic, non-metallic mineral products	248.0	302.6	316.3	329.9	345.7	340.6	367.6	362.0
19	Coke and refined petroleum products	0.0	0.0	0.0	0.0	0.0	0.0	0.0	0.0
20-21	Chemical and pharmaceutical products	231.1	282.4	295.4	304.1	305.2	306.7	337.2	330.6
20	Chemicals and chemical products	21.9	31.0	32.1	33.1	32.3	31.3	30.6	29.9
21	Pharmaceuticals, medicinal, chemical and botanical products	209.2	251.4	263.4	271.0	272.9	275.4	306.5	300.7
22	Rubber and plastic products	12.7	15.3	16.4	16.2	16.2	23.4	19.5	18.7
23	Other non-metallic mineral products	4.2	4.9	4.5	9.6	24.3	10.5	10.9	12.8
24-25	Basic metals, metal products, except machinery and equipment	34.4	46.5	54.2	72.7	69.4	66.7	44.6	31.6
24	Basic metals	10.8	12.6	13.6	9.1	15.2	16.9	12.7	9.9
25	Fabricated metal products, except machinery and equipment	23.6	33.9	40.5	63.6	54.2	49.8	31.8	21.7
26-30	Computer, electronic, optical products; electrical machinery, transport equipment	204.2	233.7	307.0	268.8	325.5	317.1	311.5	325.7
26	Computer, electronic and optical products	60.0	61.8	61.1	62.8	67.8	69.1	66.2	55.1
27	Electrical equipment	64.5	76.0	107.0	77.5	147.6	129.6	151.0	179.7
28	Machinery and equipment n.e.c.	22.6	32.3	51.6	23.5	33.1	33.5	37.2	35.8
29	Motor vehicles, trailers and semi-trailers	50.9	53.2	77.8	102.1	68.1	81.8	53.4	53.1
30	Other transport equipment	6.2	10.4	9.6	3.0	9.0	3.1	3.6	2.0
31-33	Furniture; repair, installation of machinery and equipment	11.4	15.2	22.2	16.8	18.6	17.7	11.6	19.7
31	Furniture	1.9	4.1	4.5	1.9	3.1	2.7	1.4	1.8
32	Other manufacturing	5.1	5.7	10.7	11.6	6.2	6.2	7.7	9.1
33	Repair and installation of machinery and equipment	4.5	5.3	7.0	3.3	9.3	8.8	2.6	8.8
35-39	**ELECTRICITY, GAS, WATER AND WASTE MANAGEMENT**	1.5	1.6	4.2	6.9	4.7	4.5	3.6	2.0
35-36	Electricity, gas and water	1.5	1.6	4.0	6.7	3.0	2.8	2.5	1.4
37-39	Sewerage, waste management and remediation activities	0.0	0.0	0.3	0.2	1.7	1.7	1.1	0.6
41-43	**CONSTRUCTION**	0.1	0.6	2.1	2.5	2.9	3.8	3.8	2.9
45-99	**TOTAL SERVICES**	129.0	163.2	319.4	429.0	408.1	380.9	309.0	246.3
45-82	**Business sector services**	128.2	162.2	314.5	423.6	404.9	378.1	306.6	240.6
45-47	Wholesale and retail trade; motor vehicle and motorcycle repairs	10.5	9.2	9.9	9.5	12.5	15.4	10.4	10.2
49-53	Transportation and storage	1.9	2.2	3.3	1.3	0.3	0.3	0.4	0.1
55-56	Accommodation and food service activities	0.0	0.0	0.0	0.0	0.0	0.1	0.0	0.0
58-63	Information and communication	34.8	40.2	69.2	73.7	55.8	79.5	84.9	61.6
58-60	Publishing, audiovisual and broadcasting activities	2.7	1.6	6.2	21.7	6.6	5.9	7.2	5.9
58	Publishing activities	2.7	1.6	6.1	6.5	6.6	5.9	7.1	5.8
59-60	Motion picture, video and TV programme production; broadcasting activities	0.0	0.0	0.1	15.1	0.0	0.0	0.1	0.1
59	Motion picture, video and TV programme production; sound and music	0.0	0.0	0.1	0.0	0.0	0.0	0.1	0.1
60	Programming and broadcasting activities	0.0	0.0	0.0	15.1	0.0	0.0	0.0	0.0
61	Telecommunications	3.1	7.4	4.5	2.8	2.7	11.8	12.7	3.3
62-63	IT and other information services	29.0	31.2	58.5	49.3	46.5	61.8	65.0	52.4
62	Computer programming, consultancy and related activities	28.3	28.3	54.5	44.6	42.8	56.7	58.3	50.4
63	Information service activities	0.7	2.9	4.0	4.7	3.7	5.1	6.8	2.0
64-66	Financial and insurance activities	1.0	2.3	19.8	10.5	16.7	6.5	1.6	0.8
68-82	Real estate; professional, scientific and technical; administrative and support	80.2	108.4	212.3	328.6	319.7	276.3	209.3	167.9
68	Real estate activities	0.0	0.0	0.0	0.0	1.0	1.5	0.9	1.6
69-75x72	Professional, scientific and technical activities, except scientific R&D	39.4	40.1	68.8	57.7	52.8	58.9	56.1	47.3
72	Scientific research and development	38.7	67.5	143.4	270.8	264.7	215.0	151.1	117.0
77-82	Administrative and support service activities	2.0	0.7	0.1	0.1	1.2	1.0	1.2	1.9
84-99	Community, social and personal services	0.8	1.0	5.0	5.4	3.1	2.8	2.4	5.7
84-85	Public administration and defence; compulsory social security and education	0.1	0.2	0.5	0.6	0.4	1.0	1.2	0.8
86-88	Human health and social work activities	0.6	0.8	2.7	2.2	0.5	0.2	0.2	0.2
90-93	Arts, entertainment and recreation	0.0	0.0	0.0	0.0	0.0	0.0	0.0	3.4
94-99	Other services; household-employers; extraterritorial bodies	0.0	0.0	1.8	2.6	2.2	1.6	1.0	1.3

Note: Detailed metadata at: http://metalinks.oecd.org/anberd/20181213/8c73.

SLOVENIA

R&D expenditure in industry by main activity of the enterprise, constant prices
ISIC Rev. 4

2010 USD PPP

		2009	2010	2011	2012	2013	2014	2015	2016
	TOTAL BUSINESS ENTERPRISE	**659.3**	**793.7**	**1 024.9**	**1 086.0**	**1 087.8**	**1 038.5**	**971.8**	**910.1**
01-03	**AGRICULTURE, FORESTRY AND FISHING**	**0.4**	**0.4**	**0.7**	**0.9**	**0.0**	**0.0**	**0.8**	**0.1**
05-09	**MINING AND QUARRYING**	**8.5**	**8.3**	**8.9**	**6.9**	**7.0**	**5.1**	**4.5**	**5.8**
10-33	**MANUFACTURING**	**519.6**	**619.5**	**699.9**	**667.3**	**707.7**	**686.2**	**683.8**	**681.7**
10-12	Food products, beverages and tobacco	2.2	2.4	5.6	5.7	9.7	9.6	11.5	9.1
13-15	Textiles, wearing apparel, leather and related products	9.0	9.6	10.1	11.7	12.2	9.6	8.8	9.1
13	Textiles	5.5	7.4	8.3	8.2	8.7	5.3	5.1	5.6
14	Wearing apparel	0.7	0.3	0.3	2.2	2.1	1.9	1.9	2.0
15	Leather and related products, footwear	2.8	1.9	1.5	1.4	1.4	2.4	1.7	1.6
16-18	Wood and paper products and printing	8.9	9.6	6.8	5.0	4.4	5.2	6.6	9.0
16	Wood and wood products, except furniture	1.9	2.4	2.8	1.9	1.1	1.4	1.8	5.4
17	Paper and paper products	4.4	5.4	2.9	2.0	2.2	2.3	3.8	2.8
18	Printing and reproduction of recorded media	2.7	1.8	1.1	1.1	1.1	1.5	1.0	0.8
19-23	Chemical, rubber, plastic, non-metallic mineral products	248.7	302.6	306.2	309.2	310.3	303.7	328.4	320.6
19	Coke and refined petroleum products	0.0	0.0	0.0	0.0	0.0	0.0	0.0	0.0
20-21	Chemical and pharmaceutical products	231.8	282.4	286.0	285.0	273.9	273.5	301.2	292.7
20	Chemicals and chemical products	22.0	31.0	31.0	31.0	28.9	27.9	27.4	26.5
21	Pharmaceuticals, medicinal, chemical and botanical products	209.8	251.4	255.0	254.0	244.9	245.6	273.9	266.3
22	Rubber and plastic products	12.7	15.3	15.8	15.2	14.5	20.8	17.4	16.5
23	Other non-metallic mineral products	4.2	4.9	4.4	9.0	21.9	9.4	9.7	11.3
24-25	Basic metals, metal products, except machinery and equipment	34.5	46.5	52.5	68.1	62.3	59.5	39.8	28.0
24	Basic metals	10.8	12.6	13.2	8.5	13.7	15.1	11.4	8.7
25	Fabricated metal products, except machinery and equipment	23.7	33.9	39.2	59.6	48.6	44.4	28.4	19.3
26-30	Computer, electronic, optical products; electrical machinery, transport equipment	204.8	233.7	297.2	251.9	292.2	282.8	278.3	288.5
26	Computer, electronic and optical products	60.1	61.8	59.1	58.8	60.8	61.6	59.1	48.8
27	Electrical equipment	64.7	76.0	103.6	72.6	132.5	115.6	134.9	159.1
28	Machinery and equipment n.e.c.	22.7	32.3	49.9	22.0	29.7	29.8	33.3	31.7
29	Motor vehicles, trailers and semi-trailers	51.0	53.2	75.3	95.7	61.1	72.9	47.7	47.1
30	Other transport equipment	6.2	10.4	9.3	2.8	8.1	2.8	3.2	1.8
31-33	Furniture; repair, installation of machinery and equipment	11.5	15.2	21.5	15.8	16.7	15.8	10.4	17.4
31	Furniture	1.9	4.1	4.3	1.8	2.8	2.4	1.2	1.6
32	Other manufacturing	5.1	5.7	10.4	10.9	5.5	5.6	6.9	8.1
33	Repair and installation of machinery and equipment	4.5	5.3	6.8	3.1	8.3	7.8	2.3	7.8
35-39	**ELECTRICITY, GAS, WATER AND WASTE MANAGEMENT**	**1.5**	**1.6**	**4.1**	**6.4**	**4.2**	**4.0**	**3.2**	**1.8**
35-36	Electricity, gas and water	1.5	1.6	3.8	6.2	2.7	2.5	2.2	1.2
37-39	Sewerage, waste management and remediation activities	0.0	0.0	0.2	0.2	1.5	1.5	1.0	0.5
41-43	**CONSTRUCTION**	**0.1**	**0.6**	**2.0**	**2.3**	**2.6**	**3.4**	**3.4**	**2.6**
45-99	**TOTAL SERVICES**	**129.3**	**163.2**	**309.3**	**402.1**	**366.3**	**339.7**	**276.1**	**218.1**
45-82	**Business sector services**	**128.6**	**162.2**	**304.5**	**397.1**	**363.5**	**337.2**	**273.9**	**213.0**
45-47	Wholesale and retail trade; motor vehicle and motorcycle repairs	10.5	9.2	9.6	8.9	11.2	13.7	9.3	9.0
49-53	Transportation and storage	1.9	2.2	3.2	1.2	0.3	0.2	0.4	0.1
55-56	Accommodation and food service activities	0.0	0.0	0.0	0.0	0.0	0.1	0.0	0.0
58-63	**Information and communication**	**34.9**	**40.2**	**67.0**	**69.1**	**50.1**	**70.9**	**75.9**	**54.5**
58-60	Publishing, audiovisual and broadcasting activities	2.7	1.6	6.0	20.3	5.9	5.2	6.5	5.2
58	Publishing activities	2.7	1.6	5.9	6.1	5.9	5.2	6.3	5.1
59-60	Motion picture, video and TV programme production; broadcasting activities	0.0	0.0	0.1	14.2	0.0	0.0	0.1	0.1
59	Motion picture, video and TV programme production; sound and music	0.0	0.0	0.1	0.0	0.0	0.0	0.1	0.1
60	Programming and broadcasting activities	0.0	0.0	0.0	14.2	0.0	0.0	0.0	0.0
61	Telecommunications	3.1	7.4	4.4	2.6	2.4	10.5	11.3	2.9
62-63	IT and other information services	29.1	31.2	56.7	46.2	41.7	55.2	58.1	46.4
62	Computer programming, consultancy and related activities	28.4	28.3	52.8	41.8	38.4	50.6	52.1	44.6
63	Information service activities	0.7	2.9	3.9	4.4	3.4	4.6	6.0	1.8
64-66	**Financial and insurance activities**	**1.0**	**2.3**	**19.2**	**9.9**	**15.0**	**5.8**	**1.4**	**0.7**
68-82	**Real estate; professional, scientific and technical; administrative and support**	**80.4**	**108.4**	**205.5**	**308.0**	**286.9**	**246.4**	**187.0**	**148.7**
68	Real estate activities	0.0	0.0	0.0	0.0	0.9	1.3	0.8	1.4
69-75x72	Professional, scientific and technical activities, except scientific R&D	39.5	40.1	66.6	54.1	47.4	52.5	50.1	41.9
72	Scientific research and development	38.8	67.5	138.8	253.8	237.5	191.7	135.0	103.6
77-82	Administrative and support service activities	2.1	0.7	0.1	0.0	1.1	0.9	1.1	1.7
84-99	**Community, social and personal services**	**0.8**	**1.0**	**4.8**	**5.1**	**2.8**	**2.5**	**2.1**	**5.1**
84-85	Public administration and defence; compulsory social security and education	0.1	0.2	0.5	0.6	0.4	0.9	1.1	0.7
86-88	Human health and social work activities	0.6	0.8	2.6	2.1	0.4	0.2	0.1	0.2
90-93	Arts, entertainment and recreation	0.0	0.0	0.0	0.0	0.0	0.0	0.0	3.0
94-99	Other services; household-employers; extraterritorial bodies	0.0	0.0	1.7	2.4	2.0	1.4	0.9	1.1

Note: Detailed metadata at: http://metalinks.oecd.org/anberd/20181213/8c73.

SPAIN

R&D expenditure in industry by main activity of the enterprise, current prices
ISIC Rev. 4

Million USD PPP

		2009	2010	2011	2012	2013	2014	2015	2016
	TOTAL BUSINESS ENTERPRISE	10 530.1	10 335.5	10 357.2	10 208.0	10 234.7	10 242.7	10 361.6	10 751.6
01-03	**AGRICULTURE, FORESTRY AND FISHING**	77.5	76.8	74.6	76.8	78.7	88.2	90.1	103.6
05-09	**MINING AND QUARRYING**	23.4	25.7	27.4	24.1	20.5	18.4	19.7	20.9
10-33	**MANUFACTURING**	4 630.6	4 607.3	4 789.7	4 611.5	4 595.7	4 674.0	4 708.7	4 986.0
10-12	Food products, beverages and tobacco	289.7	273.3	272.0	269.4	275.7	279.1	271.5	310.8
13-15	Textiles, wearing apparel, leather and related products	127.0	115.3	113.9	134.7	149.5	208.4	207.8	157.8
13	Textiles	46.7	42.7	45.4	42.7	41.8	42.9	34.2	35.7
14	Wearing apparel	61.5	53.4	51.9	75.7	88.3	145.1	151.2	97.4
15	Leather and related products, footwear	18.8	19.2	16.5	16.2	19.3	20.3	22.4	24.7
16-18	Wood and paper products and printing	65.3	61.8	65.7	53.7	48.2	52.3	50.8	61.1
16	Wood and wood products, except furniture	14.9	20.5	17.7	13.5	12.5	13.5	11.5	15.0
17	Paper and paper products	27.4	24.5	34.9	23.5	20.7	19.5	21.4	22.5
18	Printing and reproduction of recorded media	23.0	16.8	13.1	16.7	14.9	19.2	17.8	23.6
19-23	Chemical, rubber, plastic, non-metallic mineral products	1 594.4	1 533.4	1 567.0	1 518.2	1 543.3	1 556.3	1 554.5	1 632.6
19	Coke and refined petroleum products	72.4	82.4	96.1	99.3	101.8	104.8	102.3	92.7
20-21	Chemical and pharmaceutical products	1 255.9	1 209.1	1 229.2	1 182.1	1 196.5	1 225.5	1 233.3	1 313.2
20	Chemicals and chemical products	331.4	343.1	339.2	337.6	354.7	352.5	344.9	360.7
21	Pharmaceuticals, medicinal, chemical and botanical products	924.4	866.0	890.0	844.5	841.8	873.0	888.4	952.5
22	Rubber and plastic products	156.1	143.7	143.0	154.1	153.8	143.8	145.0	155.0
23	Other non-metallic mineral products	109.9	98.2	98.7	82.7	91.1	82.3	73.9	71.7
24-25	Basic metals, metal products, except machinery and equipment	299.2	290.1	323.3	280.0	261.6	257.1	242.7	236.2
24	Basic metals	96.6	100.9	128.3	92.9	81.3	78.0	67.6	65.5
25	Fabricated metal products, except machinery and equipment	202.6	189.2	195.0	187.0	180.4	179.0	175.0	170.6
26-30	Computer, electronic, optical products; electrical machinery, transport equipment	2 104.7	2 214.4	2 322.8	2 237.2	2 192.3	2 198.0	2 265.9	2 451.7
26	Computer, electronic and optical products	334.7	319.7	291.4	258.5	260.4	257.0	245.0	255.8
27	Electrical equipment	294.2	283.0	273.5	301.1	281.3	289.2	317.8	329.8
28	Machinery and equipment n.e.c.	339.5	297.0	314.3	327.2	323.2	319.0	332.9	345.3
29	Motor vehicles, trailers and semi-trailers	484.5	526.2	500.5	490.4	486.3	566.3	549.0	663.8
30	Other transport equipment	651.8	788.4	943.1	859.9	841.1	766.5	821.3	857.0
31-33	Furniture; repair, installation of machinery and equipment	150.4	119.1	124.9	118.4	125.1	122.9	115.6	135.7
31	Furniture	34.1	27.3	26.5	22.9	22.7	27.1	22.1	22.6
32	Other manufacturing	89.4	72.5	80.0	77.2	83.7	76.0	77.9	92.9
33	Repair and installation of machinery and equipment	26.9	19.3	18.4	18.3	18.8	19.8	15.6	20.2
35-39	**ELECTRICITY, GAS, WATER AND WASTE MANAGEMENT**	216.4	233.9	260.8	291.3	250.3	226.1	233.7	233.5
35-36	Electricity, gas and water	167.9	193.0	219.7	262.8	221.1	193.7	202.7	198.0
37-39	Sewerage, waste management and remediation activities	48.5	40.9	41.1	28.5	29.2	32.4	31.0	35.5
41-43	**CONSTRUCTION**	264.3	218.8	218.0	197.6	182.5	196.2	154.4	144.3
45-99	**TOTAL SERVICES**	5 317.9	5 173.0	4 986.7	5 006.6	5 107.1	5 039.8	5 155.1	5 263.3
45-82	**Business sector services**	5 129.2	5 008.3	4 823.8	4 835.0	4 925.7	4 849.9	4 976.4	5 111.9
45-47	Wholesale and retail trade; motor vehicle and motorcycle repairs	376.3	311.9	309.1	308.5	301.4	264.7	305.4	379.0
49-53	Transportation and storage	99.7	128.9	85.0	85.9	67.3	71.1	54.2	86.3
55-56	Accommodation and food service activities	13.4	8.3	2.9	11.5	6.9	5.9	5.5	4.2
58-63	Information and communication	1 288.3	1 216.0	1 229.5	1 223.5	1 253.3	1 291.2	1 189.8	1 261.4
58-60	Publishing, audiovisual and broadcasting activities	87.1	92.7	78.7	74.7	61.2	66.3	57.5	48.3
58	Publishing activities	62.0	65.9	55.2	48.1	42.6	52.5	36.7	33.5
59-60	Motion picture, video and TV programme production; broadcasting activities	25.1	26.8	23.5	26.6	18.6	13.8	20.9	14.8
59	Motion picture, video and TV programme production; sound and music	20.2	22.9	18.1	19.9	12.7	10.8	15.5	8.6
60	Programming and broadcasting activities	4.9	3.9	5.4	6.7	5.9	3.0	5.3	6.2
61	Telecommunications	286.0	235.0	240.1	221.4	221.7	224.9	204.8	224.2
62-63	IT and other information services	915.1	888.3	910.7	927.5	970.4	1 000.0	927.5	988.9
62	Computer programming, consultancy and related activities	865.2	834.9	836.4	858.1	915.8	943.8	866.3	906.6
63	Information service activities	49.9	53.4	74.3	69.4	54.6	56.2	61.2	82.3
64-66	Financial and insurance activities	254.4	266.4	213.3	134.8	131.8	126.3	203.4	232.7
68-82	Real estate; professional, scientific and technical; administrative and support	3 097.1	3 076.8	2 984.0	3 070.8	3 165.0	3 090.6	3 218.1	3 148.2
68	Real estate activities	12.7	11.0	8.9	8.7	3.2	8.0	7.4	8.0
69-75x72	Professional, scientific and technical activities, except scientific R&D	850.3	851.6	894.8	869.2	915.6	850.1	847.1	763.4
72	Scientific research and development	2 171.6	2 160.0	2 031.8	2 123.4	2 175.4	2 172.5	2 305.8	2 321.1
77-82	Administrative and support service activities	62.6	54.2	48.5	69.5	70.8	59.8	57.7	55.7
84-99	Community, social and personal services	188.7	164.7	162.9	171.6	181.5	189.9	178.7	151.4
84-85	Public administration and defence; compulsory social security and education	29.8	19.2	20.1	19.6	15.1	16.9	10.4	9.7
86-88	Human health and social work activities	119.7	114.6	104.3	120.7	134.9	141.5	134.7	117.4
90-93	Arts, entertainment and recreation	5.6	4.8	5.3	5.1	7.1	7.6	9.3	8.3
94-99	Other services; household-employers; extraterritorial bodies	33.6	26.0	33.1	26.3	24.3	24.0	24.3	16.0

Note: Detailed metadata at: http://metalinks.oecd.org/anberd/20181213/8c73.

SPAIN

R&D expenditure in industry by main activity of the enterprise, constant prices
ISIC Rev. 4

2010 USD PPP

		2009	2010	2011	2012	2013	2014	2015	2016
	TOTAL BUSINESS ENTERPRISE	10 436.5	10 335.5	10 181.0	9 758.6	9 466.7	9 317.5	9 446.2	9 699.9
01-03	**AGRICULTURE, FORESTRY AND FISHING**	76.8	76.8	73.3	73.5	72.8	80.2	82.1	93.5
05-09	**MINING AND QUARRYING**	23.2	25.7	26.9	23.0	18.9	16.7	17.9	18.9
10-33	**MANUFACTURING**	4 589.5	4 607.3	4 708.2	4 408.5	4 250.8	4 251.8	4 292.7	4 498.3
10-12	Food products, beverages and tobacco	287.1	273.3	267.4	257.6	255.0	253.9	247.5	280.4
13-15	Textiles, wearing apparel, leather and related products	125.9	115.3	111.9	128.7	138.2	189.5	189.4	142.4
13	Textiles	46.3	42.7	44.7	40.8	38.7	39.0	31.1	32.2
14	Wearing apparel	61.0	53.4	51.1	72.4	81.7	132.0	137.9	87.9
15	Leather and related products, footwear	18.6	19.2	16.2	15.5	17.9	18.5	20.4	22.3
16-18	Wood and paper products and printing	64.7	61.8	64.6	51.4	44.6	47.6	46.3	55.1
16	Wood and wood products, except furniture	14.8	20.5	17.4	12.9	11.6	12.3	10.5	13.5
17	Paper and paper products	27.2	24.5	34.3	22.5	19.2	17.8	19.5	20.3
18	Printing and reproduction of recorded media	22.8	16.8	12.9	16.0	13.8	17.5	16.2	21.3
19-23	Chemical, rubber, plastic, non-metallic mineral products	1 580.2	1 533.4	1 540.3	1 451.3	1 427.5	1 415.7	1 417.2	1 472.9
19	Coke and refined petroleum products	71.8	82.4	94.4	94.9	94.2	95.3	93.3	83.7
20-21	Chemical and pharmaceutical products	1 244.7	1 209.1	1 208.3	1 130.0	1 106.7	1 114.8	1 124.3	1 184.8
20	Chemicals and chemical products	328.5	343.1	333.4	322.7	328.1	320.6	314.4	325.4
21	Pharmaceuticals, medicinal, chemical and botanical products	916.2	866.0	874.8	807.3	778.7	794.1	809.9	859.4
22	Rubber and plastic products	154.7	143.7	140.6	147.3	142.2	130.8	132.2	139.8
23	Other non-metallic mineral products	108.9	98.2	97.0	79.1	84.3	74.8	67.4	64.6
24-25	Basic metals, metal products, except machinery and equipment	296.6	290.1	317.8	267.6	242.0	233.8	221.2	213.1
24	Basic metals	95.7	100.9	126.2	88.8	75.2	71.0	61.6	59.1
25	Fabricated metal products, except machinery and equipment	200.8	189.2	191.6	178.8	166.8	162.9	159.6	153.9
26-30	Computer, electronic, optical products; electrical machinery, transport equipment	2 086.0	2 214.4	2 283.3	2 138.7	2 027.8	1 999.4	2 065.7	2 211.9
26	Computer, electronic and optical products	331.7	319.7	286.5	247.1	240.9	233.8	223.3	230.7
27	Electrical equipment	291.6	283.0	268.9	287.9	260.2	263.1	289.7	297.6
28	Machinery and equipment n.e.c.	336.5	297.0	309.0	312.8	299.0	290.1	303.4	311.5
29	Motor vehicles, trailers and semi-trailers	480.2	526.2	492.0	468.8	449.8	515.2	500.5	598.9
30	Other transport equipment	646.0	788.4	927.0	822.1	778.0	697.3	748.7	773.1
31-33	Furniture; repair, installation of machinery and equipment	149.0	119.1	122.8	113.2	115.7	111.8	105.4	122.4
31	Furniture	33.8	27.3	26.1	21.9	21.0	24.7	20.2	20.4
32	Other manufacturing	88.6	72.5	78.7	73.8	77.4	69.2	71.0	83.8
33	Repair and installation of machinery and equipment	26.6	19.3	18.1	17.5	17.4	18.0	14.2	18.3
35-39	**ELECTRICITY, GAS, WATER AND WASTE MANAGEMENT**	214.5	233.9	256.4	278.5	231.5	205.7	213.1	210.6
35-36	Electricity, gas and water	166.4	193.0	216.0	251.2	204.5	176.2	184.8	178.6
37-39	Sewerage, waste management and remediation activities	48.1	40.9	40.4	27.3	27.0	29.5	28.3	32.0
41-43	**CONSTRUCTION**	262.0	218.8	214.3	188.9	168.8	178.5	140.7	130.2
45-99	**TOTAL SERVICES**	5 270.6	5 173.0	4 901.9	4 786.2	4 723.9	4 584.5	4 699.6	4 748.4
45-82	**Business sector services**	5 083.5	5 008.3	4 741.8	4 622.2	4 556.0	4 411.8	4 536.8	4 611.8
45-47	Wholesale and retail trade; motor vehicle and motorcycle repairs	372.9	311.9	303.9	295.0	278.7	240.8	278.4	342.0
49-53	Transportation and storage	98.8	128.9	83.6	82.1	62.3	64.7	49.4	77.8
55-56	Accommodation and food service activities	13.3	8.3	2.8	11.0	6.4	5.4	5.0	3.8
58-63	Information and communication	1 276.8	1 216.0	1 208.6	1 169.7	1 159.3	1 174.6	1 084.7	1 138.0
58-60	Publishing, audiovisual and broadcasting activities	86.4	92.7	77.4	71.4	56.6	60.3	52.5	43.6
58	Publishing activities	61.5	65.9	54.3	46.0	39.4	47.8	33.4	30.2
59-60	Motion picture, video and TV programme production; broadcasting activities	24.9	26.8	23.1	25.4	17.2	12.5	19.0	13.4
59	Motion picture, video and TV programme production; sound and music	20.0	22.9	17.8	19.0	11.8	9.8	14.2	7.8
60	Programming and broadcasting activities	4.9	3.9	5.3	6.4	5.5	2.7	4.9	5.6
61	Telecommunications	283.5	235.0	236.0	211.7	205.0	204.6	186.7	202.3
62-63	IT and other information services	907.0	888.3	895.2	886.6	897.6	909.6	845.6	892.2
62	Computer programming, consultancy and related activities	857.5	834.9	822.1	820.3	847.0	858.5	789.7	817.9
63	Information service activities	49.4	53.4	73.1	66.3	50.5	51.1	55.8	74.3
64-66	Financial and insurance activities	252.2	266.4	209.7	128.8	121.9	114.9	185.5	209.9
68-82	Real estate; professional, scientific and technical; administrative and support	3 069.6	3 076.8	2 933.3	2 935.6	2 927.5	2 811.4	2 933.7	2 840.2
68	Real estate activities	12.6	11.0	8.8	8.3	3.0	7.3	6.7	7.2
69-75x72	Professional, scientific and technical activities, except scientific R&D	842.7	851.6	879.6	830.9	846.9	773.4	772.3	688.7
72	Scientific research and development	2 152.2	2 160.0	1 997.3	2 029.9	2 012.1	1 976.3	2 102.1	2 094.1
77-82	Administrative and support service activities	62.1	54.2	47.7	66.5	65.5	54.4	52.6	50.3
84-99	Community, social and personal services	187.0	164.7	160.1	164.1	167.8	172.8	162.9	136.6
84-85	Public administration and defence; compulsory social security and education	29.5	19.2	19.8	18.8	14.0	15.3	9.5	8.7
86-88	Human health and social work activities	118.7	114.6	102.5	115.3	124.8	128.7	122.8	105.9
90-93	Arts, entertainment and recreation	5.5	4.8	5.2	4.8	6.6	6.9	8.4	7.5
94-99	Other services; household-employers; extraterritorial bodies	33.3	26.0	32.5	25.1	22.5	21.8	22.2	14.5

Note: Detailed metadata at: http://metalinks.oecd.org/anberd/20181213/8c73.

SWEDEN

R&D expenditure in industry by main activity of the enterprise, current prices
ISIC Rev. 4

Million USD PPP

ISIC	Activity	2009	2010	2011	2012	2013	2014	2015	2016
	TOTAL BUSINESS ENTERPRISE	9 020.1	8 631.5	9 279.2	9 470.3	9 995.0	9 514.1	10 679.7	..
01-03	**AGRICULTURE, FORESTRY AND FISHING**	20.0 e	20.2 e	22.7	22.8 e	23.7 e	20.5 e	20.9 e	..
05-09	**MINING AND QUARRYING**	16.6 e	16.7 e	18.9	19.0 e	19.7 e	17.0 e	17.4 e	..
10-33	**MANUFACTURING**	6 687.6	6 264.7 e	6 592.8	6 700.4 e	7 043.3	6 635.0 e	7 377.7	..
10-12	Food products, beverages and tobacco	42.3	42.0 e	46.8	47.2 e	49.2	46.5 e	51.8 e	..
13-15	Textiles, wearing apparel, leather and related products	9.2	6.8 e	5.2	5.5 e	5.9	5.6 e	6.2 e	..
13	Textiles	..	..	..	..	..	..	..	..
14	Wearing apparel	..	..	..	..	..	..	..	..
15	Leather and related products, footwear	..	..	..	..	..	..	..	..
16-18	Wood and paper products and printing	369.3	225.2 e	107.1	124.0 e	145.7	137.6 e	153.3	..
16	Wood and wood products, except furniture	..	..	..	..	..	..	..	..
17	Paper and paper products	365.2	..	102.8	..	136.8	..	..	..
18	Printing and reproduction of recorded media	..	..	..	..	..	..	..	..
19-23	Chemical, rubber, plastic, non-metallic mineral products	958.6	974.3 e	1 107.5	1 080.6 e	1 090.3	1 001.9 e	1 088.4 e	..
19	Coke and refined petroleum products	..	..	..	..	..	..	..	..
20-21	Chemical and pharmaceutical products	..	..	..	..	..	..	..	..
20	Chemicals and chemical products	..	..	..	..	..	..	..	..
21	Pharmaceuticals, medicinal, chemical and botanical products	708.4	747.3 e	876.5	829.4 e	809.6	764.4 e	851.7 e	..
22	Rubber and plastic products	26.8	24.0 e	24.0	26.5 e	30.0	39.7 e	55.9	..
23	Other non-metallic mineral products	12.0	12.5 e	14.6	15.2 e	16.4	15.5 e	17.3 e	..
24-25	Basic metals, metal products, except machinery and equipment	385.7	305.3 e	261.0	306.8 e	364.5	312.9 e	316.8	..
24	Basic metals	175.2	162.1 e	168.4	205.3 e	250.4	224.2 e	237.3	..
25	Fabricated metal products, except machinery and equipment	210.5	143.2 e	92.6	101.5 e	114.1	88.7 e	79.4	..
26-30	Computer, electronic, optical products; electrical machinery, transport equipment	4 703.5	4 526.9 e	4 894.0	4 970.5 e	5 221.2	4 990.9 e	5 623.4	..
26	Computer, electronic and optical products	2 084.8	1 997.0 e	2 149.1	2 059.7 e	2 039.0	1 949.4 e	2 196.7	..
27	Electrical equipment	254.9	249.2 e	273.5	296.8 e	331.0	336.7 e	399.8	..
28	Machinery and equipment n.e.c.	635.4	621.5 e	682.3	700.5 e	743.5	689.4 e	755.5	..
29	Motor vehicles, trailers and semi-trailers	1 038.6 e	997.0 e	1 075.1	1 149.8 e	1 266.5 e	1 211.0 e	1 364.9 e	..
30	Other transport equipment	689.8 e	662.2 e	714.0	763.7 e	841.2 e	804.3 e	906.5 e	..
31-33	Furniture; repair, installation of machinery and equipment	218.9	184.1 e	171.2	165.9 e	166.2	139.6 e	137.8 e	..
31	Furniture	15.7	12.0 e	9.7	13.4 e	17.6	14.6 e	14.3 e	..
32	Other manufacturing	105.2	106.2 e	120.0	126.8 e	138.2	115.1 e	112.5 e	..
33	Repair and installation of machinery and equipment	98.1	66.0 e	41.5	25.8 e	10.5	9.9 e	11.0 e	..
35-39	**ELECTRICITY, GAS, WATER AND WASTE MANAGEMENT**	13.2	11.3 e	10.6	23.9 e	38.4	54.8 e	80.0	..
35-36	Electricity, gas and water	..	..	..	..	..	..	..	..
37-39	Sewerage, waste management and remediation activities	..	..	..	..	..	..	..	..
41-43	**CONSTRUCTION**	19.1	17.3 e	17.6	22.6 e	28.5	31.6 e	39.9	..
45-99	**TOTAL SERVICES**	2 263.4	2 301.2 e	2 616.6	2 681.6 e	2 841.5	2 755.2 e	3 143.7	..
45-82	**Business sector services**	2 237.4	2 283.3 e	2 604.6	2 665.2 e	2 819.9	2 734.4 e	3 119.9 e	..
45-47	Wholesale and retail trade; motor vehicle and motorcycle repairs	254.0 e	375.3 e	542.5	569.0 e	613.7	579.0 e	642.7 e	..
49-53	Transportation and storage	14.6	14.8 e	16.7	26.6 e	37.6	34.4 e	37.1	..
55-56	Accommodation and food service activities	0.0 e	0.0 e	0.0 e	0.0 e	0.0 e	0.0 e	0.0 e	..
58-63	Information and communication	511.7	421.2 e	380.4	445.4 e	526.0	565.4 e	697.9	..
58-60	Publishing, audiovisual and broadcasting activities	84.9	..	80.2	..	130.4	..	223.1	..
58	Publishing activities	..	..	..	..	..	..	..	..
59-60	Motion picture, video and TV programme production; broadcasting activities	..	..	..	..	..	..	..	..
59	Motion picture, video and TV programme production; sound and music	..	..	..	..	..	..	..	..
60	Programming and broadcasting activities	..	..	..	..	..	..	..	..
61	Telecommunications	..	..	..	..	..	..	..	..
62-63	IT and other information services	..	..	..	..	..	..	..	..
62	Computer programming, consultancy and related activities	..	..	..	..	..	..	..	..
63	Information service activities	..	..	..	..	..	..	..	..
64-66	Financial and insurance activities	70.2	76.4 e	91.8	95.4 e	102.0	107.6 e	131.0	..
68-82	Real estate; professional, scientific and technical; administrative and support	1 385.6	1 395.6 e	1 572.8	1 528.8 e	1 530.4	1 448.0 e	1 611.2	..
68	Real estate activities	0.0 e	0.0 e	0.0 e	0.0 e	0.0 e	0.0 e	0.0 e	..
69-75x72	Professional, scientific and technical activities, except scientific R&D	267.0	274.8 e	315.5	402.1 e	503.6	493.4 e	566.2	..
72	Scientific research and development	1 110.0	1 111.2 e	1 245.5	1 116.2 e	1 017.5	945.7 e	1 035.2	..
77-82	Administrative and support service activities	8.5 e	9.7 e	12.0	10.5 e	9.3	8.8 e	9.8 e	..
84-99	Community, social and personal services	26.0 e	18.0 e	12.0 e	16.4 e	21.5 e	20.9 e	23.8 e	..
84-85	Public administration and defence; compulsory social security and education	..	..	..	..	..	..	..	..
86-88	Human health and social work activities	..	..	..	..	..	..	..	..
90-93	Arts, entertainment and recreation	..	..	..	..	..	..	..	..
94-99	Other services; household-employers; extraterritorial bodies	..	..	..	..	..	..	..	..

.. Not available; e Estimated value
Note: Detailed metadata at: http://metalinks.oecd.org/anberd/20181213/8c73.

SWEDEN

R&D expenditure in industry by main activity of the enterprise, constant prices
ISIC Rev. 4

2010 USD PPP

		2009	2010	2011	2012	2013	2014	2015	2016
	TOTAL BUSINESS ENTERPRISE	9 012.5	8 631.5	8 995.2	8 889.6	9 222.9	8 755.7	9 874.6	..
01-03	**AGRICULTURE, FORESTRY AND FISHING**	20.0	20.2 e	22.0	21.4 e	21.9 e	18.9 e	19.4 e	..
05-09	**MINING AND QUARRYING**	16.6 e	16.7 e	18.3	17.8 e	18.2 e	15.7 e	16.1 e	..
10-33	**MANUFACTURING**	6 681.9	6 264.7 e	6 391.0	6 289.5 e	6 499.2	6 106.1 e	6 821.5	..
10-12	Food products, beverages and tobacco	42.2	42.0 e	45.4	44.3 e	45.4	42.7 e	47.9 e	..
13-15	Textiles, wearing apparel, leather and related products	9.2	6.8 e	5.0	5.1 e	5.5	5.2 e	5.8 e	..
13	Textiles	..	..	..	..	..	..	..	..
14	Wearing apparel	..	..	..	..	..	..	..	..
15	Leather and related products, footwear	..	..	..	..	..	..	..	..
16-18	Wood and paper products and printing	368.9	225.2 e	103.8	116.4 e	134.5	126.6 e	141.8	..
16	Wood and wood products, except furniture	..	..	..	..	..	..	..	..
17	Paper and paper products	364.9	..	99.6	..	126.2	..	..	..
18	Printing and reproduction of recorded media	..	..	..	..	..	..	..	..
19-23	Chemical, rubber, plastic, non-metallic mineral products	957.8	974.3 e	1 073.6	1 014.3 e	1 006.1	922.1 e	1 006.4 e	..
19	Coke and refined petroleum products	..	..	..	..	..	..	..	..
20-21	Chemical and pharmaceutical products	..	..	..	..	..	..	..	..
20	Chemicals and chemical products	..	..	..	..	..	..	..	..
21	Pharmaceuticals, medicinal, chemical and botanical products	707.8	747.3 e	849.7	778.5 e	747.1	703.5 e	787.5 e	..
22	Rubber and plastic products	26.8	24.0 e	23.2	24.9 e	27.7	36.6 e	51.7	..
23	Other non-metallic mineral products	12.0	12.5 e	14.1	14.3 e	15.1	14.2 e	16.0 e	..
24-25	Basic metals, metal products, except machinery and equipment	385.4	305.3 e	253.0	288.0 e	336.4	287.9 e	292.9	..
24	Basic metals	175.1	162.1 e	163.2	192.7 e	231.1	206.3 e	219.4	..
25	Fabricated metal products, except machinery and equipment	210.3	143.2 e	89.8	95.2 e	105.3	81.6 e	73.5	..
26-30	Computer, electronic, optical products; electrical machinery, transport equipment	4 699.6	4 526.9 e	4 744.2	4 665.7 e	4 817.8	4 593.1 e	5 199.4	..
26	Computer, electronic and optical products	2 082.9	1 997.0 e	2 083.3	1 933.4 e	1 881.5	1 794.0 e	2 031.1	..
27	Electrical equipment	254.7	249.2 e	265.1	278.6 e	305.4	309.9 e	369.7	..
28	Machinery and equipment n.e.c.	634.9	621.5 e	661.4	657.5 e	686.0	634.5 e	698.5	..
29	Motor vehicles, trailers and semi-trailers	1 037.8 e	997.0 e	1 042.2	1 079.3 e	1 168.7 e	1 114.5 e	1 262.0 e	..
30	Other transport equipment	689.3 e	662.2 e	692.2	716.8 e	776.2 e	740.2 e	838.2 e	..
31-33	Furniture; repair, installation of machinery and equipment	218.7	184.1 e	165.9	155.7 e	153.4	128.4 e	127.4 e	..
31	Furniture	15.7	12.0 e	9.4	12.5 e	16.2	13.5 e	13.2 e	..
32	Other manufacturing	105.1	106.2 e	116.3	119.0 e	127.5	105.9 e	104.0 e	..
33	Repair and installation of machinery and equipment	98.0	66.0 e	40.2	24.2 e	9.7	9.1 e	10.2 e	..
35-39	**ELECTRICITY, GAS, WATER AND WASTE MANAGEMENT**	13.2	11.3 e	10.3	22.4 e	35.4	50.5 e	74.0	..
35-36	Electricity, gas and water	..	..	..	..	..	..	..	..
37-39	Sewerage, waste management and remediation activities	..	..	..	..	..	..	..	..
41-43	**CONSTRUCTION**	19.0	17.3 e	17.1	21.2 e	26.3	29.0 e	36.9	..
45-99	**TOTAL SERVICES**	2 261.5	2 301.2 e	2 536.5	2 517.2 e	2 622.0	2 535.6 e	2 906.7	..
45-82	**Business sector services**	2 235.5	2 283.3 e	2 524.8	2 501.8 e	2 602.1	2 516.4 e	2 884.7 e	..
45-47	Wholesale and retail trade; motor vehicle and motorcycle repairs	253.8 e	375.3 e	525.9	534.1 e	566.2	532.9 e	594.3 e	..
49-53	Transportation and storage	14.6	14.8 e	16.2	25.0 e	34.7	31.7 e	34.3	..
55-56	Accommodation and food service activities	0.0 e	0.0 e	0.0 e	0.0 e	0.0 e	0.0 e	0.0 e	..
58-63	Information and communication	511.3	421.2 e	368.7	418.1 e	485.3	520.3 e	645.3	..
58-60	Publishing, audiovisual and broadcasting activities	84.8	..	77.7	..	120.3	..	206.3	..
58	Publishing activities	..	..	..	..	..	..	..	..
59-60	Motion picture, video and TV programme production; broadcasting activities	..	..	..	..	..	..	..	..
59	Motion picture, video and TV programme production; sound and music	..	..	..	..	..	..	..	..
60	Programming and broadcasting activities	..	..	..	..	..	..	..	..
61	Telecommunications	..	..	..	..	..	..	..	..
62-63	IT and other information services	..	..	..	..	..	..	..	..
62	Computer programming, consultancy and related activities	..	..	..	..	..	..	..	..
63	Information service activities	..	..	..	..	..	..	..	..
64-66	Financial and insurance activities	70.1	76.4 e	89.0	89.5 e	94.1	99.0 e	121.1	..
68-82	Real estate; professional, scientific and technical; administrative and support	1 384.4	1 395.6 e	1 524.7	1 435.1 e	1 412.2	1 332.5 e	1 489.7	..
68	Real estate activities	0.0 e	0.0 e	0.0 e	0.0 e	0.0 e	0.0 e	0.0 e	..
69-75x72	Professional, scientific and technical activities, except scientific R&D	266.8	274.8 e	305.8	377.5 e	464.7	454.1 e	523.5	..
72	Scientific research and development	1 109.1	1 111.2 e	1 207.3	1 047.7 e	938.9	870.4 e	957.1	..
77-82	Administrative and support service activities	8.5 e	9.7 e	11.6	9.9 e	8.6	8.1 e	9.1 e	..
84-99	Community, social and personal services	26.0 e	18.0 e	11.6	15.4 e	19.9	19.2 e	22.0 e	..
84-85	Public administration and defence; compulsory social security and education	..	..	..	..	..	..	..	..
86-88	Human health and social work activities	..	..	..	..	..	..	..	..
90-93	Arts, entertainment and recreation	..	..	..	..	..	..	..	..
94-99	Other services; household-employers; extraterritorial bodies	..	..	..	..	..	..	..	..

.. Not available; e Estimated value
Note: Detailed metadata at: *http://metalinks.oecd.org/anberd/20181213/8c73*.

SWITZERLAND

R&D expenditure in industry by main activity of the enterprise, current prices
ISIC Rev. 4

Million USD PPP

		2009	2010	2011	2012	2013	2014	2015	2016
	TOTAL BUSINESS ENTERPRISE	8 292.1 e	8 886.0 e	9 814.7 e	10 542.8	11 291.9 e	11 955.4 e	12 628.0	..
01-03	**AGRICULTURE, FORESTRY AND FISHING**	..	..	..	..	..	..	..	..
05-09	**MINING AND QUARRYING**	..	..	..	..	..	..	..	..
10-33	**MANUFACTURING**	6 073.0 e	6 396.8 e	6 959.4 e	7 378.7	7 815.2 e	8 193.5 e	8 577.1	..
10-12	Food products, beverages and tobacco	46.7 e	34.5 e	37.4 e	45.3	51.7 e	55.4 e	57.8	..
13-15	Textiles, wearing apparel, leather and related products	..	..	..	..	..	..	..	..
13	Textiles	..	..	..	..	..	..	..	..
14	Wearing apparel	..	..	..	..	..	..	..	..
15	Leather and related products, footwear	..	..	..	..	..	..	..	..
16-18	Wood and paper products and printing	..	..	..	..	..	..	..	..
16	Wood and wood products, except furniture	..	..	..	..	..	..	..	..
17	Paper and paper products	..	..	..	..	..	..	..	..
18	Printing and reproduction of recorded media	..	..	..	..	..	..	..	..
19-23	Chemical, rubber, plastic, non-metallic mineral products	3 473.4 e	3 592.0 e	3 851.8 e	4 066.2	4 347.3 e	4 644.3 e	4 972.4	..
19	Coke and refined petroleum products	..	..	..	..	..	..	..	..
20-21	Chemical and pharmaceutical products	..	..	..	..	..	..	..	..
20	Chemicals and chemical products	..	..	..	..	..	..	..	..
21	Pharmaceuticals, medicinal, chemical and botanical products	3 124.2 e	3 251.5 e	3 497.3 e	3 692.0	3 937.4 e	4 189.4 e	4 465.1	..
22	Rubber and plastic products	..	..	..	..	..	..	..	..
23	Other non-metallic mineral products	..	..	..	..	..	..	..	..
24-25	Basic metals, metal products, except machinery and equipment	217.3 e	265.9 e	314.4 e	336.9	332.0 e	301.4 e	257.6	..
24	Basic metals	..	..	..	..	..	..	..	..
25	Fabricated metal products, except machinery and equipment	..	..	..	..	..	..	..	..
26-30	Computer, electronic, optical products; electrical machinery, transport equipment	2 104.8 e	2 263.1 e	2 503.1 e	2 677.4	2 833.2 e	2 947.5 e	3 052.1	..
26	Computer, electronic and optical products	1 207.2 e	1 297.5 e	1 429.7 e	1 526.1	1 619.5 e	1 695.8 e	1 770.5	..
27	Electrical equipment	..	..	..	..	..	..	..	..
28	Machinery and equipment n.e.c.	..	..	..	..	..	..	..	..
29	Motor vehicles, trailers and semi-trailers	..	..	..	..	..	..	..	..
30	Other transport equipment	..	..	..	..	..	..	..	..
31-33	Furniture; repair, installation of machinery and equipment	..	..	..	..	..	..	..	..
31	Furniture	..	..	..	..	..	..	..	..
32	Other manufacturing	..	..	..	..	..	..	..	..
33	Repair and installation of machinery and equipment	..	..	..	..	..	..	..	..
35-39	**ELECTRICITY, GAS, WATER AND WASTE MANAGEMENT**	..	..	..	..	..	..	..	..
35-36	Electricity, gas and water	..	..	..	..	..	..	..	..
37-39	Sewerage, waste management and remediation activities	..	..	..	..	..	..	..	..
41-43	**CONSTRUCTION**	..	..	..	..	..	..	..	..
45-99	**TOTAL SERVICES**	2 219.1 e	2 489.3 e	2 855.3 e	3 164.1	3 476.7 e	3 761.9 e	4 051.0	..
45-82	Business sector services	..	..	..	..	..	..	..	..
45-47	Wholesale and retail trade; motor vehicle and motorcycle repairs	..	..	..	..	..	..	..	..
49-53	Transportation and storage	..	..	..	..	..	..	..	..
55-56	Accommodation and food service activities	..	..	..	..	..	..	..	..
58-63	Information and communication	..	..	..	..	..	..	..	..
58-60	Publishing, audiovisual and broadcasting activities	..	..	..	..	..	..	..	..
58	Publishing activities	..	..	..	..	..	..	..	..
59-60	Motion picture, video and TV programme production; broadcasting activities	..	..	..	..	..	..	..	..
59	Motion picture, video and TV programme production; sound and music	..	..	..	..	..	..	..	..
60	Programming and broadcasting activities	..	..	..	..	..	..	..	..
61	Telecommunications	..	..	..	..	..	..	..	..
62-63	IT and other information services	..	..	..	..	..	..	..	..
62	Computer programming, consultancy and related activities	..	..	..	..	..	..	..	..
63	Information service activities	..	..	..	..	..	..	..	..
64-66	Financial and insurance activities	..	..	..	..	..	..	..	..
68-82	Real estate; professional, scientific and technical; administrative and support	..	..	..	..	..	..	..	..
68	Real estate activities	..	..	..	..	..	..	..	..
69-75x72	Professional, scientific and technical activities, except scientific R&D	..	..	..	..	..	..	..	..
72	Scientific research and development	783.6 e	944.3 e	1 184.4 e	1 412.1	1 621.9 e	1 799.8 e	1 969.8	..
77-82	Administrative and support service activities	..	..	..	..	..	..	..	..
84-99	Community, social and personal services	..	..	..	..	..	..	..	..
84-85	Public administration and defence; compulsory social security and education	..	..	..	..	..	..	..	..
86-88	Human health and social work activities	..	..	..	..	..	..	..	..
90-93	Arts, entertainment and recreation	..	..	..	..	..	..	..	..
94-99	Other services; household-employers; extraterritorial bodies	..	..	..	..	..	..	..	..

.. Not available; e Estimated value

Note: Detailed metadata at: http://metalinks.oecd.org/anberd/20181213/8c73.

SWITZERLAND

R&D expenditure in industry by main activity of the enterprise, constant prices
ISIC Rev. 4

2010 USD PPP

		2009	2010	2011	2012	2013	2014	2015	2016
	TOTAL BUSINESS ENTERPRISE	8 348.3 e	8 886.0 e	9 332.1 e	9 729.9	10 098.5 e	10 507.4 e	10 802.8	..
01-03	AGRICULTURE, FORESTRY AND FISHING	..	..	..	..	..	..	..	..
05-09	MINING AND QUARRYING	..	..	..	..	..	..	..	..
10-33	**MANUFACTURING**	6 114.2 e	6 396.8 e	6 617.2 e	6 809.8	6 989.2 e	7 201.1 e	7 337.3	..
10-12	Food products, beverages and tobacco	47.0 e	34.5 e	35.5 e	41.8	46.2 e	48.7 e	49.5	..
13-15	Textiles, wearing apparel, leather and related products	..	..	..	..	..	..	..	..
13	Textiles	..	..	..	..	..	..	..	..
14	Wearing apparel	..	..	..	..	..	..	..	..
15	Leather and related products, footwear	..	..	..	..	..	..	..	..
16-18	Wood and paper products and printing	..	..	..	..	..	..	..	..
16	Wood and wood products, except furniture	..	..	..	..	..	..	..	..
17	Paper and paper products	..	..	..	..	..	..	..	..
18	Printing and reproduction of recorded media	..	..	..	..	..	..	..	..
19-23	Chemical, rubber, plastic, non-metallic mineral products	3 497.0 e	3 592.0 e	3 662.4 e	3 752.6	3 887.9 e	4 081.8 e	4 253.7	..
19	Coke and refined petroleum products	..	..	..	..	..	..	..	..
20-21	Chemical and pharmaceutical products	..	..	..	..	..	..	..	..
20	Chemicals and chemical products	..	..	..	..	..	..	..	..
21	Pharmaceuticals, medicinal, chemical and botanical products	3 145.3 e	3 251.5 e	3 325.4 e	3 407.3	3 521.3 e	3 682.0 e	3 819.7	..
22	Rubber and plastic products	..	..	..	..	..	..	..	..
23	Other non-metallic mineral products	..	..	..	..	..	..	..	..
24-25	Basic metals, metal products, except machinery and equipment	218.8 e	265.9 e	299.0 e	310.9	296.9 e	264.9 e	220.3	..
24	Basic metals	..	..	..	..	..	..	..	..
25	Fabricated metal products, except machinery and equipment	..	..	..	..	..	..	..	..
26-30	Computer, electronic, optical products; electrical machinery, transport equipment	2 119.0 e	2 263.1 e	2 380.0 e	2 470.9	2 533.8 e	2 590.5 e	2 610.9	..
26	Computer, electronic and optical products	1 215.4 e	1 297.5 e	1 359.4 e	1 408.5	1 448.3 e	1 490.4 e	1 514.6	..
27	Electrical equipment	..	..	..	..	..	..	..	..
28	Machinery and equipment n.e.c.	..	..	..	..	..	..	..	..
29	Motor vehicles, trailers and semi-trailers	..	..	..	..	..	..	..	..
30	Other transport equipment	..	..	..	..	..	..	..	..
31-33	Furniture; repair, installation of machinery and equipment	..	..	..	..	..	..	..	..
31	Furniture	..	..	..	..	..	..	..	..
32	Other manufacturing	..	..	..	..	..	..	..	..
33	Repair and installation of machinery and equipment	..	..	..	..	..	..	..	..
35-39	ELECTRICITY, GAS, WATER AND WASTE MANAGEMENT	..	..	..	..	..	..	..	..
35-36	Electricity, gas and water	..	..	..	..	..	..	..	..
37-39	Sewerage, waste management and remediation activities	..	..	..	..	..	..	..	..
41-43	**CONSTRUCTION**	..	..	..	..	..	..	..	..
45-99	**TOTAL SERVICES**	2 234.1 e	2 489.3 e	2 714.9 e	2 920.1	3 109.3 e	3 306.3 e	3 465.4	..
45-82	Business sector services	..	..	..	..	..	..	..	..
45-47	Wholesale and retail trade; motor vehicle and motorcycle repairs	..	..	..	..	..	..	..	..
49-53	Transportation and storage	..	..	..	..	..	..	..	..
55-56	Accommodation and food service activities	..	..	..	..	..	..	..	..
58-63	Information and communication	..	..	..	..	..	..	..	..
58-60	Publishing, audiovisual and broadcasting activities	..	..	..	..	..	..	..	..
58	Publishing activities	..	..	..	..	..	..	..	..
59-60	Motion picture, video and TV programme production; broadcasting activities	..	..	..	..	..	..	..	..
59	Motion picture, video and TV programme production; sound and music	..	..	..	..	..	..	..	..
60	Programming and broadcasting activities	..	..	..	..	..	..	..	..
61	Telecommunications	..	..	..	..	..	..	..	..
62-63	IT and other information services	..	..	..	..	..	..	..	..
62	Computer programming, consultancy and related activities	..	..	..	..	..	..	..	..
63	Information service activities	..	..	..	..	..	..	..	..
64-66	Financial and insurance activities	..	..	..	..	..	..	..	..
68-82	Real estate; professional, scientific and technical; administrative and support	..	..	..	..	..	..	..	..
68	Real estate activities	..	..	..	..	..	..	..	..
69-75x72	Professional, scientific and technical activities, except scientific R&D	..	..	..	..	..	..	..	..
72	Scientific research and development	788.9 e	944.3 e	1 126.1 e	1 303.2	1 450.5 e	1 581.8 e	1 685.1	..
77-82	Administrative and support service activities	..	..	..	..	..	..	..	..
84-99	Community, social and personal services	..	..	..	..	..	..	..	..
84-85	Public administration and defence; compulsory social security and education	..	..	..	..	..	..	..	..
86-88	Human health and social work activities	..	..	..	..	..	..	..	..
90-93	Arts, entertainment and recreation	..	..	..	..	..	..	..	..
94-99	Other services; household-employers; extraterritorial bodies	..	..	..	..	..	..	..	..

.. Not available; e Estimated value
Note: Detailed metadata at: http://metalinks.oecd.org/anberd/20181213/8c73.

TURKEY

R&D expenditure in industry by main activity of the enterprise, current prices
ISIC Rev. 4

Million USD PPP

		2009	2010	2011	2012	2013	2014	2015	2016
	TOTAL BUSINESS ENTERPRISE	**3 576.4**	**4 288.2**	**4 985.9**	**5 776.5**	**6 569.7**	**7 931.2**	**8 572.0**	**10 280.8**
01-03	**AGRICULTURE, FORESTRY AND FISHING**	**8.5**	**9.9**	**13.3**	**12.4**	**16.9**	**18.6**	**20.7**	**13.1**
05-09	**MINING AND QUARRYING**	**13.0**	**14.4**	**19.8**	**17.1**	**30.6**	**18.2**	**24.3**	**38.4**
10-33	**MANUFACTURING**	**2 227.1**	**2 213.6**	**2 659.4**	**3 063.3**	**3 373.5**	**4 111.5**	**4 306.2**	**5 888.1**
10-12	Food products, beverages and tobacco	83.2	66.2	78.4	80.8	115.6	118.9	99.5	128.9
13-15	Textiles, wearing apparel, leather and related products	70.1	70.1	99.3	106.8	92.9	118.7	125.3	141.7
13	Textiles	54.8	55.7	83.0	88.6	73.2	94.8	105.5	112.3
14	Wearing apparel	13.8	12.7	13.7	15.3	16.3	18.4	16.1	26.2
15	Leather and related products, footwear	1.5	1.8	2.6	2.9	3.4	5.5	3.7	3.3
16-18	Wood and paper products and printing	11.8	9.5	11.3	12.5	11.9	17.6	14.4	35.1
16	Wood and wood products, except furniture	3.3	1.6	3.5	3.2	1.8	3.6	2.9	3.9
17	Paper and paper products	4.7	4.7	4.5	5.7	4.7	5.0	5.6	21.8
18	Printing and reproduction of recorded media	3.8	3.2	3.3	3.6	5.4	8.9	5.8	9.4
19-23	Chemical, rubber, plastic, non-metallic mineral products	334.0	383.1	550.3	601.2	722.8	682.9	622.9	643.5
19	Coke and refined petroleum products	9.2	12.6 e	16.4 e	19.2 e	29.5 e	26.3 e	22.9 e	22.5 e
20-21	Chemical and pharmaceutical products	205.5	243.4 e	387.6 e	406.1 e	531.2 e	496.6 e	455.2 e	424.2 e
20	Chemicals and chemical products	104.1	143.2 e	186.6 e	218.3 e	334.7 e	298.2 e	260.4 e	255.3 e
21	Pharmaceuticals, medicinal, chemical and botanical products	101.4	100.2	201.0	187.8	196.5	198.4	194.8	168.9
22	Rubber and plastic products	62.9	69.7	80.1	98.2	80.5	86.3	68.3	76.7
23	Other non-metallic mineral products	56.4	57.4	66.1	77.7	81.6	73.7	76.5	120.2
24-25	Basic metals, metal products, except machinery and equipment	82.8	209.1	206.7	246.3	252.7	382.4	304.5	544.0
24	Basic metals	22.2	30.2	55.0	59.4	55.7	97.0	71.5	67.6
25	Fabricated metal products, except machinery and equipment	60.6	179.0	151.6	187.0	197.0	285.5	233.0	476.4
26-30	Computer, electronic, optical products; electrical machinery, transport equipment	1 579.7	1 429.9	1 654.4	1 945.1	2 108.4	2 711.6	3 072.2	4 295.1
26	Computer, electronic and optical products	496.0	133.1	153.7	196.5	263.9	237.1	283.0	1 345.0
27	Electrical equipment	225.1	236.2	322.7	328.8	344.0	420.9	423.5	510.2
28	Machinery and equipment n.e.c.	160.8	186.5	242.4	295.6	313.6	309.9	322.2	436.3
29	Motor vehicles, trailers and semi-trailers	494.7	636.8	676.7	773.4	908.9	1 390.6	1 490.1	1 285.3
30	Other transport equipment	203.1	237.3	258.9	350.8	277.9	353.1	553.4	718.4
31-33	Furniture; repair, installation of machinery and equipment	65.5	45.7	59.1	70.6	69.2	79.5	67.5	99.8
31	Furniture	14.0	14.5	15.9	13.6	14.7	12.9	14.8	23.1
32	Other manufacturing	18.5	18.4	26.8	36.9	28.8	41.2	33.6	49.8
33	Repair and installation of machinery and equipment	33.0	12.8	16.4	20.2	25.8	25.4	19.0	26.9
35-39	**ELECTRICITY, GAS, WATER AND WASTE MANAGEMENT**	**18.0**	**11.7**	**17.5**	**30.1**	**34.3**	**38.6**	**57.2**	**42.4**
35-36	Electricity, gas and water	..	..	12.8	25.0	30.6	34.3	53.5	39.3
37-39	Sewerage, waste management and remediation activities	..	..	4.7	5.1	3.8	4.3	3.7	3.0
41-43	**CONSTRUCTION**	**14.2**	**22.4**	**30.3**	**41.6**	**25.3**	**27.2**	**29.8**	**25.8**
45-99	**TOTAL SERVICES**	**1 295.7**	**2 016.1**	**2 245.6**	**2 612.1**	**3 089.0**	**3 717.1**	**4 133.8**	**4 273.0**
45-82	**Business sector services**	**1 266.9**	**2 004.0**	**2 230.6**	**2 590.2**	**3 073.0**	**3 695.4**	**4 115.0**	**4 202.6**
45-47	Wholesale and retail trade; motor vehicle and motorcycle repairs	152.9	117.3	183.4	153.6	180.7	197.6	235.6	423.2
49-53	Transportation and storage	4.8	10.6	10.3	17.6	25.8	30.1	30.3	41.1
55-56	Accommodation and food service activities	0.7	0.0	0.0	0.5	0.4	0.6	0.6	4.7
58-63	Information and communication	740.4	1 206.1	1 176.8	1 449.5	1 653.9	2 096.5	2 395.7	3 073.4
58-60	Publishing, audiovisual and broadcasting activities	101.9	189.6 e	68.1 e	22.7	30.0	55.6	52.0	16.9
58	Publishing activities	..	..	..	21.1	28.3	52.6	50.5	14.5
59-60	Motion picture, video and TV programme production; broadcasting activities	..	..	..	1.7	1.7	3.0	1.5	2.4
59	Motion picture, video and TV programme production; sound and music	..	..	..	..	..	..	..	..
60	Programming and broadcasting activities	..	..	..	..	..	..	..	..
61	Telecommunications	79.6	279.7 e	215.9 e	310.1	332.8	463.4	495.3	126.8
62-63	IT and other information services	558.9	736.9	892.8	1 116.6	1 291.1	1 577.6	1 848.4	2 929.7
62	Computer programming, consultancy and related activities	549.7	727.3	881.8	1 100.2	1 282.6	1 568.5	1 834.8	2 887.2
63	Information service activities	9.3	9.6	11.0	16.4	8.5	9.1	13.6	42.5
64-66	Financial and insurance activities	152.6	66.5	96.9	93.9	130.6	121.1	68.9	58.5
68-82	Real estate; professional, scientific and technical; administrative and support	215.5	603.5	763.1	875.1	1 081.5	1 249.5	1 383.9	601.6
68	Real estate activities	0.0	0.0	0.0	0.0	0.0	0.0	0.0	0.0
69-75x72	Professional, scientific and technical activities, except scientific R&D	60.7	17.2	28.4	31.7	37.2	41.0	45.0	113.0
72	Scientific research and development	151.7	583.6	732.5	840.8	1 039.5	1 200.1	1 329.5	473.2
77-82	Administrative and support service activities	3.1	2.6	2.2	2.6	4.8	8.4	9.4	15.5
84-99	Community, social and personal services	28.8	12.1	15.0	21.9	16.1	21.7	18.8	70.4
84-85	Public administration and defence; compulsory social security and education	24.0	5.5	8.5	15.0	12.0	13.8	11.2	52.3
86-88	Human health and social work activities	2.1	3.9	3.4	3.8	2.2	6.4	5.5	14.5
90-93	Arts, entertainment and recreation	..	..	..	..	..	..	..	..
94-99	Other services; household-employers; extraterritorial bodies	..	..	..	..	..	..	..	..

.. Not available; e Estimated value

Note: Detailed metadata at: http://metalinks.oecd.org/anberd/20181213/8c73.

TURKEY

R&D expenditure in industry by main activity of the enterprise, constant prices
ISIC Rev. 4

2010 USD PPP

		2009	2010	2011	2012	2013	2014	2015	2016
	TOTAL BUSINESS ENTERPRISE	3 765.3	4 288.2	4 842.6	5 513.2	6 192.1	7 181.3	7 837.5	9 395.6
01-03	**AGRICULTURE, FORESTRY AND FISHING**	8.9	9.9	12.9	11.8	16.0	16.8	18.9	12.0
05-09	**MINING AND QUARRYING**	13.7	14.4	19.3	16.3	28.8	16.4	22.2	35.1
10-33	**MANUFACTURING**	2 344.7	2 213.6	2 583.0	2 923.7	3 179.6	3 722.7	3 937.2	5 381.2
10-12	Food products, beverages and tobacco	87.6	66.2	76.1	77.1	108.9	107.6	91.0	117.8
13-15	Textiles, wearing apparel, leather and related products	73.8	70.1	96.4	101.9	87.6	107.5	114.6	129.5
13	Textiles	57.7	55.7	80.6	84.6	69.0	85.8	96.5	102.6
14	Wearing apparel	14.6	12.7	13.3	14.6	15.4	16.7	14.7	23.9
15	Leather and related products, footwear	1.6	1.8	2.5	2.7	3.2	5.0	3.4	3.0
16-18	Wood and paper products and printing	12.4	9.5	11.0	11.9	11.3	15.9	13.1	32.1
16	Wood and wood products, except furniture	3.4	1.6	3.4	3.1	1.7	3.2	2.7	3.5
17	Paper and paper products	4.9	4.7	4.4	5.4	4.5	4.5	5.2	20.0
18	Printing and reproduction of recorded media	4.0	3.2	3.2	3.4	5.1	8.1	5.3	8.6
19-23	Chemical, rubber, plastic, non-metallic mineral products	351.6	383.1	534.4	573.8	681.2	618.3	569.5	588.1
19	Coke and refined petroleum products	9.7	12.6 e	16.0 e	18.4 e	27.8 e	23.8 e	21.0 e	20.6 e
20-21	Chemical and pharmaceutical products	216.4	243.4 e	376.5 e	387.5 e	500.6 e	449.6 e	416.2 e	387.6 e
20	Chemicals and chemical products	109.6	143.2 e	181.2 e	208.3 e	315.4 e	270.0 e	238.1 e	233.3 e
21	Pharmaceuticals, medicinal, chemical and botanical products	106.8	100.2	195.2	179.2	185.2	179.7	178.1	154.4
22	Rubber and plastic products	66.2	69.7	77.8	93.7	75.9	78.1	62.4	70.1
23	Other non-metallic mineral products	59.4	57.4	64.2	74.2	76.9	66.8	69.9	109.8
24-25	Basic metals, metal products, except machinery and equipment	87.2	209.1	200.7	235.1	238.2	346.2	278.4	497.2
24	Basic metals	23.4	30.2	53.4	56.7	52.5	87.8	65.3	61.8
25	Fabricated metal products, except machinery and equipment	63.8	179.0	147.3	178.5	185.7	258.5	213.1	435.4
26-30	Computer, electronic, optical products; electrical machinery, transport equipment	1 663.1	1 429.9	1 606.8	1 856.4	1 987.2	2 455.2	2 808.9	3 925.3
26	Computer, electronic and optical products	522.2	133.1	149.3	187.6	248.8	214.7	258.7	1 229.2
27	Electrical equipment	237.0	236.2	313.4	313.8	324.3	381.1	387.2	466.2
28	Machinery and equipment n.e.c.	169.3	186.5	235.5	282.1	295.6	280.6	294.6	398.7
29	Motor vehicles, trailers and semi-trailers	520.8	636.8	657.2	738.1	856.7	1 259.1	1 362.4	1 174.6
30	Other transport equipment	213.8	237.3	251.4	334.8	261.9	319.7	506.0	656.5
31-33	Furniture; repair, installation of machinery and equipment	69.0	45.7	57.4	67.4	65.3	72.0	61.7	91.2
31	Furniture	14.8	14.5	15.5	12.9	13.8	11.7	13.5	21.1
32	Other manufacturing	19.5	18.4	26.0	35.2	27.1	37.3	30.7	45.5
33	Repair and installation of machinery and equipment	34.8	12.8	15.9	19.2	24.3	23.0	17.4	24.6
35-39	**ELECTRICITY, GAS, WATER AND WASTE MANAGEMENT**	19.0	11.7	17.0	28.7	32.4	35.0	52.3	38.7
35-36	Electricity, gas and water	..	..	12.4	23.8	28.8	31.1	48.9	36.0
37-39	Sewerage, waste management and remediation activities	..	..	4.6	4.9	3.5	3.9	3.4	2.8
41-43	**CONSTRUCTION**	15.0	22.4	29.4	39.7	23.8	24.6	27.3	23.6
45-99	**TOTAL SERVICES**	1 364.1	2 016.1	2 181.0	2 493.0	2 911.5	3 365.7	3 779.6	3 905.1
45-82	**Business sector services**	1 333.8	2 004.0	2 166.4	2 472.1	2 896.4	3 346.0	3 762.4	3 840.7
45-47	Wholesale and retail trade; motor vehicle and motorcycle repairs	160.9	117.3	178.2	146.6	170.4	178.9	215.4	386.8
49-53	Transportation and storage	5.1	10.6	10.1	16.8	24.3	27.3	27.7	37.6
55-56	**Accommodation and food service activities**	0.7	0.0	0.0	0.5	0.4	0.5	0.6	4.3
58-63	Information and communication	779.5	1 206.1	1 143.0	1 383.4	1 558.9	1 898.3	2 190.4	2 808.8
58-60	Publishing, audiovisual and broadcasting activities	107.2	189.6 e	66.2 e	21.7	28.3	50.3	47.5	15.4
58	Publishing activities	..	..	..	20.1	26.7	47.6	46.1	13.3
59-60	Motion picture, video and TV programme production; broadcasting activities	..	..	..	1.6	1.6	2.7	1.4	2.2
59	Motion picture, video and TV programme production; sound and music	..	..	..	..	..	..	..	..
60	Programming and broadcasting activities	..	..	..	..	..	..	..	..
61	Telecommunications	83.9	279.7 e	209.7 e	296.0	313.7	419.6	452.9	115.9
62-63	IT and other information services	588.4	736.9	867.1	1 065.7	1 216.9	1 428.4	1 690.0	2 677.5
62	Computer programming, consultancy and related activities	578.7	727.3	856.4	1 050.0	1 208.9	1 420.2	1 677.6	2 638.7
63	Information service activities	9.7	9.6	10.7	15.7	8.0	8.2	12.4	38.8
64-66	**Financial and insurance activities**	160.7	66.5	94.1	89.6	123.1	109.7	63.0	53.4
68-82	**Real estate; professional, scientific and technical; administrative and support**	226.9	603.5	741.2	835.2	1 019.3	1 131.3	1 265.3	549.8
68	Real estate activities	0.0	0.0	0.0	0.0	0.0	0.0	0.0	0.0
69-75x72	Professional, scientific and technical activities, except scientific R&D	63.9	17.2	27.6	30.2	35.0	37.1	41.1	103.2
72	Scientific research and development	159.7	583.6	711.5	802.5	979.8	1 086.6	1 215.6	432.4
77-82	Administrative and support service activities	3.3	2.6	2.1	2.5	4.5	7.6	8.6	14.2
84-99	Community, social and personal services	30.3	12.1	14.6	20.9	15.1	19.7	17.2	64.4
84-85	Public administration and defence; compulsory social security and education	25.3	5.5	8.3	14.3	11.3	12.5	10.2	47.8
86-88	Human health and social work activities	2.2	3.9	3.3	3.6	2.1	5.8	5.0	13.2
90-93	Arts, entertainment and recreation	..	..	..	..	..	..	..	..
94-99	Other services; household-employers; extraterritorial bodies	..	..	..	..	..	..	..	..

.. Not available; e Estimated value
Note: Detailed metadata at: http://metalinks.oecd.org/anberd/20181213/8c73.

UNITED KINGDOM

R&D expenditure in industry by main activity of the enterprise, current prices
ISIC Rev. 4

Million USD PPP

		2009	2010	2011	2012	2013	2014	2015	2016
	TOTAL BUSINESS ENTERPRISE	22 003.9	22 900.6	24 655.7	24 381.2	26 534.1	28 541.9	29 944.9	31 673.8
01-03	AGRICULTURE, FORESTRY AND FISHING	11.1	19.4	17.6	20.0	14.8	19.2	21.9	30.9
05-09	MINING AND QUARRYING	125.9	194.6	245.0	243.7	273.9	261.3	227.5	236.9
10-33	MANUFACTURING	8 470.7	8 507.7	9 097.9	9 745.8	10 529.0	11 144.8	11 759.1	13 109.5
10-12	Food products, beverages and tobacco	366.3	330.4	393.2	391.7	471.1	472.5	369.8	444.8
13-15	Textiles, wearing apparel, leather and related products	14.6	15.4	36.0	45.5	31.6	32.1	27.5	30.1
13	Textiles	11.1	13.3	32.4	38.9	23.7	23.8	20.6	25.1
14	Wearing apparel	2.0	1.1	1.7	3.8	4.2	4.9	3.9	2.3
15	Leather and related products, footwear	1.5	1.0	1.8	2.7	3.7	3.4	3.0	2.7
16-18	Wood and paper products and printing	23.8	25.8	21.4	31.2	51.3	57.6	62.9	69.5
16	Wood and wood products, except furniture	3.9	5.1	2.0	4.0 e	9.5	8.9	8.7	13.4
17	Paper and paper products	10.4	12.8	12.5	11.4 e	15.1	17.6	16.6	17.0
18	Printing and reproduction of recorded media	9.4	7.8	6.9	15.8	26.8	31.1	37.7	39.2
19-23	Chemical, rubber, plastic, non-metallic mineral products	1 249.2	1 281.8	1 350.5	1 310.1	1 390.4	1 370.9	1 384.6	1 549.0
19	Coke and refined petroleum products	123.1	18.5	26.8	31.6	27.5	47.8	128.2	60.1
20-21	Chemical and pharmaceutical products	962.7	1 109.3	1 151.0	1 093.2	1 177.6	1 096.4	1 003.7	1 230.8
20	Chemicals and chemical products	384.1	457.1	402.4	374.6	519.1	523.9	447.3	685.1
21	Pharmaceuticals, medicinal, chemical and botanical products	578.7	652.2	748.7	718.6	658.5	572.6	556.3	545.7
22	Rubber and plastic products	104.6	95.1	115.1	140.4	136.8	158.4	192.6	184.7
23	Other non-metallic mineral products	58.7	58.9	57.5	44.9	48.6	68.3	60.2	73.4
24-25	Basic metals, metal products, except machinery and equipment	946.8	917.5	903.9	796.1	802.4	861.1	770.8	750.5
24	Basic metals	65.5	70.4	123.5	90.2	63.9	101.4	85.0	93.2
25	Fabricated metal products, except machinery and equipment	881.3	847.0	780.4	705.9	738.6	759.7	685.8	657.3
26-30	Computer, electronic, optical products; electrical machinery, transport equipment	5 437.9	5 453.1	6 048.1	6 853.0	7 377.4	7 934.2	8 611.5	9 772.8
26	Computer, electronic and optical products	1 371.0	1 178.4	1 384.5	1 391.9	1 468.3	1 440.9	1 412.3	1 553.3
27	Electrical equipment	193.2	232.7	215.7	242.1	230.7	259.6	272.1	249.3
28	Machinery and equipment n.e.c.	886.0	886.0	897.4	1 106.3	1 078.9	1 069.5	1 245.7	1 184.2
29	Motor vehicles, trailers and semi-trailers	1 358.9	1 506.1	1 834.9	2 106.7	2 508.0	2 887.4	3 382.2	4 202.0
30	Other transport equipment	1 627.2	1 650.0	1 715.6	2 006.0	2 091.5	2 276.9	2 299.2	2 584.0
31-33	Furniture; repair, installation of machinery and equipment	432.1	483.7	344.9	318.3	404.7	416.5	531.9	492.8
31	Furniture	38.4	46.6	70.8	51.6	73.1	55.8	57.1	61.6
32	Other manufacturing	121.1	204.5	166.0	147.7	181.5	177.1	248.2	221.3
33	Repair and installation of machinery and equipment	272.5	232.6	108.1	119.0	150.2	183.6	226.7	209.9
35-39	ELECTRICITY, GAS, WATER AND WASTE MANAGEMENT	43.8	42.6	46.6	118.6	162.8	155.8	198.4	179.7
35-36	Electricity, gas and water	32.3	32.2	37.1	102.8	141.0	139.2	174.3	137.5
37-39	Sewerage, waste management and remediation activities	11.5	10.4	9.5	15.8	21.9	16.6	24.1	42.3
41-43	CONSTRUCTION	76.5	54.2	53.1	85.8	100.3	150.3	127.5	180.0
45-99	TOTAL SERVICES	13 275.9	14 082.4	15 195.6	14 167.4	15 453.3	16 810.5	17 610.5	17 936.7
45-82	Business sector services	13 053.9	13 778.5	14 852.7	13 816.3	15 010.0	16 499.3	17 246.7	17 366.7
45-47	Wholesale and retail trade; motor vehicle and motorcycle repairs	826.7	1 073.8	1 084.8	996.8	993.5	1 004.1	1 307.8	1 211.5
49-53	Transportation and storage	40.8	40.9	41.9	14.0	43.9	66.0	81.4	60.7
55-56	Accommodation and food service activities	12.0	26.7	36.0	41.6	23.2	41.8	54.8	88.6
58-63	Information and communication	3 204.3	2 978.1	3 317.3	3 450.7	3 784.4	4 202.3	4 145.1	4 552.7
58-60	Publishing, audiovisual and broadcasting activities	111.7	101.9	120.4	98.1	174.2	281.9	365.6	881.8
58	Publishing activities	71.3	63.4	87.0	73.5	126.7	118.4	117.0	117.4
59-60	Motion picture, video and TV programme production; broadcasting activities	40.4	38.3	33.4	24.5	47.5	163.5	248.6	764.3
59	Motion picture, video and TV programme production; sound and music	29.2	33.8	24.8	15.0	31.9	110.0 e	167.3 e	514.2 e
60	Programming and broadcasting activities	11.3	4.6	8.6	9.5	15.5	53.5 e	81.4 e	250.1 e
61	Telecommunications	1 426.2	1 176.6	1 018.1	999.8	1 053.0	1 139.7	1 021.7	1 066.3
62-63	IT and other information services	1 666.3	1 699.6	2 178.9	2 352.9	2 557.2	2 780.8	2 757.9	2 604.5
62	Computer programming, consultancy and related activities	1 551.6	1 635.8	2 116.3	2 228.9	2 319.2	2 340.6	2 471.4	2 343.3
63	Information service activities	114.8	63.9	62.6	124.0	238.0	440.1	286.5	261.2
64-66	Financial and insurance activities	534.0	496.6	430.0	380.3	475.8	536.5	564.8	569.4
68-82	Real estate; professional, scientific and technical; administrative and support	8 436.1	9 162.3	9 942.8	8 933.0	9 689.3	10 648.5	11 093.1	10 883.9
68	Real estate activities	15.1	14.3	14.0	16.0	23.7	31.1	29.0	20.7
69-75x72	Professional, scientific and technical activities, except scientific R&D	1 104.3	1 211.1	1 377.1	1 821.9	2 275.4	2 850.2	2 775.5	2 605.8
72	Scientific research and development	7 198.9	7 742.7	8 276.0	6 681.7	6 992.5	7 123.0	7 621.7	7 592.0
77-82	Administrative and support service activities	117.9	194.3	275.6	413.5	397.7	644.3	666.9	665.4
84-99	Community, social and personal services	222.0	303.9	342.9	351.0	443.3	311.3	363.8	569.9
84-85	Public administration and defence; compulsory social security and education	22.8	12.4	11.0	27.2	47.6	22.2	14.6	13.7
86-88	Human health and social work activities	4.2	35.9	24.8	23.9	45.3	57.0	75.7	87.4
90-93	Arts, entertainment and recreation	173.6	216.2	272.1	264.5	304.1	194.7	231.1	424.8
94-99	Other services; household-employers; extraterritorial bodies	21.3	39.3	35.0	35.3	46.3	37.4	42.3	44.0

e Estimated value
Note: Detailed metadata at: http://metalinks.oecd.org/anberd/20181213/8c73.

UNITED KINGDOM

R&D expenditure in industry by main activity of the enterprise, constant prices
ISIC Rev. 4

2010 USD PPP

		2009	2010	2011	2012	2013	2014	2015	2016
	TOTAL BUSINESS ENTERPRISE	22 618.3	22 900.6	24 322.4	23 533.3	24 904.1	26 457.8	27 593.1	28 794.1
01-03	**AGRICULTURE, FORESTRY AND FISHING**	11.4	19.4	17.3	19.3	13.9	17.8	20.2	28.1
05-09	**MINING AND QUARRYING**	129.4	194.6	241.7	235.2	257.0	242.2	209.7	215.3
10-33	**MANUFACTURING**	8 707.2	8 507.7	8 974.9	9 406.9	9 882.2	10 331.0	10 835.5	11 917.6
10-12	Food products, beverages and tobacco	376.5	330.4	387.9	378.0	442.1	438.0	340.7	404.4
13-15	Textiles, wearing apparel, leather and related products	15.1	15.4	35.5	43.9	29.7	29.7	25.4	27.3
13	Textiles	11.4	13.3	32.0	37.6	22.3	22.0	19.0	22.8
14	Wearing apparel	2.0	1.1	1.7	3.7	3.9	4.5	3.6	2.1
15	Leather and related products, footwear	1.6	1.0	1.8	2.6	3.5	3.2	2.8	2.5
16-18	Wood and paper products and printing	24.5	25.8	21.1	30.1	48.2	53.4	58.0	63.2
16	Wood and wood products, except furniture	4.1	5.1	2.0	3.9 e	8.9	8.2	8.1	12.2
17	Paper and paper products	10.7	12.8	12.3	11.0 e	14.2	16.3	15.3	15.4
18	Printing and reproduction of recorded media	9.7	7.8	6.8	15.3	25.1	28.8	34.7	35.6
19-23	Chemical, rubber, plastic, non-metallic mineral products	1 284.1	1 281.8	1 332.2	1 264.5	1 305.0	1 270.8	1 275.9	1 408.2
19	Coke and refined petroleum products	126.5	18.5	26.4	30.5	25.8	44.3	118.1	54.7
20-21	Chemical and pharmaceutical products	989.6	1 109.3	1 135.5	1 055.1	1 105.2	1 016.4	924.8	1 118.9
20	Chemicals and chemical products	394.8	457.1	396.9	361.5	487.2	485.6	412.2	622.8
21	Pharmaceuticals, medicinal, chemical and botanical products	594.8	652.2	738.6	693.6	618.0	530.8	512.6	496.1
22	Rubber and plastic products	107.6	95.1	113.6	135.5	128.4	146.8	177.4	167.9
23	Other non-metallic mineral products	60.4	58.9	56.7	43.3	45.6	63.3	55.5	66.7
24-25	Basic metals, metal products, except machinery and equipment	973.3	917.5	891.7	768.5	753.2	798.2	710.3	682.3
24	Basic metals	67.3	70.4	121.8	87.1	59.9	94.0	78.3	84.7
25	Fabricated metal products, except machinery and equipment	905.9	847.0	769.8	681.4	693.2	704.2	631.9	597.5
26-30	Computer, electronic, optical products; electrical machinery, transport equipment	5 589.7	5 453.1	5 966.4	6 614.7	6 924.2	7 354.9	7 935.1	8 884.3
26	Computer, electronic and optical products	1 409.3	1 178.4	1 365.7	1 343.5	1 378.1	1 335.7	1 301.4	1 412.1
27	Electrical equipment	198.6	232.7	212.8	233.7	216.5	240.6	250.8	226.6
28	Machinery and equipment n.e.c.	910.7	886.0	885.3	1 067.8	1 012.6	991.4	1 147.8	1 076.5
29	Motor vehicles, trailers and semi-trailers	1 396.8	1 506.1	1 810.1	2 033.4	2 354.0	2 676.6	3 116.5	3 819.9
30	Other transport equipment	1 672.6	1 650.0	1 692.4	1 936.3	1 963.0	2 110.7	2 118.6	2 349.1
31-33	Furniture; repair, installation of machinery and equipment	444.1	483.7	340.2	307.2	379.9	386.1	490.2	448.0
31	Furniture	39.5	46.6	69.9	49.8	68.6	51.8	52.6	56.0
32	Other manufacturing	124.5	204.5	163.7	142.5	170.4	164.2	228.7	201.2
33	Repair and installation of machinery and equipment	280.1	232.6	106.6	114.9	140.9	170.1	208.9	190.8
35-39	**ELECTRICITY, GAS, WATER AND WASTE MANAGEMENT**	45.0	42.6	46.0	114.5	152.8	144.4	182.9	163.4
35-36	Electricity, gas and water	33.2	32.2	36.6	99.2	132.3	129.0	160.7	125.0
37-39	Sewerage, waste management and remediation activities	11.9	10.4	9.4	15.3	20.5	15.4	22.2	38.5
41-43	**CONSTRUCTION**	78.6	54.2	52.4	82.8	94.1	139.4	117.5	163.6
45-99	**TOTAL SERVICES**	13 646.5	14 082.4	14 990.2	13 674.6	14 504.0	15 583.0	16 227.4	16 305.9
45-82	**Business sector services**	13 418.4	13 778.5	14 652.0	13 335.8	14 087.9	15 294.5	15 892.2	15 787.8
45-47	Wholesale and retail trade; motor vehicle and motorcycle repairs	849.8	1 073.8	1 070.1	962.1	932.4	930.8	1 205.0	1 101.4
49-53	Transportation and storage	42.0	40.9	41.4	13.5	41.2	61.2	75.0	55.2
55-56	Accommodation and food service activities	12.3	26.7	35.5	40.2	21.7	38.8	50.5	80.6
58-63	Information and communication	3 293.7	2 978.1	3 272.5	3 330.6	3 551.9	3 895.5	3 819.5	4 138.8
58-60	Publishing, audiovisual and broadcasting activities	114.8	101.9	118.8	94.6	163.5	261.3	336.9	801.6
58	Publishing activities	73.3	63.4	85.8	71.0	118.9	109.8	107.8	106.8
59-60	Motion picture, video and TV programme production; broadcasting activities	41.5	38.3	33.0	23.7	44.5	151.6	229.1	694.8
59	Motion picture, video and TV programme production; sound and music	30.0	33.8	24.5	14.4	30.0	102.0 e	154.1 e	467.4 e
60	Programming and broadcasting activities	11.6	4.6	8.5	9.2	14.6	49.6 e	75.0 e	227.4 e
61	Telecommunications	1 466.0	1 176.6	1 004.3	965.0	988.3	1 056.5	941.5	969.4
62-63	IT and other information services	1 712.9	1 699.6	2 149.4	2 271.1	2 400.1	2 577.7	2 541.3	2 367.7
62	Computer programming, consultancy and related activities	1 594.9	1 635.8	2 087.7	2 151.4	2 176.7	2 169.7	2 277.3	2 130.2
63	Information service activities	118.0	63.9	61.8	119.7	223.4	408.0	264.0	237.5
64-66	Financial and insurance activities	549.0	496.6	424.2	367.0	446.6	497.3	520.4	517.6
68-82	Real estate; professional, scientific and technical; administrative and support	8 671.6	9 162.3	9 808.4	8 622.3	9 094.1	9 871.0	10 221.8	9 894.4
68	Real estate activities	15.5	14.3	13.8	15.4	22.3	28.8	26.7	18.8
69-75x72	Professional, scientific and technical activities, except scientific R&D	1 135.1	1 211.1	1 358.5	1 758.5	2 135.7	2 642.1	2 557.5	2 368.9
72	Scientific research and development	7 399.9	7 742.7	8 164.2	6 449.3	6 562.9	6 602.9	7 023.1	6 901.8
77-82	Administrative and support service activities	121.2	194.3	271.9	399.1	373.3	597.2	614.5	604.9
84-99	Community, social and personal services	228.2	303.9	338.3	338.8	416.1	288.5	335.2	518.1
84-85	Public administration and defence; compulsory social security and education	23.5	12.4	10.9	26.3	44.7	20.6	13.5	12.4
86-88	Human health and social work activities	4.3	35.9	24.5	23.1	42.5	52.8	69.8	79.4
90-93	Arts, entertainment and recreation	178.5	216.2	268.4	255.3	285.4	180.5	213.0	386.2
94-99	Other services; household-employers; extraterritorial bodies	21.9	39.3	34.5	34.1	43.5	34.6	39.0	40.0

e Estimated value

Note: Detailed metadata at: http://metalinks.oecd.org/anberd/20181213/8c73.

UNITED KINGDOM

R&D expenditure in industry by industry orientation, current prices
ISIC Rev. 4

Million USD PPP

		2009	2010	2011	2012	2013	2014	2015	2016
	TOTAL BUSINESS ENTERPRISE	22 003.9	22 900.6	24 655.7	24 381.2	26 534.1	28 541.9	29 944.9	..
01-03	**AGRICULTURE, FORESTRY AND FISHING**	157.3	145.5	188.2	188.7	177.8	170.8	199.2	..
05-09	**MINING AND QUARRYING**	156.8	162.1	275.3	306.0	323.9	451.4	295.9	..
10-33	**MANUFACTURING**	16 258.3	16 587.2	17 778.0	17 438.2	18 439.3	19 081.7	20 861.5	..
10-12	Food products, beverages and tobacco	414.1	435.4	495.9	509.2	610.6	615.5	605.9	..
13-15	Textiles, wearing apparel, leather and related products	14.7	15.4	18.6	28.8	31.8	32.1	27.5	..
13	Textiles	..	..	..	..	..	..	..	..
14	Wearing apparel	..	..	..	..	..	..	..	..
15	Leather and related products, footwear	..	..	..	..	..	..	..	..
16-18	Wood and paper products and printing	36.6	39.5	30.3	39.6	70.3	68.7	69.4	..
16	Wood and wood products, except furniture	6.1 e	7.9 e	2.8 e	5.1 e	13.0 e	10.6 e	9.6 e	..
17	Paper and paper products	16.0 e	19.6 e	17.7 e	14.4 e	20.7 e	21.0 e	18.3 e	..
18	Printing and reproduction of recorded media	14.5 e	12.0 e	9.8 e	20.1 e	36.6 e	37.1 e	41.5 e	..
19-23	Chemical, rubber, plastic, non-metallic mineral products	7 660.7	7 840.5	8 168.2	7 168.6	7 070.6	6 991.4	7 704.5	..
19	Coke and refined petroleum products	..	104.6	102.3	108.5	100.0	123.8	255.8	..
20-21	Chemical and pharmaceutical products	7 111.0	7 543.3	7 844.7	6 836.0	6 757.6	6 595.4	7 174.4	..
20	Chemicals and chemical products	868.5	938.4	975.7	841.6	888.2	976.9	1 184.5	..
21	Pharmaceuticals, medicinal, chemical and botanical products	6 242.5	6 604.9	6 869.0	5 994.4	5 869.4	5 618.5	5 989.9	..
22	Rubber and plastic products	81.8	112.6	136.8	159.8	144.8	184.4	196.3	..
23	Other non-metallic mineral products	..	80.0	84.4	64.3	68.2	87.8	78.0	..
24-25	Basic metals, metal products, except machinery and equipment	196.7	295.0	338.8	275.6	292.8	338.8	318.7	..
24	Basic metals	..	162.6	171.0	138.0	125.6	181.4	144.2	..
25	Fabricated metal products, except machinery and equipment	..	132.4	167.8	137.7	167.3	157.3	174.5	..
26-30	Computer, electronic, optical products; electrical machinery, transport equipment	7 797.8	7 770.9	8 518.2	9 218.6	10 119.3	10 748.9	11 861.9	..
26	Computer, electronic and optical products	1 762.5	1 730.7	1 820.0	2 105.4	2 296.2	2 456.7	2 812.9	..
27	Electrical equipment	829.2	729.5	720.5	663.9	562.4	659.0	681.0	..
28	Machinery and equipment n.e.c.	1 254.5	1 190.0	1 374.0	1 423.0	1 494.3	1 420.6	1 490.7	..
29	Motor vehicles, trailers and semi-trailers	1 603.1	1 789.0	2 160.0	2 468.8	2 963.0	3 297.9	3 875.4	..
30	Other transport equipment	2 348.5	2 331.8	2 443.7	2 557.6	2 803.5	2 914.6	3 001.8	..
31-33	Furniture; repair, installation of machinery and equipment	137.7	190.4	208.1	197.7	243.9	286.4	273.6	..
31	Furniture	..	..	..	..	..	..	..	..
32	Other manufacturing	..	..	..	..	..	..	..	..
33	Repair and installation of machinery and equipment	..	..	..	..	..	..	..	..
35-39	**ELECTRICITY, GAS, WATER AND WASTE MANAGEMENT**	113.6	102.3	95.2	168.6	199.4	206.5	264.0	..
35-36	Electricity, gas and water	106.0	90.8	80.3	151.5	175.2	190.0	221.7	..
37-39	Sewerage, waste management and remediation activities	7.6	11.5	14.9	17.1	24.2	16.5	42.3	..
41-43	**CONSTRUCTION**	24.8	10.4	31.3	83.2	103.4	189.3	209.5	..
45-99	**TOTAL SERVICES**	5 293.2	5 893.1	6 287.6	6 196.5	7 290.3	8 442.2	8 115.0	..
45-82	**Business sector services**	5 184.9	5 775.7	6 193.5	6 099.6	7 138.5	8 302.3	7 989.9	..
45-47	Wholesale and retail trade; motor vehicle and motorcycle repairs	107.4	249.4	334.5	261.7	240.5	350.4	309.0	..
49-53	Transportation and storage	34.4	24.8	25.9	30.1	50.2	54.7	70.4	..
55-56	Accommodation and food service activities	..	..	..	..	..	..	..	..
58-63	Information and communication	..	3 880.2	4 103.7	4 060.1	4 206.7	4 826.2	4 688.9	..
58-60	Publishing, audiovisual and broadcasting activities	..	49.6	37.7	42.5	92.1	..	..	..
58	Publishing activities	..	..	..	..	..	..	..	..
59-60	Motion picture, video and TV programme production; broadcasting activities	..	..	..	..	..	..	..	..
59	Motion picture, video and TV programme production; sound and music	..	..	..	..	..	..	..	..
60	Programming and broadcasting activities	..	..	..	..	..	..	..	..
61	Telecommunications	1 535.1	1 479.3	1 489.1	1 267.6	1 208.9	1 370.6	..	..
62-63	IT and other information services	2 048.0	2 351.3	2 576.9	2 750.0	2 905.7	..	..	..
62	Computer programming, consultancy and related activities	..	..	..	..	..	..	..	..
63	Information service activities	..	..	..	..	..	..	..	..
64-66	**Financial and insurance activities**	..	214.6	191.2	59.7	181.8	249.1	244.5	..
68-82	**Real estate; professional, scientific and technical; administrative and support**	..	1 406.6	1 538.1	1 688.1	2 459.3	2 822.0	2 677.2	..
68	Real estate activities	..	14.3	14.0	0.0	0.0	31.1	29.0	..
69-75x72	Professional, scientific and technical activities, except scientific R&D	..	..	..	..	..	..	..	..
72	Scientific research and development	618.6	804.7	965.8	872.1	1 335.8	1 178.8	1 430.3	..
77-82	Administrative and support service activities	..	..	..	..	..	..	..	..
84-99	Community, social and personal services	108.3	117.4	94.2	96.9	151.9	139.9	125.0	..
84-85	Public administration and defence; compulsory social security and education	..	..	..	..	..	..	..	..
86-88	Human health and social work activities	..	..	..	..	..	..	..	..
90-93	Arts, entertainment and recreation	..	..	..	..	..	..	..	..
94-99	Other services; household-employers; extraterritorial bodies	..	..	..	..	..	..	..	..

.. Not available; e Estimated value
Note: Detailed metadata at: http://metalinks.oecd.org/anberd/20181213/8c73.

UNITED KINGDOM

R&D expenditure in industry by industry orientation, constant prices
ISIC Rev. 4

2010 USD PPP

		2009	2010	2011	2012	2013	2014	2015	2016
	TOTAL BUSINESS ENTERPRISE	**22 618.3**	**22 900.6**	**24 322.4**	**23 533.3**	**24 904.1**	**26 457.8**	**27 593.1**	..
01-03	**AGRICULTURE, FORESTRY AND FISHING**	**161.7**	**145.5**	**185.7**	**182.1**	**166.9**	**158.3**	**183.5**	..
05-09	**MINING AND QUARRYING**	**161.2**	**162.1**	**271.6**	**295.4**	**304.0**	**418.5**	**272.7**	..
10-33	**MANUFACTURING**	**16 712.2**	**16 587.2**	**17 537.7**	**16 831.7**	**17 306.5**	**17 688.4**	**19 223.0**	..
10-12	Food products, beverages and tobacco	425.6	435.4	489.2	491.5	573.1	570.6	558.3	..
13-15	Textiles, wearing apparel, leather and related products	15.1	15.4	18.3	27.8	29.8	29.7	25.4	..
13	Textiles	..	..	..	..	..	..	..	..
14	Wearing apparel	..	..	..	..	..	..	..	..
15	Leather and related products, footwear	..	..	..	..	..	..	..	..
16-18	Wood and paper products and printing	37.7	39.5	29.9	38.2	66.0	63.7	63.9	..
16	Wood and wood products, except furniture	6.2 e	7.9 e	2.8 e	4.9 e	12.2 e	9.8 e	8.9 e	..
17	Paper and paper products	16.5 e	19.6 e	17.4 e	13.9 e	19.4 e	19.5 e	16.9 e	..
18	Printing and reproduction of recorded media	14.9 e	12.0 e	9.7 e	19.4 e	34.4 e	34.4 e	38.2 e	..
19-23	Chemical, rubber, plastic, non-metallic mineral products	7 874.6	7 840.5	8 057.8	6 919.2	6 636.2	6 480.9	7 099.4	..
19	Coke and refined petroleum products	..	104.6	100.9	104.7	93.8	114.8	235.7	..
20-21	Chemical and pharmaceutical products	7 309.6	7 543.3	7 738.7	6 598.3	6 342.4	6 113.8	6 610.9	..
20	Chemicals and chemical products	892.8	938.4	962.5	812.3	833.6	905.6	1 091.4	..
21	Pharmaceuticals, medicinal, chemical and botanical products	6 416.8	6 604.9	6 776.2	5 786.0	5 508.8	5 208.2	5 519.5	..
22	Rubber and plastic products	84.1	112.6	135.0	154.2	135.9	170.9	180.9	..
23	Other non-metallic mineral products	..	80.0	83.3	62.0	64.0	81.4	71.9	..
24-25	Basic metals, metal products, except machinery and equipment	202.2	295.0	334.2	266.1	274.9	314.0	293.7	..
24	Basic metals	..	162.6	168.6	133.2	117.9	168.2	132.9	..
25	Fabricated metal products, except machinery and equipment	..	132.4	165.6	132.9	157.0	145.9	160.8	..
26-30	Computer, electronic, optical products; electrical machinery, transport equipment	8 015.5	7 770.9	8 403.1	8 898.0	9 497.6	9 964.0	10 930.3	..
26	Computer, electronic and optical products	1 811.7	1 730.7	1 795.4	2 032.1	2 155.1	2 277.4	2 592.0	..
27	Electrical equipment	852.4	729.5	710.7	640.8	527.8	610.9	627.6	..
28	Machinery and equipment n.e.c.	1 289.5	1 190.0	1 355.4	1 373.5	1 402.5	1 316.9	1 373.6	..
29	Motor vehicles, trailers and semi-trailers	1 647.9	1 789.0	2 130.8	2 382.9	2 780.9	3 057.1	3 571.0	..
30	Other transport equipment	2 414.1	2 331.8	2 410.7	2 468.6	2 631.2	2 701.8	2 766.0	..
31-33	Furniture; repair, installation of machinery and equipment	141.5	190.4	205.2	190.8	229.0	265.4	252.1	..
31	Furniture	..	..	..	..	..	..	..	..
32	Other manufacturing	..	..	..	..	..	..	..	..
33	Repair and installation of machinery and equipment	..	..	..	..	..	..	..	..
35-39	**ELECTRICITY, GAS, WATER AND WASTE MANAGEMENT**	**116.7**	**102.3**	**93.9**	**162.7**	**187.1**	**191.4**	**243.2**	..
35-36	Electricity, gas and water	109.0	90.8	79.2	146.2	164.4	176.1	204.3	..
37-39	Sewerage, waste management and remediation activities	7.8	11.5	14.7	16.5	22.7	15.3	39.0	..
41-43	**CONSTRUCTION**	**25.5**	**10.4**	**30.9**	**80.3**	**97.1**	**175.5**	**193.0**	..
45-99	**TOTAL SERVICES**	**5 441.0**	**5 893.1**	**6 202.7**	**5 981.0**	**6 842.5**	**7 825.7**	**7 477.6**	..
45-82	**Business sector services**	**5 329.7**	**5 775.7**	**6 109.7**	**5 887.5**	**6 699.9**	**7 696.1**	**7 362.4**	..
45-47	**Wholesale and retail trade; motor vehicle and motorcycle repairs**	**110.4**	**249.4**	**330.0**	**252.6**	**225.7**	**324.8**	**284.7**	..
49-53	**Transportation and storage**	**35.4**	**24.8**	**25.6**	**29.0**	**47.1**	**50.7**	**64.9**	..
55-56	**Accommodation and food service activities**	..	..	..	..	..	..	..	..
58-63	**Information and communication**	..	**3 880.2**	**4 048.2**	**3 918.9**	**3 948.3**	**4 473.8**	**4 320.7**	..
58-60	Publishing, audiovisual and broadcasting activities	..	49.6	37.2	41.0	86.4	..	..	..
58	Publishing activities	..	..	..	..	..	..	..	..
59-60	Motion picture, video and TV programme production; broadcasting activities	..	..	..	..	..	..	..	..
59	Motion picture, video and TV programme production; sound and music	..	..	..	..	..	..	..	..
60	Programming and broadcasting activities	..	..	..	..	..	..	..	..
61	Telecommunications	1 578.0	1 479.3	1 469.0	1 223.5	1 134.7	1 270.5	..	..
62-63	IT and other information services	2 105.2	2 351.3	2 542.0	2 654.4	2 727.2	..	..	..
62	Computer programming, consultancy and related activities	..	..	..	..	..	..	..	..
63	Information service activities	..	..	..	..	..	..	..	..
64-66	**Financial and insurance activities**	..	**214.6**	**188.6**	**57.6**	**170.6**	**230.9**	**225.3**	..
68-82	**Real estate; professional, scientific and technical; administrative and support**	..	**1 406.6**	**1 517.3**	**1 629.3**	**2 308.2**	**2 615.9**	**2 466.9**	..
68	Real estate activities	..	14.3	13.8	0.0	0.0	28.8	26.7	..
69-75x72	Professional, scientific and technical activities, except scientific R&D	..	..	..	..	..	..	..	..
72	Scientific research and development	635.9	804.7	952.7	841.8	1 253.7	1 092.7	1 318.0	..
77-82	Administrative and support service activities	..	..	..	..	..	..	..	..
84-99	**Community, social and personal services**	**111.3**	**117.4**	**92.9**	**93.5**	**142.6**	**129.7**	**115.2**	..
84-85	Public administration and defence; compulsory social security and education	..	..	..	..	..	..	..	..
86-88	Human health and social work activities	..	..	..	..	..	..	..	..
90-93	Arts, entertainment and recreation	..	..	..	..	..	..	..	..
94-99	Other services; household-employers; extraterritorial bodies	..	..	..	..	..	..	..	..

.. Not available; e Estimated value
Note: Detailed metadata at: http://metalinks.oecd.org/anberd/20181213/8c73.

UNITED STATES

R&D expenditure in industry by main activity of the enterprise, current prices
ISIC Rev. 4

Million USD PPP

		2009	2010	2011	2012	2013	2014	2015	2016
	TOTAL BUSINESS ENTERPRISE	282 393.0	278 977.0	294 093.0	302 250.0	322 528.0	340 728.0	355 821.0	374 685.0
01-03	AGRICULTURE, FORESTRY AND FISHING	..	..	..	..	..	..	..	..
05-09	**MINING AND QUARRYING**	2 706.7 e	2 542.0	2 733.0	2 815.0	3 997.0	4 703.0	4 012.0	3 296.0
10-33	**MANUFACTURING**	195 144.0	196 711.0	201 361.0	208 415.0	221 476.0	232 815.0	236 132.0	250 553.0
10-12	Food products, beverages and tobacco	4 669.0	4 544.7 e	5 085.9 e	4 860.0 e	5 855.0	6 212.0	5 840.0	5 857.0 e
13-15	Textiles, wearing apparel, leather and related products	428.0	489.0	634.0	560.0	662.0	631.0	748.0	1 166.0
13	Textiles	..	..	..	..	..	..	..	..
14	Wearing apparel	..	..	..	..	..	..	..	..
15	Leather and related products, footwear	..	..	..	..	..	..	..	..
16-18	Wood and paper products and printing	1 956.0	1 752.0	1 732.0	1 469.0	1 392.0	1 319.0	1 157.0	1 259.0
16	Wood and wood products, except furniture	512.0	247.0	211.0	461.0	220.0	362.0	195.0	188.0
17	Paper and paper products	1 249.0	1 274.0	1 346.0	752.0	920.0	723.0	766.0	851.0
18	Printing and reproduction of recorded media	195.0	231.0	175.0	256.0	252.0	234.0	196.0	219.0
19-23	Chemical, rubber, plastic, non-metallic mineral products	57 502.0	62 589.0	60 267.2 e	62 956.0	66 885.0	71 553.0	72 210.0	78 997.0
19	Coke and refined petroleum products	606.0	1 154.0 e	1 484.2 e	894.0	242.0	234.0	214.0	381.0
20-21	Chemical and pharmaceutical products	53 328.0	58 038.0	55 324.0	57 226.0	61 664.0	66 300.0	68 196.0	73 575.0
20	Chemicals and chemical products	8 392.0	8 623.0	9 375.0	9 080.0	9 238.0	9 688.0	9 521.0	8 947.0
21	Pharmaceuticals, medicinal, chemical and botanical products	44 936.0	49 415.0	45 949.0	48 146.0	52 426.0	56 612.0	58 675.0	64 628.0
22	Rubber and plastic products	2 468.0	2 121.0	2 280.0	3 509.0	3 650.0	3 574.0	2 541.0	3 752.0
23	Other non-metallic mineral products	1 100.0	1 276.0	1 179.0	1 327.0	1 329.0	1 445.0	1 259.0	1 289.0
24-25	Basic metals, metal products, except machinery and equipment	2 877.0	2 356.0	2 508.0	2 574.0	2 836.0	2 808.0	2 889.0	2 831.0
24	Basic metals	837.0	653.0	655.0	741.0	624.0	677.0	628.0	592.0
25	Fabricated metal products, except machinery and equipment	2 040.0	1 703.0	1 853.0	1 833.0	2 212.0	2 131.0	2 261.0	2 239.0
26-30	Computer, electronic, optical products; electrical machinery, transport equipment	117 244.0	116 063.0	121 888.0	124 715.0	129 963.0	137 129.0	139 145.0	146 016.0
26	Computer, electronic and optical products	56 435.0	59 875.0	62 704.0	65 068.0	67 205.0	73 891.0	72 110.0	77 385.0
27	Electrical equipment	3 334.0	3 320.0	3 595.0	3 087.0	4 136.0	4 365.0	4 335.0	4 771.0
28	Machinery and equipment n.e.c.	9 138.0	9 955.0	14 709.0	14 254.0	12 650.0	12 128.0	13 426.0	12 585.0
29	Motor vehicles, trailers and semi-trailers	11 364.0 e	10 109.1 e	11 694.8 e	14 587.6 e	16 729.0	18 404.0	19 078.0	22 042.0
30	Other transport equipment	36 973.0 e	32 803.9 e	29 185.2 e	27 717.4 e	29 244.0	28 342.0	30 196.0	29 233.0 e
31-33	Furniture; repair, installation of machinery and equipment	10 466.0	8 917.3 e	9 245.9 e	11 281.0 e	13 883.0	13 162.0	14 142.0	14 427.8 e
31	Furniture	396.0	373.0	319.0	348.0	374.0	373.0	452.0	366.0
32	Other manufacturing	10 070.0	8 544.3 e	8 926.9 e	10 933.0 e	13 509.0	12 789.0	13 690.0	14 061.8 e
33	Repair and installation of machinery and equipment	..	..	..	..	..	..	..	..
35-39	**ELECTRICITY, GAS, WATER AND WASTE MANAGEMENT**	246.0	425.0	386.0	348.0	294.0	310.0	480.0	351.0
35-36	Electricity, gas and water	..	..	..	..	..	..	..	..
37-39	Sewerage, waste management and remediation activities	..	..	..	..	..	..	..	..
41-43	**CONSTRUCTION**	115.0	1 079.0	775.0 e	760.0 e	248.0 e	204.0 e	520.0 e	255.0 e
45-99	**TOTAL SERVICES**	84 181.3 e	78 220.0 e	88 838.0 e	89 912.0 e	96 513.0 e	102 696.0 e	114 677.0 e	120 230.0
45-82	**Business sector services**	82 998.3 e	75 089.9	86 633.0	88 352.0	94 979.0 e	101 538.0	113 510.0	118 658.0
45-47	Wholesale and retail trade; motor vehicle and motorcycle repairs	1 893.3 e	2 013.9 e	2 617.0	3 177.0	1 886.0	1 727.0	3 301.0	2 021.0
49-53	Transportation and storage	178.0	96.0	81.0	178.0	411.0 e	679.0	403.0	488.0
55-56	Accommodation and food service activities	..	..	..	..	..	..	..	..
58-63	Information and communication	46 366.0 e	47 902.0 e	55 124.0	58 056.0	66 475.0	74 792.0	79 846.0	86 495.0
58-60	Publishing, audiovisual and broadcasting activities	..	..	..	..	..	..	..	..
58	Publishing activities	27 077.0	26 982.0	28 435.0	28 987.0	35 675.0	36 140.0	33 346.0	33 574.0
59-60	Motion picture, video and TV programme production; broadcasting activities	..	..	..	..	..	..	..	..
59	Motion picture, video and TV programme production; sound and music	..	..	..	..	..	..	..	..
60	Programming and broadcasting activities	..	..	..	..	..	..	..	..
61	Telecommunications	1 496.0	1 868.0	2 157.0	2 824.0	3 041.0	3 755.0	3 607.0	4 004.8 e
62-63	IT and other information services	15 295.0	13 588.0	17 544.0	16 164.0	15 714.0	20 048.0	23 749.0	27 661.0
62	Computer programming, consultancy and related activities	12 560.0	11 050.0	13 259.0	11 251.0	9 268.0	11 019.0	14 333.0	15 747.0
63	Information service activities	2 735.0	2 538.0	4 285.0	4 913.0	6 446.0	9 029.0	9 416.0	11 914.0
64-66	Financial and insurance activities	1 911.0	2 109.0	3 457.0	3 519.0	4 308.0	4 122.0	5 366.0	7 331.0
68-82	Real estate; professional, scientific and technical; administrative and support	32 650.0 e	22 969.0 e	25 355.0	23 421.0	21 899.0	20 218.0	24 594.0	22 324.0
68	Real estate activities	47.5 e	59.1 e	71.0	21.0	92.0	207.0	233.0	449.0
69-75x72	Professional, scientific and technical activities, except scientific R&D	15 116.0	7 822.0	9 659.0	6 514.0	7 548.0	7 149.0	7 964.0	7 006.0
72	Scientific research and development	17 270.0	14 818.0	15 301.0	16 544.0	14 201.0	12 807.0	16 329.0	14 842.0
77-82	Administrative and support service activities	216.5 e	269.9 e	324.0	342.0	58.0	55.0	68.0	27.0
84-99	Community, social and personal services	..	..	..	..	..	..	..	..
84-85	Public administration and defence; compulsory social security and education	..	..	..	..	..	..	..	..
86-88	Human health and social work activities	537.0	1 232.0	741.0	675.0	526.0	501.0	758.0	848.0
90-93	Arts, entertainment and recreation	..	..	..	..	..	..	..	..
94-99	Other services; household-employers; extraterritorial bodies	..	..	..	..	..	..	..	..

.. Not available; e Estimated value
Note: Detailed metadata at: *http://metalinks.oecd.org/anberd/20181213/8c73*.

UNITED STATES

R&D expenditure in industry by main activity of the enterprise, constant prices
ISIC Rev. 4

2010 USD PPP

		2009	2010	2011	2012	2013	2014	2015	2016
	TOTAL BUSINESS ENTERPRISE	285 842.0	278 977.0	288 143.9	290 779.6	305 356.5	316 900.2	327 387.4	340 401.2
01-03	AGRICULTURE, FORESTRY AND FISHING	..	..	..	..	..	..	..	..
05-09	MINING AND QUARRYING	2 739.8 e	2 542.0	2 677.7	2 708.2	3 784.2	4 374.1	3 691.4	2 994.4
10-33	MANUFACTURING	197 527.4	196 711.0	197 287.7	200 505.6	209 684.5	216 533.8	217 262.7	227 627.3
10-12	Food products, beverages and tobacco	4 726.0	4 544.7 e	4 983.0 e	4 675.6 e	5 543.3	5 777.6	5 373.3	5 321.1 e
13-15	Textiles, wearing apparel, leather and related products	433.2	489.0	621.2	538.7	626.8	586.9	688.2	1 059.3
13	Textiles	..	..	..	..	..	..	..	..
14	Wearing apparel	..	..	..	..	..	..	..	..
15	Leather and related products, footwear	..	..	..	..	..	..	..	..
16-18	Wood and paper products and printing	1 979.9	1 752.0	1 697.0	1 413.3	1 317.9	1 226.8	1 064.5	1 143.8
16	Wood and wood products, except furniture	518.3	247.0	206.7	443.5	208.3	336.7	179.4	170.8
17	Paper and paper products	1 264.3	1 274.0	1 318.8	723.5	871.0	672.4	704.8	773.1
18	Printing and reproduction of recorded media	197.4	231.0	171.5	246.3	238.6	217.6	180.3	199.0
19-23	Chemical, rubber, plastic, non-metallic mineral products	58 204.3	62 589.0 e	59 048.1 e	60 566.8	63 324.0	66 549.2	66 439.7	71 768.7
19	Coke and refined petroleum products	613.4	1 154.0 e	1 454.2 e	860.1	229.1	217.6	196.9	346.1
20-21	Chemical and pharmaceutical products	53 979.3	58 038.0	54 204.9	55 054.3	58 381.0	61 663.5	62 746.5	66 842.9
20	Chemicals and chemical products	8 494.5	8 623.0	9 185.4	8 735.4	8 746.2	9 010.5	8 760.2	8 128.3
21	Pharmaceuticals, medicinal, chemical and botanical products	45 484.8	49 415.0	45 019.5	46 318.9	49 634.8	52 653.0	53 986.3	58 714.5
22	Rubber and plastic products	2 498.1	2 121.0	2 233.9	3 375.8	3 455.7	3 324.1	2 337.9	3 408.7
23	Other non-metallic mineral products	1 113.4	1 276.0	1 155.2	1 276.6	1 258.2	1 343.9	1 158.4	1 171.1
24-25	Basic metals, metal products, except machinery and equipment	2 912.1	2 356.0	2 457.3	2 476.3	2 685.0	2 611.6	2 658.1	2 572.0
24	Basic metals	847.2	653.0	641.8	712.9	590.8	629.7	577.8	537.8
25	Fabricated metal products, except machinery and equipment	2 064.9	1 703.0	1 815.5	1 763.4	2 094.2	1 982.0	2 080.3	2 034.1
26-30	Computer, electronic, optical products; electrical machinery, transport equipment	118 676.0	116 063.0	119 422.4	119 982.1	123 043.7	127 539.3	128 026.0	132 655.5
26	Computer, electronic and optical products	57 124.3	59 875.0	61 435.6	62 598.7	63 627.0	68 723.7	66 347.7	70 304.2
27	Electrical equipment	3 374.7	3 320.0	3 522.3	2 969.8	3 915.8	4 059.7	3 988.6	4 334.5
28	Machinery and equipment n.e.c.	9 249.6	9 955.0	14 411.5	13 713.1	11 976.5	11 279.9	12 353.1	11 433.5
29	Motor vehicles, trailers and semi-trailers	11 502.8 e	10 109.1 e	11 458.2 e	14 034.0 e	15 838.3	17 117.0	17 553.5	20 025.1
30	Other transport equipment	37 424.6 e	32 803.9 e	28 594.9 e	26 665.5 e	27 687.0	26 360.0	27 783.0	26 558.2 e
31-33	Furniture; repair, installation of machinery and equipment	10 593.8	8 917.3 e	9 058.9 e	10 852.9 e	13 143.9	12 241.6	13 011.9	13 107.6 e
31	Furniture	400.8	373.0	312.5	334.8	354.1	346.9	415.9	332.5
32	Other manufacturing	10 193.0	8 544.3 e	8 746.3 e	10 518.1 e	12 789.8	11 894.6	12 596.0	12 775.1 e
33	Repair and installation of machinery and equipment	..	..	..	..	..	..	..	..
35-39	ELECTRICITY, GAS, WATER AND WASTE MANAGEMENT	249.0	425.0	378.2	334.8	278.3	288.3	441.6	318.9
35-36	Electricity, gas and water	..	..	..	..	..	..	..	..
37-39	Sewerage, waste management and remediation activities	..	..	..	..	..	..	..	..
41-43	CONSTRUCTION	116.4	1 079.0	759.3 e	731.2 e	234.8 e	189.7 e	478.4 e	231.7 e
45-99	TOTAL SERVICES	85 209.4 e	78 220.0 e	87 040.9 e	86 499.8 e	91 374.6 e	95 514.3 e	105 513.2 e	109 228.9
45-82	Business sector services	84 012.0 e	75 089.9	84 880.5	84 999.0	89 922.3 e	94 437.2	104 439.4	107 800.7
45-47	Wholesale and retail trade; motor vehicle and motorcycle repairs	1 916.4 e	2 013.9 e	2 564.1	3 056.4	1 785.6	1 606.2	3 037.2	1 836.1
49-53	Transportation and storage	180.2	96.0	79.4	171.2	389.1 e	631.5	370.8	443.3
55-56	Accommodation and food service activities	..	..	..	..	..	..	..	..
58-63	Information and communication	46 932.3 e	47 902.0 e	54 008.9	55 852.8	62 935.8	69 561.6	73 465.5	78 580.7
58-60	Publishing, audiovisual and broadcasting activities	..	..	..	..	..	..	..	..
58	Publishing activities	27 407.7	26 982.0	27 859.8	27 886.9	33 775.7	33 612.7	30 681.3	30 502.0
59-60	Motion picture, video and TV programme production; broadcasting activities	..	..	..	..	..	..	..	..
59	Motion picture, video and TV programme production; sound and music	..	..	..	..	..	..	..	..
60	Programming and broadcasting activities	..	..	..	..	..	..	..	..
61	Telecommunications	1 514.3	1 868.0	2 113.4	2 716.8	2 879.1	3 492.4	3 318.8	3 638.3 e
62-63	IT and other information services	15 481.8	13 588.0	17 189.1	15 550.6	14 877.4	18 646.0	21 851.2	25 130.0
62	Computer programming, consultancy and related activities	12 713.4	11 050.0	12 990.8	10 824.0	8 774.6	10 248.4	13 187.7	14 306.1
63	Information service activities	2 768.4	2 538.0	4 198.3	4 726.6	6 102.8	8 397.6	8 663.6	10 823.9
64-66	Financial and insurance activities	1 934.3	2 109.0	3 387.1	3 385.5	4 078.6	3 833.7	4 937.2	6 660.2
68-82	Real estate; professional, scientific and technical; administrative and support	33 048.8 e	22 969.0 e	24 842.1	22 532.2	20 733.1	18 804.1	22 628.7	20 281.3
68	Real estate activities	48.0 e	59.1 e	69.6	20.2	87.1	192.5	214.4	407.9
69-75x72	Professional, scientific and technical activities, except scientific R&D	15 300.6	7 822.0	9 463.6	6 266.8	7 146.1	6 649.1	7 327.6	6 364.9
72	Scientific research and development	17 480.9	14 818.0	14 991.5	15 916.2	13 444.9	11 911.4	15 024.2	13 484.0
77-82	Administrative and support service activities	219.2 e	269.9 e	317.4	329.0	54.9	51.2	62.6	24.5
84-99	Community, social and personal services	..	..	..	..	..	..	..	..
84-85	Public administration and defence; compulsory social security and education	..	..	..	..	..	..	..	..
86-88	Human health and social work activities	543.6	1 232.0	726.0	649.4	498.0	466.0	697.4	770.4
90-93	Arts, entertainment and recreation	..	..	..	..	..	..	..	..
94-99	Other services; household-employers; extraterritorial bodies	..	..	..	..	..	..	..	..

.. Not available; e Estimated value
Note: Detailed metadata at: *http://metalinks.oecd.org/anberd/20181213/8c73*.

ARGENTINA

R&D expenditure in industry by main activity of the enterprise, current prices
ISIC Rev. 4

Million USD PPP

		2009	2010	2011	2012	2013	2014	2015	2016
	TOTAL BUSINESS ENTERPRISE	..	..	..	..	..	..	1 180.3	1 131.1
01-03	**AGRICULTURE, FORESTRY AND FISHING**	..	..	..	..	..	..	151.2	154.2
05-09	**MINING AND QUARRYING**	..	..	..	..	..	..	7.7	9.1
10-33	**MANUFACTURING**	..	..	..	..	..	..	655.9	607.2
10-12	Food products, beverages and tobacco	..	..	..	..	..	..	..	..
13-15	Textiles, wearing apparel, leather and related products	..	..	..	..	..	..	..	..
13	Textiles	..	..	..	..	..	..	..	..
14	Wearing apparel	..	..	..	..	..	..	..	..
15	Leather and related products, footwear	..	..	..	..	..	..	..	..
16-18	Wood and paper products and printing	..	..	..	..	..	..	..	..
16	Wood and wood products, except furniture	..	..	..	..	..	..	..	..
17	Paper and paper products	..	..	..	..	..	..	..	..
18	Printing and reproduction of recorded media	..	..	..	..	..	..	..	..
19-23	Chemical, rubber, plastic, non-metallic mineral products	..	..	..	..	..	..	..	..
19	Coke and refined petroleum products	..	..	..	..	..	..	..	..
20-21	Chemical and pharmaceutical products	..	..	..	..	..	..	..	..
20	Chemicals and chemical products	..	..	..	..	..	..	..	..
21	Pharmaceuticals, medicinal, chemical and botanical products	..	..	..	..	..	..	..	..
22	Rubber and plastic products	..	..	..	..	..	..	..	..
23	Other non-metallic mineral products	..	..	..	..	..	..	..	..
24-25	Basic metals, metal products, except machinery and equipment	..	..	..	..	..	..	..	..
24	Basic metals	..	..	..	..	..	..	..	..
25	Fabricated metal products, except machinery and equipment	..	..	..	..	..	..	..	..
26-30	Computer, electronic, optical products; electrical machinery, transport equipment	..	..	..	..	..	..	..	..
26	Computer, electronic and optical products	..	..	..	..	..	..	..	..
27	Electrical equipment	..	..	..	..	..	..	..	..
28	Machinery and equipment n.e.c.	..	..	..	..	..	..	..	..
29	Motor vehicles, trailers and semi-trailers	..	..	..	..	..	..	..	..
30	Other transport equipment	..	..	..	..	..	..	..	..
31-33	Furniture; repair, installation of machinery and equipment	..	..	..	..	..	..	..	..
31	Furniture	..	..	..	..	..	..	..	..
32	Other manufacturing	..	..	..	..	..	..	..	..
33	Repair and installation of machinery and equipment	..	..	..	..	..	..	..	..
35-39	**ELECTRICITY, GAS, WATER AND WASTE MANAGEMENT**	..	..	..	..	..	..	37.7	33.1
35-36	Electricity, gas and water	..	..	..	..	..	..	..	..
37-39	Sewerage, waste management and remediation activities	..	..	..	..	..	..	..	..
41-43	**CONSTRUCTION**	..	..	..	..	..	..	1.2	1.2
45-99	**TOTAL SERVICES**	..	..	..	..	..	..	326.7	326.4
45-82	**Business sector services**	..	..	..	..	..	..	..	..
45-47	**Wholesale and retail trade; motor vehicle and motorcycle repairs**	..	..	..	..	..	..	..	..
49-53	**Transportation and storage**	..	..	..	..	..	..	..	..
55-56	**Accommodation and food service activities**	..	..	..	..	..	..	..	..
58-63	**Information and communication**	..	..	..	..	..	..	..	..
58-60	Publishing, audiovisual and broadcasting activities	..	..	..	..	..	..	..	..
58	Publishing activities	..	..	..	..	..	..	..	..
59-60	Motion picture, video and TV programme production; broadcasting activities	..	..	..	..	..	..	..	..
59	Motion picture, video and TV programme production; sound and music	..	..	..	..	..	..	..	..
60	Programming and broadcasting activities	..	..	..	..	..	..	..	..
61	Telecommunications	..	..	..	..	..	..	..	..
62-63	IT and other information services	..	..	..	..	..	..	..	..
62	Computer programming, consultancy and related activities	..	..	..	..	..	..	..	..
63	Information service activities	..	..	..	..	..	..	..	..
64-66	**Financial and insurance activities**	..	..	..	..	..	..	..	..
68-82	**Real estate; professional, scientific and technical; administrative and support**	..	..	..	..	..	..	..	..
68	Real estate activities	..	..	..	..	..	..	..	..
69-75x72	Professional, scientific and technical activities, except scientific R&D	..	..	..	..	..	..	..	..
72	Scientific research and development	..	..	..	..	..	..	..	..
77-82	Administrative and support service activities	..	..	..	..	..	..	..	..
84-99	**Community, social and personal services**	..	..	..	..	..	..	..	..
84-85	Public administration and defence; compulsory social security and education	..	..	..	..	..	..	..	..
86-88	Human health and social work activities	..	..	..	..	..	..	..	..
90-93	Arts, entertainment and recreation	..	..	..	..	..	..	..	..
94-99	Other services; household-employers; extraterritorial bodies	..	..	..	..	..	..	..	..

.. Not available

Note: Detailed metadata at: http://metalinks.oecd.org/anberd/20181213/8c73.

ARGENTINA

R&D expenditure in industry by main activity of the enterprise, constant prices
ISIC Rev. 4

2010 USD PPP

		2009	2010	2011	2012	2013	2014	2015	2016
	TOTAL BUSINESS ENTERPRISE	..	..	..	..	..	..	1 068.7	1 016.4
01-03	**AGRICULTURE, FORESTRY AND FISHING**	..	..	..	..	..	..	136.9	138.5
05-09	**MINING AND QUARRYING**	..	..	..	..	..	..	7.0	8.1
10-33	**MANUFACTURING**	..	..	..	..	..	..	593.9	545.7
10-12	Food products, beverages and tobacco	..	..	..	..	..	..	..	..
13-15	Textiles, wearing apparel, leather and related products	..	..	..	..	..	..	..	..
13	Textiles	..	..	..	..	..	..	..	..
14	Wearing apparel	..	..	..	..	..	..	..	..
15	Leather and related products, footwear	..	..	..	..	..	..	..	..
16-18	Wood and paper products and printing	..	..	..	..	..	..	..	..
16	Wood and wood products, except furniture	..	..	..	..	..	..	..	..
17	Paper and paper products	..	..	..	..	..	..	..	..
18	Printing and reproduction of recorded media	..	..	..	..	..	..	..	..
19-23	Chemical, rubber, plastic, non-metallic mineral products	..	..	..	..	..	..	..	..
19	Coke and refined petroleum products	..	..	..	..	..	..	..	..
20-21	Chemical and pharmaceutical products	..	..	..	..	..	..	..	..
20	Chemicals and chemical products	..	..	..	..	..	..	..	..
21	Pharmaceuticals, medicinal, chemical and botanical products	..	..	..	..	..	..	..	..
22	Rubber and plastic products	..	..	..	..	..	..	..	..
23	Other non-metallic mineral products	..	..	..	..	..	..	..	..
24-25	Basic metals, metal products, except machinery and equipment	..	..	..	..	..	..	..	..
24	Basic metals	..	..	..	..	..	..	..	..
25	Fabricated metal products, except machinery and equipment	..	..	..	..	..	..	..	..
26-30	Computer, electronic, optical products; electrical machinery, transport equipment	..	..	..	..	..	..	..	..
26	Computer, electronic and optical products	..	..	..	..	..	..	..	..
27	Electrical equipment	..	..	..	..	..	..	..	..
28	Machinery and equipment n.e.c.	..	..	..	..	..	..	..	..
29	Motor vehicles, trailers and semi-trailers	..	..	..	..	..	..	..	..
30	Other transport equipment	..	..	..	..	..	..	..	..
31-33	Furniture; repair, installation of machinery and equipment	..	..	..	..	..	..	..	..
31	Furniture	..	..	..	..	..	..	..	..
32	Other manufacturing	..	..	..	..	..	..	..	..
33	Repair and installation of machinery and equipment	..	..	..	..	..	..	..	..
35-39	**ELECTRICITY, GAS, WATER AND WASTE MANAGEMENT**	..	..	..	..	..	..	34.1	29.7
35-36	Electricity, gas and water	..	..	..	..	..	..	..	..
37-39	Sewerage, waste management and remediation activities	..	..	..	..	..	..	..	..
41-43	**CONSTRUCTION**	..	..	..	..	..	..	1.1	1.1
45-99	**TOTAL SERVICES**	..	..	..	..	..	..	295.8	293.3
45-82	**Business sector services**	..	..	..	..	..	..	..	..
45-47	Wholesale and retail trade; motor vehicle and motorcycle repairs	..	..	..	..	..	..	..	..
49-53	Transportation and storage	..	..	..	..	..	..	..	..
55-56	Accommodation and food service activities	..	..	..	..	..	..	..	..
58-63	Information and communication	..	..	..	..	..	..	..	..
58-60	Publishing, audiovisual and broadcasting activities	..	..	..	..	..	..	..	..
58	Publishing activities	..	..	..	..	..	..	..	..
59-60	Motion picture, video and TV programme production; broadcasting activities	..	..	..	..	..	..	..	..
59	Motion picture, video and TV programme production; sound and music	..	..	..	..	..	..	..	..
60	Programming and broadcasting activities	..	..	..	..	..	..	..	..
61	Telecommunications	..	..	..	..	..	..	..	..
62-63	IT and other information services	..	..	..	..	..	..	..	..
62	Computer programming, consultancy and related activities	..	..	..	..	..	..	..	..
63	Information service activities	..	..	..	..	..	..	..	..
64-66	Financial and insurance activities	..	..	..	..	..	..	..	..
68-82	Real estate; professional, scientific and technical; administrative and support	..	..	..	..	..	..	..	..
68	Real estate activities	..	..	..	..	..	..	..	..
69-75x72	Professional, scientific and technical activities, except scientific R&D	..	..	..	..	..	..	..	..
72	Scientific research and development	..	..	..	..	..	..	..	..
77-82	Administrative and support service activities	..	..	..	..	..	..	..	..
84-99	Community, social and personal services	..	..	..	..	..	..	..	..
84-85	Public administration and defence; compulsory social security and education	..	..	..	..	..	..	..	..
86-88	Human health and social work activities	..	..	..	..	..	..	..	..
90-93	Arts, entertainment and recreation	..	..	..	..	..	..	..	..
94-99	Other services; household-employers; extraterritorial bodies	..	..	..	..	..	..	..	..

.. Not available

Note: Detailed metadata at: http://metalinks.oecd.org/anberd/20181213/8c73.

CHINA

R&D expenditure in industry by main activity of the enterprise, current prices
ISIC Rev. 4

Million USD PPP

ISIC	Activity	2009	2010	2011	2012	2013	2014	2015	2016
	TOTAL BUSINESS ENTERPRISE	135 686.8	156 744.8	187 684.1	222 507.6	255 971.4	286 453.2	312 862.6	349 522.2
01-03	AGRICULTURE, FORESTRY AND FISHING	363.9	425.3	483.3	461.2	..	..	..	..
05-09	MINING AND QUARRYING	5 438.1	6 539.9	7 206.5	7 946.0	7 724.6	7 830.9	7 113.0	7 039.1
10-33	MANUFACTURING	114 055.3	134 548.4	162 466.1	194 232.7	224 225.0	252 858.2	277 176.6	304 199.9
10-12	Food products, beverages and tobacco	4 817.7	5 714.6	6 846.1	9 148.3	10 614.7	12 195.2	13 289.9	15 099.0
13-15	Textiles, wearing apparel, leather and related products	3 446.5	3 950.4	5 146.7	6 272.1	7 380.0	8 312.6	10 028.7	11 107.5
13	Textiles	2 592.4	3 016.5	3 880.2	3 916.3	4 469.9	5 059.5	5 970.8	6 330.1
14	Wearing apparel	..	..	..	1 577.3	1 954.1	2 111.5	2 590.1	3 078.9
15	Leather and related products, footwear	..	..	..	778.5	955.9	1 141.6	1 467.8	1 698.6
16-18	Wood and paper products and printing	1 856.6	2 013.0	2 549.4	3 379.5	4 099.1	4 651.8	5 385.9	6 400.5
16	Wood and wood products, except furniture	330.6	334.5	412.8	531.3	766.0	931.5	1 231.1	1 521.8
17	Paper and paper products	1 175.6	1 235.0	1 594.3	2 150.8	2 476.0	2 745.5	3 093.9	3 533.2
18	Printing and reproduction of recorded media	350.4	443.4	542.4	697.5	857.1	974.8	1 060.9	1 345.6
19-23	Chemical, rubber, plastic, non-metallic mineral products	20 467.6	24 900.8	30 750.1	37 407.4	44 523.0	51 045.8	55 649.1	61 435.1
19	Coke and refined petroleum products	1 184.6	1 397.4	1 784.2	2 316.3	2 519.1	3 034.5	2 899.5	3 443.1
20-21	Chemical and pharmaceutical products	13 943.6	16 617.9	21 107.3	25 545.4	30 313.7	34 504.9	37 792.1	40 669.6
20	Chemicals and chemical products	9 646.9	11 582.5	15 081.2	17 507.2	20 508.6	23 391.5	25 099.3	26 610.7
21	Pharmaceuticals, medicinal, chemical and botanical products	4 296.7	5 035.3	6 026.1	8 038.2	9 805.1	11 113.3	12 692.9	14 059.0
22	Rubber and plastic products	2 735.1	3 567.5	3 872.9	4 904.7	5 625.4	6 489.0	6 975.3	8 023.5
23	Other non-metallic mineral products	2 604.3	3 318.0	3 985.7	4 641.0	6 064.7	7 017.5	7 982.2	9 298.9
24-25	Basic metals, metal products, except machinery and equipment	15 735.9	19 228.9	23 224.2	30 825.6	32 833.5	34 845.8	34 946.4	36 577.9
24	Basic metals	13 632.6	16 566.7	20 049.5	25 507.3	26 346.3	27 692.4	26 819.3	27 185.2
25	Fabricated metal products, except machinery and equipment	2 103.3	2 662.2	3 174.7	5 318.3	6 487.3	7 153.3	8 127.1	9 392.7
26-30	Computer, electronic, optical products; electrical machinery, transport equipment	66 699.4	77 715.3	92 525.3	105 135.4	122 113.2	138 354.2	153 685.3	168 380.4
26	Computer, electronic and optical products	21 579.0	25 189.3	30 292.6	33 719.0	39 535.5	44 461.4	51 541.3	57 467.6
27	Electrical equipment	12 785.2	15 238.6	17 800.7	19 979.0	22 996.9	26 276.1	29 118.2	31 728.3
28	Machinery and equipment n.e.c.	16 679.2	18 427.7	22 031.7	25 522.7	29 901.7	33 070.3	34 496.4	35 771.3
29	Motor vehicles, trailers and semi-trailers	..	..	..	16 190.0	19 184.8	22 412.9	25 996.5	30 184.3
30	Other transport equipment	..	..	..	9 724.9	10 494.4	12 133.5	12 533.0	13 229.0
31-33	Furniture; repair, installation of machinery and equipment	1 031.6	1 025.4	1 424.2	2 064.3	2 661.5	3 452.8	4 191.4	5 199.4
31	Furniture	221.1	160.8	257.7	412.2	633.6	770.8	949.2	1 233.7
32	Other manufacturing	792.6	815.2	1 083.0	1 514.2	1 808.2	2 396.2	2 904.4	3 452.2
33	Repair and installation of machinery and equipment	17.8	49.4	83.5	137.9	219.6	285.8	337.8	513.5
35-39	ELECTRICITY, GAS, WATER AND WASTE MANAGEMENT	1 100.5	1 174.8	1 333.9	1 479.1	..	..	..	..
35-36	Electricity, gas and water	..	..	..	..	..	..	..	..
37-39	Sewerage, waste management and remediation activities	..	..	..	..	..	..	..	..
41-43	CONSTRUCTION	4 311.5	4 227.2	4 144.7	4 274.1	..	..	..	..
45-99	TOTAL SERVICES	10 417.7	9 829.2	12 049.6	14 114.5	..	..	..	..
45-82	Business sector services	10 400.1	..	..	..	..	..	..	..
45-47	Wholesale and retail trade; motor vehicle and motorcycle repairs	0.0	..	..	..	..	..	..	..
49-53	Transportation and storage	338.7	..	..	..	..	..	..	..
55-56	Accommodation and food service activities	0.0	..	..	..	..	..	..	..
58-63	Information and communication	5 006.1	..	..	..	..	..	..	..
58-60	Publishing, audiovisual and broadcasting activities	2.8	..	..	..	..	..	..	..
58	Publishing activities	2.2	..	..	..	..	..	..	..
59-60	Motion picture, video and TV programme production; broadcasting activities	0.6	..	..	..	..	..	..	..
59	Motion picture, video and TV programme production; sound and music	..	..	..	..	..	..	..	..
60	Programming and broadcasting activities	..	..	..	..	..	..	..	..
61	Telecommunications	1 238.3	..	..	..	..	..	..	..
62-63	IT and other information services	3 765.1	..	..	..	..	..	..	..
62	Computer programming, consultancy and related activities	2 485.7	..	..	..	..	..	..	..
63	Information service activities	1 279.4	..	..	..	..	..	..	..
64-66	Financial and insurance activities	34.0	..	..	..	..	..	..	..
68-82	Real estate; professional, scientific and technical; administrative and support	5 021.2	..	..	..	..	..	..	..
68	Real estate activities	0.0	..	..	..	..	..	..	..
69-75x72	Professional, scientific and technical activities, except scientific R&D	..	..	..	..	..	..	..	..
72	Scientific research and development	2 338.1	..	..	..	..	..	..	..
77-82	Administrative and support service activities	..	..	..	..	..	..	..	..
84-99	Community, social and personal services	17.6	..	..	..	..	..	..	..
84-85	Public administration and defence; compulsory social security and education	0.0	..	..	..	..	..	..	..
86-88	Human health and social work activities	17.3	..	..	..	..	..	..	..
90-93	Arts, entertainment and recreation	0.2	..	..	..	..	..	..	..
94-99	Other services; household-employers; extraterritorial bodies	0.0	..	..	..	..	..	..	..

.. Not available

Note: Detailed metadata at: *http://metalinks.oecd.org/anberd/20181213/8c73.*

CHINA

R&D expenditure in industry by main activity of the enterprise, constant prices
ISIC Rev. 4

2010 USD PPP

ISIC	Activity	2009	2010	2011	2012	2013	2014	2015	2016
	TOTAL BUSINESS ENTERPRISE	137 344.4	156 744.8	183 892.1	214 069.7	242 352.3	266 435.1	287 901.2	317 751.3
01-03	**AGRICULTURE, FORESTRY AND FISHING**	368.3	425.3	473.6	443.8	..	..	..	..
05-09	**MINING AND QUARRYING**	5 504.5	6 539.9	7 060.8	7 644.7	7 313.6	7 283.6	6 545.5	6 399.3
10-33	**MANUFACTURING**	115 448.6	134 548.4	159 183.5	186 867.1	212 294.9	235 187.7	255 062.4	276 548.7
10-12	Food products, beverages and tobacco	4 876.6	5 714.6	6 707.8	8 801.4	10 050.0	11 343.0	12 229.6	13 726.6
13-15	Textiles, wearing apparel, leather and related products	3 488.6	3 950.4	5 042.7	6 034.3	6 987.3	7 731.7	9 228.6	10 097.9
13	Textiles	2 624.1	3 016.5	3 801.8	3 767.8	4 232.1	4 706.0	5 494.5	5 754.7
14	Wearing apparel	..	..	..	1 517.5	1 850.2	1 964.0	2 383.4	2 799.0
15	Leather and related products, footwear	..	..	..	749.0	905.0	1 061.8	1 350.7	1 544.2
16-18	Wood and paper products and printing	1 879.3	2 013.0	2 497.9	3 251.4	3 881.0	4 326.7	4 956.1	5 818.7
16	Wood and wood products, except furniture	334.6	334.5	404.4	511.1	725.2	866.4	1 132.8	1 383.5
17	Paper and paper products	1 190.0	1 235.0	1 562.1	2 069.2	2 344.3	2 553.6	2 847.0	3 212.0
18	Printing and reproduction of recorded media	354.7	443.4	531.4	671.0	811.5	906.7	976.3	1 223.3
19-23	Chemical, rubber, plastic, non-metallic mineral products	20 717.6	24 900.8	30 128.8	35 988.8	42 154.1	47 478.5	51 209.2	55 850.7
19	Coke and refined petroleum products	1 199.0	1 397.4	1 748.1	2 228.5	2 385.1	2 822.4	2 668.1	3 130.1
20-21	Chemical and pharmaceutical products	14 114.0	16 617.9	20 680.8	24 576.6	28 700.9	32 093.6	34 776.9	36 972.8
20	Chemicals and chemical products	9 764.8	11 582.5	14 776.5	16 843.3	19 417.4	21 756.9	23 096.7	24 191.8
21	Pharmaceuticals, medicinal, chemical and botanical products	4 349.2	5 035.3	5 904.3	7 733.4	9 283.4	10 336.7	11 680.2	12 781.0
22	Rubber and plastic products	2 768.5	3 567.5	3 794.6	4 718.7	5 326.1	6 035.5	6 418.8	7 294.2
23	Other non-metallic mineral products	2 636.1	3 318.0	3 905.2	4 465.0	5 742.0	6 527.1	7 345.3	8 453.6
24-25	Basic metals, metal products, except machinery and equipment	15 928.1	19 228.9	22 755.0	29 656.6	31 086.6	32 410.7	32 158.3	33 253.1
24	Basic metals	13 799.1	16 566.7	19 644.4	24 540.0	24 944.5	25 757.2	24 679.6	24 714.1
25	Fabricated metal products, except machinery and equipment	2 129.0	2 662.2	3 110.6	5 116.6	6 142.1	6 653.4	7 478.7	8 539.0
26-30	Computer, electronic, optical products; electrical machinery, transport equipment	67 514.2	77 715.3	90 655.9	101 148.5	115 616.1	128 685.6	141 423.7	153 074.9
26	Computer, electronic and optical products	21 842.6	25 189.3	29 680.5	32 440.3	37 432.0	41 354.3	47 429.1	52 243.9
27	Electrical equipment	12 941.4	15 238.6	17 441.0	19 221.3	21 773.3	24 439.8	26 795.0	28 844.2
28	Machinery and equipment n.e.c.	16 882.9	18 427.7	21 586.5	24 554.8	28 310.8	30 759.2	31 744.1	32 519.8
29	Motor vehicles, trailers and semi-trailers	..	..	..	15 576.0	18 164.0	20 846.6	23 922.4	27 440.6
30	Other transport equipment	..	..	..	9 356.1	9 936.0	11 285.6	11 533.1	12 026.5
31-33	Furniture; repair, installation of machinery and equipment	1 044.2	1 025.4	1 395.5	1 986.0	2 519.9	3 211.5	3 857.0	4 726.8
31	Furniture	224.0	160.8	252.5	396.6	599.9	716.9	873.5	1 121.6
32	Other manufacturing	802.3	815.2	1 061.1	1 456.8	1 712.0	2 228.8	2 672.7	3 138.4
33	Repair and installation of machinery and equipment	18.0	49.4	81.8	132.7	207.9	265.8	310.8	466.8
35-39	**ELECTRICITY, GAS, WATER AND WASTE MANAGEMENT**	1 113.9	1 174.8	1 307.0	1 423.0	..	..	..	..
35-36	Electricity, gas and water	..	..	..	..	..	..	..	..
37-39	Sewerage, waste management and remediation activities	..	..	..	..	..	..	..	..
41-43	**CONSTRUCTION**	4 364.1	4 227.2	4 061.0	4 112.0	..	..	..	..
45-99	**TOTAL SERVICES**	10 544.9	9 829.2	11 806.1	13 579.2	..	..	..	..
45-82	**Business sector services**	10 527.1	..	..	..	..	..	..	..
45-47	Wholesale and retail trade; motor vehicle and motorcycle repairs	0.0	..	..	..	..	..	..	..
49-53	Transportation and storage	342.9	..	..	..	..	..	..	..
55-56	Accommodation and food service activities	0.0	..	..	..	..	..	..	..
58-63	Information and communication	5 067.3	..	..	..	..	..	..	..
58-60	Publishing, audiovisual and broadcasting activities	2.8	..	..	..	..	..	..	..
58	Publishing activities	2.2	..	..	..	..	..	..	..
59-60	Motion picture, video and TV programme production; broadcasting activities	0.6	..	..	..	..	..	..	..
59	Motion picture, video and TV programme production; sound and music	..	..	..	..	..	..	..	..
60	Programming and broadcasting activities	..	..	..	..	..	..	..	..
61	Telecommunications	1 253.4	..	..	..	..	..	..	..
62-63	IT and other information services	3 811.1	..	..	..	..	..	..	..
62	Computer programming, consultancy and related activities	2 516.0	..	..	..	..	..	..	..
63	Information service activities	1 295.0	..	..	..	..	..	..	..
64-66	**Financial and insurance activities**	34.5	..	..	..	..	..	..	..
68-82	**Real estate; professional, scientific and technical; administrative and support**	5 082.5	..	..	..	..	..	..	..
68	Real estate activities	0.0	..	..	..	..	..	..	..
69-75x72	Professional, scientific and technical activities, except scientific R&D	..	..	..	..	..	..	..	..
72	Scientific research and development	2 366.7	..	..	..	..	..	..	..
77-82	Administrative and support service activities	..	..	..	..	..	..	..	..
84-99	**Community, social and personal services**	17.8	..	..	..	..	..	..	..
84-85	Public administration and defence; compulsory social security and education	0.0	..	..	..	..	..	..	..
86-88	Human health and social work activities	17.6	..	..	..	..	..	..	..
90-93	Arts, entertainment and recreation	0.2	..	..	..	..	..	..	..
94-99	Other services; household-employers; extraterritorial bodies	0.0	..	..	..	..	..	..	..

.. Not available

Note: Detailed metadata at: *http://metalinks.oecd.org/anberd/20181213/8c73*.

ROMANIA

R&D expenditure in industry by main activity of the enterprise, current prices
ISIC Rev. 4

Million USD PPP

		2009	2010	2011	2012	2013	2014	2015	2016
	TOTAL BUSINESS ENTERPRISE	604.3	602.0	648.1	715.9	470.5	650.6	917.4	1 208.3
01-03	**AGRICULTURE, FORESTRY AND FISHING**	57.0	88.4	3.4	6.0	6.8	8.0	10.7	14.4
05-09	**MINING AND QUARRYING**	12.1	0.8	0.0 e	0.1	0.5 e	17.9	20.7	12.9
10-33	**MANUFACTURING**	273.6	243.8	336.5	299.9	247.4	336.2	378.1	441.9
10-12	Food products, beverages and tobacco	3.7	1.5	4.2	10.8	11.4	31.7	4.7	5.1
13-15	Textiles, wearing apparel, leather and related products	1.2	2.2	0.9 e	5.7	2.6	2.6	2.0	1.4
13	Textiles	0.3 e	0.6	0.1 e	0.7 e	0.1	0.3	0.1	0.2
14	Wearing apparel	0.5 e	0.1	0.2 e	0.7 e	0.4	1.3	1.6	0.7
15	Leather and related products, footwear	0.4 e	1.5	0.6 e	4.3	2.2	0.4	0.2	0.5
16-18	Wood and paper products and printing	0.1 e	0.1 e	0.0 e	0.0 e	0.1 e	0.8	0.2	0.0
16	Wood and wood products, except furniture	..	..	..	..	..	..	..	..
17	Paper and paper products	..	..	..	..	..	..	..	..
18	Printing and reproduction of recorded media	..	..	..	..	..	..	..	..
19-23	Chemical, rubber, plastic, non-metallic mineral products	50.8	51.9	98.5 e	35.3 e	32.9 e	45.9	35.1	45.2
19	Coke and refined petroleum products	1.2	0.8	0.0	0.0 e	0.0 e	0.0	0.0	0.0
20-21	Chemical and pharmaceutical products	46.1	47.7	86.2	30.3	28.4	45.1	34.3	43.8
20	Chemicals and chemical products	40.0	39.6	61.3	3.5	3.3	6.3	6.5	8.6
21	Pharmaceuticals, medicinal, chemical and botanical products	6.1	8.1	24.9	26.8	25.1	38.8	27.8	35.2
22	Rubber and plastic products	2.4	1.8	12.2	3.2	4.1	0.2	0.1	0.8
23	Other non-metallic mineral products	1.2	1.5	0.2 e	1.8	0.3	0.6	0.7	0.5
24-25	Basic metals, metal products, except machinery and equipment	13.1	10.8	16.0	8.5	9.6	10.7	8.2	9.0
24	Basic metals	6.3	5.7	11.4	4.0	4.9	4.9	2.2	1.8
25	Fabricated metal products, except machinery and equipment	6.8	5.2	4.6	4.5	4.7	5.7	6.0	7.2
26-30	Computer, electronic, optical products; electrical machinery, transport equipment	188.3	163.3	215.5	232.1	188.5	238.9	323.7	376.6
26	Computer, electronic and optical products	14.2	13.8	13.8	60.8	40.2	16.2	37.6	42.7
27	Electrical equipment	16.1	17.1	46.1	18.7	14.6	13.6	22.9	27.7
28	Machinery and equipment n.e.c.	17.6	17.4	6.8	20.6	13.1	13.2	9.0	7.3
29	Motor vehicles, trailers and semi-trailers	116.3	95.7	141.9	124.3	114.7	187.1	253.0	296.1
30	Other transport equipment	24.1	19.3	6.9	7.8	5.9	8.8	1.1	2.8
31-33	Furniture; repair, installation of machinery and equipment	16.5 e	14.0 e	1.4	7.5 e	2.3 e	6.3	4.3	4.6
31	Furniture	0.2 e	0.2 e	0.1 e	0.1 e	0.1 e	0.5	0.2	0.7
32	Other manufacturing	10.0	10.6	0.0 e	2.3	0.8	1.3	1.3	2.3
33	Repair and installation of machinery and equipment	6.3	3.2	1.2 e	5.1	1.4	4.4	2.8	1.7
35-39	**ELECTRICITY, GAS, WATER AND WASTE MANAGEMENT**	44.2	68.6	0.6 e	3.4	1.6	1.4	1.4	0.9
35-36	Electricity, gas and water	44.1	68.3	0.2 e	2.7	1.3 e	1.2 e	1.2	0.6
37-39	Sewerage, waste management and remediation activities	0.1	0.3	0.4 e	0.6	0.3 e	0.2 e	0.2	0.2
41-43	**CONSTRUCTION**	12.6	8.0	6.6	0.5	0.5 e	1.2	1.2	1.2
45-99	**TOTAL SERVICES**	204.7	192.3	300.9	406.0	213.7	286.0	505.2	737.0
45-82	**Business sector services**	204.2	190.9	300.8	403.1	213.7	283.1	503.1	734.4
45-47	Wholesale and retail trade; motor vehicle and motorcycle repairs	6.3	..	14.7	29.6	17.8	33.2	13.5	28.1
49-53	Transportation and storage	..	..	4.1	..	..	12.2	0.3	0.9
55-56	Accommodation and food service activities	..	..	..	1.8	1.3	0.7	0.0	0.0
58-63	Information and communication	86.9	73.3	114.3	127.4	46.0	69.6	121.5	262.4
58-60	Publishing, audiovisual and broadcasting activities	44.6	49.0	55.8	2.2	0.0	9.7	30.7	116.1
58	Publishing activities	..	..	..	2.1	..	..	..	..
59-60	Motion picture, video and TV programme production; broadcasting activities	..	..	..	0.1	..	..	..	..
59	Motion picture, video and TV programme production; sound and music	..	..	..	..	..	..	..	..
60	Programming and broadcasting activities	..	..	..	..	..	..	..	..
61	Telecommunications	..	..	..	13.1	1.2	2.4	1.3	27.3
62-63	IT and other information services	..	..	..	112.1	44.8	57.5	89.6	119.1
62	Computer programming, consultancy and related activities	41.0	24.2	56.8	76.6	32.0	57.4	89.4	118.5
63	Information service activities	..	..	..	35.6	12.7	0.1	0.2	0.5
64-66	Financial and insurance activities	..	..	..	..	..	..	0.0	0.0
68-82	Real estate; professional, scientific and technical; administrative and support	111.0	116.8	166.3	244.3	..	..	367.8	442.9
68	Real estate activities	0.0	0.0	0.0 e	2.7	..	..	0.0	0.0
69-75x72	Professional, scientific and technical activities, except scientific R&D	8.2	18.5	29.6	47.2	15.8	15.0	163.7	275.8
72	Scientific research and development	101.5	90.1	136.3	191.8	131.6	150.4	203.9	167.0
77-82	Administrative and support service activities	1.2	8.2	0.3 e	2.7	..	1.9	0.1	0.1
84-99	Community, social and personal services	0.6	1.4	0.1	2.9	0.0	2.8	2.1	2.6
84-85	Public administration and defence; compulsory social security and education	..	..	..	..	..	..	..	..
86-88	Human health and social work activities	..	..	..	..	..	..	..	..
90-93	Arts, entertainment and recreation	..	..	..	..	..	..	..	..
94-99	Other services; household-employers; extraterritorial bodies	..	..	..	..	..	..	..	..

.. Not available; e Estimated value
Note: Detailed metadata at: http://metalinks.oecd.org/anberd/20181213/8c73.

ROMANIA

R&D expenditure in industry by main activity of the enterprise, constant prices
ISIC Rev. 4

2010 USD PPP

ISIC	Activity	2009	2010	2011	2012	2013	2014	2015	2016
	TOTAL BUSINESS ENTERPRISE	638.2	602.0	628.7	669.6	437.1	602.6	848.2	1 101.9
01-03	AGRICULTURE, FORESTRY AND FISHING	60.2	88.4	3.3	5.7	6.3	7.4	9.9	13.1
05-09	MINING AND QUARRYING	12.8	0.8	0.0 e	0.1	0.4 e	16.6	19.1	11.8
10-33	**MANUFACTURING**	289.0	243.8	326.4	280.5	229.9	311.4	349.6	403.0
10-12	Food products, beverages and tobacco	3.9	1.5	4.1	10.1	10.6	29.4	4.3	4.6
13-15	Textiles, wearing apparel, leather and related products	1.3	2.2	0.9 e	5.3	2.4	2.4	1.9	1.3
13	Textiles	0.4 e	0.6	0.1 e	0.6 e	0.1	0.3	0.1	0.2
14	Wearing apparel	0.5 e	0.1	0.2 e	0.6 e	0.3	1.2	1.5	0.7
15	Leather and related products, footwear	0.4 e	1.5	0.6 e	4.1	2.0	0.3	0.2	0.4
16-18	Wood and paper products and printing	0.1 e	0.1 e	0.0 e	0.0 e	0.1 e	0.8	0.2	0.0
16	Wood and wood products, except furniture	..	..	..	..	..	..	..	..
17	Paper and paper products	..	..	..	..	..	..	..	..
18	Printing and reproduction of recorded media	..	..	..	..	..	..	..	..
19-23	Chemical, rubber, plastic, non-metallic mineral products	53.6	51.9	95.6 e	33.0 e	30.5 e	42.5	32.4	41.2
19	Coke and refined petroleum products	1.2	0.8	0.0	0.0 e	0.0	0.0	0.0	0.0
20-21	Chemical and pharmaceutical products	48.7	47.7	83.6	28.4	26.4	41.8	31.7	40.0
20	Chemicals and chemical products	42.2	39.6	59.5	3.3	3.1	5.8	6.0	7.9
21	Pharmaceuticals, medicinal, chemical and botanical products	6.4	8.1	24.1	25.1	23.4	35.9	25.7	32.1
22	Rubber and plastic products	2.5	1.8	11.8	3.0	3.8	0.2	0.1	0.8
23	Other non-metallic mineral products	1.2	1.5	0.2 e	1.7	0.3	0.6	0.6	0.5
24-25	Basic metals, metal products, except machinery and equipment	13.8	10.8	15.5	8.0	8.9	9.9	7.6	8.2
24	Basic metals	6.6	5.7	11.1	3.7	4.5	4.6	2.0	1.6
25	Fabricated metal products, except machinery and equipment	7.2	5.2	4.4	4.2	4.4	5.3	5.6	6.6
26-30	Computer, electronic, optical products; electrical machinery, transport equipment	198.9	163.3	209.0	217.1	175.1	221.2	299.3	343.4
26	Computer, electronic and optical products	15.0	13.8	13.4	56.8	37.3	15.0	34.8	39.0
27	Electrical equipment	17.0	17.1	44.7	17.5	13.5	12.6	21.2	25.2
28	Machinery and equipment n.e.c.	18.6	17.4	6.6	19.3	12.2	12.2	8.3	6.6
29	Motor vehicles, trailers and semi-trailers	122.8	95.7	137.6	116.2	106.6	173.3	233.9	270.1
30	Other transport equipment	25.5	19.3	6.7	7.3	5.5	8.2	1.0	2.5
31-33	Furniture; repair, installation of machinery and equipment	17.5 e	14.0 e	1.3	7.1 e	2.1 e	5.8	3.9	4.2
31	Furniture	0.2 e	0.2 e	0.1 e	0.1 e	0.1 e	0.5	0.1	0.6
32	Other manufacturing	10.5	10.6	0.0 e	2.2	0.7	1.2	1.2	2.1
33	Repair and installation of machinery and equipment	6.7	3.2	1.2 e	4.8	1.3	4.1	2.6	1.5
35-39	ELECTRICITY, GAS, WATER AND WASTE MANAGEMENT	46.7	68.6	0.6 e	3.1	1.5	1.3	1.3	0.8
35-36	Electricity, gas and water	46.6	68.3	0.2 e	2.6	1.2 e	1.1 e	1.1	0.6
37-39	Sewerage, waste management and remediation activities	0.2	0.3	0.4 e	0.6	0.3 e	0.2 e	0.2	0.2
41-43	CONSTRUCTION	13.3	8.0	6.4	0.4	0.4 e	1.1	1.1	1.1
45-99	**TOTAL SERVICES**	216.2	192.3	291.9	379.7	198.5	264.8	467.1	672.1
45-82	Business sector services	215.6	190.9	291.8	377.0	198.5	262.2	465.2	669.8
45-47	Wholesale and retail trade; motor vehicle and motorcycle repairs	6.6	..	14.3	27.7	16.6	30.7	12.5	25.6
49-53	Transportation and storage	..	..	4.0	..	..	11.3	0.3	0.8
55-56	Accommodation and food service activities	..	..	..	1.7	1.2	0.6	0.0	0.0
58-63	Information and communication	91.8	73.3	110.8	119.1	42.7	64.5	112.4	239.3
58-60	Publishing, audiovisual and broadcasting activities	47.1	49.0	54.1	2.0	0.0	9.0	28.4	105.9
58	Publishing activities	..	..	..	1.9	..	..	..	..
59-60	Motion picture, video and TV programme production; broadcasting activities	..	..	..	0.1	..	..	..	..
59	Motion picture, video and TV programme production; sound and music	..	..	..	..	..	..	..	..
60	Programming and broadcasting activities	..	..	..	..	..	..	..	..
61	Telecommunications	..	..	..	12.3	1.1	2.3	1.2	24.9
62-63	IT and other information services	..	..	..	104.8	41.6	53.2	82.8	108.6
62	Computer programming, consultancy and related activities	43.3	24.2	55.1	71.6	29.8	53.2	82.6	108.1
63	Information service activities	..	..	..	33.3	11.8	0.1	0.2	0.5
64-66	Financial and insurance activities	..	..	..	..	..	..	0.0	0.0
68-82	Real estate; professional, scientific and technical; administrative and support	117.2	116.8	161.3	228.5	..	..	340.1	404.0
68	Real estate activities	0.0	0.0	0.0 e	2.5	..	..	0.0	0.0
69-75x72	Professional, scientific and technical activities, except scientific R&D	8.7	18.5	28.7	44.1	14.7	13.9	151.4	251.5
72	Scientific research and development	107.2	90.1	132.2	179.3	122.2	139.3	188.6	152.3
77-82	Administrative and support service activities	1.3	8.2	0.3 e	2.5	..	1.8	0.1	0.1
84-99	Community, social and personal services	0.6	1.4	0.1	2.7	0.0	2.6	2.0	2.3
84-85	Public administration and defence; compulsory social security and education	..	..	..	..	..	..	..	..
86-88	Human health and social work activities	..	..	..	..	..	..	..	..
90-93	Arts, entertainment and recreation	..	..	..	..	..	..	..	..
94-99	Other services; household-employers; extraterritorial bodies	..	..	..	..	..	..	..	..

.. Not available; e Estimated value
Note: Detailed metadata at: http://metalinks.oecd.org/anberd/20181213/8c73.

SINGAPORE

R&D expenditure in industry by main activity of the enterprise, current prices
ISIC Rev. 4

Million USD PPP

		2009	2010	2011	2012	2013	2014	2015	2016
	TOTAL BUSINESS ENTERPRISE	4 092.8	4 391.1	5 194.4	5 017.3	5 203.8	..	..	..
01-03	**AGRICULTURE, FORESTRY AND FISHING**	0.0 e	0.0	0.0	0.0	0.0	..	..	..
05-09	**MINING AND QUARRYING**	0.0 e	0.0	0.0	0.0	0.0	..	..	..
10-33	**MANUFACTURING**	2 530.7 e	2 677.1	2 467.5	3 021.2	2 996.2	..	..	..
10-12	Food products, beverages and tobacco	22.5 e	20.8	19.5	25.0	24.0	..	..	..
13-15	Textiles, wearing apparel, leather and related products	1.0 e	1.1	1.0	0.9	0.6 e	..	..	..
13	Textiles	0.0 e	0.0	0.0	..	..	..	..	..
14	Wearing apparel	0.8 e	0.8	0.7	..	..	..	..	..
15	Leather and related products, footwear	0.2 e	0.3	0.3	..	..	..	..	..
16-18	Wood and paper products and printing	5.3 e	4.3	3.5	3.6 e	3.2	..	..	..
16	Wood and wood products, except furniture	0.0 e	0.1	0.0	0.0 e	0.0	..	..	..
17	Paper and paper products	3.3 e	3.3	2.7	2.9 e	2.8	..	..	..
18	Printing and reproduction of recorded media	2.1 e	0.9	0.8	0.6 e	0.4	..	..	..
19-23	Chemical, rubber, plastic, non-metallic mineral products	177.5 e	229.2	248.7	273.0	350.2 e	..	..	..
19	Coke and refined petroleum products	1.6 e	0.8	1.2	1.4	1.0 e	..	..	..
20-21	Chemical and pharmaceutical products	153.3 e	210.2	229.4	265.3	343.5	..	..	..
20	Chemicals and chemical products	67.2 e	89.3	97.6	112.1	201.3	..	..	..
21	Pharmaceuticals, medicinal, chemical and botanical products	86.0 e	120.9	131.8	153.2	142.2	..	..	..
22	Rubber and plastic products	7.7 e	4.2	14.3	2.7	3.0	..	..	..
23	Other non-metallic mineral products	14.9 e	14.0	3.8	3.6	2.7	..	..	..
24-25	Basic metals, metal products, except machinery and equipment	145.3 e	195.3	23.1	30.1 e	43.6	..	..	..
24	Basic metals	3.6 e	4.6	1.6	1.6 e	3.1	..	..	..
25	Fabricated metal products, except machinery and equipment	141.7 e	190.7	21.5	28.5	40.5	..	..	..
26-30	Computer, electronic, optical products; electrical machinery, transport equipment	2 151.1 e	2 188.0	2 094.1	2 553.4	2 441.0	..	..	..
26	Computer, electronic and optical products	1 799.3 e	1 806.8	1 644.2	2 056.8	1 797.2	..	..	..
27	Electrical equipment	73.6 e	29.9	24.7	15.6	31.7	..	..	..
28	Machinery and equipment n.e.c.	117.8 e	182.2	209.4	220.3	307.4	..	..	..
29	Motor vehicles, trailers and semi-trailers	98.2 e	44.2	49.6	55.0	61.4	..	..	..
30	Other transport equipment	62.3 e	125.0	166.1	205.7	243.3	..	..	..
31-33	Furniture; repair, installation of machinery and equipment	27.8 e	38.4	77.5	135.3	133.6	..	..	..
31	Furniture	..	12.7	17.1	16.9	16.3	..	..	..
32	Other manufacturing	..	25.7	60.5	118.4	117.3	..	..	..
33	Repair and installation of machinery and equipment	..	0.0	0.0	0.0	0.0	..	..	..
35-39	**ELECTRICITY, GAS, WATER AND WASTE MANAGEMENT**	0.0 e	15.8	13.9	10.9	15.1	..	..	..
35-36	Electricity, gas and water	..	0.3	0.1	0.0	0.0	..	..	..
37-39	Sewerage, waste management and remediation activities	..	15.5	13.8	10.9	15.1	..	..	..
41-43	**CONSTRUCTION**	2.2 e	1.2	2.5	1.5	1.8	..	..	..
45-99	**TOTAL SERVICES**	1 559.9 e	1 697.1	2 710.4	1 983.7	2 190.7	..	..	..
45-82	**Business sector services**	1 467.5 e	1 686.7	2 700.6	1 974.1	2 155.0	..	..	..
45-47	Wholesale and retail trade; motor vehicle and motorcycle repairs	375.0 e	440.2	575.1	612.6	820.4	..	..	..
49-53	Transportation and storage	27.5 e	56.2	46.6	31.0	46.1	..	..	..
55-56	Accommodation and food service activities	0.0 e	0.0	0.0	0.0	0.0	..	..	..
58-63	Information and communication	141.6 e	156.3	160.7	169.6	173.3	..	..	..
58-60	Publishing, audiovisual and broadcasting activities	..	26.3	39.4	54.5	45.2	..	..	..
58	Publishing activities	..	24.7	37.6	54.1	45.1	..	..	..
59-60	Motion picture, video and TV programme production; broadcasting activities	..	1.6	1.8	0.3	0.2	..	..	..
59	Motion picture, video and TV programme production; sound and music	..	1.6	1.8	0.3	0.2	..	..	..
60	Programming and broadcasting activities	..	0.0	0.0	0.0	0.0	..	..	..
61	Telecommunications	8.5 e	3.9	5.7	3.5	6.7	..	..	..
62-63	IT and other information services	..	126.1	115.6	111.7	121.4	..	..	..
62	Computer programming, consultancy and related activities	..	123.8	112.9	108.8	115.6	..	..	..
63	Information service activities	..	2.3	2.7	2.9	5.9	..	..	..
64-66	Financial and insurance activities	102.5 e	100.2	105.3	102.5	107.1	..	..	..
68-82	Real estate; professional, scientific and technical; administrative and support	820.8 e	933.8	1 812.9	1 058.4	1 008.0	..	..	..
68	Real estate activities	..	0.0	0.0	0.0	0.0	..	..	..
69-75x72	Professional, scientific and technical activities, except scientific R&D	..	157.1	319.6	266.4	190.7	..	..	..
72	Scientific research and development	599.1 e	765.8	810.2	786.8	810.8	..	..	..
77-82	Administrative and support service activities	..	10.9	683.1	5.2	6.6	..	..	..
84-99	**Community, social and personal services**	92.5 e	10.5	9.9	9.6	35.7	..	..	..
84-85	Public administration and defence; compulsory social security and education	..	3.3	4.3	3.2	2.3 e	..	..	..
86-88	Human health and social work activities	..	6.1	4.5	6.1	33.2	..	..	..
90-93	Arts, entertainment and recreation	..	0.0	0.0	0.0	0.0	..	..	..
94-99	Other services; household-employers; extraterritorial bodies	..	1.1	1.1	0.3	0.2 e	..	..	..

.. Not available; e Estimated value

Note: Detailed metadata at: http://metalinks.oecd.org/anberd/20181213/8c73.

SINGAPORE

R&D expenditure in industry by main activity of the enterprise, constant prices
ISIC Rev. 4

2010 USD PPP

		2009	2010	2011	2012	2013	2014	2015	2016
	TOTAL BUSINESS ENTERPRISE	4 141.0	4 391.1	5 084.7	4 824.4	4 923.9	..	..	..
01-03	**AGRICULTURE, FORESTRY AND FISHING**	0.0 e	0.0	0.0	0.0	0.0	..	..	..
05-09	**MINING AND QUARRYING**	0.0 e	0.0	0.0	0.0	0.0	..	..	..
10-33	**MANUFACTURING**	2 560.5 e	2 677.1	2 415.4	2 905.1	2 835.0	..	..	..
10-12	Food products, beverages and tobacco	22.7 e	20.8	19.1	24.0	22.8	..	..	..
13-15	Textiles, wearing apparel, leather and related products	1.0 e	1.1	1.0	0.8	0.6 e	..	..	..
13	Textiles	0.0 e	0.0	0.0	..	..	..	..	..
14	Wearing apparel	0.8 e	0.8	0.7	..	..	..	..	..
15	Leather and related products, footwear	0.2 e	0.3	0.3	..	..	..	..	..
16-18	Wood and paper products and printing	5.4 e	4.3	3.4	3.4 e	3.0	..	..	..
16	Wood and wood products, except furniture	0.0 e	0.1	0.0	0.0 e	0.0	..	..	..
17	Paper and paper products	3.3 e	3.3	2.6	2.8 e	2.6	..	..	..
18	Printing and reproduction of recorded media	2.1 e	0.9	0.8	0.6 e	0.4	..	..	..
19-23	Chemical, rubber, plastic, non-metallic mineral products	179.6 e	229.2	243.5	262.5	331.3 e	..	..	..
19	Coke and refined petroleum products	1.7 e	0.8	1.2	1.4	1.0 e	..	..	..
20-21	Chemical and pharmaceutical products	155.1 e	210.2	224.6	255.1	325.0	..	..	..
20	Chemicals and chemical products	68.0 e	89.3	95.6	107.8	190.5	..	..	..
21	Pharmaceuticals, medicinal, chemical and botanical products	87.0 e	120.9	129.0	147.3	134.5	..	..	..
22	Rubber and plastic products	7.8 e	4.2	14.0	2.6	2.8	..	..	..
23	Other non-metallic mineral products	15.1 e	14.0	3.7	3.5	2.5	..	..	..
24-25	Basic metals, metal products, except machinery and equipment	147.1 e	195.3	22.6	28.9 e	41.3	..	..	..
24	Basic metals	3.7 e	4.6	1.5	1.6 e	2.9	..	..	..
25	Fabricated metal products, except machinery and equipment	143.4 e	190.7	21.1	27.4	38.4	..	..	..
26-30	Computer, electronic, optical products; electrical machinery, transport equipment	2 176.5 e	2 188.0	2 049.8	2 455.2	2 309.7	..	..	..
26	Computer, electronic and optical products	1 820.4 e	1 806.8	1 609.5	1 977.7	1 700.5	..	..	..
27	Electrical equipment	74.5 e	29.9	24.2	15.0	30.0	..	..	..
28	Machinery and equipment n.e.c.	119.2 e	182.2	205.0	211.8	290.9	..	..	..
29	Motor vehicles, trailers and semi-trailers	99.3 e	44.2	48.6	52.9	58.1	..	..	..
30	Other transport equipment	63.0 e	125.0	162.6	197.8	230.2	..	..	..
31-33	Furniture; repair, installation of machinery and equipment	28.2 e	38.4	75.9	130.1	126.4	..	..	..
31	Furniture	..	12.7	16.7	16.3	15.4	..	..	..
32	Other manufacturing	..	25.7	59.2	113.8	111.0	..	..	..
33	Repair and installation of machinery and equipment	..	0.0	0.0	0.0	0.0	..	..	..
35-39	**ELECTRICITY, GAS, WATER AND WASTE MANAGEMENT**	0.0 e	15.8	13.6	10.5	14.3	..	..	..
35-36	Electricity, gas and water	..	0.3	0.1	0.0	0.0	..	..	..
37-39	Sewerage, waste management and remediation activities	..	15.5	13.5	10.5	14.3	..	..	..
41-43	**CONSTRUCTION**	2.2 e	1.2	2.4	1.4	1.7	..	..	..
45-99	**TOTAL SERVICES**	1 578.3 e	1 697.1	2 653.2	1 907.5	2 072.8	..	..	..
45-82	**Business sector services**	1 484.7 e	1 686.7	2 643.5	1 898.2	2 039.0	..	..	..
45-47	Wholesale and retail trade; motor vehicle and motorcycle repairs	379.4 e	440.2	562.9	589.1	776.3	..	..	..
49-53	Transportation and storage	27.9 e	56.2	45.6	29.8	43.6	..	..	..
55-56	Accommodation and food service activities	0.0 e	0.0	0.0	0.0	0.0	..	..	..
58-63	Information and communication	143.2 e	156.3	157.3	163.1	164.0	..	..	..
58-60	Publishing, audiovisual and broadcasting activities	..	26.3	38.6	52.4	42.8	..	..	..
58	Publishing activities	..	24.7	36.8	52.1	42.6	..	..	..
59-60	Motion picture, video and TV programme production; broadcasting activities	..	1.6	1.8	0.3	0.2	..	..	..
59	Motion picture, video and TV programme production; sound and music	..	1.6	1.8	0.3	0.2	..	..	..
60	Programming and broadcasting activities	..	0.0	0.0	0.0	0.0	..	..	..
61	Telecommunications	8.6 e	3.9	5.6	3.3	6.3	..	..	..
62-63	IT and other information services	..	126.1	113.2	107.4	114.9	..	..	..
62	Computer programming, consultancy and related activities	..	123.8	110.5	104.6	109.4	..	..	..
63	Information service activities	..	2.3	2.6	2.8	5.5	..	..	..
64-66	Financial and insurance activities	103.7 e	100.2	103.1	98.6	101.3	..	..	..
68-82	Real estate; professional, scientific and technical; administrative and support	830.5 e	933.8	1 774.6	1 017.7	953.8	..	..	..
68	Real estate activities	..	0.0	0.0	0.0	0.0	..	..	..
69-75x72	Professional, scientific and technical activities, except scientific R&D	..	157.1	312.9	256.2	180.4	..	..	..
72	Scientific research and development	606.1 e	765.8	793.1	756.5	767.2	..	..	..
77-82	Administrative and support service activities	..	10.9	668.6	5.0	6.2	..	..	..
84-99	**Community, social and personal services**	93.6 e	10.5	9.7	9.2	33.8	..	..	..
84-85	Public administration and defence; compulsory social security and education	..	3.3	4.2	3.0	2.2 e	..	..	..
86-88	Human health and social work activities	..	6.1	4.4	5.9	31.4	..	..	..
90-93	Arts, entertainment and recreation	..	0.0	0.0	0.0	0.0	..	..	..
94-99	Other services; household-employers; extraterritorial bodies	..	1.1	1.1	0.3	0.2 e	..	..	..

.. Not available; e Estimated value

Note: Detailed metadata at: *http://metalinks.oecd.org/anberd/20181213/8c73*.

CHINESE TAIPEI

R&D expenditure in industry by main activity of the enterprise, current prices
ISIC Rev. 4

Million USD PPP

		2009	2010	2011	2012	2013	2014	2015	2016
	TOTAL BUSINESS ENTERPRISE	**15 891.0**	**17 943.7**	**19 949.5**	**21 589.2**	**23 238.4**	**25 061.8**	**26 124.0**	**27 740.4**
01-03	AGRICULTURE, FORESTRY AND FISHING	..	..	..	..	..	..	..	..
05-09	MINING AND QUARRYING	..	..	..	..	..	..	..	..
10-33	**MANUFACTURING**	**14 645.9**	**16 522.4**	**18 440.2**	**19 760.3**	**21 228.2**	**22 931.0**	**23 932.6**	**25 409.6**
10-12	Food products, beverages and tobacco	109.4	125.2	141.5	166.5	145.7	154.0	151.5	174.9
13-15	Textiles, wearing apparel, leather and related products	240.4	221.9	246.6	265.3	260.9	291.2	310.9	397.4
13	Textiles	121.9	118.9	126.6	125.7	117.2	127.0	134.5	183.4
14	Wearing apparel	12.7	11.6	12.6	11.3	13.1	13.1	11.5	11.5
15	Leather and related products, footwear	105.8	91.4	107.4	128.3	130.6	151.1	165.0	202.6
16-18	Wood and paper products and printing	40.8	41.5	38.9	41.9	55.3	42.3	50.7	40.9
16	Wood and wood products, except furniture	0.0	0.3	1.0	0.9	1.4	4.0	6.2	8.0
17	Paper and paper products	17.1	17.8	16.7	17.8	12.3	10.5	11.4	8.3
18	Printing and reproduction of recorded media	23.7	23.3	21.2	23.2	41.6	27.8	33.1	24.5
19-23	Chemical, rubber, plastic, non-metallic mineral products	986.8	1 149.7	1 293.6	1 405.4	1 482.7	1 600.6	1 592.3	1 724.1
19	Coke and refined petroleum products	70.3	75.9	80.4	97.7	137.9	148.4	140.1	130.5
20-21	Chemical and pharmaceutical products	726.6	844.5	970.5	1 039.5	1 096.7	1 172.2	1 181.1	1 301.2
20	Chemicals and chemical products	503.6	583.7	643.2	689.6	702.4	683.9	725.3	743.4
21	Pharmaceuticals, medicinal, chemical and botanical products	223.0	260.8	327.3	349.9	394.3	488.2	455.8	557.8
22	Rubber and plastic products	167.2	197.6	198.9	225.5	208.9	226.4	220.7	246.1
23	Other non-metallic mineral products	22.7	31.8	43.7	42.7	39.2	53.7	50.3	46.2
24-25	Basic metals, metal products, except machinery and equipment	286.1	311.9	324.3	325.1	349.5	354.4	356.6	398.6
24	Basic metals	159.2	180.0	169.9	168.1	177.2	173.9	172.1	177.9
25	Fabricated metal products, except machinery and equipment	126.9	131.9	154.5	157.0	172.2	180.5	184.6	220.6
26-30	Computer, electronic, optical products; electrical machinery, transport equipment	12 836.7	14 490.6	16 229.2	17 367.1	18 725.1	20 275.7	21 240.9	22 411.8
26	Computer, electronic and optical products	11 380.6	12 826.8	14 473.2	15 594.4	16 820.8	18 215.7	19 197.8	20 254.0
27	Electrical equipment	528.9	609.3	610.7	631.9	638.5	635.4	639.4	633.5
28	Machinery and equipment n.e.c.	396.9	473.0	573.9	520.6	588.2	676.9	694.9	752.6
29	Motor vehicles, trailers and semi-trailers	267.0	299.2	307.1	343.0	374.5	438.5	407.7	433.5
30	Other transport equipment	263.3	282.3	264.4	277.1	303.1	309.1	301.1	338.1
31-33	Furniture; repair, installation of machinery and equipment	145.8	181.6	166.1	189.0	209.1	212.9	229.6	262.0
31	Furniture	12.4	10.3	8.4	10.7	7.2	9.1	10.6	12.2
32	Other manufacturing	133.4	171.3	157.7	178.3	201.9	203.8	219.0	249.7
33	Repair and installation of machinery and equipment	0.0	0.0	0.0	0.0	0.0	0.0	0.0	0.0
35-39	**ELECTRICITY, GAS, WATER AND WASTE MANAGEMENT**	**38.5**	**46.7**	**44.2**	**48.6**	**38.8**	**37.6**	**51.0**	**53.3**
35-36	Electricity, gas and water	37.5	45.3	42.6	47.4	37.5	36.4	48.8	52.3
37-39	Sewerage, waste management and remediation activities	1.0	1.4	1.6	1.2	1.2	1.3	2.2	0.9
41-43	**CONSTRUCTION**	**10.8**	**10.4**	**10.0**	**12.1**	**14.0**	**17.9**	**14.6**	**15.3**
45-99	**TOTAL SERVICES**	**1 195.8**	**1 364.2**	**1 455.0**	**1 768.1**	**1 957.4**	**2 075.2**	**2 125.8**	**2 262.2**
45-82	**Business sector services**	**1 018.1**	**1 168.2**	**1 276.0**	**1 566.8**	**1 753.6**	**1 841.7**	**1 892.3**	**2 026.1**
45-47	Wholesale and retail trade; motor vehicle and motorcycle repairs	55.1	54.6	51.3	99.1	103.7	119.0	111.9	136.6
49-53	Transportation and storage	9.9	13.1	12.1	12.6	16.0	17.5	17.8	25.5
55-56	Accommodation and food service activities	2.6	0.2	0.7	0.3	0.5	0.1	0.1	1.2
58-63	Information and communication	719.5	817.2	871.8	874.8	993.2	1 027.0	1 049.0	1 125.0
58-60	Publishing, audiovisual and broadcasting activities	10.3	10.7	13.3	18.5	28.6	30.7	27.3	29.7
58	Publishing activities	8.9	8.4	11.3	15.4	23.1	22.3	20.0	22.9
59-60	Motion picture, video and TV programme production; broadcasting activities	1.3	2.2	2.0	3.0	5.5	8.4	7.3	6.8
59	Motion picture, video and TV programme production; sound and music	0.5	1.1	0.2	0.4	4.1	3.0	3.5	2.0
60	Programming and broadcasting activities	0.9	1.1	1.8	2.6	1.4	5.4	3.8	4.7
61	Telecommunications	202.0	245.0	257.6	262.2	260.1	253.1	246.3	264.2
62-63	IT and other information services	507.2	561.6	600.8	594.0	704.5	743.2	775.4	831.2
62	Computer programming, consultancy and related activities	435.7	514.0	536.5	557.0	663.9	694.4	712.2	764.2
63	Information service activities	71.5	47.6	64.3	37.0	40.6	48.8	63.2	67.0
64-66	Financial and insurance activities	95.0	108.8	124.2	150.5	159.5	182.7	205.9	231.4
68-82	Real estate; professional, scientific and technical; administrative and support	136.0	174.3	216.0	429.6	480.7	495.3	507.5	506.4
68	Real estate activities	0.3	0.0	0.8	1.2	1.6	2.4	1.9	2.1
69-75x72	Professional, scientific and technical activities, except scientific R&D	53.5	94.2	128.4	337.9	388.9	399.4	412.5	409.1
72	Scientific research and development	76.3	73.5	80.4	82.8	80.7	83.7	84.4	86.4
77-82	Administrative and support service activities	5.9	6.6	6.4	7.6	9.5	9.8	8.6	8.7
84-99	**Community, social and personal services**	**177.7**	**196.1**	**179.0**	**201.4**	**203.8**	**233.6**	**233.5**	**236.1**
84-85	Public administration and defence; compulsory social security and education	0.0	0.2	0.0	0.1	0.1	0.2	0.2	0.3
86-88	Human health and social work activities	174.3	192.1	176.4	199.4	201.9	231.5	231.7	234.1
90-93	Arts, entertainment and recreation	0.0	0.0	0.0	0.0	0.0	0.0	0.0	0.0
94-99	Other services; household-employers; extraterritorial bodies	3.5	3.8	2.6	1.9	1.9	1.9	1.7	1.7

.. Not available

Note: Detailed metadata at: http://metalinks.oecd.org/anberd/20181213/8c73.

CHINESE TAIPEI

R&D expenditure in industry by main activity of the enterprise, constant prices
ISIC Rev. 4

2010 USD PPP

		2009	2010	2011	2012	2013	2014	2015	2016
	TOTAL BUSINESS ENTERPRISE	16 085.7	17 943.7	19 545.9	20 770.9	22 001.6	23 310.4	24 036.3	25 203.2
01-03	AGRICULTURE, FORESTRY AND FISHING	..	..	..	..	..	..	..	..
05-09	MINING AND QUARRYING	..	..	..	..	..	..	..	..
10-33	MANUFACTURING	14 825.3	16 522.4	18 067.2	19 011.3	20 098.4	21 328.5	22 020.0	23 085.6
10-12	Food products, beverages and tobacco	110.7	125.2	138.6	160.2	137.9	143.2	139.4	158.9
13-15	Textiles, wearing apparel, leather and related products	243.3	221.9	241.6	255.2	247.0	270.8	286.1	361.1
13	Textiles	123.4	118.9	124.1	120.9	111.0	118.1	123.7	166.6
14	Wearing apparel	12.9	11.6	12.4	10.9	12.4	12.2	10.6	10.4
15	Leather and related products, footwear	107.0	91.4	105.2	123.4	123.7	140.5	151.8	184.1
16-18	Wood and paper products and printing	41.3	41.5	38.1	40.3	52.3	39.4	46.6	37.1
16	Wood and wood products, except furniture	0.0	0.3	1.0	0.8	1.3	3.7	5.7	7.3
17	Paper and paper products	17.3	17.8	16.3	17.1	11.6	9.7	10.5	7.6
18	Printing and reproduction of recorded media	24.0	23.3	20.8	22.4	39.4	25.9	30.5	22.3
19-23	Chemical, rubber, plastic, non-metallic mineral products	998.9	1 149.7	1 267.4	1 352.1	1 403.8	1 488.7	1 465.1	1 566.4
19	Coke and refined petroleum products	71.2	75.9	78.8	94.0	130.5	138.0	128.9	118.5
20-21	Chemical and pharmaceutical products	735.5	844.5	950.9	1 000.1	1 038.4	1 090.3	1 086.8	1 182.2
20	Chemicals and chemical products	509.8	583.7	630.2	663.5	665.1	636.1	667.4	675.4
21	Pharmaceuticals, medicinal, chemical and botanical products	225.7	260.8	320.6	336.6	373.3	454.1	419.4	506.8
22	Rubber and plastic products	169.2	197.6	194.9	217.0	197.8	210.5	203.1	223.6
23	Other non-metallic mineral products	23.0	31.8	42.9	41.1	37.1	49.9	46.3	42.0
24-25	Basic metals, metal products, except machinery and equipment	289.6	311.9	317.8	312.8	330.9	329.6	328.1	362.1
24	Basic metals	161.1	180.0	166.4	161.8	167.8	161.7	158.3	161.7
25	Fabricated metal products, except machinery and equipment	128.5	131.9	151.4	151.0	163.1	167.9	169.8	200.4
26-30	Computer, electronic, optical products; electrical machinery, transport equipment	12 994.0	14 490.6	15 900.9	16 708.8	17 728.5	18 858.7	19 543.4	20 361.9
26	Computer, electronic and optical products	11 520.0	12 826.8	14 180.4	15 003.3	15 925.5	16 942.8	17 663.6	18 401.6
27	Electrical equipment	535.9	609.3	598.3	608.0	604.5	591.0	588.3	575.6
28	Machinery and equipment n.e.c.	401.7	473.0	562.3	500.9	556.9	629.6	639.4	683.8
29	Motor vehicles, trailers and semi-trailers	270.3	299.2	300.8	330.0	354.6	407.9	375.2	393.8
30	Other transport equipment	266.6	282.3	259.1	266.6	287.0	287.5	277.0	307.2
31-33	Furniture; repair, installation of machinery and equipment	147.6	181.6	162.8	181.8	197.9	198.0	211.3	238.0
31	Furniture	12.6	10.3	8.2	10.3	6.8	8.5	9.7	11.1
32	Other manufacturing	135.0	171.3	154.5	171.5	191.1	189.5	201.5	226.9
33	Repair and installation of machinery and equipment	0.0	0.0	0.0	0.0	0.0	0.0	0.0	0.0
35-39	ELECTRICITY, GAS, WATER AND WASTE MANAGEMENT	39.0	46.7	43.3	46.8	36.7	35.0	47.0	48.4
35-36	Electricity, gas and water	38.0	45.3	41.7	45.6	35.5	33.8	44.9	47.5
37-39	Sewerage, waste management and remediation activities	1.0	1.4	1.5	1.2	1.2	1.2	2.0	0.9
41-43	CONSTRUCTION	10.9	10.4	9.8	11.7	13.3	16.6	13.4	13.9
45-99	TOTAL SERVICES	1 210.5	1 364.2	1 425.6	1 701.1	1 853.2	1 930.2	1 955.9	2 055.3
45-82	Business sector services	1 030.6	1 168.2	1 250.2	1 507.4	1 660.2	1 713.0	1 741.0	1 840.8
45-47	Wholesale and retail trade; motor vehicle and motorcycle repairs	55.7	54.6	50.2	95.3	98.2	110.7	102.9	124.1
49-53	Transportation and storage	10.0	13.1	11.8	12.1	15.1	16.3	16.4	23.1
55-56	Accommodation and food service activities	2.7	0.2	0.7	0.3	0.5	0.1	0.1	1.1
58-63	Information and communication	728.3	817.2	854.1	841.6	940.3	955.3	965.2	1 022.1
58-60	Publishing, audiovisual and broadcasting activities	10.4	10.7	13.0	17.8	27.1	28.6	25.1	27.0
58	Publishing activities	9.1	8.4	11.1	14.9	21.8	20.8	18.4	20.9
59-60	Motion picture, video and TV programme production; broadcasting activities	1.4	2.2	2.0	2.9	5.2	7.8	6.7	6.2
59	Motion picture, video and TV programme production; sound and music	0.5	1.1	0.2	0.4	3.9	2.8	3.3	1.9
60	Programming and broadcasting activities	0.9	1.1	1.8	2.5	1.3	5.0	3.5	4.3
61	Telecommunications	204.5	245.0	252.4	252.3	246.2	235.4	226.7	240.0
62-63	IT and other information services	513.4	561.6	588.7	571.5	667.0	691.3	713.4	755.2
62	Computer programming, consultancy and related activities	441.0	514.0	525.6	535.9	628.5	645.9	655.3	694.3
63	Information service activities	72.4	47.6	63.0	35.6	38.5	45.4	58.1	60.9
64-66	Financial and insurance activities	96.2	108.8	121.7	144.8	151.0	169.9	189.5	210.3
68-82	Real estate; professional, scientific and technical; administrative and support	137.6	174.3	211.7	413.3	455.1	460.7	466.9	460.1
68	Real estate activities	0.3	0.0	0.8	1.2	1.6	2.3	1.8	1.9
69-75x72	Professional, scientific and technical activities, except scientific R&D	54.1	94.2	125.8	325.1	368.2	371.5	379.6	371.7
72	Scientific research and development	77.2	73.5	78.8	79.7	76.4	77.9	77.7	78.5
77-82	Administrative and support service activities	6.0	6.6	6.3	7.3	9.0	9.1	7.9	7.9
84-99	Community, social and personal services	179.9	196.1	175.4	193.7	193.0	217.2	214.9	214.5
84-85	Public administration and defence; compulsory social security and education	0.0	0.2	0.0	0.1	0.1	0.2	0.1	0.3
86-88	Human health and social work activities	176.4	192.1	172.8	191.8	191.2	215.3	213.2	212.7
90-93	Arts, entertainment and recreation	0.0	0.0	0.0	0.0	0.0	0.0	0.0	0.0
94-99	Other services; household-employers; extraterritorial bodies	3.5	3.8	2.6	1.8	1.8	1.7	1.5	1.6

.. Not available

Note: Detailed metadata at: http://metalinks.oecd.org/anberd/20181213/8c73.

ORGANISATION FOR ECONOMIC CO-OPERATION AND DEVELOPMENT

The OECD is a unique forum where governments work together to address the economic, social and environmental challenges of globalisation. The OECD is also at the forefront of efforts to understand and to help governments respond to new developments and concerns, such as corporate governance, the information economy and the challenges of an ageing population. The Organisation provides a setting where governments can compare policy experiences, seek answers to common problems, identify good practice and work to co-ordinate domestic and international policies.

The OECD member countries are: Australia, Austria, Belgium, Canada, Chile, the Czech Republic, Denmark, Estonia, Finland, France, Germany, Greece, Hungary, Iceland, Ireland, Israel, Italy, Japan, Korea, Latvia, Lithuania, Luxembourg, Mexico, the Netherlands, New Zealand, Norway, Poland, Portugal, the Slovak Republic, Slovenia, Spain, Sweden, Switzerland, Turkey, the United Kingdom and the United States. The European Union takes part in the work of the OECD.

OECD Publishing disseminates widely the results of the Organisation's statistics gathering and research on economic, social and environmental issues, as well as the conventions, guidelines and standards agreed by its members.

www.ingramcontent.com/pod-product-compliance
Lightning Source LLC
Chambersburg PA
CBHW082346220526
45470CB00008B/2662